中国语言资源保护工程

中国濒危语言志　编委会

总主编

曹志耘

主　编

王莉宁

委　员（音序）

沈　明　邢向东　赵日新　庄初升

本书执行编委　沈　明

中国濒危语言志 总主编 曹志耘
汉语方言系列 主编 王莉宁

陕西延安老户话

高峰 著

创于1897
商务印书馆
The Commercial Press

图书在版编目(CIP)数据

陕西延安老户话/高峰著.--北京：商务印书馆，2024
（中国濒危语言志）
ISBN 978-7-100-23521-1

Ⅰ.①陕… Ⅱ.①高… Ⅲ.①西北方言—方言研究—延安 Ⅳ.①H172.2

中国国家版本馆CIP数据核字（2024）第055691号

权利保留，侵权必究。

陕西延安老户话

高峰 著

出版发行：商务印书馆
地　　址：北京王府井大街36号
邮政编码：100710
印　　刷：北京雅昌艺术印刷有限公司
开　　本：787×1092 1/16　　印　张：20¼
版　　次：2024年11月第1版　　印　次：2024年11月北京第1次印刷
书　　号：ISBN 978-7-100-23521-1
定　　价：228.00元

延安宝塔区高家园则村地形地貌　宝塔区南市街道办事处 /2019.7.20/ 郝雷 摄

延安宝塔区高家园则村村貌　宝塔区南市街道办事处 /2019.7.20/ 郝雷 摄

宝塔山　宝塔区嘉陵路 /2021.12.27/ 郝雷 摄

调查工作现场　宝塔区河庄坪镇 /2019.2.18/ 郝雷 摄

序

2022年2月16日，智利火地岛上最后一位会说Yagán语的老人，93岁的Cristina Calderón去世了。她的女儿Lidia González Calderón说："随着她的离去，我们民族文化记忆的重要组成部分也消失了。"近几十年来，在全球范围内，语言濒危现象正日趋普遍和严重，语言保护也已成为世界性的课题。

中国是一个语言资源大国，在现代化的进程中，也同样面临少数民族语言和汉语方言逐渐衰亡、传统语言文化快速流失的问题。根据我们对《中国的语言》（孙宏开、胡增益、黄行主编，商务印书馆，2007年）一书的统计，在该书收录的129种语言当中，有64种使用人口在10000人以下，有24种使用人口在1000人以下，有11种使用人口不足百人。而根据"语保工程"的调查，近几年中至少又有3种语言降入使用人口不足百人语言之列。汉语方言尽管使用人数众多，但许多小方言、方言岛也在迅速衰亡。即使是那些还在使用的大方言，其语言结构和表达功能也已大大萎缩，或多或少都变成"残缺"的语言了。

冥冥之中，我们成了见证历史的人。

然而，作为语言学工作者，绝不应该坐观潮起潮落。事实上，联合国教科文组织早在1993年就确定当年为"抢救濒危语言年"，同时启动"世界濒危语言计划"，连续发布"全球濒危语言地图"。联合国则把2019年定为"国际土著语言年"，接着又把2022—2032年确定为"国际土著语言十年"，持续倡导开展语言保护全球行动。三十多年来，国际上先后成立了上百个抢救濒危语言的机构和基金会，各种规模和形式的濒危语言抢救保护项目在世界各地以及网络上展开。我国学者在20世纪90年代已开始关注濒危语言问题，自21世纪初以来，开展了多项濒危语言方言调查研究课题，出版了一系列重要成果，例如孙宏开先生主持的"中国新发现语言研究丛书"、张振兴先生等主持的"汉语濒危方言调查研究丛书"、鲍厚星先生主持的"濒危汉语方言研究丛书（湖南卷）"等。

自2011年以来，党和政府在多个重要文件中先后做出了"科学保护各民族语言文字"、

"保护传承方言文化"、"加强少数民族语言文字和经典文献的保护和传播"、"科学保护方言和少数民族语言文字"等指示。为了全面、及时抢救保存中国语言方言资源，教育部、国家语委于2015年启动了规模宏大的"中国语言资源保护工程"，专门设立了濒危语言方言调查项目，迄今已调查106个濒危语言点和138个濒危汉语方言点。对于濒危语言方言点，除了一般调查点的基本调查内容以外，还要求对该语言或方言进行全面系统的调查，并编写濒危语言志书稿。随着工程的实施，语保工作者奔赴全国各地，帕米尔高原、喜马拉雅山区、藏彝走廊、滇缅边境、黑龙江畔、海南丛林等地都留下了他们的足迹和身影。一批批鲜活的田野调查语料、音视频数据和口头文化资源汇聚到中国语言资源库，一些从未被记录过的语言、方言在即将消亡前留下了它们的声音。

  为了更好地利用这些珍贵的语言文化遗产，在教育部语言文字信息管理司的领导下，商务印书馆和中国语言资源保护研究中心组织申报了国家出版基金项目"中国濒危语言志"，并有幸获得批准。该项目计划按统一规格、以EP同步的方式编写出版50卷志书，其中少数民族语言30卷，汉语方言20卷（第一批30卷已于2019年出版，并荣获第五届中国出版政府奖图书奖提名奖）。自项目启动以来，教育部语言文字信息管理司领导高度重视，亲自指导志书的编写出版工作，各位主编、执行编委以及北京语言大学、中国传媒大学的工作人员认真负责，严格把关，付出了大量心血，商务印书馆则配备了精兵强将以确保出版水准。这套丛书可以说是政府、学术界和出版社三方紧密合作的结果。在投入这么多资源、付出这么大努力之后，我们有理由期待一套传世精品的出现。

  当然，艰辛和困难一言难尽，不足和遗憾也在所难免。让我们感到欣慰的是，在这些语言方言即将隐入历史深处的时候，我们赶到了它们身边，倾听它们的声音，记录它们的风采。我们已经尽了最大的努力，让时间去检验吧。

曹志耘

2024年3月11日

目录

第一章　导论　1

第一节　调查点概况　2
　一　地理地形、历史沿革、人口概况　2
　二　方言点概况　4

第二节　延安方言概况　5
　一　名称与归属　5
　二　境内方言　5
　三　延安老户话的现状　6

第三节　延安老户话的形成及嬗变　8
　一　延安的地理环境、历史行政与延安方言　8
　二　延安老户话的形成　9
　三　延安方言的嬗变　11

第四节　调查研究概况　13
　一　单点研究　13
　二　整体研究　13
　三　方言系属、分区研究　14

第五节　调查说明及凡例　15
　一　调查时间和调查人　15
　二　发音人情况介绍　16
　三　凡例　17

第二章　语音　19

第一节　声韵调　20
　一　声母　20
　二　韵母　20
　三　单字调　21
　四　单字音表　22

第二节　语音演变特点　28
　一　声母演变特点　28
　二　韵母演变特点　29
　三　声调演变特点　32

第三节　连读变调及词调　33
　一　两字组连读变调规律　33
　二　词调　35

第四节	异读	38
一	文白异读	38
二	新老异读	39
第五节	其他音变	44
一	弱化、脱落、同化、合音	44
二	分音	44
三	儿化	46
第六节	今音和古音的比较	47

第三章	同音字汇	55
第四章	词汇特点	71
第一节	方言特别词	74
第二节	方言古语词	77
第三节	民俗文化词	79
一	饮食	79
二	婚丧习俗	84
三	岁时习俗	91

第五章	分类词表	95
第一节	《中国语言资源调查手册·汉语方言》	97
一	天文地理	97
二	时间方位	98
三	植物	100
四	动物	101
五	房舍器具	103
六	服饰饮食	104
七	身体医疗	106
八	婚丧信仰	107
九	人品称谓	109
十	农工商文	110
十一	动作行为	112
十二	性质状态	116
十三	数量	119
十四	代副介连词	120

第二节 《汉语方言词语调查条目表》 122
 一 天文 122
 二 地理 124
 三 时令时间 125
 四 农业 127
 五 植物 129
 六 动物 131
 七 房舍 133
 八 器具用品 136
 九 称谓 140
 十 亲属 143
 十一 身体 144
 十二 疾病医疗 147
 十三 衣服穿戴 149
 十四 饮食 152
 十五 红白大事 155
 十六 日常生活 158
 十七 讼事 160
 十八 交际 162
 十九 商业交通 163
 二十 文化教育 166
 二十一 文体活动 168
 二十二 动作 170
 二十三 位置 179
 二十四 代词等 180
 二十五 形容词 181
 二十六 副词介词等 183
 二十七 量词 185
 二十八 附加成分等 187
 二十九 数字等 188
 三十 四字格 192

第六章　语法 209

第一节　词法 210
 一 构词法 210
 二 小称形式：重叠与儿化 214

三	数量方所	218
四	指代	221
五	性状	224
六	程度	228
七	介引与关联	229
八	体貌系统	234
九	语气与语气词	236

第二节　句法　240
　一　处置句、被动句和使令句　240
　二　比较句　241
　三　疑问句　244
　四　可能句　245
　五　动补句　246

第七章　语法例句　249

第一节　《中国语言资源调查手册·汉语方言》　250

第二节　《汉语方言语法调查例句》　257

第八章　话语材料　283

第一节　谚语俗语　284
　一　谚语　284
　二　俗语　285
　三　歇后语　288
　四　谜语　290

第二节　歌谣　291
　一　童谣　291
　二　延安小调　293

第三节　故事　296

参考文献　304

调查手记　307

第一章 导论

第一节

调查点概况

一 地理地形、历史沿革、人口概况

"延安"因境内有延河，取"安宁"之意而得名。"延安"的称谓有广、狭二义：狭义的"延安"指原来的县级延安市，今名"宝塔区"。广义的延安指地级延安市。由于陕北人至今仍习惯用延安称呼宝塔区，所以本书用"延安"指今宝塔区，"延安话"指宝塔区方言；用"延安市"指整个延安地区。

延安位于陕西省中部，地处北纬36°10′33″—37°2′5″，东经109°14′10″—110°50′43″之间。东临延长，西靠安塞，南与甘泉、富县、宜川毗邻，北同子长、延川接壤。东西宽50公里，南北长96公里，总面积3556平方公里。

延安属黄土高原丘陵沟壑区，西北、西南部高，中部隆起，向东倾斜。境内山峦纵横，唯大川道较开阔平坦。河流有延河和汾川河，均属黄河水系支流。延河横贯延安中部，城区沿延河而建，两边是山，地域狭长，限制了城市的发展。延安市政府确定了"中疏外扩、上山建城"的发展战略，2012年4月，延安新区开始大规模建设，在桥沟"削山、填沟、造地、建城"，现已建成新区——北区。

延安历史悠久。夏朝时属雍州域。公元前16世纪，本境建立了独立的方国，称鬼方。周朝时，被猃狁和戎狄占据。春秋战国时期先后为狄（白狄垣姓，为游牧兼狩猎民族）、晋、魏、秦所辖。秦惠文王十年（前328年）成为秦属地。秦始皇二十六年（前221年）建立县制，属上郡高奴县。汉高祖元年（前206年），项羽三分关中，封秦降将董翳为翟王，王上郡，都高奴（今尹家沟）。八月，汉高祖刘邦灭翟，仍置高奴县，隶上郡。元狩三年（前120年），朝廷迁徙关东贫民七十余万口至上郡，使陕北等地的农业经济得到空前发展。新始建国元年（9年）改高奴县为平利县。东汉复名高奴。灵帝中平六年（189年）为匈奴所占据。东汉末年，郡县俱废。魏晋时，为匈奴、羌等少数民族居住，未设县。东晋、十六国时期，先后属前秦、后秦、大夏。南朝宋元嘉八年（431年）大夏为吐谷浑所灭，本境成为北魏辖地，后属西魏、北周。西魏废帝三年（554年），改北魏所设东夏州为延州。这是今延安第一次被命名为"延州"。

隋大业三年（607年），置肤施县，废延州，设延安郡，郡治肤施。唐武德元年（618年）以后，先后改为延州、延安郡、延州。五代十国时期，肤施仍隶延州。北宋初年，设路辖州，延州属陕西路。康定二年（1041年）分陕西路置鄜延路，其经略安抚使治延州肤施。庆历五年（1045年），肤施县城迁至今延安城。元祐四年（1089年），升延州为延安府。南宋建炎二年（1128年），金军攻克延安府，亦设鄜延路，治所延安府。鄜延路辖区扩大，领延安府、鄜州、坊州、丹州、保安州、绥德州。南宋宝庆三年（1227年），延安府城被蒙古军占领。元至元十一年（1274年），改旧鄜延路为延安路，治所肤施，领肤施、甘泉等8县及鄜州、绥德州、葭州。至元二十三年（1286年），延安路隶属陕西行中书省。明洪武二年（1369年），改延安路为延安府。洪武九年（1376年），改行中书省为承宣布政使司，延安府隶陕西等处承宣布政使司。清代，延安府治仍在肤施县，领肤施、甘泉等10县，隶陕西省延榆绥道（驻榆林）。1913年，废延安府，肤施县隶陕西省榆林道。1933年，废道，肤施县隶陕西省。

今延安市辖地从西魏置延州起，先后名延州、延安郡、鄜延路、延安路、延安府，治所基本上一直在肤施县，也就是今宝塔区境内，即本书所说狭义的延安。

1935年5月，中国工农红军在北部梁村一带设延安县。这是第一次用"延安"来称呼县级行政。1996年12月，撤销延安地区和县级延安市，设立地级延安市，包括13个县区：宝塔区、吴起、志丹、安塞、甘泉、子长、延长、延川、富县、洛川、宜川、黄龙、黄陵。宝塔区即原延安县级市，是延安市的政治、经济、文化中心。

宝塔区现辖12镇1乡：川口镇、麻洞川镇、万花山镇、甘谷驿镇、南泥湾镇、河庄坪镇、青化砭镇、柳林镇、李渠镇、姚店镇、临镇、蟠龙镇、冯庄乡；6个街道办事处：宝塔山街道、南市街道、凤凰山街道、枣园街道、桥沟街道、新城街道。共有320个行政村，35个城市社区。[①]

据2023年延安市宝塔区人民政府网，全区常住人口为640951人。居民以汉族为主，另有回族、蒙古族、满族、维吾尔族等25个少数民族，常住人口600余人，主要分布在城市街道社区和城郊乡镇。

---

① 以上信息根据《延安市志》（1994）以及延安宝塔区人民政府网综合改写。

二 方言点概况

本次调查的代表方言点是宝塔区南市街道的高家园则村，在籍人口150人。村子以全村大姓命名。全村一姓高姓，祖籍榆林三岔湾，清朝末年（约140年前）移民定居此地，至今已有七代人。仅有两户外姓，都是后来迁入的：一是矿家，祖籍四川，在1940年左右迁入；一是毕家，也是延安老户，1980年左右迁入。高家园则村原属桥沟乡胜利大队，现属南市街道办。

第二节

延安方言概况

一 名称与归属

延安固有方言，当地人称之为"老户话""老延安话""本地话"。本书为突出使用者的身份，称之为"延安老户话"，简称"老户话"。

延安方言的归属有过变动。1987年《中国语言地图集》划归中原官话。2012年《中国语言地图集》（第2版）根据邢向东、沈明等先生的研究结果划归晋语志延片。归属的变动既反映了方言面貌的复杂性，即延安方言存在单字音无入声、口语音有入声的差异，也反映了学界对方言特性的认识在不断深化。我们认为，《中国语言地图集》（第2版）从口语出发所做的划分比较合适。

二 境内方言

延安境内主要有三种方言：晋语、中原官话、山东话。

（一）晋语

晋语主要有三种方言：延安老户话、上头话、新延安话。

延安老户话 是延安的本土方言，延安过去的代表方言。笔者于2010至2011、2015至2019年多次实地调查，延安老户话目前仅延安老户的年长者在使用，使用人口不足2000人，已经属濒危方言。当地人所指的老户既包括那些世居本地的家族，也包括迁入时间较早的"移民中的老户"，分布在城区以及除麻洞川外的各个乡镇。城区原有十几家老户大姓：王、张、毕、高、尹、蔡、唐、李、罗、吴、左、白等。如今王家坪、市场沟的白坪、凤凰山下的老户早已外迁或消失，老户主要集中在西沟村、高家园则村、尹家沟村。各乡镇中，川口镇说老户话的人最多，集中在川口、王庄、党庄、偏桥几个村子；其余乡镇的老户话只是零星分布，如：枣园街道的下砭沟、侯家沟和裴庄，河庄坪镇的李家湾，李渠镇的西村，冯庄乡的薛家湾，蟠龙镇的张山圪台、刘坪、贯屯、老庄和韩家沟等村子。

上头话 是指从榆林、横山、米脂、绥德等地迁入的移民所说的方言。陕北晋语区称"去北边"为"上"，"去南边"为"下"，习惯说"上榆林、下西安"。相对于延安地区来说，榆林地区是"上头"，所以延安人就把榆林移民称为"上头人"，把他们的方言称为"上头话"。榆林地区的移民人数众多，远超老户人口。他们分布在各个乡镇，大部分仍使用带有榆林地区方言特点的上头话。移民有的与老户混居，有的以村为单位聚居，聚居的村庄很多，例如：枣园街道的莫家湾、张天河，万花山镇的佛道坪，李渠镇的沟门、沙圪崂、柴崖、李家沟，蟠龙镇的姬塔、牛家沟、瓷窑沟村的石家沟村民小组以及山尧则村的闫尧村氏小组，等等。

新延安话 是今延安城区及城郊流行的新通行语，使用人群在50岁以下，既有老户也有移民。与老户话相比，新延安话存在明显的上头话的烙印，具有更多的晋语特征。

（二）中原官话

中原官话分布在临镇的部分村庄，与宜川县相邻，居民使用属于中原官话汾河片的宜川话。

（三）山东话

山东话分布在麻洞川镇金盆湾村，属于山东方言岛。山东移民逃荒定居该村。

三 延安老户话的现状

对标联合国教科文组织的语言活力与语言濒危指标，从使用人口、语言代际传承、使用领域、语言态度看，延安老户话已经成为一种严重濒危的方言。

①延安老户话的使用人数少，总计不足2000人，不到总人口的0.32%。

②延安老户话的方言代际传承已经断裂。据2019年的调查，会说延安老户话的往往是60岁以上的老年人，中年以下的老户都不说老户话了。一种情况是，老户改说上头话。同一个村子，如果老户与榆林移民的人数悬殊，65岁以上（有的乡镇是70岁以上）的人仍会说老户话，年龄略小的老户改说上头话。像李渠镇沟门村阳洼小组共500多人，仅有陈姓一户老户，其余均为来自绥德、米脂的移民，陈姓会说老户话的人都已去世，健在者早已改说上头话。另一种情况是，老户改说新延安话。即使是老户聚居的乡镇，老户话的现状也堪忧。如老户聚居的川口镇川口村，全村916人，老户陈、贾、张、曹四姓共约800人。虽然老户人口多，但因为川口村距城区仅七八公里，与城区接触频繁，所以50岁以下的人都改说新延安话，只有不到20位70岁以上的人会说地道的老户话。再如枣园街道12个行政

村，在籍人口约14000人，但说老户话的不足50人。枣园侯家沟村老户最多，全村500多人，老户有50多户，会说地道老户话的人不足20位，且都是65岁以上的老年人。其他乡镇的情况大同小异。

③延安老户话的使用领域也明显缩小。不仅在政府机构、学校等场所不使用老户话，连传统的曲艺也不再使用老户话。例如：延安小调、琵琶说书、练子嘴都已失传，现在流行的陕北民歌和说书都改用上头话。

④新延安话成为当地新的通行语。人们认为新延安话是延安的代表方言，对老户话的态度是任由其萎缩和消亡。城区年轻人几乎全部使用新延安话。凡是在城区上过学或正在上学的，不管来自哪个乡镇、不管母语是老户话还是上头话，都积极学说新延安话。

第三节

延安老户话的形成及嬗变

查阅《明弘治本〈延安府志〉》、《延绥镇志》（明）、《康熙延绥镇志》（清）以及《延安市志》（1994），暂未找到关于延安老户话的历史记载。高峰（2020a）依据方言特点、历史行政区划、人口来源等，论证了延安老户话的底层方言为晋语。其形成和演化经历了两个阶段：第一阶段是底层晋语的沉淀，第二阶段是关中方言的侵蚀和覆盖。

一 延安的地理环境、历史行政与延安方言

我们可以从自然环境、历史行政区划、人口来源上来进一步认识老户话同陕北晋语的联系。

（一）从地理环境看延安老户话同陕北晋语的联系

刘勋宁（1995）讨论了晋语在北方方言中的地位，敏锐地指出："拿一张带有等高线的地图，勾出晋语的边线，就会看到一个有意思的事实：晋语正好在500米以上的台地上。东一半的山西境内纵贯着太行山、吕梁山，是有名的'地无十里平，出门就爬坡'地貌。只有汾河下游是一谷地，恰恰这一谷地属于中原官话。西一半的陕北是所谓黄土高原，事实上除了极少数破碎的原面以外，到处是沟壑。除了蜿蜒沟底的路面，几乎看不到平地。……所以，要给晋语定性的话，一言以蔽之，晋语是北方话里的山里话。"

以此观之，老户话的底层方言属于晋语，自有其地理上的根源。陕西省北部是黄土高原，遍布黄土丘陵沟壑，海拔800—1300米。黄土高原往南是关中平原，一马平川，平均海拔仅500米左右。延安平均海拔约1200米，境内山峦纵横，唯大川道较开阔平坦。它与榆林各县都位于黄土高原上，自然环境也相同。因此，老户话（包括晋语志延片其他方言）与榆林地区方言一样，都是"北方话里的山里话"。

（二）从历史沿革看延安老户话与陕北晋语的联系

据《延安市志》（延安市地方志编纂委员会 1994：45—47）记载，延安历史上为边关之地，中古以前由周边游牧民族和中原王朝交替控制，民族迁徙、接触十分频繁。当处于中原王朝控制下时，汉族人民迁往此地屯垦戍边、发展农业。当中原王朝国势衰颓时，周边游牧民族往往趁虚而入夺取控制权。延安与北部的榆林地区往往为同一个民族所据，如西汉以后一段时期的匈奴、东汉后期至魏晋的羌胡、北朝的稽胡、北宋的党项。

从秦代始，凡是中原王朝统治时期，延安北部与榆林全境或南部均属同一行政区。直到清雍正年间，延安府辖境缩小，仅包括今延川、延长、宜川、甘泉、安塞、子长、志丹、吴起、定边、延安10县区，从此与榆林地区分治。（薛平拴 2001：178）清雍正以后，延安地区才与榆林地区在三级行政区划上脱钩。

周振鹤、游汝杰（2006：56）指出："汉语方言区划和历史政区的关系特别密切。"延安与今榆林地区不仅都是黄土高原地区，地域相接，而且在历史上的很多时期都被同一个民族所据，清代雍正之前三级行政区划上也同属。《明史·兵志三》记载，正统年间榆林筑城以后，"岁调延安、绥德、庆阳三卫军分戍"（葛剑雄等 1997，卷5：295），说明延安在明代与榆林联系频繁。与陕北北部在行政区划上的密切关系也决定了老户话与其他陕北晋语方言的一致性。

二　延安老户话的形成

本节结合历史上的人口来源和移民情况，考察老户话的形成及大概时间。

（一）人口来源、移民情况

延安境虽秦代已置县，但由于是边境之地，战乱频发，加之自然灾害，人口波动较为剧烈。据《延安市志》记载，历史上延安曾发生过几次剧烈的人口下降。唐代安史之乱后，延州仅存938户。（《延安市志》第275页）宋金之际，宋、金在关中、陕北激战三年，兵火所及之地，残破不堪，人口锐减，陕北"延安（府）、鄜、坊州皆残破，人民存者无几"（薛平拴 2001：241）。明崇祯二年、五年大饥，饿殍遍野。（《延安市志》第10页）明清之际，延安府由于严重自然灾害及连年战乱，人民或死或逃，"存者止十分之二"（薛平拴 2001：292）。同治元年至光绪六年（1862—1880年），因为回民起义及大旱，人口下降严重。

人口剧烈下降后，一旦进入社会稳定期，必然有外来的移民迁入。可以找到的相关记载仅有几处。北宋庆历元年（1041年），延州在险要地方修筑11个城堡，继又招民垦荒，"可食之田尽募民耕之，延安遂为乐土"（司马光《传家集》卷76《庞公墓志铭》，转引自葛剑雄等 1997，卷4：54）。"洪武九年（1376年），明太祖下令'迁山西汾、平、泽、潞之民于河西，世业其家'。这批移民由山西省迁入，大概主要被安置在今陕北一带。"（薛平拴 2001：367）明代进行了大规模的移民屯田，陕西境内共10卫，延安有延安卫。因记载缺漏，已难知历代移民的详情。但从以上有限的记载来看，延安历史上的移民，应当与山西的关系最为密切，这也与陕北其他地方的移民来源相似。（邢向东等 2012：17—25）

1928年，榆林地区发生特大旱灾，大量的人口涌入延安地区，逐渐形成榆林移民远超延安老户的局面，进而影响了老户话的面貌。因此，20世纪20年代成为一条分界线，延安本地把这个时间之前的居住者和迁入者均称为"老户"，之后的迁入者称为"新户"。

我们走访了许多老户，其旧家谱等资料罕见，家族情况都凭口述。根据走访的结果，老户可分为三类：（1）明代以前的土著后裔，数量较少。调查中仅河庄坪解家以及川口陈、贾两姓自述世居本地。延安民谚有"先有余解林，后有延安城"。余家后人据说已经外迁，林家已无踪迹，解家今居住在河庄坪镇。川口镇是老户人口最多的乡镇，川口村陈姓和贾姓两大家族，祖坟里能够确切知道的已经有40多辈了。（2）明代移民，主要来自山西。最早的迁入时间可以追溯到明代洪武年间。1937年红军进入延安城时，城内仅有107户，属于老户的大姓有十来家：杨、张、左、毕、蔡、王、唐、李、康、罗、吴、苏。除了毕姓，其他家族至今仍然生活在延安。张、王、康、赵、罗家人均称，祖上是在明代洪武年间从山西大槐树迁至今延安宝塔区境内。关于大槐树的说法，大概有些是附会，不过可以肯定，凡是说祖上来自洪洞大槐树的人，必定是山西移民。杨家居住在杨家岭，先祖在明代正德年间从山西迁入，因为出了一位尚书杨兆，死后其居住地被赐名杨家陵，后改名为杨家岭。吴家是明代从江苏太湖迁来延安的。（3）清代以及民国初的移民。迁出地不一，既有榆林地区、关中、山西，也有四川等地。例如：宝塔山街道王家坪的郭绍义家，是清乾隆四十八年（1783年）从山西迁入；凤凰山街道北关街社区的徐光辉家是清同治年间回民起义平息后，由四川迁入；南市街道高家园则的高家，清朝末年从榆林三岔湾迁入；桥沟街道尹家沟村的尹家，民国初从韩城迁入。

（二）延安老户话的形成

延安的大多数老户是明洪武及以后的山西移民。虽然洪武时期山西迁出的移民数量巨大，但迁入地主要是京师、河北、河南和山东。（葛剑雄等 1997，卷5：476）仅见洪武九年（1376年）的大移民录于《乾隆绥德州直隶州志》，迁入地是陕北各地，不只延安一地。当时延安土著的数量不少，"明初，洪武二年（1369年），肤施县有3310户，35580人"（《延安市志》第90页）。洪武九年及以后的山西移民与延安土著相比，人数上可能并不占优势。这些山西移民也不可能来自一时一地，应该是从山西各地辗转迁来的。各方移民涌入，外来的方言与土著方言发生接触，最终的结果不外乎方言融合或方言转用。延安老户话中没有明显的山西晋语的特点，说明移民转用土著方言的可能性更大。同时，明初移民的母语是山西晋语，老户话的底层是陕北晋语，陕北晋语和山西晋语具有的共同性，是移民转用延安土著方言的内在因素。这种情况也可以理解为转用中有融合。而洪武以后未见记载的移民则可能多为流民，陆续迁入延安。因为迁入时间不集中，所以其方言逐渐被迁入地方言同化。

结合移民情况来看，延安老户话的形成应该在明代之前。一地通行语的形成和传播，需要安定的社会环境和一定的人口。宋、夏在陕北地区的争夺，既影响了延安地区的人口稳定，也造成了延安、榆林地区民族人口的融合。宋金之际，延安成为前线，"人民存者无几"。直到元皇庆元年（1312年），"肤施县约有409户，5913人，此后境内较安定，人口增长"（《延安市志》第90页）。元代延安再未发生过剧烈的人口下降，到明朝初年时达到3310户、35580人。这为当时通行语的形成提供了必要的社会环境和人口条件。

从目前西北方音史和晋语史的研究成果来看，唐宋时期，今山西省以西地区存在一个地域广大的"唐宋西北方言"。延安老户话（延州话）在唐宋时期，大致和整个陕北晋语一样，属于当时的汉语西北方言。由于宋夏、宋金在这一带争战，导致剧烈的人口流动和不同民族人口的融合，方言随之发生了一定程度的混化。到元代逐渐稳定下来，形成了具有鲜明晋语特质的延安方言。

三　延安方言的嬗变

（一）关中方言对延安老户话的影响

关中方言是陕西省内的权威方言，是中原官话中具有代表性的方言。"中唐以后关中方音取得了优势地位，成为通语的基础方言。"（储泰松 2005：5）唐都长安位于关中中部，是有唐一代的政治、经济、文化中心。关中方言与河洛方言一道，是当时汉语共同语的基础方言，而且地位越来越重要。唐朝以后，长安（西安）虽不再是全国的政治、文化中心，但它仍然是陕西乃至西北的政治、文化中心，仍然对省内各地的方言产生影响。就陕北地区来看，关中方言一路北上，对陕北南部地区持续施加影响，最远到达吴起、志丹、安塞、清涧一线，对陕北腹地方言的影响则较小。

观察关中方言对延安老户话的影响，既要看到志延片方言的整体，又要注意延安的特殊性。延安曾经长期作为州府所在地，是陕北南部地区的行政中心。它与西安的关系，比周边其他地区更为密切，语言上受到关中方言更多的影响是顺理成章的。以西安话为代表的关中方言是强势方言，延安方言是弱势方言，前者对后者施加了强烈而持续的影响，导致延安老户话部分原有的晋语成分被覆盖，代之以关中方言的一些整体性特征。比如，入声字的单字音全部舒化，4个舒声调的调型和调值完全属于关中方言的系统，德陌麦韵入声字舒化后读[ei uei]韵。这些特点都带有一定的系统性，由此可以看出关中方言影响的深度和广度。不过，延安老户话在接纳关中方言成分、整体上受到后者影响的时候，并未丢失原有的根本性的晋语特征。换句话说，老户话具有浓厚的关中方言色彩，但终究还是属于晋语。

（二）新延安话取代延安老户话

延安老户话是老的通行语，如今已经被新的通行语新延安话所替代。新延安话的语音系统中叠置着三个层次：一是延安老户话，二是上头话，三是普通话。新延安话在语音方面对老户话既有继承也有改变，继承了老户话的连调形式，以及与上头话一致的部分。同时增加了陕北晋语的特征，音类分合与上头话趋同，如咸山摄三四等舒声韵、入声韵合流，单字音中出现入声调等。新延安话也明显受到普通话的影响，如古全浊声母字的今读为平声送气、仄声不送气，果摄与遇摄今读韵母的音值与普通话相近。不过可以看出，上头话的影响在先，层次较深，普通话的影响在后，层次较浅。比如，音类分合关系的变化多涉及上头话，音值变化则有的涉及上头话，有的涉及普通话。

新延安话的产生、延安老户话的濒危主要是上头话持续影响的结果。1928年陕北大旱，绥德、米脂、横山一带饥民大量逃荒到延安，延安人口迅速增长。1923年延安人口为19967人，1935年增加到29054人。（延安市地方志编纂委员会 2000：90—91）1949年之后，榆林移民仍然大量向延安迁移，逐渐形成了榆林移民人数远超本地老户的局面。榆林移民众多，且多聚居，因此移民方言不仅没有被同化，反而对延安老户话产生较大的冲击，甚至在有些村庄由于人数优势而同化了老户话。特别是近几十年来，"地处陕北晋语北端的神木、府谷、榆林、横山、靖边等地，随着国家重化工能源基地的建设，经济强劲增长，对外经贸、人口交流日趋频繁，其中最突出的是陕北地区南、北之间人口交流加剧。到北部打工的人的方言受到当地方言的影响，移居南部的北部人则把他们的方言带到了南部"（邢向东、孟万春 2006）。

可见，20世纪以来，上头话以大量移民为桥梁，对延安方言施加了强大的影响。同时，由于延安成为中国革命的红色首都，陕甘宁边区的特殊存在又大大强化了延安人的"陕北认同"。以上因素导致延安老户话停止了向关中方言靠拢的步伐，转而向陕北晋语回归，最终导致新延安话的形成与老延安话的濒危。延安方言由此经历了"晋语底层—向关中方言靠拢—向晋语回归"的曲折的演变过程。当然，延安老户话的底层方言原本就是陕北晋语，这个根本原因使得延安方言向典型晋语的回归顺畅而迅速。

第四节

调查研究概况

关于延安老户话的研究始于20世纪80年代。涉及该方言的研究成果有县志中的方言志、单篇论文、专著、博士论文等，从内容看，分为以下三类。

一 单点研究

关于延安老户话的单点研究，早期有《延安市志·社会风俗志》（1994）之第四章"方言"，简单描写了延安老户话的语音、词汇、语法。最新的研究成果是作者的系列论文：《陕西延安"老户话"同音字汇》（2019a），《陕西延安老户话的两种小称形式》（2019b），《陕西延安老户话的底层方言及其嬗变》（2020a），《陕西延安老户话的特点及其形成和演变》（2020b）。

二 整体研究

涉及延安老户话的陕北晋语、晋语志延片的整体性研究成果相对较多。

刘育林是早期研究陕北方言的学者，其研究主要是从宏观上介绍陕北方言的特点，描写陕北各县的音系和连读变调，记录个别方言点的词汇。例如：《陕北方言概况》（1980）、《今陕北话之入声》（1986）、《陕北方言略说》（1988）、《陕西省志·方言志（陕北部分）》（1990）等。其中，《今陕北话之入声》第一次细致分析了陕北晋语19个方言点的入声，将陕北晋语的入声分为5种类型。《陕西省志·方言志（陕北部分）》则是第一部全面记录陕北晋语的著作，描写了陕北19处方言的音系，对比了各点的字音、词汇和语法例句，收列了延安、绥德、吴堡三地的同音字汇，并记录了一些当地的民歌、歇后语、谚语和民间故事。该书比较系统地反映了陕北晋语的概貌。刘育林的研究都涉及延安老户话。

邢向东、孟万春（2006）专题讨论了甘泉、延长方言入声字的读音，对延安、甘泉、延长方言的归属提出了自己的主张。张崇主编《陕西方言词汇集》（2007），收录了汉中、西安、延安、绥德等8个方言点30个义类的3405条词语，为方言词汇的深入考察和比较研究提供了丰富的材料。高峰《晋语志延片语音研究》（2011a）详细描写了延安北七县方言（包括延安老户话）的音系，考察一些重要语音现象的演变规律和方向。孙建华《延安方言知系合口的读音类型及其演变》（2018a）、《中古来母在延安方言中的读音——地理语言学的视角》（2018b）、《延安方言庄章组读舌面音[tɕ tɕʰ ɕ]的讨论》（2019）、《延安方言上声的分化和"清上归去"》（2020）等，运用地理语言学研究方法考察了包括延安老户话在内的延安地区方言某些语音特点的演变。

三　方言系属、分区研究

方言学界在晋语志延片的地域范围、延安方言的归属问题上曾经存在比较大的分歧。李荣《官话方言的分区》（1985）将包括延安在内的延安市北七县区方言都划归晋语。刘育林《陕北方言概况》（1980）与杨春霖《陕西方言内部分区概说》（1986），根据古入声今读保留喉塞音韵尾的标准，将延安等七县区方言划归晋语。刘育林把陕北十九县市方言按古入声字的今声调分为五片，吴起等七县区方言分属三片：其中延川属第三片，安塞、志丹、吴起属第四片，延安、延长、甘泉属第五片。张盛裕、张成材《陕甘宁青四省区汉语方言的分区（稿）》（1986）、侯精一《晋语的分区（稿）》（1986）以及《中国语言地图集》（1987），则把陕北晋语划定为延安、延长以北的全部地区，延安、延长、甘泉属于中原官话秦陇片。邢向东、郭沈青《晋陕宁三省区中原官话的内外差异与分区》（2005）、沈明《晋语的分区（稿）》（2006）、邢向东《陕西省的汉语方言》（2007）一致把延安、延长、甘泉三县方言划归志延片。这样，晋语志延片就包括吴起、志丹、安塞、延安、延川、延长、甘泉七个县区的方言。2012年的《中国语言地图集》（第2版）采纳了这一结论，见B1—13晋语图。高峰《再论晋语志延片方言的地域分布及其特点》（2018）再次讨论晋语志延片的地域分布，认为志延片应包括吴起、志丹、安塞、延安、延长、甘泉六个县区的方言，将延川话划归吕梁片。

第五节

调查说明及凡例

一 调查时间和调查人

2008年10月作者首次调查延安方言。通过访谈完成了摸底调查，掌握了延安方言的基本情况。调查记录了《方言调查字表》，"古全浊声母调查表"（自编），"四类入声字调查表"（自编），"圪头词和分音词调查表"（邢向东编），"汉语方言两字组连读变调调查表"（邢向东、杨璧菀改编）。2010年10月第二次调查，主要是核对前期调查材料，并根据"秦晋两省黄河沿岸方言的历史和现状研究·词汇调查提纲"（邢向东编）调查了延安老户话词汇，同时自拟若干语法调查项目粗略调查了语法。

2016年开始本书的相关调研。2016年3月，遴选确定本次调查的发音人。7月，调查《中国语言资源调查手册·汉语方言》中的1000个单字音、1200条词、50个语法例句。8月，调查了100多条谚语、俗语、歇后语，和李明、杨嘉伟一道摄录了本书音视频的内容。12月，根据《汉语方言词语调查条目表》调查了方言词语条目近4000条，根据《汉语方言语法调查例句》调查了语法例句248条。2017年3月，驱车走遍延安宝塔区13个乡镇，通过访谈、语音调查基本摸清了延安老户话在各乡镇的分布情况以及语言现状。6月，再次赴延安核对同音字汇，补充调查部分词汇及语法例句。2018年8月，核对四字格、惯用语，并根据"陕西重点方言研究语法调查表"（邢向东编）全面调查语法。

二　发音人情况介绍[①]

（一）老男

1. 高树旺，1944年12月出生，小学文化，宝塔区高家园则村村民。先后担任过村主任、大队队长、政协委员。长期在延安本地生活，只会说延安老户话。家族于清朝末年从榆林移民至延安，是第四代。

2. 罗琦，1956年8月出生，电大毕业，延安利民毛纺厂退休干部。长期在本地生活，偶尔外出。会说延安老户话和普通话。据他讲述，明洪武年间，罗姓家族二三百户人家从山西大槐树移民至延长罗子山镇，后来一部分迁居至延安甘谷驿镇罗家湾村，清康熙年间又有部分迁居至延安城区。

3. 赵应生，1952年4月出生，高中文化，王窑水库退休职工。长期在延安本地生活。只会说延安老户话。家族在民国初年从韩城迁至宝塔区尹家沟，是第三代。

4. 白安堂，小学文化，退休干部。1929年在延安市宝塔区王家坪出生，长期在延安生活。

（二）青男

1. 高旭，1986年10月出生，初中文化，与老男高树旺是堂叔侄关系。曾在延安市管道公司工作，现在延安市宝塔区经商。会说新延安话和普通话，平时说新延安话。

2. 王博，1979年5月出生，延安大学毕业，延安市住房和城乡建设局干部。家族是老户。会说新延安话和普通话，平时说新延安话。

（三）老女

1. 高晓秀，1947年7月出生，高中文化，小学教师，是老男高树旺的妹妹，会说延安老户话和普通话。

2. 赵改生，1956年5月出生，小学文化，延安卷烟厂工人。只会说延安老户话。

（四）青女

杨延芳，1983年11月出生，高中文化，宝塔区高家园则村村民。会说新延安话和普通话，平时说新延安话。

（五）口头文化

1. 高树旺。同老男1。

2. 高树发，老男高树旺的兄长。1942年9月出生，高中文化，延安市宝塔区疾病预防控制中心退休干部。只会说延安老户话。

上述发音人中，赵应生、赵改生、白安堂、王博是2009年至2011年的主要发音人，其

[①] 多年来有数位发音人先后协助调查，特志于此，诚表谢意。

余都是2016年至今的发音人。

三 凡例

1. 同音字在字的右上角加等号"="表示。无同音字可写的用方框"□"表示。
2. 例字在例词中，例词在例句中，均用"～"号代替。
3. 除第三章"同音字汇"外，文白异读用下划线表示："白"单下划线，"文"双下划线。
4. 方言词记实际读音。如有变调现象，一律记连读音。轻声调值一律标作"0"。

第二章　语音

第一节

声韵调

一 声母

延安老户话有声母25个，包括零声母在内。

p 保抱帮八	pʰ 波坡病拍	m 毛麦明摸	f 付费饭法	
t 多东道得	tʰ 讨天甜毒	n 挪难捱纳		l 老连农绿
ts 资早争纸	tsʰ 草坐茶柴		s 三事山试	z 吟
tʂ 知竹装主	tʂʰ 抽初床柱		ʂ 双顺手十	ʐ 绕软认肉
tɕ 焦酒叫九	tɕʰ 清前轻健	ȵ 女年硬压	ɕ 想谢响县	
k 高公共骨	kʰ 开跪柜规	ŋ 爱熬安恩	x 好灰活瞎	
∅ 烟乌王月				

说明：

①[n]只跟洪音韵母配合，[ȵ]只跟细音韵母配合，形成互补关系。因为发音特点明显，故分立为两个声母。

②有的合口呼零声母字带有轻微的唇齿擦音色彩，如"旺"。

③[z]母字少，例如：吟[zəŋ²¹]唧唧~~：形容说话吞吞吐吐，不利索。

二 韵母

延安老户话有韵母35个，不包括儿化韵，包括只在语流中出现的入声韵。

ɿ 丝师事试	i 米戏急七一锡	u 苦粗猪谋骨出	y 驴雨橘局
ʅ 制知十直尺			
ər 日二耳			
a 茶塔辣八	ia 家牙夏鸭	ua 挂话瓦刮	
ɤ 歌盒车舌热壳		uɤ 歌盒坐活托国壳	yɤ 靴学药月
	ie 写接贴节		
ɔ 宝饱赵	iɔ 交笑叫		
εe 开排鞋		uεe 坏快摔	
ei 赔飞色北白		uei 对脆睡鬼	
ou 豆走收绿ᵡ	iou 油幼六绿ᵡ		
ã 南山半展	iã 监盐年见	uã 短官关穿	yã 权全劝犬
aŋ 糖章方巷	iaŋ 凉响讲	uaŋ 床光王双	
əŋ 深根灯生风	iəŋ 心新冰病	uəŋ 寸春宏东	yəŋ 熏云兄用
(əʔ 直吃十黑)①	(iəʔ 劈相一)	(uəʔ 做出轨窟)	

说明：

① [u] 与 [ts tsʰ s] 相拼时，实际音值是 [ɿ]，与 [tʂ tʂʰ ʂ z] 相拼时，实际音值是 [ʅ]。

② [a ia ua] 主元音的实际音值是 [ᴀ]。

③ [ɤ] 与 [tʂ tʂʰ ʂ z] 相拼时，实际音值是 [ɤə]。发音时，从韵头 [ɤ] 迅速滑向主要元音 [ə]，[ə] 比标准的舌位略低。

④ [uɤ yɤ] 的 [ɤ] 受韵头的影响，唇形略圆。"们、么"等在轻声音节中，韵母的实际音值是 [ə]，与 [ɤ] 合并为一个音位。

⑤ [ã uã] 的鼻化色彩较轻，[iã yã] 的鼻化色彩略重。

⑥ [aŋ][əŋ] 两组韵母的主要元音均带有鼻化色彩，在阴平音节中，鼻韵尾发音部位比标准的 [ŋ] 略后。

⑦ [əʔ] 组韵母在单字音中没有，只在语流中出现。

三　单字调

延安老户话有单字调4个。语流中出现入声调，不计入单字调。

---

① 括号表示单字音读舒声韵，口语中念入声韵。张崇（2007）记录的延安话音系中有撮口呼入声韵 [yəʔ]，调查的时间是1996、1997年。在我们2010、2016年的两次调查中，发音人口语中都没有 [yəʔ] 韵。

阴平	21	东风通开谷拍麦叶
阳平	243	门油铜红节急毒罚
上声	53	懂九统草买老五有
去声	442	冻寸去卖硬洞动六
（入声	5	圪不咳）

说明：

①阴平的实际调值比21略高。另有少数阴平字读232，与新延安话的阴平调值相近。

②去声一般情况下是先平后略降，记为442。但存在变体，有时是平调44，如"货、骂、夜"，有时是降调42，如"盖、混"。

③单字音没有入声，入声5只出现在连续的语流中。

四　单字音表

延安老户话声韵调配合关系见表2-1到表2-5。声母、韵母、声调的顺序同声韵调表。表中黑体字表示较为生僻的字，圈码替代有音无字的音节，均在表后加注。例字加单下划线表白读音，加双下划线表文读音。

表2-1 延安老户话单字音表之一

	ɿ 阴平 阳平 上声 去声	ʅ 阴平 阳平 上声 去声	i 阴平 阳平 上声 去声	u 阴平 阳平 上声 去声	y 阴平 阳平 上声 去声	a 阴平 阳平 上声 去声	ia 阴平 阳平 上声 去声
p pʰ m f			笔 比 闭 披 皮 避 屁 秘 眉 米 **迷**	不 补 布 扑 菩 普 部 木 谋 母 慕 夫 扶 斧 妇		八 爸 掰 坝 帕 爬 怕 抹 麻 马 骂 法 罚	① ②
t tʰ n l			低 笛 底 第 踢 题 体 递 力 犁 李 利	督 独 赌 杜 秃 徒 土 兔 陆	挦 驴 吕 虑	搭 答 打 大 他 塔 榻 纳 拿 蜡 拉	
ts tsʰ s	支 纸 自 **呲** 瓷 齿 字 师 时 死 四			租 卒 组 粗 族 醋 苏 素		咂 杂 **拃** 榨 搽 茶 岔 沙 洒 **唼**	
tʂ tʂʰ ʂ ʐ		织 值 制 尺 侄 耻 赤 湿 拾 世 日		猪 竹 主 住 初 锄 楚 柱 梳 熟 鼠 树 入 如 乳 擩		**扯**	
tɕ tɕʰ ɲ ɕ			肌 集 挤 记 七 齐 起 气 腻 疑 你 **泥** 西 席 洗 细	居 菊 举 锯 区 蛆 取 趣 女 虚 俗 许 序			加 夹 贾 嫁 掐 卡 洽 鸭 牙 哑 压 霞 夏
k kʰ ŋ x				姑 古 故 哭 苦 裤 呼 胡 虎 户		**生** 咖 卡 瞎 匣 吓	
ø			衣 姨 椅 易	屋 吴 五 务	浴 鱼 雨 玉		押 芽 哑 亚

呲 tsʰɿ²¹ ～笑讥笑
迷 mi⁴⁴² ～打通过言语讨好、迷惑人
泥 ɲi⁴⁴² ～水匠

拉 la⁴⁴² ～话聊天
拃 tsa⁵³ 大拇指与食指尽力张开的长度：一～
唼 sa⁴⁴² 虫～虫蛀

生 ka⁵³ ～骨调皮
① pia²¹ 粘贴：～树上
② pʰia⁵³ 剥离、分离：～树梢子，腿～开

表2-2 延安老户话单字音表之二

	ua	ɤ	ɯɤ	yɤ	ie	ɔ	iɔ
	阴阳上去 平平声声	阴阳上去 平平声声	阴阳上去 平平声声	阴阳上去 平平声声	阴阳上去 平平声声	阴阳上去 平平声声	阴阳上去 平平声声
p pʰ m f		么	菠薄**籓** 坡婆**拼**破 沫馍抹磨 佛		憋**别**瘪迸 瞥**别**撇**箅** 灭	包刨保抱 脬袍跑炮 摸猫卯帽	标 表覂 飘瓢 票 喵苗秒妙
t tʰ n l		得	多夺躲剁 脱驼妥唾 诺挪 糯 落罗裸摞	劣	跌**哇** 铁**碟** 裂	刀 导到 掏桃讨套 饶挠恼闹 劳老烙	刁 吊 **挑**条挑跳 辽 **燎**料
ts tsʰ s		**措**	作昨左座 搓矬 错 蓑 锁			遭 枣灶 抄曹草造 捎骚嫂哨	
tʂ tʂʰ ʂ ʐ	抓 爪 ① 刷 耍 挼 ②	褶浙 车 扯 赊舌舍社 热 惹	桌**着** 戳镯 绰 说勺所硕 弱			招沼找赵 超潮**訬** 烧绍少邵 饶挠绕	
tɕ tɕʰ ɲ ɕ			脚决 倔 缺瘸 却 **娘** 雪学		接节姐借 切茄且筘 捏 血斜写谢		交教铰窖 敲桥巧雀 鸟尿 消③小笑
k kʰ ŋ x	瓜趏刮裍 夸 垮挎 花滑话	葛 个 克 **蛤**	锅哥果过 科 渴课 恶讹我饿 喝河火货			高稿搞告 考靠 熬袄拗 蒿嚎好浩	
∅	挖娃瓦**圵**		物 卧	月	叶爷野夜		腰窑舀跃

趏 kua²⁴³ 跑
瓦 ua⁵³ 名词
圵 ua⁴⁴² 坡地
措 tsʰɤ²¹ 收藏、搁置：～开
蛤 xɤ²¹ ～蟆
籓 puɤ⁵³ ～米、～箕
拼 pʰuɤ⁵³ ～上命 豁出去
着 tʂuɤ²⁴³ ～火

娘 ɲyɤ²⁴³ 白。～～奶奶
别 pie²⁴³ ～字
别 pʰie²⁴³ ～针儿
箅 pʰie⁴⁴² 甑～儿
哇 tie²⁴³ 猛吃
訬 tʂʰɔ⁵³ ～引 引诱
绕 ʐɔ⁴⁴² ～线 线
挑 tʰiɔ²¹ 挑选

挑 tʰiɔ⁵³ ～担 连襟
燎 liɔ⁵³ 火烧毛发等：～猪毛
① tʂʰua⁵³ 用手握着捋下东西的皮：～皮
② ʐua⁴⁴² ～坠坠 形容胖得下坠的样子
③ ɕiɔ²⁴³ ～起 微微抬起

表2-3 延安老户话单字音表之三

	εε 阴平 阳平 上声 去声	uεε 阴平 阳平 上声 去声	ei 阴平 阳平 上声 去声	uei 阴平 阳平 上声 去声	ɔu 阴平 阳平 上声 去声	iəu 阴平 阳平 上声 去声	ər 阴平 阳平 上声 去声
p pʰ m f	摆拜 排派败 埋买卖		杯<u>白</u>北辈 拍<u>白</u> 焙 麦梅美妹 飞肥匪<u>废</u>				
t tʰ n l	呆 逮带 胎台**大**太 崖奶耐 来 赖		德 特 **那**那 肋	堆 对 推 腿退 内 雷屡泪	兜都抖豆 偷头 透 奴努怒 录炉卤路	丢 ② 六刘柳溜	
ts tsʰ s z	灾 宰再 猜才采菜 腮 筛晒		窄责 这 贼 色	嘴最 崔随 脆 虽隋①碎	邹 走揍 搊愁瞅凑 搜 擞瘦		
tʂ tʂʰ ʂ ʐ		揣 摔 甩帅		追 缀 吹垂 坠 谁水睡 蕊瑞	周 **肘**咒 抽稠丑臭 收**仇**手受 柔 肉		
tɕ tɕʰ ɲ ɕ						揪 酒救 秋求 旧 牛扭谬 修囚朽袖	
k kʰ ŋ x	街 改盖 开 凯 挨癌矮爱 孩海害	乖 拐怪 会快 怀 坏	隔 给 <u>客</u> 黑 嚇	归 鬼贵 亏葵 跪 灰回悔汇	沟 狗够 抠 口扣 欧煾藕购 猴吼后		
ø		歪 崴外		危围伟位		优油有右	日儿耳二

大 tʰee⁵³ ～半 一般情况下
白 pei²⁴³ 文。～颜色
白 pʰei²⁴³ 白。～儿 白天
那 nei²⁴³ ～个

那 nei⁴⁴² ～家
随 tsʰuei²⁴³ 白。～管 或者
肘 tʂɔu⁵³ 猪～子
仇 ʂɔu²⁴³ ～人

煾 ŋɔu²⁴³（烧）焦：米饭～了
①suei⁵³（和的面等）松散，
　黏性差
②tʰiəu²⁴³ 提：～上

表 2-4　延安老户话单字音表之四

	ẽ 阴平 阳平 上声 去声	iẽ 阴平 阳平 上声 去声	uẽ 阴平 阳平 上声 去声	yẽ 阴平 阳平 上声 去声	aŋ 阴平 阳平 上声 去声	iaŋ 阴平 阳平 上声 去声	uaŋ 阴平 阳平 上声 去声
p pʰ m f	搬　板扮 潘盘　盼 　瞒满慢 翻凡反犯	边　贬变 偏便谝骗 　棉免面			帮　绑棒 乓旁　胖 ①忙莽 方房纺放		
t tʰ n l	单　胆旦 贪谈毯炭 　南难 　篮揽烂	掂　点店 天甜舔垫 褳连脸练	端　短断 　猯团 　　暖 銮卵乱	联恋	当　党荡 汤糖淌烫 　囊攘齉 啷狼浪	良两亮	
ts tsʰ s z	簪攒站 掺蚕产灿 山　伞散		钻　攥 氽全審 酸　算		脏　葬 仓藏② 桑嗓丧		
tʂ tʂʰ ʂ ʐ	毡展占 缠颤 膻蝉陕善 燃然染黏		专转赚 穿船喘串 栓涮 软		章张涨胀 昌肠厂唱 伤尝响尚 瓤嚷让		庄状 窗床闯撞 霜爽双
tɕ tɕʰ ȵ ɕ		尖　剪剑 千钱浅欠 蔫年眼念 仙嫌显县	捐　卷券 圈泉犬劝 宣玄选楦		姜刚奖酱 枪墙抢匠 娘仰 箱详想向		
k kʰ ŋ x	肝　赶赣 刊　砍看 安严俺岸 憨含喊汗		官　管掼 宽　款 　欢环缓换		钢　港杠 康　扛炕 　航 夯杭巷		光　广逛 筐狂矿 慌黄谎晃
∅		淹盐演炎	弯完晚万	冤元远院	央羊养样		汪王网忘

了 liẽ²¹ 表已然的陈述语气词　　啷 laŋ²¹ 得～～形容孩子说话利索　　①maŋ²¹ ～～地形容小孩胖得可爱
黏 zẽ⁴⁴² ～人小孩缠人　　　　　张 tʂaŋ²⁴³ 理睬：不～他　　　　②tsʰaŋ⁴⁴² 蹭、粘：～上泥了
严 ŋẽ²⁴³ 白。盖～盖严实　　　　刚 tɕiaŋ²⁴³ ～～刚才
褳 liẽ²¹ 褡～　　　　　　　　　仰 ȵiaŋ⁵³ 白。躺
全 tsʰuẽ²⁴³ 白。人～了　　　　　双 ʂuaŋ⁴⁴² ～生双胞胎
齉 naŋ⁴⁴² 多

表2-5 延安老户话单字音表之五

	əŋ 阴阳上去 平平声声	iəŋ 阴阳上去 平平声声	uəŋ 阴阳上去 平平声声	yəŋ 阴阳上去 平平声声
p pʰ m f	崩　本笨 **喷**朋捧**喷** 焖门猛梦 风坟粉凤	兵　饼并 　　贫品病 　　民抿命		
t tʰ n l	灯　等邓 吞疼**腾** 　　能**恁** 棱冷愣	丁　顶定 厅停挺**听** 　　　 林领另	冬　冻董动 通铜桶痛 　　脓嫩 龙笼弄	 抡轮拢论
ts tsʰ s z	增　　挣 蹭层碜衬 生　省渗 **吟**		宗　总粽 村存寸 松伀损送	
tʂ tʂʰ ʂ ʐ	针　整证 称沉逞趁 身神沈剩 扔人忍认		钟　准众 春唇宠**冲** 　吮顺 　绒冗润	
tɕ tɕʰ ȵ ɕ		今　紧净 青琴请庆 　拧硬 心寻醒信		军　窘俊 群焌 　　 熏熊　训
k kʰ ŋ x	根　埂更 坑　肯 恩　 痕很恨		工　滚共 昆　捆控 昏魂哄混	
∅		阴蝇影孕	温文稳问	拥云永用

喷 pʰəŋ²¹ ～水　　　　　吟 zəŋ²¹ 咿咿～～形容说话吞吞　　　冻 tuəŋ²⁴³ ～圪瘩冰疙瘩
喷 pʰəŋ⁴⁴² ～嚏　　　　　　　　　吐吐, 不利索　　　　冲 tʂʰuəŋ⁴⁴² 拿水～
腾 tʰəŋ⁴⁴² ～开腾出位置　　听 tʰiəŋ⁴⁴² ～牌麻将术语
恁 nəŋ⁴⁴² 宁愿：～买贵的
　　　不买贱的

第二节

语音演变特点

一 声母演变特点

1. 古全浊声母全部清化。古并、定、从、澄、崇、群母字今逢塞音、塞擦音时，平声字读送气音，仄声字部分读不送气音，部分读送气音。在笔者调查的古全浊声母字中，有93个仄声字今读送气音声母，远超陕北大多数方言20—30的字数。如：败 pʰɛe⁴⁴² ｜ 碟 tʰie²⁴ ｜ 毒 tʰu²⁴ ｜ 坐 tsʰuɤ⁴⁴² ｜ 侄 tʂʰʅ²⁴ ｜ 铡 tsʰa²⁴。古全浊声母仄声字读送气音的字数如此之多，与南边关中方言的"全浊送气区"（张维佳 2005：241—242）、东面黄河对岸山西方言的"全浊送气区"（徐通锵 1990）有很大的关系。

2. 古知系字分读[ts tsʰ s]、[tʂ tʂʰ ʂ z]两组声母，属于北方方言分[ts][tʂ]的"昌徐型"。（熊正辉 1990）其中开口知₂庄组、章组止摄字与精组洪音字合流，读[ts]组声母。知₃章日组（止开三除外）、庄组合口字合流，读[tʂ]组，宕开三庄组、江开二知庄组今读合口呼，随合口字演变。如：丝 止开三心 = 师 止开三生 = 诗 止开三书 sʅ²¹ ｜ 增 曾一精 = 争 梗二庄 tsəŋ²¹ ≠ 蒸 曾三章 tʂəŋ²¹ ｜ 霜 宕开三生 = 双 江开二生 ʂuaŋ²¹。

3. 古通合三精组入声字读[tɕ]组声母。如：宿俗续 ɕy²¹ ｜ 足 tɕy²⁴³。

4. 部分古见系开口二等字保留舌根音读法，与其他陕北晋语较为一致。如：下 xa⁴⁴² ｜ 揩 kʰɛe²¹ ｜ 崖 ŋɛe²⁴³ ｜ 解~开（明白、懂得） xɛe⁴⁴² ｜ 馅 xɛ̃⁴⁴² ｜ 闲 xɛ̃²⁴³ ｜ 项~圈 xaŋ⁴⁴² ｜ 杏 xəŋ⁴⁴² ｜ 核 审~ xɛe²⁴³。

5. 古疑影母合流。其中开口一等字读[ŋ]母，如：饿 ŋuɤ⁴⁴² ｜ 爱 ŋɛe⁴⁴² ｜ 袄 ŋɔ⁵³；个别字读[n]母，如：矮捱 nɛe。开口二三四等字大部分读零声母，部分白读[ȵ]母。如：艺 i⁴⁴² ｜ 燕 iɛ̃⁴⁴² ｜ 牙~猪 ȵia²⁴³ ｜ 疑怀~ ȵi²⁴³。

疑影母合口字不论今韵母为洪音、细音，均读零声母。其中在洪音前与微母合流，如：五 u⁵³｜委 uei⁵³。

6. 晓匣母合流，在洪音韵母前读[x]母，如：货祸 xuɤ⁴⁴²；细音韵母前与心邪母合流，读[ɕ]母，如：戏系细 ɕi⁴⁴²。

二 韵母演变特点

韵母的特点可以从韵类分合关系、等的分别、古开合口跟今四呼的关系这三个方面来看。

（一）韵类分合关系

1. 蟹摄合口和开口唇音字一二等字有别，如：贝 pei⁴⁴² ≠ 拜 pɛɛ⁴⁴²｜回 xuei²⁴³ ≠ 怀 xuɛɛ²⁴³｜会 xuei⁴⁴² ≠ 坏 xuɛɛ⁴⁴²；开口一二等见晓组字有别：盖 kɛɛ⁴⁴² ≠ 介 tɕie⁴⁴²。

2. 蟹止摄合流，其中蟹合一三四与止合三合流，今读[ei uei]韵，如：杯 pei²¹｜飞 fei²¹｜碎 = 岁 suei⁴⁴²；蟹开三四等与止开三合流（精组除外），今读[i ʅ]，如：迷 = 糜 mi²⁴³｜礼 = 李 li⁵³。但精组字不合流。音类分合与绥德、榆林等方言相同。

3. 宕江摄舒声韵合流，今读[aŋ iaŋ uaŋ]，如：榜绑 paŋ⁵³｜姜江 tɕiaŋ²¹｜疮窗 tʂʰuaŋ²¹。音类分合与关中、陕北晋语都相同。

4. 咸山摄舒声韵合流，今读[ɛ̃ iɛ̃ uɛ̃ yɛ̃]。音类分合与关中方言相同，与陕北绥德、榆林等方言不同。其特点是：今读韵母为主元音相同的一组鼻化韵；三四等舒声韵和入声舒化韵不合流，如：面 miɛ̃ ≠ 灭 mie｜愿 yɛ̃ ≠ 月 yɤ（不计声调）。

5. 深臻曾梗通摄舒声韵合流，今读[əŋ iəŋ uəŋ yəŋ]韵。如：心 = 星 ɕiəŋ²¹｜根 = 耕 kəŋ²¹｜村 = 葱 tsʰuəŋ²¹｜询 = 熊 ɕyəŋ²⁴³。音类分合与关中方言不同，与陕北晋语相同。

6. 深臻曾梗通入声韵合流，单字音和口语音之间存在差异：读单字时完全舒化，口语中少数仍保留入声韵读法。因此实际口语中存在一组入声韵[əʔ iəʔ uəʔ]，其中[əʔ]韵字最多，[iəʔ uəʔ]韵字较少。如：不好 pəʔ⁵xɔ⁰｜忔膝 kʰəʔ⁵ɕi⁴⁴²｜拾掇 ʂəʔ⁵tuɤ⁰｜一样 iəʔ⁵iaŋ⁴⁴²｜窟窿儿 kʰuəʔ⁵luɤ̃r⁴⁴²。①

入声韵舒化后，咸山开口（除一等见系）、山合二与假摄、蟹开二见系合流，今读[a ia ua ie ɤ]。如：杀 = 沙 sa²¹｜辣 = 拉 la²¹｜察 = 查 tsʰa²⁴³｜夹挟 = 家 tɕia²¹｜刮 = 瓜 kua²¹｜

---

① 刘育林（1990）和张崇（2007）都曾提到，延安话的入声字有相应的舒声念法。即，单字音时舒声化，口语词中保留入声。张崇（2007：53）在"延安与延安方言"中的韵母、声调部分列举了一些保留入声韵的字，其中有些字在我们调查时无论单字音还是口语音都已舒化，如"直席集毒忽橘国熟"等。张著的调查时间是1996年，本书最早的调查时间是2010年，14年间延安话的入声字进一步舒化。

滑＝划~船 xua²⁴³｜姜＝笙 tɕʰie⁴⁴²｜协谐＝邪 ɕie²⁴³｜摄设＝赊 ʂɤ²¹｜舌＝蛇 ʂɤ²⁴³。咸山开一见系、山摄合口（除山合二）、宕江入声字与果摄合流，今读[uɤ yɤ]。如：鸽割聒＝歌 kuɤ²¹｜磕阔＝科 kʰuɤ²¹｜橛瘸 tɕʰyɤ²⁴³｜确 tɕyɤ²¹｜决镢 tɕyɤ²⁴³。深臻曾梗通入声字今洪音，部分与遇摄合流，今读[u y]；部分（德陌麦三韵和职韵庄组）与蟹摄合口（除二等）、止合三合流，今读[ei uei]。如：骨谷＝姑 ku²¹｜术＝梳 ʂu²¹｜熟 ʂu²⁴³｜掬＝车~马炮 tɕy²¹｜剧 tɕy⁴⁴²；擘＝杯 pei²¹｜北百 pei²¹｜涩色 sei²¹｜或＝灰 xuei²¹。今细音与蟹止摄开口三四等合流，今读[i ʅ]。如：妻欺七戚 tɕʰi²¹｜吏＝丽 li⁴⁴²｜立历 li²¹｜汁值隻＝知 tʂʅ²¹。

（二）等的分别

把古16摄分成两类：甲类包括果假（合起来看作有一二三等）、蟹、效、咸山、宕江（合起来看作有一二三四等）、曾梗，共10摄；乙类包括遇、止、流、深臻、通共6摄。甲类具备一二三（四）等，乙类只有一三等。

甲类韵母中，果假一二等总是不同，蟹摄一二等和三四等也总是不同。

下面分别用表2-6、2-7呈现开口韵、合口韵中等的分别。

表2-6 延安老户话开口韵等的分别

	一等			二等				三四等	
	帮系	端系	见系	帮	泥	知庄	见系	知章组	非知章组
果假		多 uɤ	哥 uɤ	怕 a	拿 a	茶 a	下 a/ia	车 ɤ	茄姐 ie
蟹	贝 ei	带 ɛɛ	开 ɛɛ	买 ɛɛ	奶 ɛɛ	晒 ɛɛ	鞋 ɛɛ/ie 界 ie	世 ʅ	艺米 i
效	帽 ɔ	刀 ɔ	高 ɔ	包 ɔ	闹 ɔ	炒 ɔ	巧 iɔ	赵 ɔ	苗叫 iɔ
咸山		贪难 暗看 ɛ̃	暗看 ɛ̃	办 ɛ̃		站山 ɛ̃ 馅闲 ɛ̃	减眼 iɛ̃	闪战 ɛ̃	甜田 iɛ̃
		蜡辣 a	磕渴 uɤ	拔 a		插杀 a	匣瞎 a 鸭辖 ia	摄舌 ɤ	接铁 ie
宕江	帮 aŋ	汤 aŋ	炕 aŋ	胖 aŋ	攮 aŋ	窗 uaŋ	讲 iaŋ	张章 aŋ	粮样 iaŋ
	薄 uɤ	落 uɤ	各 uɤ	剥 uɤ		捉 uɤ	学 yɤ 握 uɤ	勺 uɤ	削脚 yɤ 雀 iɔ
曾梗	朋 əŋ	能 əŋ	肯 əŋ	猛 əŋ	冷 əŋ	生 əŋ	坑 əŋ 幸 iəŋ	蒸郑 əŋ	蝇明 iəŋ
	北 ei	德 ei	黑 ei	白 ei		窄摘 ei	隔 ei	色 ei 石 ʅ	力踢 i

表2-7 延安老户话合口韵等的分别

	一等			二等				三四等	
	帮系	端系	见系	帮	泥	知庄	见系	知章组	非知章组
果假	菠 uɤ	剁 uɤ	火 uɤ				瓜 ua		瘸 yɤ
蟹	妹 ei	腿 uei	灰 uei				歪 uɛe	税 uei	桂 uei
咸山	搬 ɛ̃	短 uɛ̃	宽 uɛ̃				闩 uɛ̃ 关 uɛ̃	砖 uɛ̃	凡 ɛ̃ 冤渊 yɛ̃
	沫 uɤ	脱 uɤ	活 uɤ			刷 ua	刮 ua	说 uɤ	法 a 月血 yɤ
宕江			光 uaŋ						王 uaŋ
			郭 uɤ						钁 yɤ
曾梗			弘 uəŋ				矿 uaŋ		兄 yəŋ
			国 uɤ				获 uɤ 划 ua		域 y 疫 i

由上可知，甲类开口韵中，效、宕江、梗摄没有等的分别。其他韵摄等的分别有：一等≠二等见于果假、咸山见系入。其中一等今读[uɤ]，二等今读[a ia]，例如果假摄：挪 nuɤ²⁴³≠拿 na²⁴³ ｜ 歌 kuɤ²¹≠家 tɕia²¹ ｜ 河 xuɤ²⁴³≠霞 ɕia²⁴³。咸山摄见系入：磕 kʰuɤ²¹≠掐 tɕʰia²¹ ｜ 喝 xuɤ²¹≠瞎 xa²¹ ｜ 合盒 xuɤ²⁴³≠狭 ɕia²⁴³ ｜ 割 kuɤ²¹≠夹 tɕia²¹。

合口韵中，一等≠二等，见于蟹摄、咸山入、曾梗见系入。例如蟹摄：回 xuei²⁴³≠怀 xuɛe²⁴³ ｜ 灰 uei≠歪 uɛe（只计韵母）。咸山摄入，例如：聒 kuɤ²¹≠刮 kua²¹ ｜ 活 xuɤ²⁴³≠滑 xua²⁴³。曾梗见系入，例如：国 kuɤ²⁴³≠划 xua²⁴³。

（三）古开合口跟今四呼的关系

古开口韵，一二等除果摄、各摄见系字外，今多读开口呼，三四等多读齐齿呼。古合口韵，一二等今多读合口韵，三四等多读撮口呼。开口三等知系今读开口呼，见于假、效、流、咸山、深臻、曾摄，例如：车 tʂʰɤ²¹ ｜ 烧 ʂɔ²¹ ｜ 收 ʂəu²¹ ｜ 陕 ʂɛ̃⁵³ ｜ 扇 ʂɛ̃⁴⁴² ｜ 沉 tʂʰəŋ²⁴³ ｜ 真蒸 tʂəŋ²¹。合口三等知系今读合口呼，见于遇、蟹、止、山、臻、通摄，例如：厨 tʂʰu²⁴³ ｜ 缀 tʂuei⁴⁴² ｜ 吹 tʂʰuei²¹ ｜ 穿 tʂʰuɛ̃²¹ ｜ 春充 tʂʰuəŋ²¹ ｜ 忠钟 tʂuəŋ²¹。

其他情形是：

①果开一今读合口呼。例如：锣骡 luɤ²⁴³ ｜ 歌锅 kuɤ²¹ ｜ 我 ŋuɤ⁵³ ｜ 河禾 xuɤ²⁴³。

②部分开口见系二等字今读齐齿呼。例如：家加痂 tɕia²¹ ｜ 牙芽 ia²⁴³ ｜ 界戒 tɕie⁴⁴² ｜ 交胶 tɕiɔ²¹ ｜ 监艰奸 tɕiɛ̃²¹ ｜ 江 tɕiaŋ²¹ 讲 tɕiaŋ⁵³ ｜ 硬 ȵiəŋ⁴⁴² 幸 ɕiəŋ⁴⁴²。

③宕开三庄组、江开二知庄组字今读合口呼。例如：装桩 tʂuaŋ²¹ ｜ 闯 tʂʰuaŋ⁵³ ｜ 状 tʂuaŋ⁴⁴² ｜ 撞 tʂʰuaŋ⁴⁴² ｜ 窗 tʂʰuaŋ²¹ ｜ 双 ʂuaŋ²¹ ｜ 勺 ʂuɤ²⁴³ ｜ 桌捉 tʂuɤ²¹。

④梗合三见系字今读齐齿呼。如：营 iəŋ²⁴³ ｜ 疫 i⁴⁴²。

三　声调演变特点

延安老户话今声调4个，入声调只在语流中出现。单字调的调型与关中话相近。

（一）声调演变特点

古清平今为阴平，古浊平今为阳平。古清上、次浊上今为上声，全浊上和古去声今为去声。

（二）入声调类的演变

1. 单字音中，入声调全部舒化。在口语词汇中，少数入声字保留入声调，例如：胳 kɤ²¹——胳膊 kəʔ⁵puɤ⁰，吃 tʂʰʅ²¹——吃饭 tʂʰəʔ⁵fɛ̃⁴⁴²。

2. 入声舒化后的归派与关中方言相同。清入、次浊入多归阴平，全浊入多归阳平。例如：谷 ku²¹ ｜ 哭 kʰu²¹ ｜ 麦 mei²¹ ｜ 毒 tʰu²⁴³。

有些早期舒化的入声字读去声，与北方大部分方言相同，例如：烙 lɔ⁴⁴² ｜ 剧 tɕy⁴⁴² ｜ 玉 y⁴⁴² ｜ 易亿 i⁴⁴²。

第三节

连读变调及词调

一 两字组连读变调规律

延安老户话共有4个单字调：阴平21，阳平243，上声53，去声442，口语词汇中有入声5，只在口语词的前字位置上出现。

连读中，非叠字两字组前字变调，后字不变调。变调规律见表2-8，表中加粗表示变调。

表2-8 延安老户话非叠字两字组连读变调表

前字	后字			
	阴平21	阳平243	上声53	去声442
阴平21	**24**+21	21+243	**24**+53	21+442
阳平243	**24**+21	**24**+243	**24**+53	**24**+442
上声53	53+21	53+243	**24**+53	53+442 **21**+442
去声442	**44**+21 **42**+21	**44**+243 **42**+243	**44**+53	**44**+442 **42**+442
（入声）①	5+21	5+243	5+53	5+442

老户话的连读变调主要有如下规律：

---

① 今延安老户话单字调无入声调。据张崇（2007：53），入声单字调本为ʔ54。

①阴平在阴平、上声前变读24。

②阳平做前字变读24。

③上声在上声前变读24；在去声前有时变读21，有时不变调，没有明显的规律。

④去声在上声前变读44，在非上声前变读44或42，读42的比读44的多，但没有明显的规律。少数词的前字可以自由变读44或42，例如：酱油儿、事多矫情、背心等。

下面举例。分别用1、2、3、4、5表示阴平、阳平、上声、去声、入声。连调组合"1 1"表示"阴平+阴平"，"2 1"表示"阳平+阴平"，"5 1"表示"入声+阴平"，依此类推。例词有两种连调方式的，可能出现在不同的连调式中。下文同。

前字阴平

1	1	24+21	脚心 tɕyɤ ɕiəŋ	浇花 tɕiɔ xua	开车 kʰee tʂʰɤ
1	2	21+243	月牙儿 yɤ iɐr	牲灵 səŋ liəŋ	钉鞋 tiəŋ xɛe
1	3	24+53	酸枣儿 suɛ̃ tsɔr	装裹假装 tʂuaŋ kuɤ	浇水 tɕiɔ ʂuei
1	4	21+442	天气 tʰiẽ tɕʰi	沙地 sa tʰi	跌潲瀑布 tie sɔ

前字阳平

2	1	24+21	河滩 xuɤ tʰɛ̃	娘家 ȵiaŋ tɕia	毛衣 mɔ i
2	2	24+243	难活 nɛ̃ xuɤ	罗崖村名 luɤ nɛe	脑疼头疼 nɔ tʰəŋ
2	3	24+53	黄米 xuaŋ mi	锣鼓 luɤ ku	寻死自杀 ɕiəŋ sɿ
2	4	24+442	徒弟 tʰu tʰi	脑晕头晕 nɔ yəŋ	抬轿儿 tʰɛe tɕiɔr

前字上声

3	1	53+21	土鸡 tʰu tɕi	酒糟 tɕiəu tsɔ	打春 ta tʂʰuəŋ
3	2	53+243	虎牙 xu ȵia	粉条儿 fəŋ tʰiɔr	奶儿养子 nɛe ər
3	3	24+53	小满 ɕiɔ mẽ	洗脸 ɕi liẽ	捣鬼撒谎 tɔ kuei
3	4	53+442	水地 ʂuei tʰi	跑肚 pʰɔ tu	耳背 ər pei
		21+442	美气 mei tɕʰi	手腕儿 ʂou uɐr	写信 ɕie ɕiəŋ

前字去声

4	1	44+21	背心 pei ɕiəŋ	潲风微风 sɔ fəŋ	事多矫情 sɿ tuɤ
		42+21	背心 pei ɕiəŋ	外甥 uɛe səŋ	事多矫情 sɿ tuɤ
4	2	44+243	鲫鱼 tɕi y	溃脓化脓 xuei nuəŋ	叫鸣 tɕiɔ miəŋ
		42+243	面茶 miẽ tsʰa	蛋黄儿 tʰɛ̃ xuɐr	看人相亲 kʰɛ̃ zəŋ
4	3	44+53	暴雨 pɔ y	气短气喘 tɕʰi tuẽ	逛眼失眠 kuaŋ ȵiẽ
4	4	44+442	树叶儿 ʂu iɐr	变蛋皮蛋 piẽ tẽ	受气 ʂou tɕʰi
		42+442	后背 xou pei	坬地坡地 ua tʰi	散饭消食 sẽ fẽ

前字入声

5	1	5+21	一斤 iəʔ tɕiəŋ	十七 ʂəʔ tɕʰi	棘针_酸枣枝_ kəʔ tʂəŋ
5	2	5+243	一船 iəʔ tʂʰuẽ	出门 tʂʰuəʔ məŋ	石窑 ʂəʔ iɔ
5	3	5+53	一本 iəʔ pəŋ	出水_出汗_ tʂʰuəʔ ʂuei	不好 pəʔ xɔ
5	4	5+442	一辈儿_平辈_ iəʔ pər	做过_糟糕_ tsuəʔ kuɤ	窟窿儿 kʰuəʔ luɤ̌r

二　词调

词调（lexical tone）是一个特定概念，指"西北方言中双音节以上的词语中那些不能从单字调的连读音变推导出来的调子"（邢向东、马梦玲 2019）。其中包括一般所说的轻声。延安老户话有以下几种词调。

（一）轻声

有些口语词的后字一律读轻声，调值近似21，起点略低于2度。轻声是统一的弱化调子，与前字或后字的单字调无关。当后字为阴平时，是轻声还是原调可以分辨，读原调21的词语后字较重。延安老户话中轻声词数量很多，如"子"尾词、重叠词、带叠音词缀的词等。轻声一律记为0。

带轻声的两字组中，前字变调规律如下：

①前字是阴平时，古清平及部分古入声字变读24，部分古入声字不变调。其中古入声字前字变调与否反映出不同的变化轨迹：一是前字先变24，之后后字轻读；二是后字直接变轻读。

②前字是阳平、去声或入声时，与普通两字组的变调规律相同：阳平变读24。去声变读44或42，无明显规律可循。前字入声读5。

③前字是上声时，当读轻声的后字来源于上声时，前字变读24；来源于非上声时不变调，仍读53。

下面举例。分别用0、1、2、3、4、5表示轻声、阴平、阳平、上声、去声、入声。

1	0	24+0	山沟 sɛ̃ kəu	根子 kəŋ tʂɿ	墨汁 mei tʂɿ
		21+0	虱子 sei tʂɿ	日头 ər tʰəu	厮打_打架_ sɿ ta
2	0	24+0	槌头_拳头_ tʂʰuei tʰəu	明年 miəŋ ȵiẽ	云彩 yəŋ tsʰee
3	0	24+0	起火 tɕʰi xuɤ	笤瓦 tʰuəŋ ua	雨水 y ʂuei
		53+0	水沟 ʂuei kəu	纸烟 tʂɿ iẽ	往年 uaŋ ȵiẽ
4	0	44+0	后年 xəu ȵiẽ	砚瓦_砚台_ iẽ ua	个子 kɤ tʂɿ
		42+0	把子_刀~_ pa tʂɿ	露水 ləu ʂuei	个子 kɤ tʂɿ
5	0	5+0	蛤蟆 xəʔ ma	石头 ʂəʔ tʰəu	胳膊 kəʔ puɤ

（二）"22+31"调①

延安老户话有一个"22+31"调，该词调形式覆盖了不少声调组合，组合的前字多为阴平，少数是上声。邢向东、马梦玲（2019）指出，西北方言具有高低、低高搭配的词调模式。延安老户话的"22+31"是"低高"搭配，与轻声词合起来看，就是"高低、低高"搭配。读"22+31"调的词语，包括普通名词、子尾词、重叠词［例见下文（三）］，大致对应普通话的轻声词。举例如下。

前字阴平： 木植 mu ʂʅ　　　师傅 sʅ fu　　　蜂糖 fəŋ tʰaŋ

　　　　　 筐子 kʰuaŋ tsʅ　　黑咾_{晚上} xei lɔ　　医生 i səŋ

前字上声： 尾巴 i pa　　　　耳朵 ər tuɤ　　　晌门_{中午} ʂaŋ məŋ

（三）重叠式名词的词调

阴平的两字组重叠式有两读，一读"21+0"，一读词调"22+31"。阳平、上声的重叠式都是前字不变调，后字读轻声。去声字的两字组重叠变调规律同轻声词，前字变44或42调，后字读轻声。例如：

21+0/22+31　　桌桌 tʂuɤ tʂuɤ　　家家 tɕia tɕia　　蛛蛛 tʂu tʂu

24+0　　　　　馍馍 muɤ muɤ　　娃娃 ua ua　　　勺勺 ʂuɤ ʂuɤ

53+0　　　　　眼眼 ȵiẽ ȵiẽ　　　碗碗 uẽ uẽ　　　粉粉 fəŋ fəŋ

42/44+0　　　　面面 miẽ miẽ　　蛋蛋 tẽ tẽ　　　巷巷 xaŋ xaŋ

（四）单音节形容词重叠式的词调

单音节形容词重叠，重叠部分必须儿化。形成三种词调：21+24、24+24、44+442。其中单字调为非去声时，后字都变24调；阴平前字不变调，阳平前字变24调，上声前字变21调。单字调为去声时，前字变44调，后字不变调。这样，单字调为阴平、上声的形容词重叠式的词调相同。例如：

21+24　　高高儿 kɔ kɔr　　　端端儿 tuẽ tuɛr　　清清儿 tɕʰiəŋ tɕʰĩr

24+24　　红红儿 xuəŋ xuɤr　　圆圆儿 yẽ yɛr　　　沉沉儿 tʂʰəŋ tʂʰə̃r

21+24　　软软儿 zuẽ zuɛr　　　暖暖儿 nuẽ nuɛr　　紧紧儿 tɕiəŋ tɕĩr

44+442　　快快儿 kʰuɛɛ kʰuɛr　硬硬儿 ȵiəŋ ȵĩr　　胖胖儿 pʰaŋ pʰãr

（五）A+BB（儿）式的词调

A+BB（儿）式的形容词和拟声词，重叠部分可以儿化，也可以不儿化。儿化与非儿化的连调式相同。A+BB（儿）式的四种连调模式，都与B的单字调有关，与A无关。当

---

① 张崇（2007：54）记为"31+43"，与我们的记录略有不同。我们调查发现，一般读"22+31"，只有重读时，后字声调比31略高，为42。

B是非去声时,有两种连调模式,"D+21+0"("D"表示单字调)和"D+21+24"。前一连调模式是主流读法,后一连调模式例词较少。当B是去声时,前字B不变调,后字B读轻声,连调模式是"D+42+0"。还有一种连调模式"D+22+31",例词很少。

D+21+0式,如:

  蓝莹莹儿 lɛ̃²⁴iəŋ²¹ĩr̃⁰   水灵灵 ʂuei⁵³liəŋ²¹liəŋ⁰

  俊也也 tɕyəŋ⁴²ie²¹ie⁰   圪杵杵 kəʔ⁵tʂʰu²¹tʂʰu⁰

D+21+24式,如:

  圪嘟嘟儿 kəʔ⁵tu²¹tur²⁴   圪堆堆儿 kəʔ⁵tuei²¹tuɚ²⁴

  一点点儿 i²⁴tiɛ̃²¹tiɚ²⁴   胖墩墩 pʰaŋ⁴⁴tuəŋ²¹tuəŋ²⁴

D+42+0式(BB去声),如:

  干怪怪 kɛ̃²¹kuɛe⁴²kuɛe⁰   木楞楞 mu²¹ləŋ⁴²ləŋ⁰

  瓷腾腾 tsʰɿ²⁴tʰəŋ⁴²tʰəŋ⁰

D+22+31式,如:

  端铿铿 tuɛ̃²¹tsəŋ²²tsəŋ³¹   稠咚咚 tʂʰəu²⁴tuəŋ²²tuəŋ³¹

  厚咚咚 xəu⁴²tuəŋ²²tuəŋ³¹

第四节

异读

一 文白异读

延安老户话的文白异读不很丰富。有的文白异读没有词汇条件限制，可以自由替换，如"兄弟"中的"弟 tʰi⁴⁴²/ti⁴⁴²"。有的白读音只保留在个别词中，如"健"只在"康健""勤健"中读白读音[tɕʰiɛ̃⁴⁴²]，"办"只在"不得办来不及"中读白读音[pʰɛ̃⁴⁴²]，等等。下面是一些成系统的文白异读，按前白后文的顺序列举。

1. 部分古全浊声母仄声字白读为送气音声母，文读为不送气声母。例如：拌 pʰɛ̃⁴⁴²~汤/pɛ̃⁴⁴² 搅~机｜健 tɕʰiɛ̃⁴⁴² 康~/tɕiɛ̃⁴⁴²~康｜着 tʂʰuɤ²⁴³ 睡~/tʂuɤ²⁴³ ~凉｜办 pʰɛ̃⁴⁴² 不得~/pɛ̃⁴⁴² ~事。

2. 部分古见系开口二等字，白读音为舌根音声母[k kʰ x]，文读音为舌面音声母[tɕ tɕʰ ɕ]。例如：解 kɛɛ⁵³/tɕie⁵³｜鞋 xɛɛ²⁴³/ɕie²⁴³｜咸闲 xɛ̃²⁴³/ɕiɛ̃²⁴³｜项巷 xaŋ⁴⁴²/ɕiaŋ⁴⁴²。

3. 部分疑影母细音字，白读为鼻音声母，文读为零声母。例如：压 nia²¹ ~扁/ia²¹ ~力｜鸭 nia²¹ ~子/ia²¹ 烤~。

4. 果摄见系"各个"二字有文白异读，白读是[uɤ]韵，文读是[ɤ]韵：各 kuɤ²¹ ~己/kɤ²¹ ~人｜个 kuɤ⁴⁴² ~人/kɤ⁴⁴² ~体户。

5. 遇合三虞韵的"娶"字，白读[tsʰ]⁵³，文读[tɕʰy⁵³]，白读音反映了"鱼虞有别"的古老层次。

6. 止合三唇音字"肥尾"有文白异读，白读为齐齿呼[i]韵，是"支微入鱼"现象的遗留：肥 ɕi²⁴³/fei²⁴³｜尾 i⁵³/uei⁵³。

7. 效摄一等帮组"毛堡"二字有文白异读，白读为[u]韵，文读为[ɔ]韵：毛 mu²⁴³ ~娃儿/mɔ²⁴³ ~野人｜堡 pu⁵³ 吴~/pɔ⁵³ 城~。

8. 部分德陌麦韵和职韵庄组入声舒化字，白读[ei uei]韵，文读[ɤ uɤ]韵。例如：得 tei²¹~到/tɤ²¹~奖｜客kʰei²¹/kʰɤ²¹~人｜色sei²¹/sɤ²¹。

二　新老异读

延安老户话的异读主要是老派和新派的差异，新派说的是新延安话。本节下文"新延安话"简称"新话"，"老户话"简称"老话"。

（一）新话音系

1. 声母25个，包括零声母。

p pʰ m f v t tʰ n l ts tsʰ s tʂ tʂʰ ʂ ʐ tɕ tɕʰ ɲ ɕ k kʰ ŋ x ∅

说明：

①[n]出现在洪音韵母前，[ɲ]出现在细音韵母前。

②[v]唇齿音色彩清晰。

2. 韵母33个。

ɿ	ʅ	ɚ	a	ə	ɛ	ae	ei	ɔ	əu	ɑŋ	ɤŋ	əʔ
i			ia		iɛ			iɔ	iəu	iɑŋ	iɤŋ	iəʔ
u			ua	uə	uɛ	uae		uei		uɑŋ	uɤŋ	uəʔ
y					yɛ						yɤŋ	

说明：

①[uə]韵中[u]的实际音值是[ʊ]，主要元音[ə]受介音的影响，唇形略圆。

②[iɛ yɛ]的主要元音舌位比标准的[ɛ]略高。

③[ɑŋ]组韵母的鼻音尾比较松，有变成鼻化韵的倾向。

④[ɤŋ iɤŋ]中的[ɤ]实际音值是[ɯ]。

⑤[əʔ]组入声韵的主要元音[ə]比央元音略低，塞音尾明显。

3. 单字调5个：阴平232，阳平242，上声312，去声52，入声54。

说明：

①阴平与阳平调型相似，阳平242比阴平232上升部分略急。发音人能明确区分阴平与阳平，但是当阳平字单独出现时，往往读如阴平，不容易辨别。也有个别阳平字读成阴平调的情况。

②上声实际上是一个双曲调，后部到2度以后还有下降。

（二）从老话到新话的变化

新话与老话既有一致性，又有明显的变化。新话与老话保持一致的部分，往往是老话与上头话基本一致的部分，例如：声母（古全浊仄声字除外），韵母中古假摄、遇摄（遇合三知系除外）、蟹止摄、效流摄、宕江摄的发音，深臻与曾梗通摄舒声韵母合流。这种一致性保证了新话对老话的基本音类分合关系的继承。

新话与老话的不同之处，主要表现为晋语特点的强化、关中方言色彩的减退。

1. 声母的变化

新话的声母系统和老话基本相同，仅多了[v]母，老话的合口呼零声母字新话读[v]母。变化明显的是古全浊声母仄声字的读音。新话、老话的古全浊声母字今逢塞音、塞擦音时，平声字读送气音，仄声字部分送气，部分不送气。不过，在调查的古全浊声母仄声字中，老话读送气音的多达93字，新话只有16字，即：簿饽面~驮囤强褦，把佩叛仆瀑艇挺沓特突，其中10字与普通话相同。上头话中，古全浊声母仄声字读送气音声母的字较少，而新话比上头话更少，应是上头话和普通话双重影响的结果。

2. 韵母的变化

（1）音类的变化

老话的韵母中，中古果摄韵母以及咸山摄舒声韵、入声舒化韵与关中方言相同或相近，与陕北晋语不同。这几类字新话与上头话趋同，发生了音类分合的变化，个别音值与普通话趋同。

A. 果摄韵母，新话的音类分合与上头话趋同，音值与普通话趋同。其中非见系字老话读[uɤ]韵，新话读[uə]韵；见系字老话读[uɤ]韵，新话读[ə]韵。果合三老话读[yɤ]韵，与一等韵平行；新话读[yɛ]韵，与一等韵不平行，与开口三等韵平行。例如（前老后新，下同）：搓 tsʰuɤ²¹→tsʰuə²³² ｜ 婆 pʰuɤ²⁴³→pʰuə²⁴² ｜ 哥 kuɤ²¹→kə²³² ｜ 瘸 tɕʰyɤ²⁴³→tɕʰyɛ²⁴²。

B. 遇合一泥组字，老话读[əu]韵，新话根据年龄不同分别读[əu]韵或[u]韵，大体上30多岁及以下的年轻人普遍读[u]韵，年龄大约在40岁及40岁以上的普遍读[əu]韵。我们调查的两名新话发音人，40岁的高鹏程读[əu]韵，31岁的高旭读[u]韵。读[əu]韵是陕北大部分方言的共性，[u]韵则是普通话的读法。

表2-9　延安老话与新话遇合一泥组字读音比较表

		奴	炉	鲁	怒	路
老话		nəu²⁴³	ləu²⁴³	ləu⁵³	nəu⁴⁴²	ləu⁴⁴²
新话	约40岁及以上	nəu²³²	ləu²⁴²	ləu³¹²	nəu⁵²	ləu⁵²
	30多岁及以下	nu²³²	lu²⁴²	lu³¹²	nu⁵²	lu⁵²

C.咸山摄舒声韵的今读韵母，老话是主元音基本相同的一组鼻化韵母[ɛ̃ uɛ̃ iɛ̃ yɛ̃]。新话是[ɛ uɛ iɛ yɛ]，不带鼻化色彩。这一点与上头话相同。不同的是，上头话的这类韵母往往根据洪、细分为主元音不同的两组，如绥德话为[æ uæ][ie ye]。新话的这组韵母既保留了老话一组的主元音，又吸收了上头话里没有鼻音色彩的音值特点。例如：南难 nɛ̃²⁴³→nɛ²⁴² ｜ 盘 pʰɛ̃²⁴³→pʰɛ²⁴² ｜ 监尖 tɕiɛ̃²¹→tɕiɛ²³² ｜ 店电 tiɛ̃⁴⁴²→tiɛ⁵² ｜ 官关 kuɛ̃²¹→kuɛ²³² ｜ 圆元 yɛ̃²⁴³→yɛ²⁴²。

D.老话中，单字音没有入声韵，语流中出现一组入声韵[əʔ iəʔ uəʔ]韵。新话同样是保留[əʔ iəʔ uəʔ]韵，但范围扩大，不仅语流中有入声韵，单字音中也有入声韵。例如：木 məʔ⁵⁴ ｜ 集 tɕiəʔ⁵⁴ ｜ 毒 tuəʔ⁵⁴ ｜ 褥 ʐuəʔ⁵⁴。

E.入声韵舒化后韵类的分合、韵母的音值，老话都与关中方言相近，新话与上头话相近。新话与上头话入声舒化韵唯一的区别是曾开一和梗开二帮组入声字，上头话读齐齿呼韵母，新话读[ei ae]韵，与普通话相近。具体如下：

宕江摄入声韵舒化后，老话读[uɤ yɤ]韵，新话读[ə uə yɛ]韵。例如：恶 ŋuɤ²¹→ŋə²³² ｜ 药 yɤ²¹→yɛ²³² ｜ 脚 tɕyɤ²¹→tɕyɛ²³² ｜ 捉 tʂuɤ²¹→tʂuə²³² ｜ 学 ɕyɤ²⁴³→ɕyɛ²⁴²。

德陌麦韵和职韵庄组入声字舒化后，老话读[ei uei]韵，新话读[ə ei ae]韵。例如：德 tei²¹→tə²³² ｜ 色 sei²¹→sə²³² ｜ 百 pei⁵³→pei³¹² ｜ 客 kʰei²¹→kʰə²³² ｜ 麦 mei²¹→mae²³²。

咸山摄三四等入声韵（知系除外）舒化后，老话不与舒声字合流，读[ie yɤ]；新话舒入合流，读[iɛ yɛ]，即面＝灭 miɛ⁵² ｜ 愿＝月 yɛ⁵²。咸山摄三四等入声韵（知系除外）舒化后舒入合流，是大多数陕北晋语的共同特点。

（2）音值的变化

部分韵摄，新话与老话在音类分合关系上保持了一致，但音值发生了变化，变化后的音值更接近普通话。如蟹摄韵母老话读[ɛɛ uɛɛ]，开口度和动程均比较小，新话读[ae uae]，开口度和动程明显加大。例如：鞋 xɛɛ²⁴³→xae²⁴²，坏 xuɛɛ⁴⁴²→xuae⁵²。再如效摄韵母，老话读[ɔi ɔi]，动程不明显，新话读[ɔo iɔo]，动程明显。例如：老 lɔ⁵³→lɔo³¹²，笑 ɕiɔ⁴⁴²→ɕiɔo⁵²。

3.声调的变化

（1）新话和老话单字调系统有同有异。新话5个单字调，比老话增加了一个入声调。老话的去声442先平后降，连读变调常读42，已显示出晋语的影响。新话声调受到晋语的影响更加明显：阴平232、阳平242、去声52的调型与其他陕北晋语相似。而上声312是降升调，前半部分下降明显，带有老话的色彩。新话的单字调先行变化，连调仍保留老话的形式，因此单字调和部分连调形式存在不对应。

（2）入声字舒化后归调的规律，老话与关中方言基本一致：清入、次浊入字归阴平，全浊入字归阳平。新话则是上头话、老话、普通话共同影响的结果。新话入声字舒化后不论声母清浊，归阴平的字最多，其次是归去声（次浊入归阴平和去声的字数基本相当）。入声字不按声母清浊分化，是上头话（例如绥德话）的特点，归去声的字则与普通话读法相近。新话入声舒化后60%归阴平，阴平与阳平调型相近，却无一字归阳平，应该是受老话清入、次浊入多归阴平这一规律影响所致。例如，在新话中，"热福辣挖贼"归阴平，与老话相同；"舌"也归阴平，则属于新话的创新；"色月"归去声，"属"归上声，则与普通话相对应，应该是受普通话影响的结果。

（3）新话继承了老话的部分连调模式，这正是新话带有老话色彩的主要原因。以两字组连读变调为例，阴平、阳平、入声做前字时的调值，新话与老话完全相同：阴平前字均读24或21；阳平均读24；入声均读5。上声、去声做前字时的调值，新话与老话调型相近：上声新话读31或24，老话读53/21或24；去声新话读52，老话读42或44。

表2-10　延安老话与新话非叠字两字组连读调比较表

前字		阴平			阳平			上声			去声			入声	
阴平	老	24+	21	当官	21+	243	清明	24+	53	亲口	21+	442	书记	21+54	天黑
	新		232			242			312			52			
阳平	老	24+	21	爬山	24+	243	农民	24+	53	骑马	24+	442	徒弟	24+54	寻吃
	新		232			242			312			52			
上声	老	53+21		火车	53+243		口粮	24+53		打水	53+442		买菜	31+54	讨吃
	新	31+232			31+242			24+312			31+52				
去声	老	44/42+21		旱滩	44/42+243		过年	44+53		上礼	44/42+442		菜地	52+54	会吃
	新	52+232			52+242			52+312			52+52				
入声	老	5+	21	一斤	5+	243	一船	5+	53	一本	5+	442	吃饭	5+54	黢黑
	新		232			242			312			52			

此外，一部分来自清入、次浊入的舒化字，新话不管单字调读上声还是去声，在去声前均读21（阴平），与老话相同。如"月"[ye⁵²]单字调是去声，在"月亮"[ye²¹lian⁵²]中变读21。新话阴平字的重叠式，也与老话的词调完全相同，读"22+31"，如"刀

刀"[tɔo²²tɔor³¹]。

综上，从延安老话到新话，我们看到濒危方言消失的路径之一，不是彻底的方言转用，而是在外来移民的强势方言和普通话的共同作用下，部分保留，逐渐改变，以至"脱胎换骨"。

第五节

其他音变

延安老户话存在语流音变现象，其中弱化、脱落、同化、合音的情况不多，分音词数量略多。

一 弱化、脱落、同化、合音

1. 弱化和脱落

老户话在语流中发生弱化和脱落，目前只发现"上""家"二字，都是轻声所致。

上ʂaŋ⁴⁴²，构成方位短语时读轻声，韵母弱化，读[ʂɤ⁰]。例如：床上tʂʰuaŋ²⁴ʂɤ⁰｜桥上tɕʰiɔ²⁴ʂɤ⁰。

家tɕia²¹，读轻声时，韵腹脱落，读[tɕi⁰]。例如：娘家ȵiaŋ²⁴tɕi⁰｜男家nẽ²⁴tɕi⁰｜女家ȵy⁵³tɕi⁰｜人家zəŋ²⁴tɕi⁰。

2. 同化

个别词前一音节的末尾音素是[u][ɔ]时，后一音节韵母发生顺同化，变为合口呼。例如：顾揽ku⁴²luẽ⁰｜跳弹tʰiɔ⁴²tʰuẽ⁰。

3. 合音

合音现象有：不要pəʔ⁵iɔ⁴⁴² ＞ 覅piɔ⁴⁴²，怎么tsəʔ⁵ma⁰ ＞ 咋tsa²¹。这几个合音词普遍见于晋语。

二 分音

晋语"分音词又称'嵌l词''析音词''切脚词'，是一种前字读入声、后字为l母的双音节单纯词，是通过语音手段分离单音词而构成的一种特殊词汇。分音词在晋语中有极大的一致性，在晋语周边的方言中也不同程度地存在"。（邢向东 2020：249）分音词是由对应的单音词（下文称作"本词"）分音构成的。

下面列举延安老户话的分音词及其本词。由于分音词没有书面形式，所以一律采用同音字，没有同音字的用"□"表示。有的词尽管没有本词，但结构符合条件，语义和其他分音词有联系，很可能是从其他分音词孳乳出来的，也列在下面，本词用"？"号表示，并注明意义。

① p-l-：

卜浪 pəʔ⁵laŋ⁴⁴²——棒 paŋ⁴⁴²

卜拉 pəʔ⁵la⁰——扒 pa²¹

卜捼 pəʔ⁵lie⁰——迸 pie⁴⁴²

卜烂 pəʔ⁵lɛ̃⁰——拌/绊 pɛ̃⁴⁴²

卜捞 pəʔ⁵lɔ⁰——刨 pɔ²⁴³

② pʰ-l-：

孛箩 pʰəʔ⁵luɤ⁰——？ 筐箩

③ t-l-：

耷揽 təʔ⁵lɛ̃⁰——担 tɛ̃⁴⁴² 耷拉

得溜 təʔ⁵liəu²⁴³——□ tʰiəu²⁴³ 提

的料 təʔ⁵liɔ⁴⁴²——调 tiɔ⁴⁴²

④ tʰ-l-：

突噜 tʰuəʔ⁵lu⁴⁴²——？ 拟声词，喝粥声

⑤ k-l-：

圪拉 kəʔ⁵la⁰——罅 ɕia⁴⁴²

圪塄 kəʔ⁵lɔ⁰——角 tɕiɔ²¹

圪榄 kəʔ⁵lɛ̃⁰——杆 kɛ̃²¹

圪楞 kəʔ⁵ləŋ⁰——埂 kəŋ⁵³

圪捞 kəʔ⁵lɔ⁰——搅 tɕiɔ⁵³

圪路 kəʔ⁵ləu⁰——卜够ꞌ儿 pəʔ⁵kəur⁰ 打嗝

圪料 kəʔ⁵liɔ⁴⁴²——翘 tɕʰiɔ⁴⁴²

圪溜 kəʔ⁵liəu⁰——勾 kəu²¹

轱辘 kuəʔ⁵lu⁰——毂 kuəʔ⁵

骨拢 kuəʔ⁵luəŋ⁰——滚 kuəŋ⁵³

骨联 kuəʔ⁵lyɛ̃²⁴³——蜷 tɕʰyɛ̃²⁴³

骨噜 ku²¹lu⁴⁴²——咕 ku²¹ 拟声词，咽水声

骨圞 kuəʔ⁵luɛ̃²⁴³——？ 东西在嘴里嚼着不咽下

⑥ kʰ-l-：

克郎 kʰəʔ⁵laŋ²⁴³——腔 tɕʰiaŋ²¹

窟窿 kʰuəʔ⁵luəŋ⁰——孔 kʰuəŋ⁵³

窟联 kʰuəʔ⁵lyɛ̃⁰——圈 tɕʰyɛ̃²¹

⑦ x-l-：

黑浪儿 xəʔ⁵lãr⁰——巷儿 xãr⁴⁴²

黑愣 xəʔ⁵ləŋ⁴⁴²——□ xəŋ⁴⁴² 撼

囫囵 xu²⁴luəŋ⁰——浑 xuəŋ²⁴³

忽咙 xu²¹ləu⁰——？ 喉咙

忽拉 xu²⁴la⁰——划 xua²⁴³

忽噜 xu²¹lu⁰——糊 xu⁴⁴² 糊涂

三 儿化

延安老户话共有24个儿化韵。在35个基本韵母中，30个有儿化韵形式及例词。[ʅ ə əʔ iəʔ uəʔ]暂时未发现儿化韵例词。

表2-11 延安老户话儿化韵与基本韵母对应表

儿化韵	本韵	例词	儿化韵	本韵	例词
ɐr	a	圪拉儿缝儿 kəʔ⁵lɐr⁴⁴²	yr	y	驴驹儿 ly²⁴tɕyr⁰
	ɛ̃	蝉儿蝴蝶 ʂɐr²⁴³	iɛr	ie	树叶儿 ʂu⁴⁴iɛr⁰
iɐr	ia	豆芽儿 təu⁴⁴iɐr²⁴³	ɔr	ɔ	桃儿 tʰɔr²⁴³
	iɛ̃	辣子面儿 la²¹tsŋ⁰miɐr⁴⁴²	iɔr	iɔ	雀雀儿鸟儿 tɕʰiɔ⁵³tɕʰiɔr⁰
uɐr	ua	花儿 xuɐr²¹	ɛr	ɛ	短帽盖儿 tuɛ̃⁵³mɔ⁴⁴kɛr⁴⁴²
	uɛ̃	当官儿 taŋ²⁴kuɐr²¹	uɛr	uɛ	块儿 kʰuɛr⁴⁴²
yɐr	yɛ̃	眼圈儿 n.iɛ̃⁵³tɕʰyɐr⁰	əur	əu	后儿后天 xəur⁴⁴²
ər	ʅ	事儿 sər⁴⁴²	iəur	iəu	酱油儿 tɕiaŋ⁴²iəur²⁴³
	ɤ	扑克儿 pʰu²⁴kʰər⁰	ãr	aŋ	巷巷儿 xaŋ⁴²xãr⁰
	ei	白儿白天 pʰər²⁴³	iãr	iaŋ	一样样儿 iəʔ⁵iaŋ⁴²iãr⁰
iər	i	枚笛儿笛子 mei²⁴tiər⁰	uãr	uaŋ	相框儿 ɕiaŋ⁴²kʰuãr⁴⁴²
uər	uɤ	鸡窝儿 tɕi²⁴uər⁰	ɤ̃r	əŋ	本本儿 pəŋ⁵³pɤ̃r⁰
	uei	多会儿 tuɤ²⁴xuər⁰	iɤ̃r	iəŋ	今儿 tɕiɤ̃r²¹
yər	yɤ	角角儿 tɕyɤ²²tɕyər³¹	uɤ̃r	uəŋ	嘴唇儿 tsuei⁵³tʂʰuɤ̃r²⁴³
ur	u	毛肚儿 mɔ²⁴tur⁵³	yɤ̃r	yəŋ	褡裙儿围裙 tsʰɔ²⁴tɕʰyɤ̃r⁰

第六节

今音和古音的比较

本节主要从中古音出发看古今语音的演变。中古音指以《广韵》为代表的切韵音系,今音指延安老户话音系。声母、韵类、声调的分类均以《方言调查字表》为准。

表2-12 延安老户话与中古声母比较表

		清			全浊	
					平	仄
帮组		帮 p		滂 pʰ	並 pʰ	p pʰ
非组		非 f		敷 f	奉 f	
端组		端 t		透 tʰ	定 tʰ	t tʰ
泥组						
精组	今洪	精	ts	清	tsʰ	从	tsʰ	ts tsʰ
	今细		tɕ		tɕʰ		tɕʰ	tɕ tɕʰ
知组	二今开	知	ts	彻	tsʰ	澄	tsʰ	ts tsʰ
	其他		tʂ		tʂʰ		tʂʰ	tʂ tʂʰ
庄组	今开	庄	ts	初	tsʰ	崇	tsʰ	ts tsʰ
	今合		tʂ		tʂʰ		tʂʰ	tʂ tʂʰ
章组	止今开	章	ts	昌	tsʰ	船		s
	其他		tʂ		tʂʰ		tʂʰ ʂ	ʂ
日母	止今开							
	其他							
见晓组	今洪	见	k	溪	kʰ	群	kʰ	k kʰ
	今细		tɕ		tɕʰ		tɕʰ	tɕ tɕʰ
影组	今洪	影	ø ŋ					
	今细		ø ȵ					

次浊			清		全浊				
						平	仄		
明 m									帮组
微 ∅									非组
泥	n	来 l						今洪	端组
	ɲ							今细	
			心	s	邪	tsʰ s	s	今洪	精组
				ɕ		tɕʰ ɕ	ɕ	今细	
								二今开	知组
								其他	
			生	s				今开	庄组
				ʂ				其他	
			书	s	禅	s		止今开	章组
				ʂ		tʂʰ ʂ	ʂ	其他	
日	∅							止今开	日母
	ʐ							其他	
疑	ŋ ∅		晓	x	匣	x		今洪	见晓组
	ɲ ∅			ɕ		ɕ		今细	
云	∅	以	∅ ʐ					今洪	影组
			∅					今细	

表2-13 延安老户话与中古韵母比较表之一

		一等			二等			
		帮系	端系	见系	帮系	泥组	知庄组	见系
果	开		多 uɤ	大 a	歌 uɤ				
	合	波 uɤ	朵 uɤ	锅 uɤ				
假	开				巴 a	拿 a	茶 a	家 ia
	合						耍 ua	瓜 ua
遇	合	补 u	土 u 路 uɤ	姑 u				
蟹	开	贝 ei	抬 ɛɛ	改 ɛɛ	排 ɛɛ	奶 ɛɛ	柴 ɛɛ	芥 ɛɛ 戒 ie 佳 ia
	合	杯 ei	堆 uei	灰 uei 块 uɛɛ				乖 uɛɛ 挂 ua
止	开							
	合							
效	开	保 ɔ	刀 ɔ	高 ɔ	包 ɔ	闹 ɔ	抄 ɔ	教 iɔ
流	开	某 u 茂 ɔ	斗 əu	狗 əu				
咸舒	开		耽 ɛ̃	感 ɛ̃			站 ɛ̃	馅 ɛ̃ 减 iɛ̃
	合							
深舒	开							
山舒	开		单 ɛ̃	干 ɛ̃	扮 ɛ̃		盏 ɛ̃	艰 iɛ̃
	合	般 ɛ̃	端 uɛ̃	官 uɛ̃			拴 uɛ̃	湾 uɛ̃
臻舒	开		吞 əŋ	根 əŋ				
	合	本 əŋ	墩 uəŋ	滚 uəŋ				
宕舒	开	帮 aŋ	当 aŋ	钢 aŋ				
	合			光 uaŋ				
江舒					棒 aŋ	攘 aŋ	窗 uaŋ	巷 aŋ 江 iaŋ
曾舒	开	崩 əŋ	灯 əŋ	恒 əŋ				
	合			弘 uəŋ				
梗舒	开				孟 əŋ 迸 ie	冷 əŋ	生 əŋ	坑 əŋ 茎 iəŋ
	合							横 uəŋ/yɤ
通舒	合	蓬 əŋ	东 uəŋ	工 uəŋ				
咸入	开		答 a	磕 uɤ			插 a	夹 ia
	合	法 a						
深入	开							
山入	开		辣 a	割 uɤ	八 a		杀 a	瞎 a
	合	拨 uɤ	脱 uɤ	活 uɤ			刷 ua	滑 ua

三四等									
帮系	端组	泥组	精组	庄组	知章组	日母	见系	开合	
							茄ie	开	果
							靴yɤ	合	
			姐ie		蛇ɤ	惹ɤ	爷ie	开	假
								合	
夫u		女y 屡uei	蛆y	初u	猪u	如u	举y	合	遇
闭i	低i	礼i	挤i		制ʅ		鸡i	开	蟹 止
废ei			脆uei		税uei	芮uei	桂uei 畦i	合	
比i 美ei		梨i	瓷ʅ	师ʅ	知ʅ 支ʅ	儿ər	奇i	开	
飞ei 肥i		泪uei	嘴uei	衰uɜe	锥uei	蕊uei	规uei	合	
标iɔ	刁iɔ	尿iɔ	焦iɔ		超ɔ	绕ɔ	骄iɔ	开	效
否u	丢iəu	流iəu	秋uei	愁əu	抽u	揉əu	九iəu	开	流
贬iɛ̃	掂iɛ̃	镰iɛ̃	尖iɛ̃	闪ɛ̃	染ɛ̃		盐iɛ̃	开	咸舒
范ɛ̃								合	
品iəŋ		林iəŋ	心iəŋ	森əŋ	针əŋ	任əŋ	音iəŋ	开	深舒
鞭iɛ̃	天iɛ̃	碾iɛ̃	千iɛ̃	展ɛ̃	然ɛ̃		建iɛ̃	开	山舒
反ɛ̃ 万uɛ̃		恋yɛ̃	选yɛ̃	转uɛ̃	软uɛ̃		卷yɛ̃	合	
民iəŋ		邻iəŋ	亲iəŋ	衬əŋ	神əŋ	人əŋ	紧iəŋ	开	臻舒
分əŋ		嫩uəŋ	村uəŋ 俊yəŋ		春uəŋ	闰uəŋ	均yəŋ 匀iəŋ	合	
		娘iaŋ	将iaŋ	装uaŋ	张aŋ	让aŋ	姜iaŋ	开	宕舒
方aŋ							眶uaŋ	合	
								开	江舒
冰iəŋ		iəŋ陵			征əŋ	仍əŋ	兴iəŋ	开	曾舒
								合	
兵iəŋ	丁iəŋ	领iəŋ	精iəŋ		争əŋ		轻iəŋ	开	梗舒
							兄yəŋ 营iəŋ	合	
风əŋ		龙uəŋ	从uəŋ	崇uəŋ	忠uəŋ	绒uəŋ	供uəŋ 胸yəŋ	合	通舒
	碟ie	镊ie	接ie		摄ɤ		业ie	开	咸入
法a								合	
		立i	集i	涩ei	湿ʅ (十əʔ)①	入u	急i	开	深入
憋ie	铁ie	列ie	节ie		舌ɤ	热ɤ	结ie	开	山入
发a		劣yɤ	雪yɤ		说uɤ		月yɤ	合	

---

① 延安老户话单字音没有入声韵,入声韵只出现在语流中,用"( )"标示。

表2-14 延安老户话与中古韵母比较表之二

		一等			二等			
		帮系	端系	见系	帮系	泥组	知庄组	见系
臻入	开							
	合	没uɤ（不əʔ）	突u	骨u/（uəʔ）				
宕入	开	薄uɤ	托uɤ	各uɤ（胳əʔ）				
	合			郭uɤ				
江入	开				剥uɤ朴u		桌uɤ	学yɤ
曾入	开	北ei	特ei	黑ei/（əʔ）				
	合			国uɤ/uei				
梗入	开				百ei		摘ei	客ei（格əʔ）
	合							获uɤ
通入	合	木u	秃u	哭u				

三四等									
帮系	端组	泥组	精组	庄组	知章组	日母	见系		
笔 i		栗 i	漆 i	虱 ei	侄 ʅ	日 ʅ/ər	一 i/（iəʔ）	开	臻入
物 uɤ		律 y	黢 y		出 u/（uəʔ）		橘 y	合	
		略 yɤ	嚼 yɤ 雀 iɔ		勺 uɤ	弱 uɤ	脚 yɤ	开	宕入
							镬 yɤ	合	
								开	江入
逼 i		力 i	媳 i	色 ei	食 ʅ/（əʔ）		极 i	开	曾入
							域 y	合	
劈 i/（iəʔ）	踢 i	历 i	席 i		石 ʅ/（əʔ）		击 i	开	梗入
							疫 i	合	
福 u		陆 u 绿 y ue/uei	足 y	缩 uɤ	熟 u	褥 u	局 y	合	通入

表2-15 延安老户话与中古声调比较表

古声调		延安老户话声调				
		阴平21	阳平243	上声53	去声442	（入声5）
平声	清	波刀抽家				
	次浊		毛离饶疑			
	全浊		平唐厨穷			
上声	清			摆体吵好		
	次浊			买脑染咬		
	全浊				抱淡柱近	
去声	清				变对灶见	
	次浊				帽利绕岸	
	全浊				饭地阵轿	
入声	清	出黑劈只				（出黑劈只）
	次浊	麦绿捏热				
	全浊		白食学舌			（直食石核~桃）

第二章 同音字汇

说明：

1. 本字汇以中国社会科学院语言研究所编《方言调查字表》为基础，补充延安老户话常用而《方言调查字表》未列的字，删去方言不用的生僻字。

2. 字汇按韵母、声母、声调的顺序排列。具体次序见第二章第一节。

3. 文白异读用下加小字"文""白"表示，旁加1、2表示不同层次。文白异读若有词汇条件，则举例，若无则不举例。

4. 一字多音自由变读者，按照文中出现顺序依次标1、2、3等。

5. 最后一组（əʔ）韵字，延安老户话中单字音是文读音舒声韵，在部分词语中读白读音入声韵，少数字在同一词中可以舒入两读。文中不一一标注文白。

6. 少数字只有轻声的读法，为了明确起见，将其标为[0]。并不表示它是一个独立的单字调。

ɿ

ts [21]支枝肢资姿咨辎滋之芝滋只 [53]紫纸姊子文。~孙止趾址旨脂指文。~出来籽 [442]自至志痣痔稺生儿~（生日在后半年）这1~么口称分量

tsʰ [21]跐用力踩疵呲~笑（讥笑）鸱~怪子（猫头鹰）痴白。~脑（不辨事理或利弊而导致事情失败或被骗的人）拆白。~开口动词，一个指头用力在物体表面移动 [243]雌瓷迟1~了慈磁辞词祠脐白。鸡脖~儿（鸡肫） [53]此齿娶白。~媳妇指白。六~儿（一只手有六个指头的人）子白。揆~~（特别犟的人） [442]字刺翅次伺赐垄沾上脏东西：衣服~的

s [21]斯厮撕施私师狮尸司~机丝思诗口~气（饭馊了）鸶鹭~ [243]时~间饲~养员匙 [53]死矢屎使史驶始嘶~声（大声喊叫） [442]司官~是氏四肆示视嗜似祀巳寺恃侍嗣士仕市柿事试时年~（去年）

ʅ

tʂ [21]知蜘雉汁织职帜旗~质秩 [243]执侄文直文。说话~值殖文。~民地植文。~树植生儿~（生日在前半年） [442]滞制智栀稚置治致

tʂʰ [21]痴文。反应慢尺吃文。~饭 [243]池驰弛迟2~了持直白。~性子侄白 [53]耻 [442]赤斥

ʂ [21]湿失识释食适实石殖白。骨~（骨头）植白。木~（木头）室式豉豆~蚀 [243]十什拾 [442]世势誓逝

ʐ [21]日文。~子入性交；前缀：~脏（脏脏）

i

p [21]碑立~子（立碑）逼煏烘烤笔1婢碧璧壁必 [243]弼屄女阴毕臂~力鼻文。~炎 [53]庇彼比秕笔2浥~住药渣子鄙 [442]被文。~告币弊毙陛箆~梳备辔~鞍子闭蔽敝

pʰ [21]批披丕坏土~子劈僻辟匹 [243]皮疲脾琵枇痞黑~（无赖）鼻白。~子痹 [53]避庀 [442]屁被白。~子

m [21]密蜜秘泌眯1~眼咪沫1唾~觅 [243]迷~住了谜糜弥猕眉楣 [53]米眯2小睡女1~猫儿（母猫） [442]迷~打（用甜言蜜语哄骗）

t [21]低嘀~~叨叨（形容说话啰唆）羝吃~（未骟的公羊） [243]嫡笛敌狄 [53]底抵 [442]帝弟文。兄~第地文。~道

tʰ [21]梯涕踢剔惕嚏嚏 [243]堤题提蹄啼屉 [53]体 [442]地白。水~替剃递弟白。~兄

l [21]荔璃立笠力历 [243]离~婚篱粒犁黎梨厘狸~猫（公猫）劙用刀划 [53]礼李里理鲤 [442]例厉励雳丽隶吏利俐莉痢栗毛~子璃琉瓦离~家近漓 [0]哩语气词

tɕ [21]稽饥肌几茶~机讥圾极级积激缉通~给供~鲫结白。~颏（口吃）墼胡~（土坯） [243]集辑急及疾吉脊籍户~绩鸡姬击基即 [53]虮~子挤己几~个 [442]祭际荠济剂计继寄技妓冀纪记忌嫉稷既季迹

tɕʰ [21]妻欺期戚七漆祈缉~鞋后跟曝东西湿了将干未干箕簸~ [243]齐脐文。~带芪畦奇骑岐祁其棋旗麒岂 [53]企起乞喊 [442]去~哪砌契器弃气汽泣

ɲ [21]逆匿腻你1~说 [243]尼泥水~妮呢~子倪宜谊疑1怀~ [53]你2~说拟 [442]泥~水匠

ɕ [21]西溪奚牺栖恓~惶（可怜）嬉熙希稀吸

	悉息熄媳昔惜夕锡析晰膝揳击打些1这~ [243]席习袭肥白险~乎儿（差点儿） [53]洗玺喜撒白1。~鼻子 [442]细系关~戏婿
ø	[21]伊医衣依揖一壹营白。务~（养育） [243]移姨1大~饴遗肄疑2~心溢胰猪~子 [53]蚁倚椅已以乙尾白。~巴 [442]艺义议意异抑毅忆亿姨2婆（已婚妇女）翼益易译疫役逸宜便~颐~和园□生~（生锈）

u

p	[21]不 [53]补捕~鱼 [442]布文。握~怖讣~告
pʰ	[21]卜萝~脖白1：~脐儿（肚脐）铺~盖捕逮~扑仆倒醭殕~气（霉味）烀烟~出来 [243]蒲脯菩仆~人 [53]谱普堡白。吴~浦圃苗~朴~素筥~箩 [442]步布白。扯~部铺~子簿瀑
m	[21]木目穆苜~蓿 [243]毛白。~娃儿（婴儿）谋模~子、~范 [53]某亩牡~丹母拇 [442]暮慕墓募幕牧睦
f	[21]夫肤敷孵麸芙复福辐腹覆 [243]跗~高（脚面高）俘符扶浮幅蝠服伏 [53]府腑俯甫斧抚辅否阜腐~败 [442]埠付赋傅赴父附富副妇负
t	[21]都~城督嘟圪~嘴（噘嘴） [243]独读犊牍毒文 [53]堵赌肚羊~子笃□一圪~（一堆） [442]妒杜度渡镀肚文。~子
tʰ	[21]突秃鈯（尖儿）钝：铅笔~了凸 [243]徒屠途涂图毒白 [53]土吐 [442]兔肚白。~子
l	[21]禄陆~地碌1车轴~（车轮）芦葫~碌2碡（用来轧谷物或平场地的石磙）
ts	[21]租歘击打做~生活（做活儿） [243]卒 [53]祖组

tsʰ	[21]粗簇促 [243]觑透过缝隙看族 [442]醋猝
s	[21]苏酥 [442]素诉塑嗉鸟~子漱速宿文。~舍粟
tʂ	[21]猪诸诛蛛株朱硃珠筑嘱触烛竍堵塞 [243]术苍~竹逐 [53]煮拄主 [442]著助驻注住文。~房蛀柱文铸筑祝
tʂʰ	[21]初帚扫~出础绌用大针脚草草缝合搐触磁碡~ [243]除锄厨 [53]褚姓储处相~杵~子楚 [442]柱白住白。眼闭~处保卫~□挑唆
ʂ	[21]梳疏蔬书舒枢输殊叔 [243]熟塾赎淑 [53]暑黍鼠署薯庶数动词秫属蜀 [442]恕数名词竖树束术述戍
ʐ	[21]入褥 [243]如儒擩1戳：~丑（动手打人并呵斥） [53]汝乳辱擩2因东西或人多感到拥挤：家里~得 [442]擩3塞：~到手里
k	[21]姑菇蘑~孤箍骨叉轱~辘子锢谷觳剪~儿（老鼠幼崽） [53]古估股鼓罟强迫骨叉 [442]故固雇顾咕曲~~（布谷鸟）
kʰ	[21]枯骷哭窟酷圐~圙（围起来的大块空地） [53]苦 [442]库裤
x	[21]呼乎滹忽藿擓撒：~斥了一地 [243]胡湖糊~涂狐壶葫核枣~子囫~囵和梦~（纸牌游戏） [53]虎唬 [442]户沪护互糊眼~（视物模糊）
ø	[21]屋污坞侮殕发霉、变质 [243]乌吴蜈梧无 [53]五伍捂焐午~休武舞鹉 [442]误悟务雾戊勿巫诬

y

l	[21]律率捋~榆钱儿 [243]驴 [53]吕旅履 [442]虑滤

tɕ	[21]车~马炮居拘用筷子夹取驹矩鞠掬足~劲儿(得劲) [243]橘菊足~球局瘊1气逆:~死了 [53]举 [442]具惧俱巨拒距苣甜~聚句据锯剧		
tɕʰ	[21]趋区驱躯楮~树黢黑~~屈麹曲~折 [243]渠瞿蛆 [53]取娶文。嫁~ [442]去趣		
ȵ	[53]女2		
ɕ	[21]墟虚嘘吁须需戍恤宿白。~舍肃畜蓄蕻首~续继~ [243]徐俗续把绳子~起来 [53]许 [442]序叙绪絮旭		
ø	[21]淤浴裕峪 [243]鱼渔余愚虞于盂榆逾愉 [53]语与雨宇禹羽苇白。~子(芦苇) [442]御誉预豫娱遇寓喻愈芋洋~域郁育玉狱欲		

a

p	[21]巴芭疤把八捌叭喇~ [243]爸 [53]屁~屎把一~椅子 [442]霸灞坝罢把脚~~儿(脚后跟)耙~地 [0]吧语气词
pʰ	[21]琶帕 [243]拔爬耙~子趴马~下(身体向前跌倒)扒 [442]怕
m	[21]蟆抹~布么1什~ [243]妈麻 [53]马码蚂 [442]骂
f	[21]法发 [243]乏伐筏罚
t	[21]搭~伙儿耷~拉瘩疙~ [243]答达大父亲 [53]打~人 [442]大~小
tʰ	[21]他沓踏遢塌溻蹋入~(糟蹋) [53]塔獭 [442]榻
n	[21]纳~鞋底子捺 [243]哪拿
l	[21]拉~车啦~~队腊蜡辣邋~遢 [442]拉~话(聊天)落~下
ts	[21]哑~奶(吸食母乳)渣蹅踩睚眼~毛扎~针

	咋"怎么"的合音词闸1~绳 [243]杂闸2电~炸油~轧砸煤~苦菜 [53]斫~骨殖拃拇指和食指张开的距离:一~ [442]乍诈榨栅炸爹张开:~胳膊扎~眼(惹人讨厌)蚱蚂~~(蚂蚱)则语气副词,表蕴涵条件与结果的承接关系:能卖咋我~拿上这2~,拿上拓旁若无人地随意躺
tsʰ	[21]搽差~别,~不多插擦叉衩~~(口袋)扠向上攀爬礤~子(把菜礤成丝的工具)瘥沙哑镲~儿(一种打击乐器) [243]茶查楂馇~凉粉茌察铡咱碴 [442]权岔差错:算~了
s	[21]砂~糖沙纱萨杀刹煞1~眼黑 [53]撒洒傻 [442]厦大~沙挑拣唼虫蛀啥煞2凶神恶~
tʂʰ	[53]扯白。~下口器物开口大而浅:~口子(疑即"敞口子"的音变)
k	[53]玍~骨(调皮)尬尴~
kʰ	[21]咖喀~什 [53]卡~车
x	[21]哈~气瞎蛤~蟆(中华蟾鼠) [243]匣风~(风箱)□~门(拉开一条缝) [442]吓1~唬下白。底~
ø	[21]啊表恍然大悟等的叹词 [243]啊表疑问或惊讶的叹词

ia

p	[21]□粘贴:~墙上
pʰ	[53]□剥离、分离:腿~开
tɕ	[21]家加痂嘉稼傢佳甲 [243]夹颊胛 [53]假真~贾姓 [442]假放~架驾嫁价
tɕʰ	[21]掐 [53]卡~住了 [442]恰洽抲用双手扼住
ȵ	[21]鸭白。~子 [243]牙白。~猪(公猪)□海~花(凤仙花) [53]哑白 [442]压白。~住

砑碾~糕面

ɕ [243]霞瑕遐狭峡辖虾 [442]夏厦~门下文。~水道

∅ [21]鸦丫鸭文。烤~押压文。高~锅也白。将来时助词：来~ [243]牙文。~医芽衙涯 [53]雅哑文 [442]亚

ua

tʂ [21]髽抓 [53]爪

tʂʰ [53]□剥离：~皮□抽打：鞭子~

ʂ [21]刷誜兴兴~~（在背地里乱发议论） [53]耍

ʐ [21]挼揉搓；折磨 □嘴里塞满食物的样子：吃得~~地 [442]□~坠坠（胖得肉下垂的样子）

k [21]瓜呱刮 [243]趏跑 [53]剐寡 [442]蜗~~牛儿（蜗牛） 挂文。~面 卦褂□连~（身体灵活）

kʰ [21]夸 [53]垮胯 [442]跨挎~包挂白。~钟

x [21]花 [243]华中~铧滑猾划~船 [442]化华~山桦画话划计~

∅ [21]蛙洼低地 挖㧗抓 娲鸹老~（乌鸦）袜 [243]娃 [53]瓦名词 [442]哇一~声（形容众人都在说） 呱坡地 瓦动词

ɤ

m [0]么₂这~个

t [243]得文。~奖状

tsʰ [21]措收藏、搁置 撮~土拆文。~洗被子 □明光~浪（形容明亮）

tʂ [21]遮蔗折~断 撴~撩（收拾）哲摺褶者蜇~人 [243]浙蜇海~

tʂʰ [21]车彻撤蛰 [53]扯文。~烂

ʂ [21]奢赊余设 [243]蛇舌折弄~了 [53]舍~得 [442]社射麝舍宿~摄涉 [0]上买~

ʐ [21]热 [53]惹

k [21]歌文。唱~儿各~人葛胳格大~子圪表音词头：~针（酸枣枝） 虼~蚤 [442]个~人

kʰ [21]刻~章子客~厅克文

x [21]郝姓蛤~蟆合~页喝文

uɤ

p [21]波玻拨饽剥播荸一~树烞油~豆腐（油炸豆腐片） [243]博搏驳薄~壳儿帛脖文。鸭~子 [53]跛簸~箕钵泊水~子（潭）

pʰ [21]波颇坡泼勃迫饽面~魄□烟火从灶膛喷出 [243]婆脖白2。围~儿薄穷家~业 [53]拼白。~上命（豁出去） [442]破

m [21]末沫₂泡~没沉~摸文。偷偷~~墨文。~水默 [243]魔磨动词蘑蓦摩馍~~（馒头）模~范膜没~有殁死 [53]抹~油 [442]磨名词莫寞糖~地 [0]么₃吧~

f [243]佛弥勒~

t [21]多掇敠战~（估量事情的轻重） 疻用棍子或指头点击 踱 [243]铎夺文。~权 [53]朵躲 [442]驮~子惰垛剁

tʰ [21]拖脱托 [243]驼驮~东西舵陀坨~~（公章） 饦碗~儿砣夺白。一把~过来 [53]妥椭 [442]唾

n [21]诺 [243]挪 [442]懦糯

l [21]落树叶~了烙~铁洛络骆姓乐快~ [243]罗啰锣萝箩逻骡螺 [53]裸 [442]摞

ts [21]撮一~头发作做~媒 [243]凿昨 [53]左佐 [442]坐文。~下座

tsʰ [21]搓撮木~子（带提梁的木铲） [243]痤 [442]坐白。~下错措~施挫锉

s [21]蓑梭唆嗦缩~水 [53]锁琐索□~~（额

前的垂发）

tʂ [21]桌拙捉 [243]着~气（生气）酌卓琢啄浊

tʂʰ [21]戳 [243]镯着睡~ [442]绰

ʂ [21]说 [243]勺马~（水瓢）芍 [53]所 [442]朔硕

ʐ [21]若弱

k [21]歌白。唱~儿锅合十~一升蛤~蚧鸽~子割郭餜油~儿（麻花）聒~耳朵 [243]哥各白。~儿（自己）国虢 [53]果裹 [442]个~人过

kʰ [21]科棵颗1儿~枣儿稞瞌磕~头颏结~~（结巴的人扩括阔廓可恰好相合：~~儿地壳帽~~儿柯修剪：~树 [53]渴骒颗2药~~（药粒）可~能 [442]课嗑~瓜子

ŋ [21]鄂我1~的恶㷉把灶火~咾（用灰等把灶火压住并保留火种）[243]蛾鹅俄娥讹~人 [53]我2~的 [442]饿

x [21]呵蒸汽加热食物等：~馍馍喝白豁劐用刀~开攉伙量词，顿、次：打咾一~ [243]河何荷学白。学说活和~面禾饸~饹合~适盒 [53]火伙 [442]贺货祸鹤和~菜饭荒白。庄稼~了霍姓~或文。~者惑

ø [21]往白。~里走物握喔萵窝涡揾折不易断的东西：~铁丝倭~瓜掯挖：~了一勺子面午响~ [442]卧

yɤ

l [21]劣掠略

tɕ [21]角脚瘚2气逆：喉痨气~撅扯羯1~猪 [243]绝决诀厥橛掘镢撅文。~奶（断奶）嚼文觉~见（觉得） [442]倔脾气~

tɕʰ [21]缺确□~莲（苤蓝）撅白。~住疤疤（结痂）

[243]瘸嚼白噘白橛冰~（冰锥） [442]却

ɲ [243]娘白。~~（祖母）

ɕ [21]雪靴削~血~管 [243]穴学文。~习横白1：~顺（横竖）

ø [21]悦阅月越曰粤虐疟约药1吃~钥岳乐音~

ie

p [21]鳖憋泊梁山~幅塞得很满褙1，袼~（用碎布或旧布裱成的厚片，多用于制作布鞋） [243]别~字 [53]瘪 [442]迸~裂子

pʰ [21]瞥飚老~（伤寒） [243]别~针儿 [53]撇甓半~子（身体残疾或不健康的人） [442]算甑~儿□破裂

m [21]灭

t [21]爹跌滴腆挺：~颗大肚 [243]叠碟文。~子牒蝶谍伞批量买哐猛吃控揍

tʰ [21]帖贴铁 [243]碟白。飞~儿（一种儿童玩具）

l [21]猎列烈裂捩扭：胳膊~了□卜~（扭动）

tɕ [21]皆阶接揭羯2山羊~子（骟了的公山羊）枷连~ [243]捷劫节杰结洁 [53]姐解文。~放 [442]借藉芥文。~末介文。~绍界疥届戒械秸~~（高粱长穗儿的那节硬秆） [0]家高~

tɕʰ [21]切忾趄身斜：圪橛晃~（人因太高而走路晃晃悠悠的样子）[243]茄截一~儿（一段） [53]且 [442]妾褯尿~子（尿布）笡歪斜

ɲ [21]聂镊蹑业白。作~捏孽砅~石（过河踩的石头）

ɕ [21]些2这~薛歇蝎楔血熁火烤 [243]邪斜谐鞋白。皮~协 [53]写 [442]泻卸谢懈文。坚持不~解姓~蟹炝灭泄屑

∅	[21]耶叶页噎业文。开~药₂洋~ [243]爷谒 [53]也文。将来时助词:来~野 [442]夜液腋	

ɔ

p	[21]褒包胞衣~(胎盘) [243]刨 [53]保堡文。城~宝饱 [442]抱苞~小鸡 报暴爆鲍豹刨~花儿
pʰ	[21]胞同~脬尿~□棵:一~树 [243]剖袍抛狍跑逃跑。犯人~了刨狗~水(刚学会游泳时的狗刨) [53]跑~步 [442]泡炮雹冰~
m	[21]摸白。~一下 [243]毛文。羊~茅猫锚矛~盾眊看 [53]卯 [442]冒帽貌茂贸
t	[21]刀叨 [53]祷岛蹈倒打~导捣~蛋(调皮) [442]道稻到倒~水盗悼
tʰ	[21]掏萄□以拳击打 [243]滔淘啕~气(怄气)桃逃陶涛 [53]讨 [442]套韬~黍(高粱)
n	[21]铙 [243]挠脑头孬 [53]脑~子垴~畔(窑洞外部的顶)恼□扛 [442]闹瘮使药物中毒
l	[243]劳捞痨~病(结核病)牢崂唠~叨醪~糟 饹饹~□圪~(搅) [53]老姥咾佬 [442]涝埇圪~(角落)烙~饼酪落~窝鸡
ts	[21]早~烧(早霞)遭糟~踏 [53]早~饭枣澡找~钱爪牙~重(形容管教孩子的手段厉害) [442]灶蚤皂罩笊~篱煼~豆芽糟乱七八~唣咬~(供出同伙)
tsʰ	[21]操抄钞~菜(用筷子夹菜)剿~匪 [243]曹槽懆心狠手辣褿脏:失~巢 [53]草骣~驴(母驴)炒吵 [442]躁燥糙粗~造
s	[21]骚臊~气梢捎艄 [243]哨膘:~了一眼 [53]扫~地嫂 [442]扫~帚哨臊~子臊~澡	溜(又高又苗条)潲雨斜着下,雨朝东~潲
tʂ	[21]朝~气召昭招钊 [243]沼 [53]找~人 [442]赵兆照诏肇着猜~(猜中)
tʂʰ	[21]超 [243]朝~代潮嘲 [53]炒~引(引诱)
ʂ	[21]烧火~(馅饼) [243]韶绍烧发~□唠叨苕 [53]少多~ [442]少~年邵烧霞:褪色
ʐ	[243]饶 [53]扰绕围~ [442]绕~线线耀~眼(刺眼)
k	[21]高篙羔糕 [243]稿 [53]搞~价(讲价)膏 [442]告诰
kʰ	[53]考烤拷 [442]靠犒铐□馋
ŋ	[243]熬熰~白菜 [53]袄 [442]傲鳌奥燠~锅水(锅里持续沸腾蒸发后残留的水)拗撬
x	[21]蒿 [243]嚎哭豪毫壕城~(护城河) [53]好~赖 [442]号叫~浩昊耗皓孝白。戴~好喜~

iɔ

p	[21]膘标彪镖 [53]表婊裱 [442]覅合音词(不要)
pʰ	[21]飘漂水上~鳔鱼~ [243]瞟瓢嫖 [442]票漂~亮:白粉
m	[21]喵 [243]苗描瞄矛~子(矛) [53]藐渺秒 [442]庙妙
t	[21]刁叼嘴上~根烟貂雕凋碉 [442]钓吊掉调音~、~动鸢长形:~枣儿(细长形的枣)
tʰ	[21]挑挑选 [243]条调~和(调料)笤~帚 [53]挑~担(连襟) [442]跳粜甩卖调~皮
l	[243]疗聊辽撩~拨(民间治异病)潦獠缭忽~~(形容衣料轻薄)嫽聪慧敹缝缀 [53]燎~猪毛了~是非□~辣(不厚道、难打交道) [442]撂丢失;扔;放瞭远望镣料尥廖

tɕ	[21]交郊胶教~书焦蕉椒骄娇浇 [243]教介词,让：~我去 [53]绞狡饺搅矫缴铰剪 [442]教~育校~对较酵~子窖觉睡~醮牛倒~（牛反刍）轿叫□捆东西时，插入短棒旋转绞紧		扁的样子）[243]才材财裁豺柴 [53]彩采睬踩 [442]在白。~家菜蔡撬打
tɕʰ	[21]敲跷抬腿迈过锹悄劁~猪（阉猪手术）翘银~丸 [243]樵瞧乔侨桥荞 [53]巧 [442]俏撬跷~个二郎腿翘尾巴~起了窍~道（窍门）鹊野~子（喜鹊）雀~~（鸟）	s	[21]腮嗖语气词 [53]筛~子 [442]赛晒塞~外
		k	[21]该街 [53]改解白。绳子~开 [442]概溉盖丐芥白。黄~油介白。鳖~钙
		kʰ	[21]开揩 [53]凯慨楷
ɲ	[53]咬鸟 [442]尿	ŋ	[21]哀埃挨 [243]癌 [53]碍矮~墙 [442]艾爱暧
ɕ	[21]消宵霄硝销嚣萧箫 [243]□~起（微微抬起）[53]小晓 [442]酵~母片儿孝文。~子校学~效笑	x	[243]孩鞋白。皮~核审~ [53]海 [442]亥害解~开（知道、懂得）懈白。松~~（形容鞋、衣服尺寸大不合适）薤葱韭~蒜（用以佐味的辛味蔬菜的统称）瀣~拉拉（饭菜没滋味）
ø	[21]妖邀腰要~求幺~二三吆~五喝六夭 [243]肴淆混~摇遥窑遥姚尧 [53]舀 [442]袎袜筒要想~鹞打~子（侧身翻跟头）耀光宗~祖鼬黄~（黄鼠狼）跃"大~进"		
		uɛ	
	ɛɛ	tʂʰ	[53]揣
p	[53]摆 [442]拜稗	ʂ	[21]衰摔 [53]甩 [442]帅率~领蟀
pʰ	[243]牌排 [53]派~出所□~脚子（八字脚）[442]派~人去败	k	[21]乖 [53]拐 [442]怪
		kʰ	[53]块石头~子会~计扩抓 [442]块儿~钱快筷
m	[243]埋 [53]买 [442]卖迈		
t	[21]呆 [53]歹傣逮~住 [442]戴待怠黛贷代袋带大~夫	x	[243]怀槐淮 [442]坏
		ø	[21]歪 [53]崴 [442]外文。~头
tʰ	[21]胎 [243]台苔抬薹蒜~ [53]大~半（一般情况下）[442]态太汰淘~泰		**ei**
		p	[21]杯1碰~背~东西碑~文卑悲擘掰伯阿~子（丈夫的哥哥）[243]白文。~颜色 [53]北百柏 [442]贝辈背脊~（后背）倍文。儿~褙2: ~书儿皮皮（包书皮）
n	[243]崖捱~打 [53]奶乃矮~子（个子很矮的人）[442]耐奈		
l	[243]来□流~（流里流气的年轻人）[442]赖癞	pʰ	[21]杯2酒~胚裴拍泊水~梁山 [243]培陪赔白。~儿（白天）[442]配焙倍白。儿~
ts	[21]灾栽斋 [53]宰载 [442]再在文。实~债寨	m	[21]麦脉 [243]梅莓枚玫媒煤墨白。~盒儿霉 [53]每美 [442]妹昧魅
tsʰ	[21]猜钗差当~（出天花儿）撮~糕□扁~~（扁	f	[21]非菲飞妃 [243]肥文 [53]匪翡 [442]废肺痱费

t	[21]德得白。晓~		[442]瑰玫~桂柜文。高低~贵
tʰ	[21]特	kʰ	[21]盔亏窥规白。~矩 [243]魁傀奎逵葵 [442]跪愧襚~~(绳结)刽~子手柜白。~子
n	[243]那~个 [442]那~家		
l	[21]肋勒敲诈~索	x	[21]灰恢诙麾挥辉徽 [243]回茴蛔或白。~者 [53]悔毁 [442]贿晦~气汇溃~脓会桧秦~绘烩秽惠慧讳卉蟪蛤~(中华鼢鼠)
ts	[21]则原~窄侧~棱子睡(侧着睡) [243]泽择宅摘责 [442]这3~个		
tsʰ	[21]贼侧~面测厕策册艖~~(碾碎的豆子、玉米等)		
s	[21]涩虱塞~手里色嗇小气鳃	∅	[21]危微威猥 [243]为作~维惟唯违围砽1臀部着地挪动 [53]伪萎委尾文。~气纬伟苇文。芦~砽2~身不动(形容对外界置之不理,懒得动的样子) [442]卫为~啥(为什么)位未味魏畏慰胃谓外白。~家(外婆家)
k	[21]格~~布隔轭牛~子 [442]给~你		
kʰ	[21]刻~章子客白。女~(女性宾客)		
x	[21]黑 [442]吓2~唬		

uei | | **əu** |

t	[21]堆 [442]对队兑	t	[21]兜蚪 [243]都~是 [53]斗石~升合抖陡 [442]斗~阵(打架)豆逗痘窦敨展开:~剥
tʰ	[21]推 [53]腿 [442]退蜕褪熥~猪毛		
n	[442]内	tʰ	[21]偷 [243]头投 [442]透□性交
l	[243]雷擂~鼓 [53]儡累积~垒屡~教不改 [442]擂~台累连~类泪	n	[243]奴 [53]努 [442]怒
		l	[21]录鹿禄绿1~豆咾喉~辘2~驴车驴□圪~(打嗝) [243]卢炉芦颅鲈庐楼搂~柴耧篓灯~ [53]鲁卤搂搂抱 [442]路赂露漏陋毽用刀子捅鹭~鸶
ts	[53]嘴 [442]罪最醉晬过~儿(12岁以下小孩儿过生日)		
tsʰ	[21]催崔摧炊 [243]随白。~管(或者) [442]脆翠粹纯~瘁	ts	[21]邹 [53]走 [442]奏揍皱绉文~~
s	[21]虽绥荽芫~髓 [243]隋随文。~便遂隧 [53]□面团、饼干等松散,黏性差 [442]穗碎小岁祟鬼~~	tsʰ	[21]搊揪 [243]愁 [53]瞅 [442]凑
		s	[21]叟搜飕腤锼~儿(刮土豆皮的小炊具) [53]擞抖落:~给下包包儿 [442]嗽咳~瘦
tʂ	[21]锥追 [442]缀赘坠耳~~缒~轿(婚礼仪式之一,小男孩压轿)	tʂ	[21]周舟州洲轴车~儿粥肘圪~子(胳膊肘) [53]肘猪~子拊举(~旗旗) [442]昼宙咒纣~棍(牲口尾巴下的横木)□拉:~住
tʂʰ	[21]吹炊 [243]垂槌蒜~~(捣蒜的杵)锤捶 [442]坠屁沟~转(屁股坠着不起来)		
ʂ	[243]谁 [53]水 [442]税睡	tʂʰ	[21]抽 [243]绸稠~酒(米酒)筹仇有~酬~客 [53]丑 [442]臭
ʐ	[53]蕊 [442]锐瑞		
k	[21]圭闺规文。~定龟归 [53]诡鬼轨	ʂ	[21]收 [243]仇~人 [53]手首守 [442]兽受寿授售嗾~狗

z	[243] 柔揉 [442] 肉		□~子（女阴） [442] 扮绊拌文1。~命半文。~起（半个） 畔1河~拌文。搅~机办文。~事
k	[21] 勾钩沟 [53] 狗苟枸 [442] 够垢~痂（身上的厚垢）□卜~儿（打冷嗝儿）	pʰ	[21] 攀潘 [243] 盘 [442] 盼襻判叛瓣半白。大~畔2塝~拌白。~汤（面疙瘩汤）伴
kʰ	[21] 抠 [53] 口 [442] 叩扣寇		搭~儿办白。不得~（来不及）
ŋ	[21] 欧殴鸥 [243] 熰烧焦 [53] 藕偶呕熰~糖酱 [442] 构购沤~粪怄~气	m	[243] 蛮瞒蔓~鞔~鞋（服丧时给鞋面蒙白布） [53] 满 [442] 慢漫
x	[243] 侯喉候~鸟猴瘊 [53] 吼 [442] 候~车室后厚	f	[21] 藩翻番~瓜（南瓜）疢恶心欲吐：心里圪~~
	iəu		[243] 凡帆矾烦樊繁 [53] 反返 [442] 范犯泛贩饭
t	[21] 丟屌~狗尿猫	t	[21] 耽担 动词：~水丹牡~单~独诞圣~节
tʰ	[243] □提：~上		[53] 胆掸 [442] 旦担~子弹~弓但淡文丹山~~石一~粮食蛋掭~、鸡~掭~毛笔□用孔较
l	[21] 溜~达绿2~豆六 [243] 流~水刘留瘤硫琉□圪~（不直） [53] 稆~生（野生的）柳 [442] 流二~子榴溜~肩遛~街绺		大的箩儿筛□经过，从：~脑跷过去（从头上迈过去）
tɕ	[21] 揪阄纠究枢蹴圪~（蹲）灸 [53] 酒九久韭 [442] 就臼舅救旧鬏卜~儿（短马尾辫）咎瘳布料加工前下水做缩水处理：把布~给下	tʰ	[21] 贪滩摊瘫 [243] 潭谭谈痰檀坛弹~琴 [53] 毯坦袒豁领~肩 [442] 探炭碳叹䑽吐：~舌头淡白蛋鸡~弹~珠珠（玻璃球）
tɕʰ	[21] 秋丘蚯邱楸缩：圪~ [243] 求球仇姓酋裘鞦后~（勒在牲口股后的皮带）尿男阴怵长相难看；性格乖戾偏□~势（完蛋） [442] 旧	n	[243] 南楠男难~处 [442] 难患~
nʑ	[243] 牛 [53] 纽扭呦~嘴（噘嘴） [442] 谬~论	l	[21] 了 兼表已然的陈述语气词□得~（低垂） [243] 蓝篮兰拦栏婪澜 [53] 览揽~全榄缆懒熘轻炒 [442] 烂滥
ɕ	[21] 修羞休削~铅笔 [243] 囚~犯□因重复做一件事情感到烦闷 [53] 朽 [442] 秀绣锈袖嗅	ts	[21] 簪喒多~乎儿（什么时候）崭文。新~~ [53] 眨斩盏攒~钱 [442] 暂錾~弯子（錾子）站湛蘸赞绽文。破~□用大针脚缝栈文~材（平铺在房顶上的小片木材）
ø	[21] 忧优悠幽黝黑~~ [243] 尤犹由邮蚰~蜒油莜~麦 [53] 有友酉 [442] 又右佑诱柚釉幼	tsʰ	[21] 参~加掺搀餐□裤带~子（皮带扣儿） [243] 蚕惭谗馋残 [53] 铲产蹅磨：新鞋~脚惨刬仅：~你来了崭白。全~新（全新） [442] 灿绽~开栈白。~羊（圈养羊）□卜~（底子浅的器皿）鏩遍：一~
	ər		
ø	[21] 日白。~头（太阳） [243] 而儿~子 [53] 尔耳饵 [442] 二贰	s	[21] 三山珊删姗衫 [53] 散~酒伞 [442] 散解~颏摇晃：圪稀~摇
	ɛ̃		
p	[21] 班斑瘢颁扳般搬 [53] 板版扁压~	tʂ	[21] 沾粘瞻毡 [53] 展搌~布（厨房的抹布）

	[442]占战	
tʂʰ	[243]蟾缠婵 [442]颤	
ʂ	[21]膻羊~气扇动词:~咾两打（打两个耳光）煽 [243]蝉秋~ [53]陕闪 [442]善扇名词骟赡擅单姓禅~让苫盖:~住	
ʐ̩	[21]燃 [243]然黏黏性大（~泥）□反复说或反复纠 [53]染 [442]黏~人（小孩缠人）□大~泥	
k	[21]甘柑泔橄尴干~湿肝竿□烂~破产 [53]感敢杆秆擀赶~驴;比:~你高 [442]赣干才~	
kʰ	[21]堪龛勘刊侃排~ [53]砍坎 [442]看	
ŋ	[21]安~顿（叮嘱）庵鞍鹌~鹑蛋 [243]严白。严实:盖~ [53]俺手捧粉粒状食品塞进嘴里 [442]暗岸按案揞遮住	
x	[21]颔~水（口水）憨 [243]含函咸盐重闲白。不忙寒韩还~是 [53]喊罕□用:~毛笔写 [442]汗汉旱悍捍焊翰瀚撖鼾打~水（打呼噜）陷白。~进去馅白限白。门~（门槛）	

iɛ

p	[21]鞭编边 [53]贬□卷:~裤腿扁~食（饺子）匾砭石~ [442]辨辩辫文。~子变汴便方~遍	
pʰ	[21]偏篇蝙夜~蝠 [243]便~宜 [53]扁~豆谝~闲传（拉闲话）片 [442]辫白。~子骗	
m	[243]绵棉 [53]免勉缅~甸 [442]面	
t	[21]掂颠战~敠 [53]点典 [442]店踮惦电殿佃垫文。~钱	
tʰ	[21]添天填 [243]甜味淡田 [53]舔 [442]奠酒~（奠酒）垫白。~~（垫子）	
l	[21]裢褡~ [243]廉镰帘连怜莲 [53]脸敛殓 [442]练炼链	
tɕ	[21]监尖兼艰间中~奸煎肩坚犍耕白。~地	

	[53]减碱检俭捡简拣剪茧崄1:~畔键毛~子□~毂儿（老鼠幼崽）[442]鉴舰渐剑涧间~生饭（夹生饭）铜箭溅践贱文建键健文。~康腱荐见	
tɕʰ	[21]鹐签铅千仟迁谦牵骞□勤~（勤快）[243]潜钳钱乾前黔 [53]浅遣谴潜 [442]件健白。康~（健康）欠芡淀粉嵌歉贱白倩人名	
ȵ	[21]蔫死~□油脂格~ [243]拈年研白。硌颜 [53]眼白碾撵捻~东西 [442]念	
ɕ	[21]枚掀~翻锨仙先事~崄2崾~ [243]咸~阳嫌闲文弦 [53]险危~鲜新~显 [442]馅文陷文。~阱限文。上~线羡宪现献先~后（妯娌）县	
∅	[21]淹阉腌烟胭咽~炎蜒蚰~ [243]岩盐阎檐严文。严格:管得~延言研文。~究衍缘~法沿炕~芫~荽 [53]掩魇睡~住了演眼文 [442]验炎厌艳焰酽浓:茶~雁谚堰河~砚燕宴咽~气沿碗~	

uɛ̃

t	[21]端 [53]短 [442]断锻段缎□赶:~出去	
tʰ	[21]貒~儿（猪獾）[243]团	
n	[53]暖	
l	[243]栾銮金~殿圝团:~成圪蛋 [53]卵 [442]乱□白拿:我跟老王~盒儿象棋	
ts	[21]钻~进去 [442]钻~子攥	
tsʰ	[21]趱忙氽~丸子搋~撮 [243]全白。~完（全）[442]窜篡蹿	
s	[21]酸 [442]算蒜	
tʂ	[21]专砖 [53]转~送 [442]赚转~圈圈篆传~记	
tʂʰ	[21]川穿椽 [243]传~达船 [53]喘□~谷子 [442]串	

ʂ	[21]闩拴栓 [442]疝冷~气（疝气）涮	f	[21]方芳肪妨妨害（~男人） [243]房防 [53]仿纺访坊妨~挡（妨碍） [442]放
ʐ	[53]软阮姓蕊地~~（地耳）		
k	[21]官棺观~看冠鸡~子关 [53]管馆 [442]贯灌罐观道~冠~军惯掼蹽摔：~倒	t	[21]当~时裆□试~（试验）□不~（可怜） [53]党 [442]挡当~成档荡
kʰ	[21]宽 [53]款	tʰ	[21]汤 [243]堂棠膛唐糖塘 [53]倘躺淌 [442]烫趟踢摔、滚
x	[21]欢 [243]桓还~东西环寰 [53]缓 [442]唤焕换幻患宦	n	[243]囊馕~口（形容吃得满足）儾~子（不争气的子孙） [53]攮囔㩘叽吃~（形容因胆怯而表达不清） [442]□多齉鼻子~□黏~~（形容很黏）
ø	[21]豌剜弯湾捥挖：~洋芋籽儿 腕~咾儿眼 [243]完玩顽丸~药 [53]皖碗晚挽~眉头（皱眉） [442]腕万蔓瓜~		
	yɛ̃	l	[21]啷得~~（形容孩子说话利索） [243]郎廊狼螂榔□壳~（腔） [442]朗浪□卜~（棒）
l	[243]联□骨~（蜷） [442]恋~爱䊚米汤熬得~~~价圐圙~（圈，分音词）	ts	[21]脏臧姓赃 [442]葬藏西~脏心~□谮~（训斥）
tɕ	[21]捐绢娟鹃 [53]卷~起 [442]卷~子圈。猪~券眷	tsʰ	[21]仓苍舱 [243]藏收~ [442]□蹭、粘：~上些灰
tɕʰ	[21]圈圆~ [243]全文。~部泉旋鬼~风拳权颧 [53]犬 [442]劝碹~石窟（修建窑洞）圈白。猪~	s	[21]桑丧哭 [53]嗓颡~牙 [442]丧~扬（散播某人的丑事影响其声誉）
ɕ	[21]宣喧轩掀~棋棋（一种象棋做棋牌的游戏）谖~谎（撒谎） [243]玄悬 [53]癣选 [442]旋在做甲事的同时做乙事：~吃~做镟铅笔~儿（转笔刀）□挑走好的：~下的没人要楦鞋~子 㭣牛鼻~子	tʂ	[21]张姓~章樟彰表~会 [243]张理睬：不~他 [53]长生长：粘住：~上了涨掌 [442]帐账胀丈文。一~仗杖障幛~子（挽幛）[0]□待~（理发师的旧称）
ø	[21]冤鸳~鸯 [243]圆员元原源袁辕园援渊 [53]远 [442]院愿怨	tʂʰ	[21]猖昌 [243]长~短肠场打~常 [53]厂场~地倡提~氅大~（棉大衣） [442]唱丈白。~人畅怅气~（因不如意而感到不痛快）
	aŋ		
p	[21]帮邦梆山西~子 [53]榜膀~子（肩膀）绑 [442]傍~大款谤诽~罪棒磅	ʂ	[21]商伤偿赔~墒饱~裳 [243]尝 [53]赏晌~午垧 [442]尚上绱~鞋
pʰ	[21]胖~臭乓 [243]旁螃膀~胱胖浮肿：眉~眼肿庞 [442]胖	ʐ	[243]瓤壤□黄~（烂行囊） [53]嚷酿~皮 [442]让
m	[21]□~~地（形容小孩儿胖得可爱） [243]忙芒茫盲氓1流~ [53]莽~汉（鲁莽的人）蟒~蛇	k	[21]冈刚1~才纲钢岗缸 [53]港□虫~（虫蛀） [442]杠逛白。跑枫~木□~烟（冒烟）入~（气势汹汹地指教或讽刺）
		kʰ	[21]康糠慷 [53]扛~硬（硬气） [442]

抗炕

ŋ	[21]刚2~才 肮~脏	
x	[21]夯 [243]行航杭 [442]项白。~圈巷	

iaŋ

l [243]良凉量~长短粮梁樑魉~魉 [53]两辆 [442]亮谅晾量重~

tɕ [21]将~来浆豆~疆僵缰姜江豇 [243]刚3~~ [53]蒋奖桨讲耩~子（犁地工具）[442]酱将大~浆~衣裳糨~子（面糨糊）犟脾气~降~低虹白。天~了

tɕʰ [21]枪呛喝水~住了腔 [243]墙强性~（性格强硬不屈）[53]抢羌 [442]匠呛烟~框白。门~强姓戗~茬（为人处世霸道）

ȵ [243]娘文。卫国~的（卫国母亲）[53]仰白。躺

ɕ [21]相~互箱厢车~湘镶香乡 [243]详祥降投~襄~活（帮忙）[53]想享响饷 [442]相~貌象像橡向项文。~链

∅ [21]央秧殃鸯 [243]羊洋佯杨扬阳疡溃~ [53]仰文。~尘（天花板）养 [442]样漾摇，狗~尾巴

uaŋ

tʂ [21]庄装~车桩妆 [442]壮状装~棉袄

tʂʰ [21]疮窗 [243]床 [53]闯创 [442]撞

ʂ [21]霜双 [53]爽□缩：~回去 [442]双~生（双胞胎）

k [21]光胱 [53]广 [442]逛文。~面子（表里不一，表面上把事情办得好看或把话说得好听）

kʰ [21]匡筐 [243]狂 [442]旷矿况眖框文。相~儿

x [21]荒文。~废慌惶恓~ [53]谎幌打~子 [442]晃

∅ [21]汪 [243]亡王 [53]网枉往文。~年

魍~魉 [442]忘妄望旺

əŋ

p [21]奔~驰，~颅崩绷嘣圪~ [53]本 [442]笨奔~头坌眼~（进入眼里的灰尘）泵蹦镚钢~儿（硬币）

pʰ [21]喷~水烹~饪 [243]盆朋彭膨澎鹏棚硼~砂蓬蓬 [53]捧 [442]喷~嚏

m [21]焖1~干饭懵矇圪~~（眼睛眯缝的样子）[243]门萌盟蒙朦雾~~的（有雾朦胧的样子）[53]猛蠓~子（蚊子）[442]闷孟梦焖2枣~饭濛~糁糁雨（毛毛雨）

f [21]分芬纷吩风枫疯丰封姓蜂锋 [243]焚坟冯逢缝~衣服峰 [53]粉讽 [442]粪奋愤忿气不~份凤封一~信奉缝~~（缝儿）

t [21]登灯蹬扽 [53]等戥~子（秤星）[442]邓凳澄~泥糊子水瞪镫

tʰ [21]吞 [243]誊腾使空：~房子藤疼 [442]腾~开（腾出位置）

n [243]能 [442]恁宁愿：~买贵的不买坏的

l [243]棱楞塄地~儿（田里的埂子）[53]冷 [442]愣

ts [21]曾姓增赠~给（白给）争睁1~开锃亮~~□疼得~~的 [442]憎缯捆等挣~钱睁2眼~得老大

tsʰ [21]参~差蹭抻~腰（伸腰）撑把帐子~好 [243]岑秦~始皇曾~经层 [53]铲刮~碜□歹毒 [442]衬掌

s [21]森参人~僧生牲笙甥糁 [53]省陕西~□~牛（母牛）[442]渗瘆

z [21]吟呻呻~~（形容说话吞吞吐吐）□手疼得~~的

tʂ [21]针斟~酒珍诊疹真蒸贞侦甄正~月征砧 [53]整枕拯 [442]阵文。雷~雨朕镇

振震赈正~在证症政郑

tʂʰ [21]称~兄道弟 [243]沉陈尘辰文。~时晨臣嗔~叫（埋怨）澄~清事实橙承丞呈程成城诚盛函（装殓） [53]逞惩 [442]趁称~职乘~法秤阵白。这~儿

ʂ [21]深身申伸绅升声 [243]神辰白。半~是雨半~是雪（雨夹雪）绳宬住 [53]沈审婶 [442]甚肾慎谨~剩胜圣盛兴~

ʐ̩ [21]仍扔韧~带 [243]壬任姓人仁 [53]忍 [442]任~务刃认纫~针

k [21]跟根更文。五~羹调~儿（小勺子）耕文。退~还林庚 [53]埂梗耿 [442]更~加□~不上（够不着）

kʰ [21]坑 [53]垦恳肯

ŋ [21]恩

x [243]痕恒衡文。~竖 [53]很狠 [442]恨杏~儿

iəi

p [21]彬宾冰兵 [53]丙柄把~禀秉饼 [442]殡鬓并

pʰ [243]贫频凭平坪评苹瓶屏萍 [53]品 [442]聘病姘乒拼文2。打~

m [243]民鸣明名铭冥瞑死不~目氓2流~ [53]敏抿闽 [442]命

t [21]丁钉~鞋疔盯叮订~对（对证） [53]顶鼎 [442]钉~钉子订~婚定锭

tʰ [21]听~话厅汀廷蜓 [243]亭停庭霆婷 [53]艇挺 [442]听~牌（麻将术语）

l [243]林淋琳霖临邻鳞磷麟陵凌菱灵零铃玲伶翎羚棂窗~子绫 [53]凛懔檩领 [442]蔺姓赁吝令另龄

tɕ [21]今金禁钱少~不住花襟衿系：~皮带津

湿~~巾斤尽~你吃筋更白。打~茎京惊鲸荆精晶睛经颈旌□怕~（懒得） [53]锦兢紧仅谨馑年~瑾景警井 [442]浸禁~止妗进晋尽大~（大月）近劲甑~算儿（蒸食用的算子）敬竞竟镜境静靖净径菁蔓~

tɕʰ [21]侵钦亲~人青清卿蜻轻倾寝 [243]琴禽擒噙秦姓勤芹擎情晴赌~吃（尽管吃） [53]请 [442]呥猫狗吐清肉汤、油等凝固亲~家庆磬馨

ȵ [243]您凝宁安~拧咛□追赶、紧缠着：我在村长屁股后头~咾两天才应承给我补钱哩□小、少：~~ [442]硬宁~可

ɕ [21]心芯辛新薪欣兴时~（流行）星腥猩馨 [243]寻行~动形型刑邢 [53]省反~醒兴~~晃晃（摇头晃脑、大大咧咧）擤文。~鼻子 [442]囟信讯迅衅兴高~幸悻恼~~性姓

ø [21]音阴荫因姻茵殷鹰莺鹦樱英婴缨尹姓约~莫蚓□圪（恶心） [243]淫银龈寅匀~称蝇迎盈楹赢萤营文。~长茔荧萦~心（挂念） [53]饮~料引隐瘾繄~被子颖影 [442]窨孕饮~牛印应~付映胤~种子（繁殖种子）泅□~水（冰上的浮水）

uən

t [21]敦墩蹾~脚蹲东冬咚 [243]冻~圪瘩（冰圪瘩） [53]吨董懂□阴麻坨~浑~乱子（闯祸） [442]顿囤沌饨钝炖吨盾遁冻~住了栋动洞文。挖~

tʰ [21]通 [243]屯豚同铜桐童瞳潼彤 [53]筒桶捅统笛~瓦 [442]痛洞白。烟~（烟囱）

n [243]浓脓 [442]嫩

l [243]沦农隆龙笼~火聋 [53]陇笼~子拢吹天~地 [442]囵陃~弄□忽~（"轰"的分音词）

ts	[21]尊遵棕鬃宗祖~；量词：一~事（一件事）综踪蝨扁~（蝗虫） [53]总 [442]粽纵	
tsʰ	[21]村皴聪匆葱囱 [243]存从丛重~写 [442]寸	
s	[21]孙松~树嵩 [243]伈无能、懦弱；坏~屎精液怂~恿 [53]损笋榫笋 [442]送宋诵颂讼搡摧（~咾一把）	
tʂ	[21]中当~忠终钟盅衷 [442]中~奖仲众重轻~种~树	
tʂʰ	[21]春冲~锋枪 [243]唇纯醇虫崇重~复 [53]蠢宠充~分 [442]冲拿水~	
ʂ	[21]吮 [442]顺舜瞬	
ʐ	[243]戎绒茸 [53]冗 [442]润闰	
k	[21]公蚣工功攻弓躬宫拱恭供~娃娃念书 [53]滚汞磙龚 [442]棍贡共供~货	
kʰ	[21]昆坤空~中 [53]啃捆孔巩恐 [442]困控空~房子	
x	[21]昏婚轰烘浑浑浊：水~蕻一扑~草（一丛草） [243]魂馄浑~身荤弘横白2.~直宏红洪鸿虹文~彩~ [53]哄~人 [442]混横~山（地名）哄起~	
∅	[21]温瘟翁 [243]文纹蚊闻雯人名 [53]稳 [442]问瓮水~罋	

(yəŋ)

l	[21]抡 [243]仑伦轮囵 [53]垄拢整理 [442]论议~	
tɕ	[21]均钧菌君郡军 [53]窘 [442]俊峻骏	
tɕʰ	[21]群裙穷琼 [53]焞闷热	
ɕ	[21]熏薰烟~兄胸凶~人（训斥人）洶匈 [243]旬荀询勋循巡熊雄 [442]逊差：那人~得很殉训驯	
∅	[21]雍拥庸 [243]匀东西少平均分开：给每家都~点儿云耘荣融容蓉熔溶腐烂：瓜~了 [53]允勇永咏泳涌蛹 [442]熨韵运蕴晕用佣	

(əʔ)

P	[5]不~是拨~拉（拨）卜~拉（摸）	
pʰ	[5]孛~箩	
t	[5]耷~揽（下垂）得~溜（提）	
tʰ	[5]跶~拉忒零~撒（零碎地花钱）	
n	[5]那~些（他们）	
ts	[5]怎~么只~管这~些	
tsʰ	[5]□明光~浪（明亮的样子）	
tʂʰ	[5]直~一夜（一整夜）吃~饭	
ʂ	[5]什~么石~头拾~翻（搜）实欢~（行动敏捷自如）失张狂~道（气焰嚣张、不可一世的样子）十八月~五识~字食猪~槽子	
ʐ	[5]入词缀：~脏（脏）	
k	[5]圪~蹴（蹲）个一~胳~膊格~袼~褚	
kʰ	[5]咳~嗽核桃去~单位可~多个（好多个）	
x	[5]蛤~蟆黑~小子（蟋蟀）□~零损啦（物件零部件松动的样子）	

(iəʔ)

pʰ	[5]劈三~二马（形容处理事情粗略、迅速的样子）	
ɕ	[5]相~打（打架）	
∅	[5]一~个	

(uəʔ)

tʰ	[5]□温~子水（半开不开的水）	
ts	[5]做~过了（糟糕了）敠击打：~咾一伙	
tʂʰ	[5]出~门	
k	[5]轱一~辘线（一轴儿线）咕雁~噜（大雁）骨打~隆儿（打滚儿）	
kʰ	[5]窟水~子（水坑）	
x	[5]忽~咙（喉咙）葫~芦	

第四章 词汇特点

延安处于陕北晋语和中原官话的过渡地带，词汇面貌复杂。从与周边方言的比较看，延安老户话的词汇主要与陕北晋语一致，少数与西安话一致。仅与甘肃方言相同或相近的词语数量最少，有：凤圈儿，崾崄半山腰，撮子，舅母，旋儿头顶发旋，单旋儿、双旋儿，卜拉蒸的拌子面的土豆条儿，尾门肠子下来了脱肛，铅笔镟儿转笔刀，胡子生儿老生，藏老猫儿后儿捉迷藏（合水说"藏猫猫猴儿"），抻腰伸腰。旋儿、单旋儿、双旋儿三词，陕北晋语对应的是子尾词，西安话对应的没有子缀或儿缀。延安老户话词语表现出以下特点：

（一）与陕北晋语的一致性更强

比较显示，延安老户话与绥德话共有词语约占总词汇的80%，其中约40%是北方方言或西北方言所共有的词语，即绥德、延安、西安三方言相同的词语。例如：天河，扫帚星，西北风，冷子，豌豆，蒜，奔颅前额，牙叉骨，岔气急性胸肋痛，耍麻达出问题，恓惶可怜，冲刺鼻、说话直，恼生气。其余40%左右的词语仅与陕北晋语一致。

具体来看，延安与绥德话的各类共有词语数量，均超过该类总数的70%。如天文类共97条词语，三方言相同的49条，仅与绥德话相同的29条，仅与西安话相同的6条，还有特别词13条。即与绥德话共有的词语约占80.4%。动词类中与绥德话共用的词语比例最大，达97%：总共133条，三方言相同的55条，仅与绥德话相同相近的74条，仅与西安话相同的2条，特别词2条。

延安老户话仅与西安话相同的词语数量较少，在总词汇中比例不足10%，在各类中所占比例在1%—15%之间。其中延安老户话、西安话、甘肃方言共同拥有的词语数量极少，如"洋芋、荞麦"。因为西安话与甘肃方言同属中原官话，存在一些区别于晋语的共有词语，可能延安恰巧借入了个别词语。

（二）晋语典型特色词的数量比陕北中心区方言少

延安老户话中既有晋语的典型特色词（包括分音词和圪头词），也有关中话的特色词。前者数量较多，但比绥德等方言明显减少。

例如，延安说晋语的"冷子冰雹、脑头、难活生病、婆姨妇女、灺熄灭、成住"等，不说晋语的"圪都拳头、屄子屁股、甚什么、瓮缸、圪台台台阶"等，而改说关中话的"槌头、沟蛋子、啥、缸、台台"。再如，延安老户话将晋语色彩浓厚的分音词、圪头词、重叠词部分地替换为对应的非分音词、非圪头词、非重叠词。陕北晋语其他片普遍能说的"卜来摆、圪低、圪拧、圪挪、圪痂痂、圪渣渣、锅锅、凳凳、花瓣瓣、两面馍馍两种面蒸的馒头"，延安老户话对应的是"摆、低下、拧、挪、痂痂、渣渣、锅、凳子、花瓣儿、两面馍"。

（三）词语发音近关中话而远晋语

延安老户话中与关中话相同的词语，词形相同，语音也相近。例如：玉麦 y^{44}mei^{0}，柳娃子 liəu^{53}ua^{21}tsʅ^{0}。与陕北晋语相同的词语，往往词形相同，发音不同。如"早烧早霞、耍麻达出问题、恓惶可怜"等词，声调与关中话相近，与陕北晋语不同。"绿豆 liəu²¹təu⁴⁴²、着得能接受 tʂuɣ²⁴tei⁰"，声韵调同关中话，与陕北晋语不同。

（四）部分名词词根相同，构词法不同

延安老户话有一部分名词，与绥德话或西安话对应词语的词根相同，区别在于"儿"尾、"子"尾的有无或异同，或重叠与否。例如（绥德—延安—西安）：

柿饼子—柿饼儿—柿饼　　野鹊儿—野鹊子—野鹊　　囤儿—囤—囤子

短工儿—短工—短工子　　下巴子—下巴—下巴儿

磨把把—磨把儿—磨把子　　月婆—月婆儿—月婆子

（五）存在词语的叠置现象

延安老户话中存在词语的叠置现象。最常见的是陕北晋语和关中话的说法叠置并存。例如（晋语/关中话）：滚水/煎水开水，草鸡/母鸡，春上/春里，往每年/往年，外起/院子，伯叔/叔伯，姨姨/伢伢，门限大王/窝里造只敢在家里厉害的小孩，车克郎⁼/车厢，水笔/钢笔，猴/碎小。

也有陕北晋语与延安特有说法的叠置并存。例如（晋语/延安特色词）：拉闲话、拉散散话/闲拉、闲谝聊天，嗔叫、怪/怨过责怪。

个别词条有三种说法，形成三层叠置。例如：冰圪锥/冰溜子/冰橛儿，"冰圪锥"是晋语的说法，"冰溜子"是关中话的说法，"冰橛儿"未见于周边方言，是延安老户话特有的。

（六）多词择一，倾向关中话

有的词陕北晋语有多种说法，关中话只有其中一种，延安老户话往往选择与关中话相同的说法，舍弃其他的表达方式。例如陕北晋语的下列词语存在多种说法，延安只有和关中话相同的第一种说法：端午/五月端午，辣子/辣辣子，树梢子/树梢梢，花瓣儿/花瓣瓣，驴骡/驴骡儿，狗熊/熊，小叔子/婆家兄弟，大姑子/婆家姐姐，小姑子/婆家妹子，弟兄/弟兄子哥哥和弟弟，儿媳妇儿/媳妇子，孙子媳妇儿/孙媳妇儿/孙媳妇子，外孙子/外甥，等等。

第一节

方言特别词

延安老户话的词汇中有约10%是不见于周边方言的特别词。本节列举一些方言特别词。

七星勺儿 tɕʰi²¹ɕiəŋ²¹ʂuɚ⁰ 北斗星，因形状得名。

阳岸儿 iaŋ²⁴ŋɚ⁰ 太阳照到的地方。也说"阳圢"[iaŋ²⁴ua⁴⁴²]，同晋语。

背岸儿 pei⁴²ŋɚ⁰ 太阳照不到的地方。这两个词是合璧词，综合了晋语的"阳、背"和关中话的"岸儿"。也说"背圢"[pei⁴²ua⁴⁴²]，同晋语。

潲风 sɔ⁴⁴fəŋ²¹ 微风。"潲"是古语词，见本章第二节。

潲阴子天 sɔ⁴²iəŋ²¹tsəʔ⁵tʰiɛ̃⁰ 略阴的天。

冰橛儿 piəŋ²¹tɕʰyɚ²⁴³ 冰锥。"橛"本义是短木桩，如"钉橛子"就指在地上钉木橛。本词中是引申义，义为"像木橛的物体"。

半辰是雨半辰是雪 pʰɛ̃⁴²ʂəŋ⁰sʅ⁴⁴y⁵³pʰɛ̃⁴²ʂəŋ⁰sʅ⁴²ɕyɤ²¹ 雨夹雪。"半辰……半辰……"是时间副词，意思是"一会儿……一会儿……"，表示反复。"半"读送气音声母，属于古全浊声母仄声字的白读层。

河卵石 xuɤ²⁴luɛ̃⁵³ʂʅ⁰ 鹅卵石。

晌门 ˬʂaŋ²²məŋ³¹ 中午。"门"疑为"么"的音讹。也说"晌午"[ʂaŋ²⁴uɤ⁰]。

一摸黑 i²¹muɤ²¹xei²¹ 天刚黑的时候。

黑咾 xei²²lɔ³¹ 晚上。"咾"是完成体标记。"黑咾"的本义是天已经黑了，引申为"晚上"。

宜ˬ根儿 i²⁴kɚ̃ʳ⁰ 现在。

海牙ˬ花 xɛɛ⁵³ȵia²⁴xua⁰ 凤仙花。疑为"海娜花"的变音形式。

马刺蜂儿 ma⁵³tsʰʅ⁴²fɚ̃ʳ⁰ 马蜂。

夜明珠 ie⁴²miəŋ²⁴tʂu⁰ 萤火虫。

平板房 pʰiəŋ²⁴pẽ⁰faŋ²⁴³ 平房。

酒咂儿 tɕiəu⁵³tsɚ⁰ 随身携带的带吸嘴的小酒壶。

架囤 tɕia⁴²tuəŋ⁴⁴² 在院子里晾晒并储存玉米的器具，方形、亭状，通常架空离地半米。以前是用树干和树枝搭建，现在多用钢柱和钢丝网。延安南川（南部川地）大量种植玉米，家家都有此物。也叫"玉麦架囤"。

姑娘 ku²¹ȵɤ²⁴³ 父亲的姑母。"娘"读白读音。

姨娘 i⁴²ȵɤ²⁴³ 父亲的姨母。"娘"读白读音。"姨"声调特殊。

老妻婆 lɔ⁵³tɕʰi²¹pʰuɤ²⁴³ 岳母的叙称。也说"老丈母"[lɔ⁵³tʂaŋ⁴⁴mu⁰]、"丈母娘"[tʂaŋ⁴⁴mu⁰ȵiaŋ²⁴³]。

姑伢 ku²¹ia⁰ 也说"姑姑"[ku²²ku³¹]。

伢夫 ia²¹fu⁰。西安等许多关中话中"伢伢"指"叔母"，延安老户话借入该词后，发生语义错位，转指"姨妈"，并且将"伢"作为语素创造了"姑伢、伢夫"。"伢夫"也说"姨夫 i²⁴fu⁰"。

眼泪圪都儿 ȵiẽ⁵³luei⁰kɤ²⁴tur⁰ 泪珠。"圪都"本指拳头，延安老户话加儿尾指称小的颗粒状物。

掌柜婆姨 tʂaŋ⁵³kuei⁰pʰuɤ²⁴i⁰ 老板娘，合璧词。由关中话"掌柜婆娘"和晋语"婆姨"改装组合而成。

左瓜拉子 tsuɤ⁵³kua⁰la²¹tsɿ⁰ 惯用左手的人。与西安"左瓜蛋"形近。也说"左撇子"[tsuɤ⁵³pʰie²¹tsɿ⁰]，同晋语。

细尿鬼儿 ɕi⁴²tɕʰiəu²⁴kuər⁵³ 吝啬鬼。

小炉匠 ɕiɔ⁵³ləu²⁴tɕʰiaŋ⁴⁴² 吝啬鬼。

风刺 fəŋ²¹tsʰɿ⁴⁴² 麻疹。甘肃、关中说"风飚"，形近音近义同。也说"风片子"[fəŋ²⁴pʰiẽ⁵³tsɿ⁰]，同晋语。

喉痨 xəu²⁴lɔ⁰ 结核病。"喉痨气瘀"形容呼吸困难。

牙碱 ȵia²⁴tɕiẽ⁵³ 牙垢。

豁豁 xuɤ²¹xuɤ⁰ ①兔唇。②长兔唇的人。也说"豁唇唇"[xuɤ²¹tʂʰuəŋ²⁴tʂʰuəŋ⁰]，同晋语。

豁豁牙 xuɤ²²xuɤ³¹ȵia²⁴³ ①牙齿残缺。②牙齿残缺的人。也说"豁牙牙"[xuɤ²¹ȵia²⁴ȵia⁰]，同晋语。

参言 tsʰẽ²¹iẽ²⁴³ 插嘴。如：大人说话，小娃娃耍～。

逛眼 kuaŋ⁴⁴ȵiẽ⁵³ 失眠，合璧词。晋语说"逛夜"，关中话有时把"夜"说成"眼"，如"熬眼熬夜"，延安老户话综合了两者的说法。

怨过 yẽ⁴²kuɤ⁴⁴² 责怪。如：二女子找的人家穷，～咥娘老子十来年。

设席 ʂɤ²¹ɕi²⁴³ 摆酒席。如常言道："～容易请客难。"

斜角儿面 ɕie²⁴tɕyər⁰miɛ̃⁴⁴² 菱形面片儿，也叫"散角儿面"[sɛ̃⁵³tɕyər⁰miɛ̃⁴⁴²]。陕北叫"面旗旗"，西安叫"旗花面"，甘肃合水叫"三角片片"或"连锅子片片"。

顶拐拐 tiəŋ²⁴kuɛ⁵³kuɛ⁰ 膝盖互顶游戏。陕北晋语多说"顶牛儿"。

褿裙儿 tsʰɔ²⁴tɕʰyɤ̃r⁰ 围裙儿。"褿"是"脏"义。也说"围裙儿"[uei²⁴tɕʰyɤ̃r⁰]。

谁们些 ʂuei²⁴məŋ⁰ɕi²¹ "谁们"是"谁"的复数形式。复数后缀"些"叠加到"谁们"上。

第二节

方言古语词

延安老户话继承了大量的古语词，这些古语词普遍通行于陕北晋语。有的仍然做词用，有的不单用，但作为语素和其他语素构成合成词。

关于晋语方言词的本字，刘育林、张子刚（1988），张崇（1993），卢芸生（1988a，1988b），邢向东（2020），黑维强（2016）分别做过一些考释。上述学者考证的大部分古语词，延安老户话也在使用。例如：煏、愊、篧、溒、谝、潵、弥、鞧、挼、揃、襨、丑、煁、解下，等等。下面列举、讨论部分延安老户话的古语词。

胮 $p^hɑŋ^{243}$ ①（因生病或哭泣）面部浮肿的样子。如：那个害上肾病了，脸胮的。也常说"眉胮眼肿、胮眉肿眼、肿眉胮眼"。②做形容词前加成分，形容臭味重。如：胮臭。《玉篇》肉部普江、普降二切："胮，胀也。"《广韵》绛韵匹绛切："胀臭貌。"《集韵》江韵披江切。"胮"在陕北晋语中都是阳平调。

飚 p^hie^{21} 被冷风吹后着凉感冒。如：夜儿敞滩里头飚了，今儿难活得起不来_{昨天在野地里被风吹了，今天难受得爬不起来}。《广韵》屑韵普蔑切："小风貌。"《集韵》质韵壁吉切："潷，《说文》：'风寒也'。或作飚。"

䜋 $ʂua^{21}$ 妄言。延安老户话中只用于四字格成语"兴兴䜋䜋"，意为在背后嘀咕、乱发议论。《广韵》祃韵所化切："柱也。"《集韵》祃韵数化切："妄言。"

㩢 $tɕ^hiəu^{442}/tɕiəu^{442}$ ①蜷缩。如：腿㩢转。②布料在加工前下水、缩水。如：把布㩢给下。《广雅·释诂三》："缩也。"王念孙疏证："今俗语犹谓物不伸曰㩢矣。"《广韵》宥韵侧救切："缩小。"

瘱 $nɔ^{442}$ （使）药物中毒。如：瘱死，瘱老鼠药。《方言》卷三："凡饮药傅药而毒……北燕朝鲜之间谓之瘱。"《说文》疒部："朝鲜谓药毒曰瘱。"《广韵》号韵郎到切。《集韵》豪韵郎刀切："朝鲜谓中毒曰瘱。"本词在陕北各方言中都读 n 母。

褿 tsʰɔ²⁴³ 布制品脏污。如：衣裳褿了，失褿_{太脏以至于无法洗干净}，褿裙儿_{围裙儿}。《集韵》豪韵财劳切："衣失浣。"

措 tsʰɤ²¹ 拿。如：把凳子措开，措土_{用铁锹等把土收集起来}。《说文》手部："置也。从手昔声。"段玉裁注："立之为置，舍之亦为置，'措'之义亦如是。经、传多假'错'为之。"《广韵》暮韵仓故切："举也，投也，说文置也。"《集韵》陌韵侧格切："追捕也"。《广韵》《集韵》二切，舒入不同。"措"在陕北晋语中多读入声，与《集韵》侧格切相合，与《广韵》词义吻合。

潲 sɔ⁴⁴² ①雨斜着下。如：雨朝东潲嘞。延安老户话也说"潲风_{微风}"，应是据此义引申而来。②洒水。如：给地上潲点儿水。③量词，道（水印、脏的印子）。如：脸上有几潲黑。"潲阴子天"指天上有几丝云彩形成的略阴的天气。④水向下冲。如：跌潲_{瀑布}。①④词义与韵书的记载音义相合。《广韵》效韵所教切："豕食。又雨溅也。"《集韵》效韵所教切："水激也。"②③为引申义。

宬 ʂəŋ²⁴³ ①住。如：在延安宬着嘞。②闲待着。如：宬下没事。③装，容纳。如：一个房子宬两个人。《说文》穴部："屋所容受也。"《广韵》清韵是征切："屋容受也。"《集韵》清韵时征切。

灺 ɕie⁴⁴² 熄灭。如：灯灺了，火灺了。《说文》火部："烛烬也。从火也声。"《广韵》马韵徐野切："烛烬。"唐元稹《通州丁溪馆夜别李景信》之二："离床别脸睡还开，灯灺暗飘珠蔌蔌。"明俞汝言《浪淘沙》："酒醒更残灯又灺，梦落谁家。"

聒 kuɤ²¹ 声音嘈杂令人厌烦。如：邻家修造哩，聒得人一中午没睡成。《说文》耳部："聒，驩语也。"《广韵》末韵古活切："声扰。"宋王安石《和惠思岁二日二绝》之一："为嫌归舍儿童聒，故就僧房借榻眠。"

荒 xuɤ⁴⁴² 土地荒芜。如：地荒了。《说文》艸部："荒，芜也。"《广韵》宕韵呼浪切："草多貌。"《集韵》宕韵："田不治也。"延安为白读音，反映宕果合流的现象。陕北晋语白读音去声，与《广韵》的注音相合。

愀 tɕʰiəu²⁴³（詈语）①长相难看。如：愀相。②性格乖戾。如：愀脾气，愀劲气。《广韵》尤韵去秋切："戾也。"

歪 uɛɛ²¹ 蛮横。如：那婆姨歪得带个落窝鸡像儿。明吴承恩《西游记》七十一回："大闹天宫任我歪"。清刘省三《跻春台》卷四："玉莲曰：'心倒不孬，就是歪了些儿！'"

冻 tuəŋ²⁴³ 厚冰。如：冻圪瘩_{冰块}。《说文》仌部："冻，仌也。"段玉裁注："初凝曰仌，仌壮曰冻。"《广韵》东韵德红切："冻凌"。《管子》："然则冰解而冻释，草木区萌，蛰虫卵养。"

冻 tuəŋ⁴⁴² ①液体或含水分的物体遇冷凝结。如：肉冻住了。《广韵》《洪武正韵》送韵多贡切："冰冻"。《礼记·月令》："水始冰，地始冻。"②寒冷。如：天冻起了。《广雅·释诂四》："冻，寒也。"

第三节

民俗文化词

一 饮食

延安的饮食基本上属于陕北的类型，擅长粗粮细做，喜欢烩菜。受关中的影响较小。

（一）面食类

延安以面食为主，主要是白面、荞面（荞麦面），另外还有杂面（豌豆面和小麦面等混合的面粉）、玉米面、糕面（用软糜子磨成）。面食的做法也是多种多样。白面系列有：面条儿、面片儿、拌汤、圪饦儿、烙饼、馍馍、花花，等等，其中羊肉面最有名。荞面系列有：剁荞面、荞面搅团、饸饹、圪饦儿、碗饦儿。杂面系列有：和杂面、抿夹儿。玉米面系列有：漫黄儿、窝窝。糕面系列有：各种糕及糕斜（糕面和白面做成的黄白相间的方形蒸馍）。

扁食 piẽ⁵³ʂʅ⁰ 饺子。延安的扁食是陕北常见的元宝样，有猪肉馅儿，也有羊肉黄萝卜馅儿。在陕北很多的重要日子，都要吃扁食，如除夕、正月初一、正月初七、结婚、新郎到岳父家等。结婚时新人在洞房吃的饺子，叫"儿女扁食"[ər²⁴n̠y⁰piẽ⁵³ʂʅ⁰]。

花花 xua²²xua³¹ 清明节蒸制的各种动物造型的面点。清明节当天，蒸花花挂花花。花花常捏成蛇、燕燕（燕子）、雀雀（鸟）或狮子、老虎等形状，蒸熟后点上红点、绿点。放凉后，就用线穿成串儿，每个花花之间用一颗枣或半寸许的秸秸段儿隔开，然后挂在墙上。也有的砍一截儿圪针（荆棘），把花花、枣、核桃一个一个扎在圪针刺上，再吊在墙上。

荞面搅团 tɕʰio²⁴miẽ⁴²tɕio⁵³tʰuẽ²⁴³ 荞面做原料的一种面食。锅里水开后，一边向水里撒荞麦面粉，一边用饭勺或小擀面杖使劲搅动，让荞面逐渐变成软软的熟面团，冷却后切成小块儿蘸汁吃。

圪钌儿 kʰəʔ⁵tʰuər²⁴³ 拇指大小的面疙瘩，中间略薄，边缘翘起、成卷儿，有白面的和荞面的。做圪钌儿叫"搓圪钌儿"，把面切成碎丁，放在手掌、案板或者"拍拍"（用高粱秆儿编的箅子）上一压一捻，就做好了。俗语说："荞面圪钌儿羊腥汤，他大（父亲）脑子咋这么香。"近年来延安的饭店里都改叫"麻食"，和关中地区叫法一样。

饸饹 xuɤ²⁴lɔ⁰ 专用的饸饹床儿轧成的滚圆的长面条儿，吃的时候要加臊子和清汤。陕北人过生日的前一天要吃长寿面，吃的就是饸饹。饸饹、粉汤还是红白事待客的标配。以前用荞麦面、稻黍面（高粱面）做饸饹，也有用玉米面的。玉米面饸饹很硬，又叫"钢丝面"[kaŋ²¹sʅ⁰miẽ⁴⁴²]。现在都是荞麦面或白面饸饹。

杂面 tsa²⁴miẽ⁴⁴² 既指杂面面粉，也指杂面面条儿。杂面通常用豌豆、白小豆等几种豆子磨的面粉和小麦面混合而成。杂面面条儿的做法是：和面时，在杂面面粉中加入少许沙蒿籽儿粉，和好后醒面半小时，然后擀到像纸一样薄，再切成又细又长的面条儿。如果切成菱形面片儿，就叫"杂面叶儿"[tsa²⁴miẽ⁴⁴²iər⁰]。烩杂面面条儿或面片儿，叫"和杂面"[xuɤ⁴²tsa²⁴miẽ⁴⁴²]。

抿夹儿 miəŋ⁵³tɕiər⁰ 用抿夹床儿压的短面节儿。豌豆面或白面加水，和成稀软的面团。将抿夹床儿架在锅的上方，放上适量的面团，然后用手掌或工具挤压面团。面团受力，从抿夹床儿上的小孔挤出短面节儿，落入开水锅中。抿夹儿吃法多，一般是加臊子（有素臊子、肉臊子），也可以加各种调料干拌着吃。抿夹儿原本是陕北绥德、子长等地的吃食，随着移民和餐饮业的繁荣进入延安，成为延安人爱吃的地方美食。

剁荞面 tuɤ⁴²tɕʰiɔ²⁴miẽ⁴⁴² 用专用的大刀切的荞面长面条儿，加各种臊子后食用。原是陕北三边、吴起等地的面食，陕北人普遍喜欢吃，延安当地有不少剁荞面面馆。

漫黄儿 mẽ⁴²xuãr²⁴³ 黄米面（脱壳的糜子米磨的面粉）或玉米面做的发糕，也叫"黄儿"[xuãr²⁴³]。将发酵后搭好碱的稠面糊倒入蒸锅，稠面糊缓缓漫过笼布儿，层层覆盖，蒸熟后就定型成和锅一样大小的圆形，再切成小块儿。黄米面发糕也叫"米黄儿"[mi⁵³xuãr²⁴³]。

糕 kɔ²¹ 陕北最原始的美味小吃，用去壳后的软糜子磨成的面粉蒸熟制成。做法多样，有：油糕（油炸糕片）、糕角儿、枣糕。"糕角儿"[kɔ²¹tɕyər²⁴³]是包馅儿的三角形糕。"糕"谐音"高"，寓意步步高，是陕北人过生日、过年时必不可少的食品。

米馍馍 mi⁵³muɤ²⁴muɤ⁰ 三分之二的硬糜子面掺三分之一的软糜子面做的馒头，内可包馅儿（枣泥、芸豆、红小豆等制成）。其色金黄，绵软甘甜。延安人常在腊月时制作米馍馍，并把米馍馍和糕等装在室外的缸里。低温下米馍馍的馅儿会结少许冰碴，味道更甜更佳。

摊馍馍 tʰẽ²¹muɤ²⁴muɤ⁰ 也叫"摊黄儿"[tʰẽ²²xuãr³¹]，是清明节的节日食品。硬糜子面和成面糊，发酵搭碱后，将稠糊摊在鏊子上，扣上盖子烤熟。做"摊馍馍"的鏊子中间高四周低。圆圆的面饼，中间薄边沿厚，色泽金黄，味道酸甜。民间有谜语："一面儿是烙下的，一面儿是蒸下的，拆开是个圆的，合住是个斜的。"谜底就是"摊馍馍"。

图 1　油糕　宝塔区河庄坪镇 /2019.2.14/ 郝雷 摄

图 2　米馍馍　宝塔区河庄坪镇 /2022.1.20/ 郝雷 摄

油馍馍 iəu²⁴muɣ²⁴muɣ⁰ 油炸的环状饼。约三分之二的软糜子面掺三分之一的硬糜子面，用慢火炒出香味，然后发酵，加入适量糖，做成环状饼，油炸后软糯酸甜。

图 3　油馍馍　宝塔区河庄坪镇 /2022.2.9/ 乔仰文 摄

（二）米饭、粥类

两米子饭 liaŋ²⁴mi²¹tsʅ⁰fẽ⁴⁴² 大米和黄米两种米掺在一起做的米饭。

钱钱饭 tɕʰiẽ²⁴tɕʰiẽ⁰fẽ⁴⁴² 小米加钱钱、豇豆等熬成的粥。"钱钱"[tɕʰiẽ²⁴tɕʰiẽ⁰]是黑豆或黄豆浸泡后压制成的片，状如铜钱，由此得名。

麻汤饭 ma²⁴tʰaŋ²¹fẽ⁴⁴² 蓖麻籽、各种豆子和小米熬的粥。蓖麻籽炒熟，压扁，放入水中熬，撇去浮油、去掉渣子，再加入红豆、扁豆、芸豆、小米等，慢火熬熟，香味四溢，常配着调好的小蒜吃。

和淘 xuɤ⁴²tʰɔ⁰ 把各种食材放在一起烩的饭。和淘的食材随意，有什么放什么，可以是现做的面条儿、米、土豆块儿、菜，也可以是剩饭剩菜。

和儿和儿饭 xuər⁴²xuər⁰fẽ⁴⁴² 小米菜粥。在小米米汤里加上蔬菜碎叶或者豆角圪截儿（豆角段）煮成的稀粥。煮蔬菜叶子的也叫"和菜饭"。煮豆角的也叫"豆角和儿饭"，即把豆角掰成小段，和土豆条儿、小米一起煮的粥。煮熟后，常用油炸葱花儿或西红柿来增加香味。

老瓜饭 lɔ⁵³kua²¹fẽ⁴⁴² 南瓜和软黄米熬的很稠的粥。

焖饭 məŋ⁴²fẽ⁰ 腊八节的食物。枣和软黄米一起蒸或煮，最后焖熟即成。

（三）粉面类

以前陕北新鲜蔬菜少，土豆是主要副食，切法、做法多样，块儿、丁儿、丝儿、片儿，煮蒸炒煎炸。土豆也被制成土豆粉和凉粉儿。

洋芋卜拉 iaŋ²⁴y⁴⁴pu²¹la⁰ 非常有名的小吃。去皮的土豆礤成细薄片，裹上面粉，蒸熟即成。常以西红柿酱、黑豆酱、蒜汁做调料。春季有"槐花卜拉"，夏季有"豆角儿卜拉"。

粉 fəŋ⁵³ 各种粉条儿、粉丝儿、片粉等的统称。本地主要产土豆粉、绿豆粉。粉的样式多种多样：有细长的"粉条儿"[fəŋ⁵³tʰiɚ²⁴³]，较宽的"宽粉"[kʰuẽ²⁴fəŋ⁰]，约一指宽的又扁又厚的"扁粉"[pẽ²⁴fəŋ⁰]，韭菜叶宽的"二条子粉"[ɚ⁴²tʰiɔ²⁴tsʅ⁰fəŋ⁵³]，细的圆棍状的"细粉"[ɕi⁴⁴fəŋ⁵³]，细丝状的"粉丝儿"[fəŋ⁵³sɚ⁰]，绿豆淀粉做的片状的"粉皮儿"[fəŋ⁵³pʰiɚ²⁴³]，土豆淀粉做的片状的"片粉"[pʰiẽ⁵³fəŋ⁰]。

漏粉 ləu⁴²fəŋ⁰ 粉条儿的传统制作方法。取一半葫芦瓢，在瓢底开几个孔，孔的数量、大小、形状根据需要而开。然后将稀稠适当的土豆芡糊（淀粉糊）倒入葫芦瓢，芡糊就从瓢底的几个孔流入开水锅中，用筷子搅散，迅速捞起放入凉水中。现在手工漏粉没人做了。

涮粉 ʂuẽ⁴⁴fəŋ⁰ 制作粉皮儿的方法。把土豆芡糊或绿豆芡糊在涮粉罗儿的底部摊成薄薄的一层，然后把涮粉罗儿放入开水锅里加热一两分钟，冷却后即成。

凉粉 liaŋ²⁴fəŋ⁰ 芡面做成的凝冻状食品。荞面糁糁做的叫"荞面凉粉"；土豆芡做的叫"芡面凉粉"，晶莹透明；绿豆芡做的叫"绿豆凉粉"，呈晶莹的淡绿色。做法差不多：将芡糊倒入锅中，顺时针搅动，直至变稠几乎无法搅动，然后分装到几个盆中，表皮尽量抹平，放凉后变成凝冻状。凉粉配上略带酸味的调料汤，滑爽、鲜香、消暑，是人们喜爱的夏季小吃。

碗坨儿 uẽ⁵³tʰuɚ²⁴³ 将加工熟的稠荞面糊盛入碗中，冷却后即成碗状的硬块儿。将"碗坨儿"切成块儿，调佐料或麻辣肝儿蘸料。做时用盆儿装就叫"盆坨儿"[pʰəŋ²⁴tʰuɚ²⁴³]。

（四）肉食类

延安传统的筵席菜肴以肉食为主，原料是猪肉、羊肉、鸡肉。

年茶饭 niẽ²⁴tsʰa⁰fẽ⁰ 为过年期间准备的肉类熟食、油炸食品、馍等的总称。临近年关做年茶饭，一直到正月几乎每天都吃，所以每种食物都做得多。酥鸡、丸子、红烧肉、猪灌肠等都是做七八分熟，吃的时候再蒸一下。

十全八碗儿 ʂʅ²⁴tɕʰyẽ²⁴pa²⁴uɚ⁰ 传统筵席上的十道菜肴，分别是红烧肉、炖肉、排骨、丸子、清蒸羊、酥鸡、清蒸鸡、夹馓、肚丝汤、八宝饭。

八碗儿 pa²⁴uɚ⁰ 分为硬八碗儿、软八碗儿。"硬八碗儿"[niəŋ⁴²pa²⁴uɚ⁰]肉菜多，通常是烧肉、炖肉、排骨、丸子、炖羊肉、酥鸡、清蒸鸡、八宝饭。"软八碗儿"[zuẽ⁵³pa²⁴uɚ⁰]是四个肉菜四个素菜，通常是红烧肉、炖肉、排骨、炖羊肉、蒸豆腐、粉条儿白菜、鸡蛋糕、凉拌绿豆芽。

小四碗儿 ɕiɔ⁵³sʅ⁴⁴uɚ⁰ 四个碗装肉菜：酥肉、酥鸡、肉丸子、红烧肉。

猪灌肠 tʂu²¹kuẽ⁴²tʂʰaŋ⁰ 也叫"灌肠""坨儿坨儿肉"[tʰuɚ²⁴tʰuɚ⁰zəu⁴⁴²]。将脱了壳的荞麦颗粒碾碎与猪肉末儿搅匀后调味，再装入干净的猪大肠内，上笼蒸熟。食用时切成片，蘸汁儿吃或炒着吃。

炖羊肉 tuaŋ⁴²iaŋ²⁴ʐəu⁴⁴² 清炖羊肉块儿。陕北冬天寒冷，羊肉温补美味，可以御寒，因而是延安人酷爱的美食。离延安仅百余公里的吴起县是有名的羊肉之乡，延安人吃的羊肉多来自该县。炖羊肉的做法是，将羊肉切成约五厘米大小的块儿状，连骨带肉，清水炖煮，撇去血沫，再加入花椒、姜片、地椒、辣椒、葱、盐等，文火炖烂，熟后加芫荽和大葱，肉嫩汤鲜。本地人喜欢把炖羊肉舀到大碗里，一人一碗，是典型的"大碗吃肉"，陕北人的豪迈可见一斑。

夹徽 tɕia²¹sɛ̃⁴⁴² 鸡蛋皮包肉馅儿的饺子状的油炸食品。鸡蛋加面和水，摊成小小的鸡蛋薄饼，薄饼做皮儿，包上肉馅儿，捏成饺子状，油炸，冷却后备用，可入汤可入菜。

猪脑肉 tʂu²¹nɔ²⁴ʐəu⁴⁴² 卤制的猪头肉，也叫"猪头肉"[tʂu²¹tʰəu²⁴ʐəu⁴⁴²]。肉夹饼里夹的就是猪脑肉。

（五）其他

油旋儿 iəu²⁴ɕyer⁴⁴² 街上常卖的一种饼食。厚约两厘米、直径约十厘米的千层圆形白面饼，在专用炉子上烙、烤，外焦里嫩，里面层层薄如蝉翼，香味扑鼻。

馃馅 kuɤ⁵³ɕiɛ̃⁰ 一种加枣泥或糖馅儿的饼食。用油和面和成面团，包上馅儿，用馃馅模子压成外沿略鼓的圆饼，然后摆进烤炉的炉口旁的环形平台上，文火烤熟至焦黄。原为绥德、米脂等地的特色食品。现在延安人结婚迎亲时，男方家要给女方带48个馃馅。

干炉儿 kɛ̃²²ləur³¹ 中空的白面干饼，形如小车轮，边沿厚中心凸起，边沿与中心之间的一圈下凹。干酥味美，不易变质，常做早点或干粮。干炉儿原为绥德、米脂、镇川一带的特色小吃，也是随榆林移民进入延安，成为延安常见的小吃。

洋柿子酱 iaŋ²⁴sʐ̩⁴²tsʐ̩⁰tɕiaŋ⁴⁴² 西红柿酱。一指西红柿干酱，是将西红柿切碎加盐慢火炖，收汁后在太阳下晒成黑红色的干酱。一指蒸的西红柿酱，是将西红柿上锅蒸，剥皮压碎，装到玻璃瓶中密封。延安冬季漫长，新鲜蔬果少，蒸的西红柿酱易于储存，家家户户秋季必做。

黄酒 xuaŋ²⁴tɕiəu⁰ 用酒谷米（软小米）酿制的浓稠的米酒，也叫"稠酒"[tʂʰəu²⁴tɕiəu⁰]。喝的时候，加适量的水煮沸。黄酒是冬天待客的佳酿。著名的陕北民歌《山丹丹开花红艳艳》有一句"热腾腾的油糕摆上桌，滚滚的米酒捧给亲人喝"，歌词中的"米酒"指的就是黄酒。

二　婚丧习俗

（一）婚姻习俗

延安旧俗，一是议婚较早，大都在十多岁订婚，也有两三岁订婚的娃娃亲；二是喜欢亲套亲，叫"窟□儿亲"[kʰuəʔ⁵lyɐr⁰tɕiaŋ²¹]，即亲戚之间结亲（五服之内不结亲），结亲的距离多在方圆二十里，城乡一般不结亲。新时代"窟□儿亲"现象大大减少。

延安的婚嫁习俗沿袭传统较多，仍保留了六礼"纳彩、问名、纳吉、纳征、请期、亲迎"的基本过程。结婚当天亲迎，婚礼流行中西结合的仪式。中式部分简化，省略了一些礼仪，如：拜天地 [pee⁴²tʰiɛ̃²¹ti⁴⁴²]、撒帐 [sa⁵³tʂaŋ⁴⁴²]、熏房 [ɕyəŋ²¹faŋ²⁴³]。拜天地也叫"拜堂" [pee⁴²tʰaŋ²⁴³]，是传统婚礼中最关键最隆重的仪式，现在被西式的交换戒指、致辞代替。"撒帐"是拜完天地后把谷物撒在新房里，家中的一位至亲，提着木斗倒着走，领着新郎新娘进新房。有一段时间这个过程演化为：公婆在新房里撒钱，新郎新娘争着捡，寓意小两口日后不缺钱。现在"撒帐"大都取消了。"熏房"是在结婚当晚的深夜，同辈或儿童点燃装有破布、杂草甚至辣椒面的包儿，而后将烟吹入洞房"呛"新婚夫妻。"熏房"已被摒弃了。

延安人保留请人说媒的风俗。子女没有对象，家长会拜托亲友做媒，即使男女双方认识或已经自由恋爱，仍会请个媒人提亲 [tʰi²⁴tɕʰiəŋ²¹]。专职媒人少，媒人通常是一方或双方的威望高的亲友。

经男女双方家长同意后，就合八字 [xuɤ²⁴pa²¹tsʅ⁴⁴²]，请阴阳先生推算男女双方的生辰八字、属相是否相合。

结婚前先定亲 [tiəŋ⁴⁴tɕʰiəŋ⁰]（也叫"订婚" [tiəŋ⁴²xuəŋ²¹]）。在选定的吉日，男方家长携带商定好的彩礼 [tsʰɛe²⁴li⁰]（礼金）以及若干衣物和首饰，由媒人陪同到女方家。女方家设宴招待，互相敬酒，喝至尽兴，所以戏称"搬酒瓶儿" [pɛ̃²⁴tɕiəu⁵³pʰiɤ̃r²⁴³]。延安的彩礼没有固定金额，各家量力而行。首饰一般有"三金"：金项链、金耳饰、金戒指。订婚当天过礼 [kuɤ⁴⁴li⁵³]（给彩礼），即"纳彩"，同时商话 [ʂaŋ²¹xua⁴⁴²]，确定结婚的具体日期。也有"订婚不算婚"一说，订婚只议定彩礼，结婚那天再给。女方回赠男方一双鞋、两双袜子、两根红裤带。鞋叫"稳跟鞋" [uəŋ⁵³kəŋ²¹xɛe²⁴³]，寓意是以后踏踏实实过日子；红裤带叫"长命带" [tʂʰaŋ²⁴miəŋ⁴²tɛe⁴⁴²]，寓意婚姻长长久久。

图 4　娶人　宝塔区南市街道办事处 /2019.11.14/ 吾门　摄

图 5　新媳妇儿　宝塔区南市街道办事处 /2019.11.14/ 吾门 摄

结婚前，男方布置帐房窑 [tʂaŋ⁴²faŋ²⁴iɔ²⁴³]（新房），讲究"全新布置"，新家具、新陈设、新被褥，贴喜字，色彩以红色为主。结婚前一天，婆婆亲自压四角 [n̠ia⁴²sɿ⁴²tɕyɤ²¹]，在新房的褥子四个角的下面压铜钱、核桃、红枣、花生，取吉利、早生多生、儿女换着生之意。

结婚当天迎亲、设宴待客，叫"过事情" [kuɤ⁴²sɿ⁴²tɕʰiəŋ⁰]。男方娶人 [tsʰɿ⁵³zəŋ²⁴³]（迎娶新娘），以前是坐马车或骑驴，骑自行车或摩托车，现在一般都是坐小汽车，条件好的还配有花轿。陕北话把"娶"也称为"引"。"引人" [iəŋ⁵³zəŋ²⁴³] 指迎亲，"送人" [suəŋ⁴²zəŋ²⁴³] 指送亲。引人的、送人的都提前选好，通常是新人的房头姐家（父亲的兄弟，奶奶、妈妈的兄弟等）、姑舅两姨（姑姑姑夫、姨姨姨夫及其子女）以及家门自家（同宗亲戚）。寡妇、再婚的、孕妇、未婚的女孩子没有资格参与。民间还有说法："姑不娶，姨不送，妗子娶的一身病。"

迎亲队伍的总人数必须是单数，寓意迎回新人成双成对。早上迎亲队伍出发去女方家，携带的礼物有：离母糕 [li²⁴mu⁵³kɔ²¹]（一尺多长的绑着红线的糕卷，以前是四十八片炸好的油糕），十个大蒸馍（寓意慈母十月怀胎不易），圪叉肉 [kəʔ⁵tsʰa²¹zəu⁴⁴²]（用红纸包裹一块儿肥猪肋条肉），米面袋 [mi⁵³miɛ̃⁴²tɛɛ⁴⁴²]（红布缝制的装少许米、面、盐、豆子的小布袋）。现在的新风俗是娶亲带48个馃馅、一袋面、一桶油。迎亲队伍由吹鼓手开路，迎人的随后。讲究缢轿 [tʂuei⁴²tɕiɔ⁴⁴²]，即轿子或汽车不能空着去新娘家，里面要坐个小男孩压轿，盼望早生贵子。现在也常见新郎自己缢轿。

新媳妇儿家里一早就开始准备招待迎亲队伍的饭菜。喜欢恶作剧的，就给新郎的饺子里包辣椒、小煤块儿或柴棍儿。新媳妇儿梳妆打扮好，坐在炕上等新郎。她的母亲给新媳妇儿围儿女馍馍 [uei²⁴ər²⁴n̠y⁰muɤ²⁴muɤ⁰]，寓意儿女满堂。儿女馍馍比一般馒头大，上面点着红色和绿色的花点儿。

迎亲队伍到了新娘家，女方亲戚、小孩压着门不让进，新郎这边的人派发红包后才能进门。新娘家用好烟好酒、好茶好饭招待迎人和送人的亲戚。

迎亲返回到家的时间必须是在中午十二点前。新郎、新娘拜别新娘父母，带着女方的陪房[pʰei²⁴faŋ⁰]（也叫"嫁妆"[tɕia⁴⁴tʂuaŋ²¹]）和新娘家添了米和面的米面袋返回。新人迎娶到家，亮箱[liaŋ⁴²ɕiaŋ²¹]（摆出嫁妆）。新娘进新房后，新女婿的女性长辈给新娘撅脸[tɕyɤ²⁴liẽ⁵³]（开脸），用两根线蘸上水，绞除新娘脸上的绒毛。接着上头[ʂaŋ⁴²tʰəu²⁴³]，即新郎新娘的结发仪式。新郎新娘背靠背坐着，迎亲的嫂子或女性长辈手拿红木梳，梳二人的头发，梳一下念一句："一木梳长、一木梳短，三木梳XX（新娘小名）跳过XX（新郎小名）的花院墙。对对馍馍对对糕，对对儿女满炕跑。养小子要好的，养女子要巧的，石榴牡丹花儿是贸铰的。"仪式完成后，两位新人一起给客人敬酒。

结婚当晚闹洞房[nɔ⁴²tuəŋ⁴²faŋ⁰]。人们认为不闹不吉利。以前除父辈的直系亲属不能参与外，祖父辈、同辈、晚辈都可以参与。现在参加者一般都是新人的朋友。

结婚当天或第二天凌晨，婆婆会端给新郎新娘一碗带汤的儿女扁食[ər²⁴ny⁰piẽ⁵³ʂʅ⁰]。十二个扁食（饺子），男六女六，寓意早生贵子、多子多福。

结婚第三天回门[xuei²⁴məŋ²⁴³]，新婚夫妇回娘家住三天。女方亲戚轮流请客，叫"请新女婿"[tɕʰiəŋ⁵³ɕiəŋ²⁴ny⁵³ɕi⁰]，实际上就是认门儿、认亲。三日后，岳父母送新婚夫妇回家，亲家相聚，叫"会亲家"[xuei⁴⁴tɕʰiəŋ⁴²tɕia⁰]。男方亲戚也会请新亲家、新婚夫妇吃饭。

婚后新媳妇儿的第一个生日，由娘家操办，叫"执生儿"[tʂʅ²⁴sɤ̃r⁰]。

图6　围儿女馍馍　宝塔区河庄坪镇杨老庄村 /2019.11.2/ 郝雷 摄

图 7　上头　宝塔区南市街道办事处 /2019.11.14/ 吾门 摄

（二）丧葬习俗

延安在黄土高原，传统上都是土葬，现在有了火葬。延安丧葬风俗与陕北其他地方大同小异。埋葬、举行仪式、待客叫"办白事"[pɛ⁴²pʰei²⁴sɿ⁴⁴²]、过白事，简称办事、过事。

当地人认为12岁以下魂不全不能掩埋。旧时，如果亡者是婴儿，就悄悄送到山上或河边，稍大点的就找一个天然形成的石坑或土坑放入，上面用石头等遮挡。年轻人因为意外或生病去世叫"冷事"[ləŋ⁵³sɿ⁴⁴²]。一般年轻人去世，找阴阳[iəŋ²²iaŋ³¹]（阴阳先生，也叫"平师"[pʰiəŋ²⁴sɿ⁰]）看坟地，挑选背阴坟地。丧葬仪式简单，仅通知很少的人参加。父母健在或没成家者，不动响器，就是不请乐队不放炮，因为没儿没女没挣下家产，而且要旁埋[pʰaŋ²⁴mɛɛ²⁴³]，即不埋入祖坟而是埋入别的坟地。如果是父母双亡、已经成家者，可埋进老坟。

老年人去世，隆重办事请客。如果亡者是七十岁以上的长寿老人，就叫"顺心老人"[ʂuəŋ⁴²ɕiəŋ²¹lo⁵³zəŋ²⁴³]。一般都会提前修建好葬儿[tsãr⁴⁴²]（墓窑），如果事发突然没有预备好墓地，就尽快选好坟地，请打灵的土工（负责修建墓窑、运输棺材、填坟等的工人）破土打墓（造墓窑）。

老人去世后，第一时间通知娘家人（舅舅家的人）。接着，几拨人分头进行各项事宜。门外，孝子[ɕio⁴²tsɿ⁰]拿一只鸡，扭断鸡头。鸡叫"倒头鸡"[tɔ²¹tʰəu²⁴tɕi²¹]，意指人的生命走到了尽头。鸡一死，女人们马上用开水烫面、和面，把面团揉搓成长条状和饼状，做成两个打狗棒[ta²⁴kəu⁵³paŋ⁴⁴²]、七个打狗饼[ta²⁴kəu²⁴piəŋ⁵³]。儿女们用白酒为亡者擦洗全身，剪指甲、换老衣[lo⁵³i⁰]（寿衣），用红绳吊着把口含钱[kʰəu⁵³xɛ⁰tɕʰiɛ̃²⁴³]（用玛瑙或金银做的小物件）放到亡者口中，然后将口、眼合上，脸上盖上麻纸。同时，派人找阴阳写一张有亡者生辰八字的麻纸，即殃单[iaŋ²²tɛ̃³¹]，并挑选好下葬的日子。带回的殃单会盖在亡者脸上或身上。殃单被认为是亡者在阴间的通行证。

将亡者从炕或床上挪下来，在凳子上支床板停放遗体叫"高停"[kɔ²¹tʰiəŋ⁵³]，在地上铺干草（谷子秆）停放叫"低停"[ti²¹tʰiəŋ²⁴³]。接着，孝子和孝孙[ɕiɔ⁴²suəŋ⁰]到最近的十字路口烧纸送终[suəŋ⁴²tʂuəŋ⁰]。门外挂岁数纸[suei⁴²ʂu⁰tsɿ⁵³]，纸的束数略多于年龄数，横着粘的红纸圈数代表辈数。

老人去世第二天，专人采买待客的烟酒、肉食等。城区大都是在酒店办席待客，农村有的自己办席，有的叫流动餐饮车帮忙。出殡前常以羊肉饸饹、烩菜馍馍招待前来吊唁的客人。

第三天盛函[tʂʰəŋ²⁴xɛ̃²⁴³]（装殓），忌见太阳，因此一般在早上或晚上进行，并以白麻纸盖住亡者面部。先打扫棺材里面，将七张白麻纸以菱形竖着排成一行，纸上摆七根丝线、七枚铜钱，呈人形。接着铺褥子，讲究铺金（色）盖银（色）。然后，亡者入棺，用卫生纸（过去用锯末）充棺固定好。棺材不盖严实，要留条缝儿。盛函后棺材移至灵棚儿[liəŋ²⁴pʰə̃r⁰]（灵堂）。接着出孝[tʂʰu²¹xɔ⁴⁴²]，孝子孝孙们穿上孝衫[xɔ⁴²sɛ̃²¹]戴上孝帽儿[xɔ⁴²mɔr⁴⁴²]。孝衫和孝帽儿都是白布做的，孝帽儿前面有眼纱[ȵiɛ̃⁵³sa⁰]（遮面纱）。在孝子的鞋面上蒙缀白布叫"鞔鞋"[mɛ̃²⁴xɛe²⁴³]。

亡者的儿子或孙子出门报丧[pɔ⁴²saŋ⁰]。其他孝子在灵棚儿前守灵[ʂou⁵³liəŋ²⁴³]，续灯续香，给吊唁的来客磕头回礼。当地人认为，磕头就等于给自家去世的老人消灾免罪，就是儿女给老人尽孝心。

出殡前两天，土工把墓窑里面打扫干净，并挖好渗坑[səŋ⁴²kʰəŋ⁰]（墓道，两米多长）。

出殡前一天最忙。娘家来人，孝子们去大路上迎娘家。早饭后，"请三代"[tɕʰiəŋ⁵³sɛ̃²¹tɕe⁴⁴²]，吹鼓手乐队、孝子们到三岔路口烧香磕头，把亡者的父亲、祖父、曾祖父的灵魂"请回家"。回家后娘家人下话[ɕia⁴²xua⁴⁴²]，孝子们跪在娘舅们面前，由一人陈诉亡者死因和葬礼的安排等情况。随后娘舅家长者对孝子们的行为进行评价，或夸奖或谴责。如果娘舅家对孝子们的作为不满，认为孝子们对亡者有亏欠，就"抖落"出来。这就是"抖亏欠"[təu⁵³kʰuei²¹tɕʰiɛ̃⁴⁴]。孝子们恭恭敬敬地听，多次磕头、连连哀告。接着举行领牲[liəŋ⁵³səŋ⁰]仪式，儿女们献活的公猪公羊。仪式主持人嘴里念叨是谁献的，猪羊的头动，表示亡者同意接受，若不动，就拿水灌入耳中使其动。领牲一结束就杀猪杀羊，用于第二天待客。也有家境不好的，割一下猪羊耳朵，见红不杀。领牲仪式后，总管、厨师、帮厨、看客[kʰɛ̃⁴²kʰei²¹]（帮忙安排客人的人）到来，总管安排所有人的工作，主家宴请以表示感谢。名单贴在院子墙上，来客按照名单找人要东西、办事。中午迎幡子和花圈儿。阴阳将制作好的引魂杆儿[iəŋ⁵³xuəŋ²⁴kɚ⁰]（幡子）送来。孝子去十字路口接迎。长子长孙在前面举幡子，后面有人抱遗像，有人抬花圈儿。光景（生活条件）好的，还有金银幡（金山银山）。下午两点以后，如果亡者生前有工作单位，单位来人开追悼会。追悼会最后，亲友最后一次瞻仰老人的遗容。下午"送三代"[suəŋ⁴²sɛ̃²¹tɕe⁴⁴²]，吹鼓手奏乐，孝子们在三岔路口祭拜"请回"的三代灵魂并将其"送回"。接着烧夜纸，娘家、自家（本家）、亲朋好友烧纸祭奠，孝子跟着磕头并跪谢。晚饭后上祭饭 [ʂaŋ⁴²tɕi⁴²fẽ⁴⁴²]，通常会把第二天宴席的菜品每样上一小份。孝子手端木盘或头顶木盘上祭饭，也有的请专人来代替。每次一道菜，孝子们三拜九叩，祭多久跪多久。也有顺心老人过事，比较轻松，主家就和端祭饭的人游戏互动。祭桌上放祭食罐 [tɕi⁴²ʂʅ²⁴kuẽ⁴²]，把各种祭饭放进去一点，孝子们每人吃一点，意思是吃了有福。第二天带到坟地，葬入墓中。夜深了，撒路灯儿 [sa⁵³ləu⁴²tʳ̃r²¹]，将点燃的沾汽油的棉花团撒在路边，从灵棚儿前撒到第二天必经的十字路口，给亡者"引路"。

埋人 [mɛɛ²⁴zəŋ²⁴³]（下葬）这天，大清早土工发灵。天不亮就起灵 [tɕʰi⁵³liəŋ²⁴³]。阴阳把"咒语"一念，喊："起灵，走！"土工抬起灵柩就出发。过去是八人抬棺材，现在都是用灵车拉、架子车拉。吹手走在送葬队伍的最前面，每过一个十字路口，掌一号放一炮（吹一声长号，放一个自制的土炮）。长孙或长子手持引魂杆儿跟在其后。在坡下或第一个十字路口，不上山的女客，请各自的娘家人收头 [ʂəu²¹tʰəu²⁴³]，娘家人为其披上红被面、毛毯等，或把钱别在帽子上，并将孝帽儿后面的长纱缠起。

棺材讲究不落地，抬到陵地后棺材落地。先敬土神。然后呛葬 [tɕʰiaŋ⁴²tsaŋ⁴⁴²]，在坟前把铁锨放在点燃的柴堆上加热至发红，倒入少量油，炸一片油糕。将炸着糕的铁锨移至墓窑里，炸糕的味道充满墓窑，相当于"新住户"暖窑。接着下葬 [ɕia⁴⁴tsaŋ⁴⁴²]。棺材由渗坑入墓，孝子跟着阴阳进去，把棺材里的亡者摆正，点亮墓窑里面四个角落的灯，在四个角放置好柏木角、桃木角。阴阳把棺材盖打开，把亡者与墓窑口、墓器桌 [mu⁴²tɕʰi⁴²tʂuər²¹] 对齐。然后在墓器桌上摆放祭品。一切就绪，孝子退出，并请娘家下墓检查。娘家人一般都是看一眼下不去。最后阴阳一边倒着退出墓窑，一边抹平脚印。

阴阳出来后封墓窑口，仅留小口儿。引魂杆儿立于墓口儿前。阴阳摇铃招魂 [tʂɔ²¹xuəŋ²⁴³]，其他人都背对坟地静候。招魂结束堆土。堆土的都是孝子和亲戚朋友。堆土有讲究，累了不能把铁锨递到另一个人的手里，要直接往地上一扔，其他人拿起来再用。亲孝子跳进渗坑踩实坑里的土，土高一层，引魂杆儿就拔高一截儿。

过去是下葬三天后复山 [fu²¹sɛ̃⁰]。女客在出殡那天不上山，复山那天才上山。现在当天复山。把坟堆堆圆之后，在半山腰等候的女客开始上山。女客到齐后开始烧纸。先是娘家人，从长到幼一辈一辈按顺序烧纸，孝子一直跪在坟前，磕头以表感谢。接着是孝子烧纸、总管领着帮忙的亲戚朋友和土工一起烧纸。除了亲孝子，其他人抽孝 [tʂʰəu²¹xɔ⁴⁴²]，就是在孝帽儿上抽几根线烧掉。然后给土神还土，撒奠酒、烧黄裱纸。最后给老坟里的其他坟头烧纸。

当天晚上送夜火，撒路灯儿到山下。第二天晚上一直撒路灯儿到坟地。

下葬后的第七天做头七 [tsu²¹tʰəu²⁴tɕʰi⁰]，进行祭祀活动。隔七天祭拜一次，一共"七七"[tɕʰi²¹tɕʰi⁰]。

图 8　灵棚儿　宝塔区万花山乡毕圪堵村 /2019.11.27/ 郝雷 摄

图 9　撒路灯儿　宝塔区万花山乡毕圪堵村 /2019.11.30/ 郝雷 摄

三　岁时习俗

暖窑 nuẽ⁵³iɔ²⁴³ 乔迁新居时，邀请亲朋好友在新家聚餐的活动。以前，主人以美味的肉臊子白面饸饹、好酒好烟好菜款待来客。现在多去酒店设宴，雇乐队吹打助兴。

送汤 suəŋ⁴²tʰaŋ²¹ 每当亲戚朋友或邻居生下小孩时，人们就会给产妇送些面食或营养品，希望坐月子的产妇能补充营养，有充足的乳汁。

过满月 kuɤ⁴⁴mẽ⁵³yɤ⁴⁴² 办满月酒。满月这天，给娃娃戴锁儿、设宴席请客，邀请的宾客是月子里送汤的亲朋。

过百晬儿 kuɤ⁴²pei²¹tsuɚ⁴⁴² 庆祝孩子出生一百天，给娃娃戴锁儿，并邀请至亲到家喝酒吃饭，不再大张旗鼓请很多人。

过头晬儿 kuɤ⁴²tʰəu²⁴tsuɚ⁴⁴² "晬儿"专指12岁以下小孩子的生日。"过头晬儿"指过周岁生日，要给娃娃戴锁儿，请至亲好友参加生日宴席。如果孩子被"保锁"，"保锁家"（保锁的人）也都出席，送衣裳或银手镯等。生日前一天吃长寿面，通常是饸饹。生日当天要炸油糕，现在年轻人有时候也用蛋糕替代"糕"。

保锁 pɔ²⁴suɤ⁰ 民间保佑孩子健康成长的一种习俗。有的父母在孩子出生后，为了孩子能平安长大，就找庙里的僧人，或名望高的人、子女多的人、民间异人保佑孩子，有的就拜为"干大干妈"。每年生日，请这些长者为孩子"执生儿"，他们给孩子几块钱或者新衣服做礼物，直到过完12周岁生日。

完生儿 uẽ²⁴sɣ̃ɣ⁰ 过12周岁生日。民间认为，小娃娃12周岁前魂不全，容易沾染邪祟，所以生日时给孩子脖子上戴锁儿（现在一般就是拴着钱的红绳圈），表示锁住魂魄顺利成长。12周岁时魂才全了，所以12周岁的生日比较隆重，一些孩子还要举行"过关"仪式。"完生儿"成为民间隆重庆祝孩子长成"大人"的活动。12周岁以后的生日就相对简单些。

过关 kuɤ⁴²kuẽ²¹ 被保锁的孩子到了12周岁，就举行过关仪式，消除灾难，祈求平安。有的在家附近的庙里，有的上清凉山，有的在保锁人的家里。要过关的娃娃穿上红衣裳，头上裹红布。保锁人或道士念念有词，引导娃娃从过关的小阁楼爬进爬出。

气死毛儿 tɕʰi⁴⁴sʅ⁵³mor²⁴³ 男孩子出生后，后脑勺上靠近脖子处留一撮头发，编成细辫，直至12周岁才剪掉。民间认为，小孩子哭的时候容易憋气，拽一下这个细辫气就顺了。

以上"保锁、完生儿、过关、气死毛儿"，都与12周岁有关，是晋语地区普遍存在的重要民俗现象。

灸疤 tɕiəu⁵³pa⁰ 以前医疗条件差，孩子出生后出现惊风现象，就把点着的艾和麝香在穴位上按压，留下的疤就是灸疤。

喷醋 pʰəŋ²¹tsʰu⁴⁴² 铁锅烧红，将醋倒入锅里，醋的蒸气霎时弥漫开来，民间认为这有杀菌辟邪的作用。家中有人生病或在感冒多发季，常会喷醋。陕北其他地方叫"打醋炭"。

人清儿 zəŋ²⁴tɕʰiər⁰ 正月初七。本地人认为春节和正月初一是给神过年，初六小年是给人过年，初七是人的初一。午饭也和正月初一相同，家家都是粉汤扁食。

打火 ta²⁴xuɤ⁰ 在院子里点燃柴火堆。正月十六"打火燎百病"，全家参与。先是"跳火"，一家人一个接着一个跳过燃烧的柴堆，再抱着铺盖（被褥）、枕头在火堆上方甩几下。如果孩子小，就抱在怀里跨过火堆，或者双手架着孩子的胳肢窝在火堆上方甩半圈。同时，嘴里念念有词："燎百病燎干净，一年不害病（生病）。"等到火变旺、浓烟淡下去，人们就拿出糕、油馍馍、米面馍馍等，穿在长长的细棍上，在火上烤热，一家人分享。

转九曲 tṣuɛ̃⁴⁴tɕiəu⁵³tɕʰy⁰ 正月举行的传统民俗活动。"九曲"是九曲灯阵，在平坦的场地，按照等距离横竖各插相同数量的高粱秆，每根高粱秆上顶一盏灯，形成正方形灯阵，然后用绳索等横绑在灯杆上连成九个回环，回环曲折。现在用钢筋棍、灯泡代替了高粱秆和灯盏。正月初十到十六，延安人要"转九曲游百病"，祈求平安健康。不孕者会拿走一个灯盏，祈求早日有孕。

秧歌儿 iaŋ²⁴kuər⁰ 正月传统的民俗文化活动，群众性民间舞蹈。人数不限。秧歌儿服五颜六色，男的头包羊肚子手巾，手举花伞，边跳边转动花伞，女的双手舞扇，扇子翻飞。秧歌儿队领跳的男演员叫"伞头"，女丑角（有的是男扮女装）叫"蛮婆儿"，还有扳水船儿 [pɛ²⁴ʂuei⁵³tʂʰuɐr²⁴³]（跑旱船）的艄公、坐水船的女子、赶毛驴的脚夫、骑毛驴的婆姨。通常以唢呐、锣鼓、镲儿等传统乐器伴奏。每年全市秧歌儿汇演时，人山人海，热闹非凡。

沿门子 ie²⁴məŋ²⁴tsɿ⁰ 过了正月初十，各村的秧歌儿队就开始"沿门子"，先谒庙敬神，再轮流到每家门前表演。扭完场子，伞头领唱秧歌儿，根据每家的具体情况现编现唱，歌词都是赞美吉祥祝福的话。主人会赠予香烟等表示感谢。

二月二 ər⁴²yɤ²¹ər⁴⁴² 二月二龙抬头，男女老少都要理发修面，寓意全年轻快无灾，也意味着年过完了。

四月八 sɿ⁴²yɤ⁰pa²¹ 四月初八是祖师爷的诞辰，陕北各地都会举办庙会。延安有"四月八，娘娘庙上把香插"的说法。四月八的清凉山庙会规模盛大，香火旺盛。

十月一 ʂɿ²⁴yɤ⁰i²¹ "十月一，送寒衣"。阴历十月初一，天气转冷，要上坟烧些纸折的衣服，意思是给逝去的亲人送去过冬御寒的衣服。

图 10 转九曲　宝塔区新城/2019.2.20/郝雷 摄

图 11　闹秧歌儿　宝塔区河庄坪镇 /2019.2.20/ 郝雷　摄

图 12　扳水船儿　宝塔区河庄坪镇 /2019.2.19/ 郝雷　摄

第五章 分类词表

说明：

1. 本章收录延安老户话的词汇，共计6000余条，包括四字格650余条。

2. 第一节收录《中国语言资源调查手册·汉语方言》中的词汇条目，根据延安老户话的实际情况有所删减。共14类，近1200条（不含同义词），均附视频。视频目录与《中国语言资源调查手册·汉语方言》词汇条目一致。（本方言不说的除外；同义词共用一个视频条目）

3. 第二节收词以《汉语方言词语调查条目表》(《方言》2003年第1期）为基础，根据实际情况有所增删，增加了四字格。增补的词条如与词表中某些词条意义有紧密联系，则插在该词条之后，否则按意义附在各大类或各次类之后。共30类，不附视频。

4. 每个词条先写汉字，后标读音，最后释义。同音词，即意义没有联系而读音和字形相同的词条，分别列为不同的条目并注释；不同义项用①②标注，并用"。"隔开。

5. 同义词或近义词排在一起，按使用频率降序排列。

6. 所收词语用字与标音均依第三章同音字汇。词条中可有可无的字和音均加圆括号表示。标调只标实际调值，不标本调，变调规律参见第二章第三节。该节中没有提及的个别词语的变调现象，酌情标出本调和变调。

7. 口语中有些词语有不同读法时，用"~"隔开，并按使用频率降序排列。

第一节

《中国语言资源调查手册·汉语方言》

一　天文地理　　　　六　服饰饮食　　　　十一　动作行为
二　时间方位　　　　七　身体医疗　　　　十二　性质状态
三　植物　　　　　　八　婚丧信仰　　　　十三　数量
四　动物　　　　　　九　人品称谓　　　　十四　代副介连词
五　房舍器具　　　　十　农工商文

一　天文地理

日头 ər²²tʰəu³¹
　　太阳 tʰɛɛ⁴⁴iaŋ⁰
月亮 yɤ²¹liaŋ⁴⁴²
星星 ɕiəŋ²²ɕiəŋ³¹
云 yəŋ²⁴³
　　云彩 yəŋ²⁴tsʰɛɛ⁰
风 fəŋ²¹
台风 tʰɛɛ²⁴fəŋ⁰
闪 ʂɛ̃⁵³ 名词，闪电
雷 luei²⁴³
雨 y⁵³
下雨 xa⁴⁴y⁰
下 xa⁴⁴² 淋：衣裳教雨～湿了

晒 ʂɛɛ⁴⁴²
雪花儿 ɕyɤ²⁴xuɐɤ⁰
　　雪 ɕyɤ²¹
冰 piəŋ²¹
冷子 ləŋ⁵³tsɿ⁰
　　冰雹 piəŋ²¹pʰɔ⁴⁴ "雹"声调特殊
霜 ʂuaŋ²¹
雾 u⁴⁴²
露水 ləu⁴²ʂuei⁰
虹 tɕiaŋ²¹
天狗吃太阳 tʰiɛ̃²⁴kəu⁰tʂʰɿ²¹tʰɛɛ⁴²iaŋ⁰ 日食
蛤蟆吃月亮 xə⁵ma⁰tʂʰɿ²¹yɤ²¹liaŋ⁴⁴² 月食
天气 tʰiɛ̃²¹tɕʰi⁴⁴²
　　天 tʰiɛ̃²¹
好 xɔ⁵³ 天～

晴 tɕʰiəŋ²⁴³

不好 pəʔ⁵xɔ⁵³ 天～

　　阴 iəŋ²¹

旱 xɛ̃⁴⁴² 天受～

雨涝 y⁵³lɔ⁴⁴² 涝：今年～了

天明 tʰiɛ̃²¹miəŋ²⁴³ 天亮

水地 ʂuei⁵³tʰi⁴⁴²

旱地 xɛ̃⁴⁴tʰi⁴⁴²

地垄 ti⁴⁴luəŋ⁰ 田埂

小路儿 ɕiɔ⁵³ləur⁴⁴² 野外的路

山 sɛ̃²¹

山圪拉 sɛ̃²¹kəʔ⁵la⁰ 山谷

　　山沟 sɛ̃²⁴kəu⁰

　　山沟沟 sɛ̃²⁴kəu²²kəu³¹

河 xɤ²⁴³~xɤ²⁴³ ①江。②溪

水渠 ʂuei⁵³tɕʰy²⁴³

　　水沟儿 ʂuei⁵³kəur⁰

湖 xu²⁴³ 当地无湖，有名无物

水池子 ʂuei⁵³tʂʰʅ²⁴tsʅ⁰

水坑坑 ʂuei⁵³kʰəŋ²¹kʰəŋ⁰ 水坑

　　水泊泊 ʂuei²⁴puɤ⁵³puɤ⁰

山水 sɛ̃²⁴ʂuei⁰ 洪水

淹 iɛ̃²¹ 水～了

河畔 xuɤ²⁴pɛ̃⁴⁴² 河岸

坝 pa⁴⁴²

　　水坝 ʂuei⁵³pa⁰

地震 ti⁴⁴tʂəŋ⁴⁴²

窟窿儿 kʰuəʔ⁵luŋ̃r⁴⁴²

圪拉儿 kəʔ⁵lɚ⁰ 缝儿

石头 ʂəʔ⁵tʰəu⁰

土 tʰu⁵³

泥 ɳi²⁴³ ①名词：稀～。②动词：～灶火

洋灰 iaŋ²⁴xuei⁰ 水泥

沙 sa²¹

砖 tʂuɛ̃²¹

瓦 ua⁵³

炭 tʰɛ̃⁴⁴² ①煤。②木炭

石油 ʂʅ²⁴iəu⁰

　　煤油 mei²⁴iəu⁰

灰 xuei²¹ 物体燃烧后的剩余物

灰 xuei²¹

　　灰尘 xuei²²tʂʰəŋ³¹

火 xuɤ⁵³

烟 iɛ̃²¹ 满家～

起火 tɕʰi²⁴xuɤ⁵³

　　着火 tʂʰuɤ²⁴xuɤ⁵³

水 ʂuei⁵³

凉水 liaŋ²⁴ʂuei⁰

　　冷水 ləŋ²⁴ʂuei⁰

热水 zɤ²⁴ʂuei⁰

煎水 tɕiɛ̃²⁴ʂuei⁰

　　滚水 kuəŋ²⁴ʂuei⁰

　　开水 kʰɛe²⁴ʂuei⁰

吸铁 ɕi²⁴tʰie⁰ 磁铁

二　时间方位

时候儿 ʂʅ²⁴xəur⁰

多嗟乎儿 tuɤ²⁴tsɛ̃²¹xur⁰ 什么时候

　　多乎儿 tuɤ²¹xur⁴⁴ "乎儿"实际调值44

　　什么时候儿 ʂəʔ⁵ma⁰ʂʅ²⁴xəur⁰

宜=根儿 i²⁴kɚr⁰

　　现在 ɕiɛ̃⁴²tsɛe⁴⁴²

以前 i⁵³tɕʰiɛ̃²⁴³ 十年～

以后 i⁵³xəu⁴⁴² 十年～

一辈子 iə$^{?5}$pei^{44}tsʅ^0
当年 taŋ^{42}n̠iẽ^{243}
　　今年 tɕiəŋ^{21}n̠iẽ^{243}
明年 miəŋ^{24}n̠iẽ^0
后年 xəu^{44}n̠iẽ^0
年时 n̠iẽ^{24}sʅ^0 去年
前年 tɕʰiẽ^{24}n̠iẽ^0
往每年 uaŋ^{53}mɤ^{21}n̠iẽ^0 "每"韵母弱化
　　往年 uaŋ^{53}n̠iẽ^0
刚过年 tɕiaŋ^{21}~kaŋ^{21}kuɤ^{42}n̠iẽ^{243} 年初
年底 n̠iẽ^{24}ti^{53}
今儿 tɕiɤ̃r^{21} 今天
明儿 miɤ̃r^{243} 明天
后儿 xəur^{442} 后天
外后儿 uɛɛ^{42}xəur^0 大后天
夜儿 iɛr^{442} 昨天
　　夜天 ie^{44}tʰiẽ^0
前儿 tɕʰiɛr^{243}
大前天 ta^{42}tɕʰiẽ^{24}tʰiẽ^0
一天 i^{21}tʰiẽ^0
　　整天 tʂəŋ^{53}tʰiẽ^0
天天 tʰiẽ^{24}tʰiẽ^0 每天
　　成天 tʂʰəŋ^{24}tʰiẽ^0
早起 tsɔ^{24}tɕʰi^{53} 早晨
　　打早 ta^{24}tsɔ^{53}
早起 tsɔ^{24}tɕʰi^{53} 上午
　　前晌 tɕʰiẽ^{24}ʂaŋ^0
晌门 ʂaŋ^{22}məŋ^{31} 中午
后晌 xəu^{42}ʂaŋ^0 下午
一摸黑 i^{21}muɤ^{21}xei^{21} 傍晚
白儿 pʰər^{243}
　　白天 pʰei^{24}tʰiẽ^0

黑咾 xei^{22}lɔ^{31} 晚上
半夜 pẽ^{44}ie^{442}
大正月 ta^{44}tʂəŋ^{21}yɤ^0
大年初一 ta^{42}n̠iẽ^{0}tʂʰu^{22}i^{31}
　　正月初一 tʂəŋ^{21}yɤ^{0}tʂʰu^{22}i^{31}
正月十五 tʂəŋ^{21}yɤ^{0}ʂʅ^{24}u^0
清明 tɕʰiəŋ^{22}miəŋ^{31} 谚云：二月清明早开花，
　　　　三月清明不开花。
端午 tuẽ^{24}u^0
七月十五 tɕʰi^{21}yɤ^{0}ʂʅ^{24}u^0 中元节
八月十五 pa^{21}yɤ^{0}ʂʅ^{24}u^0 中秋
冬至 tuəŋ^{24}tsʅ^0 谚云：过了冬至，长一中指。
　　　　意思是冬至一过，白天渐长。
腊月 la^{24}yɤ^0
月尽儿 yɤ^{21}tɕʰiɤ̃r^{442} 除夕
　　年三十 n̠iẽ^{24}sẽ^{24}ʂʅ^0
皇历 xuaŋ^{24}li^{442} 历书
阴历 iəŋ^{21}li^{442}
阳历 iaŋ^{24}li^{442}
礼拜天 li^{21}pɛɛ^{44}tʰiẽ^0
　　星期天 ɕiəŋ^{24}tɕʰi^{0}tʰiẽ^{21}
地方 ti^{42}faŋ^0
哪 la^{243} 你～去也
　　哪里 la^{24}li^0
　　什么地方 ʂə$^{?5}$ma^{0}ti^{42}faŋ^0 你们家在～哩
家里 tɕia^{22}li^{31}
　　屋里 u^{21}li^0
　　窑里 iɔ^{24}li^0
城里 tʂʰəŋ^{24}li^0
乡里 ɕiaŋ^{22}li^{31}
　　农村 luəŋ^{24}tsʰuəŋ^0
浮起 fu^{24}tɕʰi^0 上面：棉袄在～放着哩

上头 ʂaŋ⁴²tʰəu⁰
 上面儿 ʂaŋ⁴²miɐr⁰
底下 ti⁵³xa⁰
 下头 xa⁴⁴tʰəu⁰
 下面儿 xa⁴²miɐr⁰
左岸儿 tsuɤ⁵³ŋɐr⁰
 左面儿 tsuɤ⁵³miɐr⁰
右岸儿 iəu⁴⁴ŋɐr⁰
 右面儿 iəu⁴⁴miɐr⁰
当中 taŋ²⁴tʂuəŋ⁰ 中间：我在那两个～站着哩
前岸儿 tɕʰiɛ̃²⁴ŋɐr⁰
 前面儿 tɕʰiɛ̃²⁴miɐr⁰
后岸儿 xəu⁴⁴ŋɐr⁰
 后面儿 xəu⁴⁴miɐr⁰
尾巴 i²²pa³¹ 末尾
对岸儿 tuei⁴⁴ŋɐr⁰
 对面儿 tuei⁴²miɐr⁴⁴²
跟起 kəŋ²⁴tɕʰi⁰ ①跟前。②旁边
后背 xəu⁴²pei⁰ 背后
里头 li⁵³tʰəu⁰
外头 uɛɛ⁴²tʰəu⁰
跟起 kəŋ²⁴tɕʰi⁵³ 旁边
 旁岸儿 pʰaŋ²⁴ŋɐr⁰
 半岸儿 pɛ̃⁴²ŋɐr⁰
 半起儿 pɛ̃⁴²tɕʰiər⁰
上头 ʂaŋ⁴²tʰəu⁰ 上：碗在桌子～放着哩
下头 xa⁴²tʰəu⁰ 下：凳子在桌子～放着哩
边边儿 piɛ̃²²piɐr³¹ ①边儿：桌子～。②旁边
角角儿 tɕyɤ²²tɕyər³¹ 角儿：桌子～
上去 ʂaŋ⁴²tɕʰi⁰ "去"韵母弱化：我～了
下来 xa⁴²lɛɛ⁰ 我～了
里去 li⁵³tɕʰi⁰ 进去

出来 tʂʰu²²lɛɛ³¹
出去 tʂʰu²¹tɕʰi⁴⁴²
回来 xuei²⁴lɛɛ⁰
上 ʂaŋ⁴⁴² 起始体助词：天冷～咾 天冷起来了
开 kʰɛɛ²¹

三 植物

树 ʂu⁴⁴²
木植 mu²²ʂʅ³¹ 木头
松树 suəŋ²¹ʂu⁴⁴²
柏树 pei²¹ʂu⁴⁴²
杉树 sɛ̃²¹ʂu⁴⁴² 当地无此树
柳树 liəu⁵³ʂu⁴⁴²
竹子 tʂu²²tsʅ³¹
竹笋 tʂu²⁴suəŋ⁰
叶儿 iɛr²¹
花儿 xuɐr²¹
花圪都 xua²⁴kəʔ⁵tu⁰ 花蕾
梅花 mei²⁴xua⁰
牡丹 mu⁵³tɛ̃⁰
莲花 liɛ̃²⁴xua⁰ 荷花
草 tsʰɔ⁵³
蔓蔓 uɛ̃⁴²uɛ̃⁰ 藤
刺 tsʰʅ⁴⁴²
青货 tɕʰiəŋ²¹xuɤ⁴⁴² 水果总称
果子 kuɤ⁵³tsʅ⁰
 苹果 pʰiəŋ²⁴kuɤ⁰
桃儿 tʰɔr²⁴³
梨儿 liər²⁴³
李子 li⁵³tsʅ⁰
杏儿 xɤ̃r⁴⁴²
橘子 tɕy²²tsʅ³¹ 当地不产

柚子 iəu⁴⁴tsʅ⁰ 当地不产

柿子 sʅ⁴²tsʅ⁰

石榴 ʂʅ²⁴liəu⁰

枣儿 tsɔr⁵³

毛栗子 mɔ²⁴li⁴²tsʅ⁰ 板栗，当地不产

核桃 kʰəʔ⁵tʰɔ⁰

甘蔗 kɛ̃²⁴tʂɤ⁰

［木耳］mur²¹ 木耳

蘑菇 muɤ²⁴ku⁰

香菇 ɕiaŋ²⁴ku⁰

稻子 tɔ⁴⁴tsʅ⁰ ①指植物。②指籽实（脱粒后是大米）

稻草 tɔ⁴²tsʰɔ⁰

麦子 mei²¹tsʅ⁰ 不区分大麦和小麦

麦秸 mei²⁴tɕie⁰

谷子 ku²²tsʅ³¹

稻黍 tʰɔ⁴²ʂu⁰ 高粱

玉麦 y⁴⁴mei⁰ 玉米

棉花 miɛ̃²⁴xua⁰

油菜 iəu²⁴tsʰɛe⁴⁴²

芝麻 tsʅ²²ma³¹

向日葵 ɕiaŋ⁴²ʐʅ²¹kʰuei²⁴³
　葵花 kʰuei²⁴xua⁰①

蚕豆儿 tsʰɛ̃²⁴təur⁴⁴² 当地不产

豌豆 uɛ̃²¹təu⁴⁴²

花生 xua²¹ʂəŋ⁰

黄豆 xuaŋ²⁴təu⁴⁴²

绿豆 liəu²¹təu⁴⁴²

豇豆 tɕiaŋ²¹təu⁴⁴² 根据颜色分为红～、绿～、白～等

白菜 pʰei²⁴tsʰɛe⁰

包儿包儿菜 pɔr²²pɔr³¹tsʰɛe⁴⁴² 卷心菜

菠菜 puɤ²¹tsʰɛe⁴⁴²

芹菜 tɕʰiaŋ²⁴tsʰɛe⁰

莴笋 uɤ²⁴suəŋ⁰

韭菜 tɕiəu⁵³tsʰɛe⁰

芫荽 iɛ̃²⁴suei⁰ 香菜

葱儿 tsʰur̃r²¹

蒜 suɛ̃⁴⁴²

姜 tɕiaŋ²¹

洋葱 iaŋ²⁴tsʰuəŋ⁰

辣子 la²²tsʅ³¹ 辣椒

茄子 tɕʰie²⁴tsʅ⁰

柿子 sʅ⁴²tsʅ⁰ 西红柿
　洋柿子 iaŋ²⁴sʅ⁴⁴tsʅ⁰

萝卜 luɤ²⁴pʰu⁰

红萝卜 xuaŋ²⁴luɤ²⁴pʰu⁰

黄瓜 xuaŋ²⁴kua⁰

丝瓜 sʅ²⁴kua⁰

南瓜 nɛ̃²⁴kua⁰ 深黄色的带棱的扁南瓜

红薯 xuaŋ²⁴ʂu⁰

洋芋 iaŋ²⁴y⁴⁴²

山药 sɛ̃²²yɤ³¹

莲菜 liɛ̃²⁴tsʰɛe⁴⁴² 藕

四　动物

老虎 lɔ²⁴xu⁰

猴儿 xəur²⁴³ 猴子

蛇 ʂɤ²⁴³

老鼠 lɔ²⁴ʂu⁰

夜蝙蝠 ie⁴⁴pʰie⁵³fu⁰ 蝙蝠

雀雀儿 tɕʰiɔ⁵³tɕʰiɔr⁰ 鸟儿

---

① 川口镇说：日照花 ər²¹tʂɔ⁴²xua⁰，向阳花 ɕiaŋ⁴²iaŋ²⁴xua⁰。

雀儿 tɕʰiər⁵³ 麻雀

野鹊子 ie⁵³tɕʰiɔ⁰tsʅ⁰ 喜鹊

老鸹 lɔ⁵³uaʰ⁰ 乌鸦

鸽子 kuɤ²¹tsʅ⁰

膀子 paŋ⁵³tsʅ⁰ 翅膀

爪子 tʂua⁵³tsʅ⁰

尾巴 i²²pa³¹ 猪～

窝 uɤ²¹ 猪～｜雀儿～

虫虫 tʂʰuəŋ²⁴tʂʰuəŋ⁰ 小虫子

蝉儿 ʂɐr²⁴³ 蝴蝶

棒 paŋ⁴⁴² 蜻蜓

蜂儿 fɤ̃r²⁴³ 蜜蜂

蜂糖 fəŋ²²tʰaŋ³¹ 蜂蜜

喂=午虫儿 uei⁴⁴u⁰tʂʰuɤ̃r²⁴³ 知了

蚂蚁儿 ma²⁴iər⁰

蚯蚓 tɕʰiəu²⁴iəŋ⁰

蚕儿 tsʰɐr²⁴³

蛛蛛 tʂu²²tʂu³¹ 蜘蛛

蠓子 məŋ⁵³tsʅ⁰ 蚊子，统称

蝇子 iəŋ²⁴tsʅ⁰ 苍蝇，统称

圪蚤 kəʔ⁵tsɔ⁰ 跳蚤

虱子 sei²¹tsʅ⁰

鱼 y²⁴³

鲤鱼 li⁵³y²⁴³

鲫鱼 tɕi⁴²y²⁴³

鳖 pie²¹

鱼鳞 y²⁴liəŋ⁵³

虾 ɕia²⁴³

螃蟹 pʰaŋ²⁴ɕie⁰

蛤蟆 xəʔ⁵ma⁰ 青蛙

旱蛤蟆 xɛ̃⁴²xəʔ⁵ma⁰ 癞蛤蟆

马 ma⁵³

驴 ly²⁴³

骡子 luɤ²⁴tsʅ⁰

牛 ȵiəu²⁴³

牛公子 ȵiəu²⁴kuəŋ²⁴tsʅ⁰ 公牛

犍牛 tɕiɛ̃²¹ȵiəu²⁴³

□牛 səŋ⁵³ȵiəu²⁴³

母牛 mu⁵³ȵiəu²⁴³

拦牛 lɛ̃²⁴ȵiəu²⁴³ 放牛

羊 iaŋ²⁴³

猪 tʂu²¹

羯猪 tɕyɤ²⁴tʂu⁰ 种猪

牙猪 ȵia²⁴tʂu⁰ 公猪

母猪 mu⁵³tʂu²¹

猪儿子 tʂu²¹ər²⁴tsʅ⁰ 猪崽

猪娃儿 tʂu²¹uɐr⁰

猪圈儿 tʂu²¹tɕʰyɐr⁴⁴²

喂猪 uei⁴²tʂu⁰

猫儿 mɔr²⁴³

狸猫儿 li²⁴mɔr⁰ 公猫

儿猫儿 ər²⁴mɔr⁰

女猫儿 mi⁵³mɔr⁰ 母猫

狗 kəu⁵³

牙狗儿 ȵia²⁴kəur⁰ 公狗

母狗儿 mu²⁴kəur⁰

咬 ȵiɔ⁵³ 狗～：狗叫

兔儿 tʰur⁴⁴²

鸡 tɕi²⁴³

公鸡 kuəŋ²⁴tɕi⁰

草鸡 tsʰɔ⁵³tɕi⁰

母鸡 mu⁵³tɕi⁰

叫鸣 tɕi⁴⁴miəŋ²⁴³ 鸡打鸣

下 xa⁴⁴² 鸡～蛋

菢 pɔ⁴⁴² 孵：～鸡娃儿

鸭子 ȵia²²tsʅ³¹

鹅 ŋuɤ²⁴³

劁 tɕʰiɔ²¹ 阉公猪

骟 ʂɛ̃⁴⁴² 阉母猪

喂 uei⁴⁴² ～驴

杀猪 sa²⁴tʂu⁰

杀 sa²¹ ～鱼

五　房舍器具

庄 tʂuaŋ²¹ 村庄

　庄子 tʂuaŋ²²tsʅ³¹

　村 tsʰuəŋ²¹

巷儿 xɑ̃r⁴⁴² 胡同

　巷巷儿 xaŋ⁴⁴xɑ̃r⁰

街上 kɛɛ²¹ʂaŋ⁴⁴² 街道

磕石窑 tɕʰyɛ⁴²ʂəʔ⁵iɔ²⁴³ 修建窑洞

　箍石窑 ku²¹ʂəʔ⁵iɔ²⁴³ 原指箍筑拱形窑顶，进
　　而指修建窑洞

地方儿 ti⁴²fɑ̃r⁰ ①住宅。②整座房子

屋 u²¹ 房子里分隔而成的小房间

卧室 uɤ⁴⁴ʂʅ⁰

茅房 mɔ²⁴faŋ²⁴³

　草房 tsʰɔ⁵³faŋ⁰

灶房 tsɔ⁴⁴faŋ⁰ 厨房

　春锅儿 tʂʰuəŋ²⁴kuər²¹ 院子里露天的厨房

锅灶 kuɤ²⁴tsɔ⁴⁴²

锅 kuɤ²¹ ①锅的统称。②煮饭的锅

菜锅 tsʰɛɛ⁴²kuɤ⁰

茅缸 mɔ²⁴kaŋ⁰ 厕所

　茅子 mɔ²⁴tsʅ⁰

　后院儿 xəu⁴²yɐr⁴⁴²

大梁 ta⁴²liaŋ²⁴³

柱子 tʂʰu⁴⁴tsʅ⁰

街门 kɛɛ²¹məŋ²⁴³

　大门 ta⁴⁴məŋ⁰

门限 məŋ²⁴xɛ̃⁴⁴² 门槛

窗 tʂʰuaŋ²¹

梯子 tʰi²²tsʅ³¹

扫帚 sɔ⁵³tʂʰu⁰ 用秃埽儿 地肤子 等扎成的打扫工具

扫脚地 sɔ⁵³tɕyɤ²⁴ti⁰ 扫家里的地面

恶色 ŋuɤ²⁴sa⁰ 垃圾

家具 tɕia²¹tɕy⁴⁴²

东西 tuəŋ²⁴ɕi⁰

炕 kʰaŋ⁴⁴²

床 tʂʰuaŋ²⁴³ 木制的床

枕头儿 tʂəŋ⁵³tʰəur⁰

被子 pʰi⁴²tsʅ⁰

棉花套子 miɛ̃²⁴xua⁰tʰɔ⁴²tsʅ⁰ 被褥里的棉絮

褥单子 ʐu²⁴tɛ̃²¹tsʅ⁰

　单子 tɛ̃²²tsʅ³¹

　床单儿 tʂʰuaŋ²⁴tɐr⁰

褥子 ʐu²¹tsʅ⁰

席 ɕi²⁴³ 席子

蚊帐 uəŋ²⁴tʂaŋ⁴⁴²

桌子 tʂuɤ²²tsʅ³¹

柜子 kʰuei⁴²tsʅ⁰

抽屉儿 tʂʰəu²¹tʰiɐr⁴⁴²

条桌儿 tʰiɔ²⁴tʂuər⁰ 长条形桌子

椅子 i⁵³tsʅ⁰

板凳儿 pɛ̃⁵³tɤr⁰

凳子 təŋ⁴⁴tsʅ⁰

尿罐 ȵiɔ⁴⁴kuɛ̃⁴⁴²

刀子 tɔ²²tsʅ³¹ 菜刀

切菜刀 tɕʰie²¹tsʰɛe⁴²tɔ²¹
马勺 ma⁵³ʂuɤ⁰ 舀水的大勺
水缸 ʂuei⁵³kaŋ⁰
坛坛 tʰɛ̃²⁴tʰɛ̃⁰ 坛子
瓶瓶儿 pʰiəŋ²⁴pʰiɤ̃r⁰
　瓶子 pʰiəŋ²⁴tsʅ⁰
盖盖 kɛe⁴²kɛe⁰ 盖子
碗 uɛ̃⁵³
筷子 kʰuɛe⁴²tsʅ⁰
调羹儿 tʰiɔ²⁴kɤ̃r⁰ 汤匙
　勺勺 ʂuɤ²⁴ʂuɤ⁰
柴火 tsʰɛe²⁴xuɤ⁰ 柴草，统称
洋火 iaŋ²⁴xuɤ⁰
　火柴 xuɤ⁵³tsʰɛe²⁴³
锁子 suɤ⁵³tsʅ⁰
钥匙 yɤ²²sʅ³¹
电壶 tiɛ̃⁴⁴xu²⁴³ 暖水瓶
　暖壶 nuɛ̃⁵³xu²⁴³
洗脸盆 ɕi²⁴liɛ̃⁰pʰəŋ²⁴³
洗脸水 ɕi²⁴liɛ̃⁰ʂuei⁵³
洗脸手巾儿 ɕi²⁴liɛ̃⁰ʂəu⁵³tɕiɤ̃r⁰ 洗脸的毛巾
手巾儿 ʂəu⁵³tɕiɤ̃r⁰ 手绢
洋碱 iaŋ²⁴tɕiɛ̃⁵³
　肥皂 fei²⁴tsɔ⁴⁴²
梳子 ʂu²²tsʅ³¹
针 tʂəŋ²¹
剪子 tɕiɛ̃⁵³tsʅ⁰
蜡 la²¹
手电 ʂəu⁵³tiɛ̃⁴⁴²
伞 sɛ̃⁵³
车车 tʂʰɤ²²tʂʰɤ³¹ 自行车
　车子 tʂʰɤ²²tsʅ³¹
　自行车 tsʅ⁴²ɕiəŋ²⁴tʂʰɤ⁰

六　服饰饮食

衣裳 i²²ʂaŋ³¹ 衣服
穿 tʂʰuɛ̃²¹ ～衣服
脱 tʰuɤ²¹ ～衣服
缯 tsəŋ⁴⁴² 捆，系：～鞋带
衬衫儿 tsʰəŋ⁴²sɚ⁰
汗褂儿 xɛ̃⁴⁴kuɐr⁴⁴² 内衣背心
　汗褂褂 xɛ̃⁴⁴kua⁴²kua⁰
　背心 pei⁴²ɕiəŋ⁰
毛袄儿 mɔ²⁴ŋɔr⁰
　毛衣 mɔ²⁴i⁰
棉袄儿 miɛ̃²⁴ŋɔr⁰ 棉衣
袖子 ɕiəu⁴⁴tsʅ⁰
倒衩衩 tɔ⁴²tsʰa²¹tsʰa⁰ 衣服口袋
　衩衩 tsʰa²²tsʰa³¹
裤儿 kʰur⁴⁴²
　裤子 kʰu⁴⁴tsʅ⁰
半裤儿 pɛ̃⁴²kʰur⁰ 外穿的短裤
裤腿 kʰu⁴⁴tʰuei⁰
帽子 mɔ⁴⁴tsʅ⁰
鞋 xɛe²⁴³
袜子 ua²²tsʅ³¹
围巾儿 uei²⁴tɕiɤ̃r⁰
裙裙儿 tsʰɔ²⁴tɕʰyɤ̃r⁰
　围裙儿 uei²⁴tɕʰyɤ̃r⁰
尿襜子 ȵiɔ⁴²tɕʰie⁴²tsʅ⁰ 尿布
　襜子 tɕʰie⁴²tsʅ⁰
纽子 ȵiəu⁵³tsʅ⁰ 中式的纽扣
　扣子 kʰəu⁴²tsʅ⁰ 西式的纽扣
扣 kʰəu⁴⁴² ～扣子
箍子 ku²²tsʅ³¹ 金属戒指：金～
　戒指 tɕie⁴²tsʅ⁰
镯子 tsʰuɤ²⁴tsʅ⁰

理发 li⁵³faº 不论男女
梳头发 ʂu²¹tʰəu²⁴faº
　　梳头 ʂu²¹tʰəu²⁴³
米饭 mi⁵³fɛ̃º
　　大米饭 ta⁴²mi⁵³fɛ̃º
米汤 mi⁵³tʰaŋº
　　稀饭 ɕi²¹fɛ̃⁴⁴²
面 miɛ̃⁴⁴² ①面粉。②粉：辣椒～
面条儿 miɛ̃⁴⁴tʰiər²⁴³
馍馍 muɤ²⁴muɤº 馒头
包子 pɔ²²tsʅ³¹
扁食 piɛ̃⁵³ʂʅº
馄饨 xuəŋ²⁴tuəŋº
馅子 xɛ̃⁴²tsʅº
油条 iəu²⁴tʰiɔ²⁴³
豆奶 təu⁴⁴nɛɛ⁵³ 豆浆
　　豆奶奶 təu⁴⁴nɛɛºnɛɛº
豆腐脑儿 təu⁴²fuºnɔr⁵³
元宵 yɛ̃²⁴ɕiɔº 当地原来没有，近年来从外传入
粽子 tsuəŋ⁴²tsʅº
糕 kɔ²¹
点心 tiɛ̃⁵³ɕiəŋº 统称
菜 tsʰɛe⁴⁴²
干菜 kɛ̃²¹tsʰɛe⁴⁴²
豆腐 təu⁴⁴fuº
猪血 tʂu²⁴ɕieº
猪蹄儿 tʂu²¹tʰiər²⁴³
猪舌头 tʂu²¹ʂɤ²⁴tʰəuº
猪肝儿 tʂu²⁴kɐrº
下水 ɕia⁴²ʂueiº
鸡蛋 tɕi²¹tʰɛ̃⁴⁴²~tɛ̃⁴⁴²
变蛋 piɛ̃⁴⁴tɛ̃⁴⁴² 用鸡蛋或鸭蛋加工的皮蛋，当地不产
大油 ta⁴²iəu²⁴³
　　猪油 tʂu²¹iəu²⁴³
香油 ɕiaŋ²¹iəu²⁴³
酱油儿 tɕiaŋ⁴⁴⁻⁴²iəur²⁴³
　　酱 tɕiaŋ⁴⁴²
盐 iɛ̃²⁴³
醋 tsʰu⁴⁴²
纸烟 tsʅ⁵³iɛ̃º 香烟
旱烟 xɛ̃⁴⁴iɛ̃º
烧酒 ʂɔ²⁴tɕiəuº 白酒
黄酒 xuaŋ²⁴tɕiəuº
稠酒 tʂʰəu²⁴tɕiəuº
醪糟儿 lɔ²⁴tsɔrº
茶 tsʰa²⁴³
　　茶叶 tsʰa²⁴ieº
泡 pʰɔ⁴⁴² ～茶
冰棍儿 piəŋ²⁴kuɤr⁴⁴²
做饭 tsu²¹fɛ̃⁴⁴²
炒菜 tsʰɔ⁵³tsʰɛe⁴⁴²
煮 tʂu⁵³
煎 tɕiɛ̃²¹ ～鸡蛋
炸 tsa²⁴³
蒸 tʂəŋ²¹
揉 zəu²⁴³ ～面
擀 kɛ̃⁵³ ～面
吃早起饭 tʂʰʅ²⁵tsɔ²⁴tɕʰiºfɛ̃⁴⁴² 吃早饭
吃晌午饭 tʂʰʅ²⁵saŋ²⁴ʂuºfɛ̃⁴⁴² 吃午饭
吃后晌饭 tʂʰʅ²⁵xəu⁴²saŋºfɛ̃⁴⁴² 吃晚饭
　　吃黑咯饭 tʂʰʅ²⁵xei²¹lɔ⁵³fɛ̃⁴⁴²
吃 tʂʰʅ²¹ ～饭｜～烟
献 ɕiɛ̃⁴⁴² 大人命令孩子吃饭的说法

喝 xuɤ²¹ ～酒｜～茶
舀 iɔ⁵³ ～饭｜～水
拘 tɕy²¹ 用筷子夹：～菜
看 kʰɛ̃⁴⁴² ～酒
　　倒 tɔ⁴⁴² 随意，非正式地
　　掛 tʂəŋ²¹ 庄重，正式地
渴 kʰuɤ⁵³
饿 ŋuɤ⁴⁴²
噎 ie²¹

七　身体医疗

脑 nɔ²⁴³ 头
头发 tʰəu²⁴fa⁰
辫子 pʰiɛ̃⁴²tsʅ⁰
旋儿 tɕʰyɤr²⁴³ 头发旋儿
奔颅 pəŋ²²ləu³¹ 前额
人样儿 zəŋ²⁴iãr⁴⁴² 相貌
　　模样 muɤ²⁴iaŋ⁰
　　貌相 mɔ⁴²ɕiaŋ⁴⁴²
眉眼 mi²⁴n̠iɛ̃⁰ 脸
　　脸 liɛ̃⁵³
眼窝 n̠iɛ̃⁵³uɤ⁰ 眼
眼仁儿 n̠iɛ̃⁵³zʅ̃r²⁴³ 眼珠
　　眼睛珠子 n̠iɛ̃⁵³tɕiəŋ⁰tʂu²⁴tsʅ⁰
眼泪 n̠iɛ̃⁵³luei⁰
　　尿水子 n̠iɔ⁴⁴suei⁵³tsʅ⁰（贬）
眼眉 n̠iɛ̃⁵³mi²⁴³ 眉毛
耳朵 ər²²tuɤ³¹
鼻子 pʰi²⁴tsʅ⁰ ①鼻子。②鼻涕
擤 ɕi⁵³～ɕiəŋ⁵³ 把鼻子～利
口 kʰəu⁵³ 嘴
嘴唇儿 tsuei⁵³tʂʰũr²⁴³

颌水 xɛ̃²⁴ʂuei⁰ 口水
舌头 ʂɤ²⁴tʰəu⁰
牙 n̠ia²⁴³
下巴 xa⁴²pa⁰
胡子 xu²⁴tsʅ⁰
脖子 pʰuɤ²⁴tsʅ⁰
忽咙 xuəʔ⁵ləu⁰ 喉咙
肩巴 tɕiɛ̃²⁴pa⁰ 肩膀
胳膊 kəʔ⁵puɤ⁰
手 ʂəu⁵³
左手 tsuɤ²²ʂəu³¹
正手 tʂəŋ⁴⁴ʂəu⁵³
　　右手 iəu⁴⁴ʂəu⁵³
槌头 tʂʰuei²⁴tʰəu⁰ 拳头
指头 tsʅ²²tʰəu³¹
老拇指 lɔ²⁴mu⁵³tsʅ⁰ 大拇指
　　老拇指头 lɔ²⁴mu⁵³tsʅ²¹tʰəu⁰
二拇指 ər⁴⁴mu²¹tsʅ⁰ 食指
中指 tʂuəŋ²⁴tsʅ⁰
无名指 u²⁴miəŋ²⁴tsʅ⁰（以前没名称）
小指头儿 ɕiɔ⁵³tsʅ²¹tʰəur⁰ 小拇指
指甲 tsʅ⁵³tɕia⁰
腿 tʰuei⁵³ 整条腿
　　腿把子 tʰuei⁵³pa⁴²tsʅ⁰
脚 tɕyɤ²¹
　　脚片子 tɕyɤ²⁴pʰiɛ̃⁵³tsʅ⁰
克膝盖儿 kʰəʔ⁵ɕiəŋ⁰kɛr⁴⁴² 膝盖
背心 pei⁴⁴⁻⁴²ɕiəŋ⁰ 脊背
　　后背 xəu⁴²pei⁴⁴²
肚子 tʰu⁴²tsʅ⁰ 小腹
　　小肚子 ɕiɔ⁵³tʰu²¹tsʅ⁰
脐脐儿 pʰu²¹tɕʰiər⁰ 肚脐

奶 nɛɛ⁵³ 乳房

沟蛋子 kəu²¹tẽ⁴²tsʅ⁰

 屁股蛋子 pʰi⁴²ku⁰tẽ⁴²tsʅ⁰

 屁股 pʰi⁴²ku⁰

屁眼 pʰi⁴²ɲiẽ⁰ 肛门

尿 tɕʰiəu²⁴³ 男阴

屄 pi²⁴³ 女阴

 扁子 pẽ⁵³tsʅ⁰

入 zʅ²¹ 性交

 □ tʰəu⁴⁴²

屎 suaŋ²⁴³ 精液

身上的来了 ʂəŋ²¹ʂaŋ⁴²tɤ⁰lɛɛ²⁴lẽ⁰ 婉称，来月经

屙屎 pa²⁴sʅ⁵³ 大便

尿尿 ȵiɔ⁴⁴ȵiɔ⁴⁴²

 小便 ɕiə⁵³piẽ⁴⁴²

放屁 faŋ⁴⁴pʰi⁴⁴²

难活下了 nẽ²⁴xuɤ²⁴xa²¹lẽ⁰

 有咾病了 iəu²⁴lɔ⁰pʰiəŋ⁴²lẽ⁰

着凉 tʂʰuɤ²⁴liaŋ²⁴³ 受凉

咳嗽 kʰəʔ⁵səu⁰

烧 ʂɔ²¹

 发烧 fa²⁴ʂɔ⁰

筛 sɛɛ⁵³ 发抖

肚子疼 tʰu⁴⁴tsʅ⁰tʰəŋ²⁴³

拉稀屎 la²¹ɕi²⁴sʅ⁵³

 跑肚子 pʰɔ⁵³tu⁴⁴tsʅ⁰

 拉肚子 la²¹tʰu⁴⁴tsʅ⁰

害上打摆子病了 xɛɛ⁴²ʂaŋ⁰ta²⁴pɛɛ⁵³tsʅ⁰pʰiəŋ⁴²lẽ⁰ 患疟疾

热晕 zɤ²¹yəŋ⁴⁴² 中暑

胖 pʰaŋ²⁴³

溃脓 xuei⁴⁴nuaŋ²⁴³ 化脓

疤 pa²¹

癣 ɕiẽ⁵³

瘊子 xəu²⁴tsʅ⁰ 凸起的痣，或红或黑。俗语云：
  明瘊子暗眼子。

圪瘩 kəʔ⁵ta⁰ 蚊虫叮咬后形成的包

臭狐子 tʂʰəu⁴²xu⁰tsʅ⁰ 狐臭

 门户不对 məŋ²⁴xu⁴²pəʔ⁵tuei⁴⁴²

看病 kʰẽ⁴²pʰiəŋ⁴⁴²

捏脉 ȵie²⁴mei⁰ 诊脉

 号脉 xɔ⁴²mei⁰

灸 tɕiəu⁵³ 灼，"针灸"没有统称

扎针 tsa²⁴tʂəŋ⁰

打针 ta⁵³tʂəŋ⁰

吊针 tiɔ⁴⁴tʂəŋ⁰ 打吊针

吃药 tʂʰʅ²⁴yɤ⁰

中药 tʂuaŋ²⁴yɤ⁰ 汤药

病帮＝间＝儿了 pʰiəŋ⁴²paŋ²⁴tɕiər²¹lẽ⁰ 病轻了

 病差些儿了 pʰiəŋ⁴²tsʰa²⁴ɕiər²¹lẽ⁰ "些"韵母弱化

 病好些儿了 pʰiəŋ⁴⁴xɔ⁵³ɕiər²¹lẽ⁰

八　婚丧信仰

说媒 ʂuɤ²¹mei²⁴³

媒人 mei²⁴zəŋ⁰

 介绍人 tɕie⁴²ʂɔ²⁴zəŋ⁰ "绍"声调特殊，陕
  北话普遍读阳平

看人 kʰẽ⁴²zəŋ²⁴³ 相亲

 见面 tɕiẽ⁴⁴miẽ⁴⁴²

定亲 tiəŋ⁴⁴tɕʰiəŋ⁰

 订婚 tiəŋ⁴²xuəŋ²¹

陪房 pʰei²⁴faŋ⁰

 嫁妆 tɕia⁴⁴tʂuaŋ⁰

成家 tʂʰəŋ²⁴tɕia⁰

成亲 tʂʰəŋ²⁴tɕʰiəŋ⁰
结婚 tɕie²⁴xuəŋ⁰
引婆姨 iəŋ⁵³pʰuɤ²⁴i⁰ 娶妻
娶媳妇儿 tsʰɿ⁵³ɕi²⁴fur⁰
嫁 tɕia⁴⁴² ～女子
出嫁 tʂʰu²¹tɕia⁴⁴²
拜天地 pɛe⁴²tʰiẽ²¹ti⁴⁴²
拜堂 pɛe⁴²tʰaŋ²⁴³
新女婿 ɕiəŋ²⁴n̻y⁵³ɕi⁰ 新郎
新媳妇儿 ɕiəŋ²¹ɕi²⁴fur⁰ 新娘
怀娃娃婆姨 xuɛe²⁴ua⁴⁴ua⁰pʰuɤ²⁴i⁰ 孕妇，第一个"娃"读平调
大肚婆姨 ta⁴⁴tʰu⁴²pʰuɤ²⁴i⁰
怀上娃娃了 xuɛe²⁴ʂaŋ⁰ua²⁴ua⁰lẽ⁰ 怀孕
有了 iəu²⁴lẽ⁰
嫌饭 ɕiẽ²⁴fẽ⁴⁴² 妊娠反应
害娃娃 xɛe⁴²ua³ua⁰
坐 tsʰuɤ⁴⁴²~tsuɤ⁴⁴² 分娩
跌了 tie²¹lẽ⁰ 流产
踢了 tʰaŋ⁴²lẽ⁰
双生 ʂuaŋ⁴²səŋ⁰ 双胞胎
坐月子 tsuɤ⁴²yɤ²¹tsɿ⁰
吃奶 tʂʰʅ²⁴nɛe⁵³
断奶 tuẽ⁴⁴nɛe⁵³
撅奶 tɕyɤ²⁴nɛe⁵³
满月 mẽ⁵³yɤ⁰
生儿 sɻ̃r²¹ 生日
过寿 kuɤ⁴²ʂəu⁴⁴² 做寿
死 sɿ⁵³
老去 lɔ⁵³kʰuɤ⁰ 死的婉称
殁了 muɤ²⁴lẽ⁰
老了 lɔ²⁴lẽ⁰ ①上年纪了。②死的婉称

寻死 ɕiəŋ²⁴sɿ⁵³ 自杀
寻无常 ɕiəŋ²⁴u²⁴tʂʰaŋ⁰
咽气 iẽ⁴²tɕʰi⁴⁴²
入棺 zu²⁴kuẽ²¹ 入殓
盛函 tʂʰəŋ²⁴xẽ²⁴³
材 tsʰɛe²⁴³
棺材 kuẽ²¹tsʰɛe²⁴³
出灵 tʂʰuəʔ⁵liəŋ²⁴³
出殡 tʂʰuəʔ⁵piəŋ⁰
牌位 pʰɛe⁴⁴²uei⁴⁴² 灵位
坟圪堆儿 fəŋ²⁴³kəʔ⁵tuər⁰ 坟、坟堆
墓圪堆儿 mu⁴²kəʔ⁵tuər⁰
烧纸 ʂɔ²⁴tsɿ⁰ ①上坟时烧的纸。②动宾：先点香再～。③上坟
鬼票 kuei⁵³pʰiɔ⁴⁴² 纸钱
天老子 tʰiẽ²⁴lɔ⁵³tsɿ⁰ 老天爷
天大大 tʰiẽ²⁴ta²⁴ta⁰
老天爷爷 lɔ⁵³tʰiẽ²¹ie²⁴ie⁰
菩萨 pʰu²⁴sa⁰
观世音 kuẽ²¹sɿ⁴²iəŋ²¹
观音菩萨 kuẽ²¹iəŋ²¹pʰu²⁴sa⁰
灶马爷 tsɔ⁴²ma²¹ie⁰ 灶神
庙 miɔ⁴⁴²
祠堂 tsʰɿ²⁴tʰaŋ²⁴³
和尚 xuɤ²⁴ʂaŋ⁰
姑子 ku²¹tsɿ⁰ 尼姑
道士 tɔ⁴²sɿ⁰
掐盘 tɕʰia²¹pʰẽ⁰
算命 suẽ⁴²miəŋ⁴⁴²
时运 sɿ²⁴yəŋ⁴⁴² 运气
时气 sɿ²⁴tɕʰi⁴⁴²
保佑 pɔ⁵³iəu⁴⁴²

九　人品称谓

人 zəŋ²⁴³ 好～

男的 nɛ̃²⁴ti⁰ 成年男子

婆姨 pʰuɤ²⁴i⁰ 已婚女人

光棍儿 kuaŋ²¹kuɤ̃r⁴⁴² 单身汉

老女子 lɔ²⁴ȵy⁵³tsɿ⁰ 老姑娘

猴娃娃 xəu²⁴ua²⁴ua⁰ 小孩的统称

猴娃娃 xəu²⁴ua²⁴ua⁰ 婴儿

　　毛娃儿 mu²⁴uɐr⁰

小子 ɕiɔ⁵³tsɿ⁰ 男孩

　　男娃娃 nɛ̃²⁴ua²⁴ua⁰

女子 ȵy⁵³tsɿ⁰ 女孩

　　女娃娃 ȵy⁵³ua²⁴ua⁰

老人 lɔ⁵³zəŋ⁰ 老年人

亲戚 tɕʰiəŋ²²tɕʰi³¹

　　亲亲 tɕʰiəŋ²²tɕʰiəŋ³¹

拜识 pɛɛ⁴²sɿ⁰

　　朋友 pʰəŋ²⁴iəu⁰

邻家 liəŋ²⁴tɕia⁰ 邻居

客 kʰei²¹ 客人

受苦人 ʂəu⁴⁴kʰu⁵³zəŋ⁰

　　农民 luəŋ²⁴miəŋ²⁴³

　　戳牛屁股的 tʂʰuɤ²¹ȵiəu²⁴pʰi⁴⁴ku⁰ti⁰

生意人 səŋ²¹i²²zəŋ³¹ 商人

手艺人 ʂəu⁵³i⁰zəŋ⁰

泥水匠 ȵi⁴²ʂuei²¹tɕʰiaŋ⁰ 泥瓦工

木匠 mu²¹tɕʰiaŋ⁴⁴²

裁缝 tsʰɛɛ²⁴fəŋ⁰

待□ tɛɛ⁴²tʂaŋ⁰（旧）

　　理发的 li⁵³fa²¹ti⁰

大师傅 ta⁴⁴sɿ²¹fu⁰ 厨师

厨子 tʂʰu²⁴tsɿ⁰

师傅 sɿ²²fu³¹

徒弟 tʰu²⁴tʰi⁰

寻吃的 ɕiəŋ²⁴tʂʰʅ²¹ti⁰ 乞丐

　　要饭的 iɔ⁴²fɛ̃⁴²ti⁰

卖屄婆姨 mɛɛ⁴²pi⁰pʰuɤ²⁴i⁰ 妓女

　　野鸡 ie⁵³tɕi⁰

流氓 liəu²⁴miəŋ⁰~maŋ²⁴³ "氓"两读

贼娃子 tsʰei²⁴ua²¹tsɿ⁰ 小偷

　　柳娃子 liəu⁵³ua²¹tsɿ⁰

　　三只手 sɛ̃²⁴tsɿ²¹ʂəu⁵³

瞎子 xa²²tsɿ³¹

聋子 luəŋ²⁴tsɿ⁰

哑巴 ȵia⁵³pa⁰

背锅儿 pei⁴²kuər⁰ 驼背的人

拐子 kuɛɛ⁵³tsɿ⁰ 瘸子

疯子 fəŋ²²tsɿ³¹

憨汉 xɛ̃²¹xɛ̃⁴⁴² 傻子

　　愣愣 ləŋ⁴²ləŋ⁰

憨汉 xɛ̃²¹xɛ̃⁴⁴² 笨蛋

　　憨脑 xɛ̃²¹nɔ²⁴³

爷爷 ie²⁴ie⁰

娘娘 ȵyɤ²⁴ȵyɤ⁰ 奶奶

外爷 uei⁴²ie⁰ 外祖父

外娘 uei⁴²ȵyɤ⁰ 外祖母

娘老子 ȵiaŋ²⁴lɔ⁵³tsɿ⁰ 父母的合称

大 ta²⁴³ ①父亲的叙称与呼称。②伯父和叔父的呼称与统称，按照"排行＋大"称呼。如：大～｜二～

妈 ma²⁴³ ①母亲的叙称与呼称。②伯母和叔母的呼称与统称，按照"排行＋妈"称呼。如：大～｜二～

后老子 xəu⁴⁴lɔ⁵³tsɿ⁰ 继父的叙称
后妈 xəu⁴⁴ma⁰ 继母的叙称
老丈人 lɔ⁵³tʂaŋ⁴²zəŋ⁰ 岳父的叙称
　　丈人 tʂaŋ⁴²zəŋ⁰
老妻婆 lɔ⁵³tɕʰi²¹pʰuɤ⁰ 岳母的叙称
　　老丈母 lɔ⁵³tʂaŋ⁴⁴mu⁰
　　丈母娘 tʂaŋ⁴⁴mu²¹ɲiaŋ²⁴³
老人 lɔ⁵³zəŋ⁰ 父母或公婆的叙称
　　公公 kuəŋ²¹kuəŋ⁰
老人 lɔ⁵³zəŋ⁰ 父母或公婆的叙称
　　婆婆 pʰuɤ²⁴pʰuɤ⁰
小大 ɕiɔ⁵³ta²⁴³ 排行最小的叔夫
　　猴大 xəu²⁴ta²⁴³
姑姑 ku²²ku³¹
姑夫 ku²¹fu⁰
舅舅 tɕiəu⁴²tɕiəu⁰
舅母 tɕiəu⁴²mu⁰ 舅妈
伢伢 ia²²ia³¹ 姨妈
　　姨姨 i²⁴i⁰
伢夫 ia²⁴fu⁰
　　姨夫 i²⁴fu⁰
弟兄 ti⁴²ɕyəŋ⁰ 合称
姊妹 tsɿ⁵³mei⁰ 合称，包括男性
哥 kuɤ²⁴~kɤ²⁴
嫂嫂 sɔ⁵³sɔ⁰
兄弟 ɕyəŋ²¹tʰi⁴⁴²~ti⁴⁴² 弟弟的叙称
兄弟媳妇儿 ɕyəŋ²¹ti⁴²ɕi²⁴fur⁰
　　弟媳妇儿 ti⁴²ɕi²⁴fur⁰
姐 tɕie⁵³
姐夫 tɕie⁵³fu⁰
妹妹 mei⁴²mei⁰
妹夫 mei⁴²fu⁰

叔伯兄弟 ʂu²⁴pei²¹ɕyəŋ²¹tʰi⁴⁴²~ti⁴⁴² 堂兄弟
　　叔伯弟兄 ʂu²⁴pei²¹ti⁴²ɕyəŋ⁰
伯叔兄弟 pei²⁴ʂu²¹ɕyəŋ²¹tʰi⁴⁴²~ti⁴⁴²
　　伯叔弟兄 pei²⁴ʂu²¹ti⁴²ɕyəŋ⁰
两姨 liaŋ⁵³i⁰ 姨表亲
　　姑舅 ku²¹tɕiəu⁴⁴² 姑表亲
先后 ɕiẽ⁴²xəu⁰ 妯娌
挑担 tʰiɔ⁵³tẽ⁰ 连襟
小子 ɕiɔ⁵³tsɿ⁰
　　儿子 ər²⁴tsɿ⁰
儿媳妇儿 ər²⁴ɕi²⁴fur⁰
女子 ɲy⁵³tsɿ⁰ 女儿
女婿 ɲy⁵³ɕi⁰
孙子 suəŋ²²tsɿ³¹
重孙子 tʂʰuəŋ²⁴suəŋ²¹tsɿ⁰
侄儿 tʂʅ²⁴ər⁰
外甥 uɛ⁴²səŋ⁰
外孙子 uɛ⁴²suəŋ²¹tsɿ⁰ 女儿的孩子
婆姨汉 pʰuɤ²⁴i⁰~i⁰xɛ̃⁴⁴² 夫妻俩
　　两口子 liaŋ²⁴kʰəu²²tsɿ³¹
男人 nɛ̃²⁴zəŋ⁰ 丈夫的叙称
　　老汉 lɔ⁵³xɛ̃⁴⁴²
　　掌柜 tʂaŋ⁵³kʰuei⁴⁴²
婆姨 pʰuɤ²⁴i⁰ 妻子的叙称
　　老婆 lɔ⁵³pʰuɤ⁰
名姓 miəŋ²⁴ɕiəŋ⁴⁴² 姓名
　　名字 miəŋ²⁴tsɿ⁰
外号儿 uɛ⁴²xɔr⁴⁴² 绰号

十　农工商文

劳动 lɔ²⁴tuəŋ⁴⁴² 从事农业生产
　　受苦 ʂəu⁴⁴kʰu⁵³

动弹 tʰuəŋ⁴²tʰɤ̃⁰
事 sɿ⁴⁴² 一件～
栽苗子 tsɛɛ²¹miɔ²⁴tsɿ⁰ 插幼苗，包括插秧
种菜 tʂuəŋ⁴⁴tsʰɛɛ⁴⁴²
耩子 tɕiaŋ⁵³tsɿ⁰ 犁地工具
锄儿 tʂʰur²⁴³ 锄头
镰刀 liɛ̃²⁴tɔ⁰
把 pa⁴⁴² 刀～
　　把子 pa⁴²tsɿ⁰
担子 tɛ̃⁴²tsɿ⁰ 扁担
笼子 luəŋ⁵³tsɿ⁰
　　筐子 kʰuaŋ²²tsɿ³¹
筛子 sɛɛ⁵³tsɿ⁰
簸箕 puɤ⁵³tɕʰi⁰ 柠条编成的簸粮食的用具
辘轳车 ləu²²ləu³¹tʂʰɤ²¹ 独轮车
　　木轮车 mu²¹lyəŋ²⁴tʂʰɤ²¹
车轮子 tʂʰɤ²¹lyəŋ²⁴tsɿ⁰
　　车轱辘 tʂʰɤ²¹kuəʔ⁵lu⁰
　　车坨 tʂʰɤ²¹tʰuɤ²⁴³
磨 muɤ⁴⁴²
年成 ȵiɛ̃²⁴tʂʰəŋ⁰
　　收成 ʂəu²¹tʂʰəŋ²⁴³
跑江湖 pʰɔ⁵³tɕiaŋ²¹xu⁰
　　走江湖 tsəu⁵³tɕiaŋ²¹xu⁰
揽工 lɛ̃⁵³kuəŋ⁰
　　打工 ta⁵³kuəŋ⁰
斧子 fu⁵³tsɿ⁰
钳子 tɕʰiɛ̃²⁴tsɿ⁰
改锥 kɛɛ⁵³tʂuei⁰ 螺丝刀
锤子 tʂʰuei²⁴tsɿ⁰
钉子 tiəŋ²²tsɿ³¹
绳子 ʂəŋ²⁴tsɿ⁰

棍子 kuəŋ⁴²tsɿ⁰
做生意 tsu²¹ʂən²¹i⁴⁴²
　　做买卖 tsuɤ²⁴mɛɛ⁵³mɛɛ⁰
铺子 pʰu⁴²tsɿ⁰ 商店
　　门市 məŋ²⁴sɿ⁴⁴²
饭馆儿 fɛ̃⁴⁴kuɐr⁵³
　　馆子 kuɛ̃⁵³tsɿ⁰
旅店 ly⁵³tiɛ̃⁴⁴²
　　旅社儿 ly⁵³ʂər⁴⁴²
贵 kuei⁴⁴²
　　价大 tɕia⁴²ta⁴⁴²
贱 tɕʰiɛ̃⁴⁴²
　　便宜 pʰiɛ̃²⁴i⁰
划来 xua²⁴lɛɛ²⁴³ 合算
　　划算 xua²⁴suɛ̃⁴⁴²
折扣 tʂɤ²¹kʰəu⁴⁴²（新）
赔了 pʰei²⁴lɛ̃⁰
票子 pʰiɔ⁴⁴tsɿ⁰
钱 tɕʰiɛ̃²⁴³
零碎钱 liəŋ²⁴suei⁴⁴tɕʰiɛ̃⁰ 非整钱
　　零钱 liəŋ²⁴tɕʰiɛ̃²⁴³
蹦蹦钱 pəŋ⁴²pəŋ⁰tɕʰiɛ̃²⁴³ 硬币
　　钢蹦儿 kaŋ²¹pɤ̃r⁴⁴²
本儿 pɤ̃r⁵³
　　本钱 pəŋ⁵³tɕʰiɛ̃⁰
汗水钱 xɛ̃⁴²suei²¹tɕʰiɛ̃⁰
　　工钱 kuəŋ²¹tɕʰiɛ̃²⁴³
盘缠 pʰɛ̃²⁴tʂʰaŋ⁰ "缠"韵母特殊
花 xua²¹ ～钱
挣 tsəŋ⁴⁴² ①赚。②挣：跟工～咥一千块
短 tuɛ̃⁵³ 欠：～人家十块钱
　　该 kɛɛ²¹ 欠钱，但欠的不是借出的现金，

是输钱后的欠账或口头说的钱数
算盘儿 suɛ̃⁴²pʰɚr²⁴³
秤 tʂʰəŋ⁴⁴²
□ tsʅ⁴⁴² 称：～给下几斤？
　　称 tʂʰəŋ²¹
赶集 kɛ̃⁵³tɕi²⁴³
集 tɕi²⁴³ 集市
庙会 miɔ⁴²xuei⁴⁴²
学校 ɕyɤ²⁴ɕiɔ⁴⁴²
教室 tɕiɔ⁴²ʂʅ⁰
念书 niɛ̃⁴⁴ʂu⁰ ①上学。②读书
　　上学 ʂaŋ⁴²ɕyɤ²⁴³
放学 faŋ⁴²ɕyɤ²⁴³
考试 kʰɔ²¹sʅ⁴⁴²
书包 ʂu²⁴pɔ⁰
本本儿 pəŋ⁵³pr̃⁰ 本子的统称
铅笔 tɕʰiɛ̃²⁴pi⁰
水笔 ʂuei⁵³pi⁰
　　钢笔 kaŋ²⁴pi⁵³
油笔 iəu²⁴pi⁰ 圆珠笔
毛笔 mɔ²⁴pi⁰
墨汁 mei²⁴tʂʅ⁰
砚瓦 iɛ̃⁴⁴ua⁰ 砚台
信 ɕiəŋ⁴⁴² 写～
花花书 xua²²xua³¹ʂu²¹ 连环画
藏老猫儿后儿 tsʰaŋ²⁴lɔ³¹rcm²⁴xəur⁴⁴² 捉迷藏（老）
　　藏猫猫 tsʰaŋ²⁴mɔ²⁴mɔ⁰（新）
跳绳儿 tʰiɔ⁴²ʂr̃r²⁴³
毛毽儿 mɔ²⁴tɕiɚr⁵³ 毽子
风筝 fəŋ²¹tsəŋ⁴⁴²
耍狮子 ʂua⁵³sʅ²²tsʅ³¹
串串炮 tʂʰuɛ̃⁴²tʂʰuɛ̃⁰pʰɔ⁴⁴²

鞭炮 piɛ̃²¹pʰɔ⁴⁴²
唱歌 tʂʰaŋ⁴²kuɤ⁰
唱戏 tʂʰaŋ⁴⁴ɕi⁴⁴²
锣鼓 luɤ²⁴ku⁵³
二胡 ər⁴²xu²⁴³
枚笛儿 mei²⁴tʰiɚr⁰ 笛子
划拳 xua²⁴tɕʰyɛ̃²⁴³
下棋 ɕia⁴²tɕʰi²⁴³
耍扑克儿 ʂua⁵³pʰu²⁴kʰɚr⁰
　　打扑克儿 ta⁵³pʰu²⁴kʰɚr⁰
耍麻将 ʂua⁵³ma²⁴tɕiaŋ⁴⁴²
　　打麻将 ta⁵³ma²⁴tɕiaŋ⁴⁴²
耍把戏儿 ʂua²⁴pa⁵³ɕiɚr⁰ 变戏法
讲古朝 tɕiaŋ²⁴ku⁵³tʂʰɔ²⁴³
　　讲故事 tɕiaŋ⁵³ku⁴⁴sʅ⁰
猜谜谜 tsʰɛe²¹mi²⁴mi⁰ 猜谜语
耍 ʂua⁵³ ①玩儿：我们到城里～去也。②开玩
　　笑：跟你～哩
串门儿 tʂʰuɛ̃⁴²mr̃r²⁴³
走亲戚 tsəu⁵³tɕʰiəŋ²¹tɕʰi⁴⁴²
　　走亲亲 tsəu⁵³tɕʰiəŋ²²tɕʰiəŋ³¹

十一　动作行为

看 kʰɛ̃⁴⁴² ①～书。②～病
听 tʰiəŋ²¹
闻 uəŋ²⁴³ 用鼻子～
吸 ɕi²¹
睁开 tsəŋ²⁴kʰɛe⁰
圪挤 kəʔ⁵tɕi⁰ ～眼
　　闭住 pi⁴²tʂu⁰
眨 tsɛ̃⁵³ ～眼
张 tʂaŋ²¹ ～嘴

闭 pi⁴⁴² ～门
咬 ȵiɔ⁵³ 把肉～烂｜狗～人
 嚼 tɕʰyɤ²⁴³（小孩）咬东西
咽 iɛ̃⁴⁴²
舔 tʰiɛ̃⁵³ 用舌头～
噙 tɕʰiən²⁴³ 含：嘴伙＝嘴里～块糖
亲口 tɕʰiən²⁴kʰəu⁵³ 接吻
 亲嘴 tɕʰiən²⁴tsuei⁵³
咂 tsa²¹ 吮吸：～奶
唾 tʰuɤ⁴⁴² 吐：把皮～咾
吐 tʰu⁵³ 呕吐
打喷嚏 ta⁵³pʰən⁴²tʰi⁰ "喷"声调特殊
喊 ˉxɛ̃⁵³ 拿：把衣裳～上
 拿 na²⁴³
给 kei⁴⁴² ～我个馍馍
卜拉 pəʔ⁵la⁰ 摸：用手～猫背
 扑娑 pʰu²¹suɤ⁰
 摸 mɔ²¹
展 tsɛ̃⁵³ 伸：～手
挠 nɔ²⁴³ 手抓：～咬咬挠痒痒
掐 tɕʰia²¹ ～得人肉疼
拧 ȵiən²⁴³ ～螺丝
扭 ȵiəu⁵³ 手巾～干
捻 ȵiɛ̃⁵³ 芝麻～碎咾香
掰 pei²¹ 馍馍一～两半儿
剥 puɤ²¹ ～花生
扯 tʂʰɤ⁵³ 撕：～布
 撧 tɕyɤ²¹ 双手平行用力撕扯
扳 pɛ̃²¹ 树枝～断咾
拔 pʰa²⁴³ ～萝卜
摘 tsei²¹ ～花
站 tsɛ̃⁴⁴²

靠 kʰɔ⁴⁴² 倚：～到墙上
圪蹴 kəʔ⁵tɕiəu⁰ 蹲
坐 tsʰuɤ⁴⁴²~tsuɤ⁴⁴²
跳 tʰiɔ⁴⁴²
跷 tɕʰiɔ²¹
踩 tsʰɛe⁵³
夯 tsa⁴⁴² ～个腿
翘 tɕʰiɔ⁴⁴²
弯 uɛ̃²¹ ～腰
挺 tʰiən⁵³ ～胸
趴下 pʰa²⁴xa⁰ ～睡：趴着睡
爬 pʰa²⁴³
走 tsəu⁵³
跑 pʰɔ⁵³
跑了 pʰɔ²⁴lɛ̃⁰ 逃跑
 偷跑 tʰəu²¹pʰɔ⁵³
撵 ȵiɛ̃⁵³ 追赶：～不上
逮住 tɛe⁵³tʂu⁰
抱 pɔ⁴⁴²
背 pei⁵³ ～娃娃（声调特殊）
扶 fu²⁴³
搊 tsʰəu²¹ 推：～汽车
 掀 ɕiɛ̃²¹ ～开
栽倒 tsɛe²⁴tɔ⁰ 跌倒
 蹞倒 kuɛ̃⁴⁴tɔ⁵³
撞 tʂʰuaŋ⁴⁴² 轻碰
 碰 pʰən⁴⁴² 不强调轻重
堵 tu⁵³ 挡：～得啥也看不见
藏 tsʰaŋ²⁴³ 躲藏
抬 tʰɛe²⁴³ ①～轿子。②把东西放到隐蔽的地方：钱～到柜子里
搁 kuɤ²¹ 碗～到桌子上

放 faŋ⁴⁴²

摞 luɤ⁴⁴² 砖～齐

埋 mɛe²⁴³ ①埋。②葬

盖 kɛe⁴⁴² ①～住。②～房子

砑 ȵia⁴⁴² 碾压：～黑豆钱钱

按 ŋɛ̃⁴⁴² 摁：图钉～进去

戳 tʂhuɤ²¹ ～雀雀窝｜～个洞

插 tsha²¹ 把门～上

砍 khɛ̃⁵³ ～柴

斫 tsa⁵³ 剁：～肉

削 ɕiəu²¹ ～铅笔

迸 pie⁴⁴² 裂开：～裂子皮肤开裂

圪搐 kəʔ⁵tʂhu⁰ 皱：衣裳～了

臭 tʂhəu⁴⁴² 腐烂：鱼～了

揩 khɛe²¹ 擦：～把脸

倒 tɔ⁴⁴² ～水

撂 liɔ⁴⁴² ①丢弃。②投掷：看咱谁～得远

踢 thaŋ⁴⁴² 掉落：树上～下颗枣儿

滴 tie²¹ ～水

撂了 liɔ⁴²lɛ̃⁰ 丢失：钥匙～了进不了门

　　没了 muɤ²¹lɛ̃⁰

寻 ɕiəŋ²⁴³ 寻找

拾 sɻ²⁴³ 捡

得溜 təʔ⁵liəu⁰ 提

　　□ thiəu²⁴³

　　提 thi²⁴³

担 tɛ̃²¹ ～担子

□ nɔ⁵³ 扛：～的肩巴上

□ tsəu⁵³ 举：～旗

撑 tshəŋ²¹ ～伞

　　打 ta⁵³

拗 ŋɔ⁴⁴² 撬：把门～开

挑 thiɔ²¹ 挑选

拾掇 ʂəʔ⁵tuɤ⁰ ①整理：～家。②结束：早些儿把你那赔钱儿生意～咾

　　收拾 ʂəu²²sɻ³¹

□ pie⁵³ 挽：～袖子

涮 ʂuɛ̃⁴⁴² ～杯子

洗 ɕi⁵³

捞 lɔ²⁴³

拴 ʂuɛ̃²¹

缯 tsəŋ⁴⁴² 捆：～成一把

　　绑 paŋ⁵³

解 kɛe⁵³ ～绳子

挪 nuɤ²⁴³

端 tuɛ̃²¹ 碗～牢

打 ta⁵³ 碗～烂了

　　掼 kuɛ̃⁴⁴² 有故意及用力之义

掺 tshɛ̃²¹ ～水

烧 ʂɔ²¹ ～柴

拆 tshei²¹ ～房子

转 tʂuɛ̃⁴⁴² ～圈圈

捣 tɔ⁵³ 打：～咾一槌

捶 tʂhuei²⁴³

打 ta⁵³ ～人

厮打 sɻ²¹ta⁰

　　斗阵 təu⁴⁴tʂəŋ⁴⁴² 又打又骂

　　打架 ta⁵³tɕia⁴⁴²

歇一歇儿 ɕie²¹i⁰ɕiɛr²¹ 休息

打呵扇 "ta⁵³xuɤ²⁴ʂɛ̃⁰ 打哈欠

点盹儿 tie²⁴tuɻr⁰ 打瞌睡

睡下 ʂuei⁵³xa⁰ 他～了

打鼾睡 ta⁵³xɛ̃⁴²ʂuei⁰ 打呼噜

梦梦 məŋ⁴⁴məŋ⁴⁴² 做梦

起来 tɕʰi⁵³lɛe⁰ 起床
刷牙 ʂua²¹n̩ia²⁴³
洗身上 ɕi⁵³ʂən²¹ʂaŋ⁰（旧）
  洗澡 ɕi²⁴tsɔ⁰
盘算 pʰɛ̃²⁴suɛ̃⁰ 思索
  考虑 kʰɔ²⁴ly⁰
  详情 ɕiaŋ²⁴tɕʰiəŋ⁰
想 ɕiaŋ⁵³ ①思考。②想念
打算 ta⁵³suɛ̃⁰
记着 tɕi⁴²tʂuɤ⁰ 记得
忘 uaŋ⁴⁴²
怕 pʰa⁴⁴² 害怕：耍～
  着怕 tʂʰuɤ²⁴pʰa⁴⁴²
信 ɕiəŋ⁴⁴² ～老师说的
  相信 ɕiaŋ²¹ɕiəŋ⁴⁴²
熬煎 ŋɔ²¹tɕiẽ⁵³ 发愁
操心 tsʰɔ²⁴ɕiəŋ⁰ ①留神：过马路～些。②费
  心考虑或照料：爱～
爱 ŋɛe⁴⁴² 喜欢
  稀罕 ɕi²²xɛ̃³¹ 特别喜欢
眼黑 n̩iẽ⁵³xei⁰ 讨厌
  见不得 tɕiẽ⁴⁴pə⁵tei⁰
如法 zu̩²⁴fa⁰
  舒服 ʂu²²fu³¹
难活 nɛ̃²⁴xuɤ²⁴³ 指身体或心理上难受
  难受 nɛ̃²¹ʂəu⁴⁴²
喜 ɕi⁵³
  高兴 kɔ²¹ɕiəŋ⁴⁴²
害气 xɛe⁴⁴tɕʰi⁴⁴² 生气
怨过 yɛ̃⁴²kuɤ⁴⁴² 责怪
后悔 xəu⁴²xuei⁰
眼红 n̩iẽ⁵³xuaŋ²⁴³ 忌妒

黄 xuaŋ²⁴³ 害羞、害臊
  羞 ɕiəu²¹
丢人 tiəu²¹zən²⁴³ 丢脸
欺负 tɕʰi²¹fu⁴⁴ "负"声调特殊
装 tʂuaŋ²¹ 假装
  装裹 tʂuaŋ²¹kuɤ⁵³
亲 tɕʰiəŋ²¹（对人）疼爱：～娃娃
要 iɔ⁴⁴² ～这个，不～那个
有 iəu⁵³
没有 muɤ²⁴iəu⁰
  没 muɤ²⁴³
是 sɨ⁴⁴²
不是 pə⁵sɨ⁴⁴²
在 tsɛe⁴⁴² ～家
不在 pə⁵tsɛe⁴⁴²
晓得 ɕiɔ⁵³tei²⁴³ 知道
  解下 xɛe⁴²xa⁴⁴²
  解开 xɛe⁴²kʰɛe⁰
不晓得 pə⁵ɕiɔ⁵³tei⁰ 不知道
  解不下 xɛe⁴²pə⁵xa⁴⁴²
解下 xɛe⁴²xa⁴⁴² 懂：二娃～英语哩
  会 xuei⁴⁴²
解不下 xɛe⁴²pə⁵xa⁴⁴² 不懂：～做生意
  不会 pə⁵xuei⁴⁴²
会 xuei⁴⁴² ～包粽子
不会 pə⁵xuei⁴⁴² ～做八碗
认得 zən⁴²tei⁰ 认识
认不得 zən⁴²pə⁵tei⁰ 不认识
能行 nəŋ²⁴ɕiəŋ²⁴³ 应答语
不行 pə⁵ɕiəŋ⁰ 应答语，表示不答应
愿意 yɛ̃⁴²i⁰
应该 iəŋ⁴²kɛe⁰

能 nəŋ²⁴³ 可以：～去
言喘 iɛ̃²⁴tsʰuɛ̃⁰
　　说 ʂuɤ²¹
话 xua⁴⁴²
拉话 la⁴²xua⁴⁴² 聊天
　　拉闲话 la⁴²xɛ̃²⁴xua⁴⁴²
　　拉散散话 la⁴²sɛ̃⁵³sɛ̃⁰xua⁴⁴²
　　闲拉 xɛ̃²⁴la⁴⁴²
　　闲谝 xɛ̃²⁴pʰiɛ̃⁵³
喊 xɛ̃⁵³ 把那他～一声
　　叫 tɕiɔ⁴⁴²
嘶声 sʅ⁵³ʂəŋ⁰ 大声喊叫或训斥
　　叫唤 tɕiɔ⁴²xuɛ̃⁰
嚎 xɔ²⁴³
　　哭 kʰu²¹
噘 tɕʰyɤ²⁴³
　　骂 ma⁴⁴²
嚷架 zaŋ²¹tɕia⁴⁴² 吵架
　　嚷仗 zaŋ²¹tʂaŋ⁴⁴²
哄 xuaŋ⁵³ ①骗：～人。②哄逗和照顾孩子：～娃娃
乖哄 kuɛ²⁴xuaŋ⁰ 哄逗并安抚孩子：～给下娃娃
虚说 ɕy²¹ʂuɤ²¹ 撒谎
　　谝谎 ɕyɛ̃²⁴xuaŋ⁰
吹牛屄 tʂʰuei²¹ȵiəu²⁴pi⁰ 吹牛
　　吹打 tʂʰuei²⁴ta⁵³
溜沟子 liəu⁴²kəu²¹tsʅ⁰ 拍马屁
　　舔屁眼 tʰiɛ̃⁵³pʰi⁴²ȵiɛ̃⁰
开玩笑儿 kʰɛɛ²¹uɛ̃²⁴ɕiɔr⁴⁴²
说个事儿 ʂuɤ²¹kəʔ⁵sər⁴⁴² 告诉
　　给……说 kei⁴²…ʂuɤ²¹

麻烦你了 ma²⁴fɛ̃⁰ȵi²¹lɛ̃⁰ 致谢语
　　把你麻烦了 pa²⁴ȵi⁰ma²⁴fɛ̃²⁴lɛ̃⁰
对不起 tuei⁴⁴pəʔ⁵tɕʰi⁵³ 致歉语
我走也 ŋuɤ²⁴tsəu⁵³ie⁰ 告别语

十二　性质状态

大 ta⁴⁴²
　　危险 uei²⁴ɕiɛ̃⁵³
碎 suei⁴⁴²
　　猴 xəu²⁴³
　　小 ɕiɔ⁵³
粗 tsʰu²¹
　　细 ɕi⁴⁴² 粗～
长 tʂʰaŋ²⁴³ 线～｜时～了 时间久了
不长长 pu⁴⁴tʂʰaŋ²⁴tʂʰaŋ⁰ 线～｜时间～
　　短 tuɛ̃⁵³
宽 kʰuɛ̃²¹
宽淘 kʰuɛ̃²²tʰɔ³¹ ①宽敞：房子～。②（做事）留有余地：做事～
不宽宽 pu⁴⁴kʰuɛ̃²¹kʰuɛ̃⁰
　　窄 tsei²¹
高 kɔ²¹ 飞得～
不高高 pəʔ⁵kɔ²¹kɔ⁰ 鸟飞得～
　　低 ti²¹
个子大 kɤ⁴²tsʅ⁰ta⁴⁴² 我比你～
　　高 kɔ²¹
个子小 kɤ⁴⁴tsʅ⁰ɕiɔ⁵³ 我比你～
　　低 ti²¹
不近伙 ⁼pəʔ⁵tɕiəŋ⁴²xuɤ⁰ 路～
　　远 yɛ̃⁵³
不远远 pəʔ⁵yɛ̃⁵³yɛ̃⁰ 路～
　　近 tɕiəŋ⁴⁴²

深 ʂəŋ²¹ 水～

不深深 pə?⁵ʂəŋ²¹ʂəŋ⁰ 水～

 浅 tɕʰiɛ̃⁵³

清 tɕʰiəŋ²¹ 水～

不清 pə?⁵tɕʰiəŋ²¹ 水～

 浑 xuəŋ²¹

圆 yɛ̃²⁴³

扁 pɛ̃⁵³～pʰiɛ̃⁵³

方 faŋ²¹

尖 tɕiɛ̃²¹

平 pʰiəŋ²⁴³ 平整

肥 fei²⁴³ ～肉

瘦 səu⁴⁴² ～肉

肥 ɕi²⁴³～fei²⁴³ 猪～得能杀了

胖 pʰaŋ⁴⁴²（人）胖

瘦 səu⁴⁴²（人、动物）瘦

 干瘦 kɛ̃²¹səu⁴⁴²

黑 xei²¹

白 pʰei²⁴³

红 xuəŋ²⁴³

黄 xuaŋ²⁴³

蓝 lɛ̃²⁴³

绿 liəu²¹

紫 tsʅ⁵³

灰 xuei²¹

多 tuɤ²¹

一点点 i²¹tiɛ̃²¹tiɛ̃⁰ 东西～

 少 ʂɔ⁵³

不轻伙 ₌pə?⁵tɕʰiəŋ²¹xuɤ⁰ 担子～

 沉 tʂʰəŋ²⁴³

 重 tʂuəŋ⁴⁴²

不沉沉 pə?⁵tʂəŋ²⁴tʂʰəŋ⁰ 担子～

不重重 pə?⁵tʂuəŋ⁴⁴tʂuəŋ⁰

 轻 tɕʰiəŋ²¹

端 tuɛ̃²¹ 路～

 直 tʂʅ²⁴³

立 li²¹ 陡

 端插 tuɛ̃²⁴tsʰa⁰

圪溜 kə?⁵liəu⁰ 弯曲、不直

 弯 uɛ̃²¹

□ tɕʰiəu²⁴³ 歪

 偏 pʰiɛ̃²¹

厚 xəu⁴⁴² 家底～

 厚沉 xəu⁴²tʂʰəŋ⁰

薄 pʰuɤ²⁴³ 衣裳～

稠 tʂʰəu²⁴³ ①汁浓：汤～了。②（植物种植或

 分布）密：麦子种得太～了

稀 ɕi²¹ ①水多：拌汤～了。②（植物种植或

 分布）不密：麦子种得太～了

 沙 sa⁴⁴² ①稀疏：玉麦种得～了。②孔大：

  筛子太～

明 miəŋ²⁴³

暗 ŋɛ̃⁴⁴²

热 zɤ²¹ 天～

 熵 tɕʰyəŋ⁵³ 又热又闷

暖 nuɛ̃⁵³

凉 liaŋ²⁴³ 天～

冷 ləŋ⁵³ 天～

 冻 tuəŋ⁴⁴²

烧 ʂɔ²¹ 水～：水热

凉 liaŋ²⁴³ 水～了｜饭～了

 冰 piəŋ²¹

干 kɛ̃²¹

湿 ʂʅ²¹

净 tɕiəŋ⁴⁴²
　　干净 kẽ²¹tɕiəŋ⁴⁴²
禙 tsʰɔ²⁴³
　　脏 tsaŋ²¹
快 kʰuɛɛ⁴⁴²（刀）锋利
不快 pəʔ⁵kʰuɛɛ⁴⁴²（刀）钝
　　木楞楞 məʔ⁵ləŋ⁴²ləŋ⁴⁴²
快 kʰuɛɛ⁴⁴² 速度快：坐车比走路～
　　欢 xuɛ̃²¹
慢 mɛ̃⁴⁴² 走路比坐车～
早 tsɔ⁵³ 来～了
迟 tsʰɿ²⁴³~tʂʅ²⁴³ 上班～了
黑了 xei²²lẽ³¹ 天～天晚了
松 suəŋ²¹ ①不紧：捆得～。②不稳固：螺丝～了
　　旷 kʰuaŋ⁴⁴² 螺丝～了
紧 tɕiəŋ⁵³
不难 pəʔ⁵nɛ̃²⁴³
　　不难难 pəʔ⁵nɛ̃²⁴nɛ̃⁰
　　容易 yəŋ²⁴i⁴⁴²
不容易 pəʔ⁵yəŋ²⁴i⁴⁴²
　　难 nɛ̃²⁴³
新 ɕiəŋ²¹
旧 tɕʰiəu⁴⁴²
老 lɔ⁵³ ①不年轻。②不嫩
小 ɕiɔ⁵³ 岁数～
　　年轻 ȵiɛ̃²⁴tɕʰiəŋ⁰
绵 miɛ̃²⁴³ 软：被子～｜性子～
　　软 zuɛ̃⁵³
硬 ȵiəŋ⁴⁴²
烂 lɛ̃⁴⁴² 肉煮得～｜衣裳～了
糊犏 xu²⁴puɤ⁰（饭）糊
耐 nɛɛ⁴⁴²

结实 tɕie²²ʂʅ³¹
富 fu⁴⁴²
　　有钱 iəu⁵³tɕʰiɛ̃²⁴³
穷 tɕʰyəŋ²⁴³
　　没钱 muɤ²¹tɕʰiɛ̃²⁴³
趱 tsʰuɛ̃²¹
忙 maŋ²⁴³
闲 xɛ̃²⁴³
熬 ŋɔ²⁴³ 累
乏 fa²⁴³
疼 tʰəŋ²⁴³
咬 ȵiɔ⁵³ 痒：皮肤～
红火 xuaŋ²⁴xuɤ⁰ 热闹
熟 ʂu²⁴³ 熟悉
生 səŋ²¹ 陌生
口味 kʰəu⁵³uei⁴⁴² 尝尝～好不好
味道 uei⁴²tɔ⁰ 气味：闻给下啥～
咸 xɛ̃²⁴³
　　口味重 kʰəu⁵³uei⁰tʂuəŋ⁴⁴²
甜 tʰiɛ̃²⁴³ 淡
　　口味轻 kʰəu⁵³uei⁰tɕʰiəŋ²¹
酸 suɛ̃²¹
甜 tʰiɛ̃²⁴³
苦 kʰu⁵³
辣 la²¹
好喝 xɔ⁵³xuɤ⁰ 鱼汤～
香 ɕiaŋ²¹
臭 tʂʰəu⁴⁴²
□气 sɿ²¹tɕʰi⁴⁴² 馊
膻 ʂɛ̃²¹ 腥：今儿的羊肉～哩
好 xɔ⁵³ 人～
儿 ər²⁴³ 人～

坏 xuɛɛ⁴⁴²
不行 pəʔ⁵ɕiəŋ²⁴³ 质量～
　差 tsʰa⁴⁴²
对 tuei⁴⁴² 正确
差 tsʰa⁴⁴² 错：算～了
好看 xɔ⁵³kʰɛ̃⁰ 漂亮
　俊 tɕyəŋ⁴⁴²
难看 nɛ̃²⁴kʰɛ̃⁴⁴²
　丑 tʂʰəu⁵³
勤□ tɕʰiəŋ²⁴tɕʰiɛ̃⁰ 勤快
懒 lɛ̃⁵³
乖 kuɛɛ²¹ ①听话。②没生病
生骨 ka⁵³ku⁰ 顽皮
　调皮 tʰiɔ⁴²pʰi²⁴³
老实 lɔ⁵³ʂʅ⁰
憨 xɛ̃²¹ ①傻。②不精明
瓷 tsʰʅ²⁴³ 蠢
　笨 pəŋ⁴⁴²
大方 ta⁴²faŋ⁰
啬 sei²¹ 吝啬，小气
　抠 kʰəu²¹
　抠掐 kʰəu²⁴tɕia⁰
直 tʂʅ²⁴³ 直爽：说话～
牛 ȵiəu²⁴³ 脾气～
　犟 tɕiaŋ⁴⁴²

十三　数量

一 i²¹
二 ər⁴⁴²
三 sɛ̃²¹
四 sʅ⁴⁴²
五 u⁵³
六 liəu²¹
七 tɕʰi²¹
八 pa²¹
九 tɕiəu⁵³
十 ʂʅ²⁴³
二十 ər⁴²ʂʅ⁰
三十 sɛ̃²²ʂʅ³¹
一百 i²¹pei⁰
一千 iəʔ⁵tɕʰiɛ̃⁰
一万 i²¹uɛ̃⁴⁴²
一百零五 i²¹pei⁰liəŋ²⁴u⁵³
一百五 i²¹pei⁰u⁵³
第一 ti⁴⁴i²¹
二两 ər⁴²liaŋ⁰
几个 tɕi²¹kuɤ⁴⁴²
两个 liaŋ²⁴kɤ⁰
三个 sɛ̃²⁴kɤ⁰
一两个 i²¹liaŋ⁰kɤ⁴⁴² ～月
个 kuɤ⁴⁴²～kɤ⁴⁴²一～人｜一～蠓子蚊子｜
　一～猪｜一～奖章｜一～镜子
匹 pʰi²¹一～马
头 tʰəu²⁴³一～牛
口 kʰəu⁵³一～猪
条 tʰiɔ²⁴³一～狗｜一～鱼｜一～河｜一～路
只 tʂʅ²¹一～鸡｜一～手
根 kəŋ²¹一～蛇｜一～绳子｜一～笔
张 tʂaŋ²¹一～嘴｜一～桌子｜一～席子
块儿 kʰuɛr⁴⁴²一～被子｜一～席子｜一～香皂
双 ʂuaŋ²¹一～鞋
把 pa⁵³一～刀子｜一～锁｜一～椅子｜
　一～枪｜一～米
副 fu⁴⁴²一～眼镜
辆 liaŋ⁵³一～汽车

座 tsuɤ⁴⁴² 一～楼
架 tɕia⁴⁴² 一～飞机｜一～桥
茇 puɤ²¹ 一～树
朵 tuɤ⁵³ 一～花
颗 kʰuɤ²¹ 一～珠珠｜一～米
顿 tuəŋ⁴⁴² 一～饭｜打咾一～
付 fu⁴⁴² 一～中药
股儿 kur⁵³ 一～香味
溜儿 liəur⁴⁴² 行：一～字
　　行 xaŋ²⁴³
块 kʰuɛ⁴⁴² 一～钱
毛 mɔ²⁴³ 一～钱 一角钱
件儿 tɕiər⁴⁴² 一～事儿｜一～衣裳
点点 tiɛ̃⁴⁴tiɛ̃⁰（第一个音节读平调）一～东西
些 ɕi²¹ 一～书
下 xa⁴⁴² 打咾一～
阵儿 tʂʅ̃r⁴⁴² 坐咾一～
阵儿 tʂʅ̃r⁴⁴² 下咾一～雨
　　气 tɕʰi⁴⁴² 与"阵儿"相比，更强调连续不断
回 xuei²⁴³ 去了一～

十四　代副介连词

我 ŋuɤ⁵³⁻²¹
你 n̠i⁵³
你老儿 n̠i²⁴lər⁰ 对老年人的尊称
那个 nei²⁴kɤ⁰~nəʔ⁵kɤ⁰ "那"有舒促两读：～姓张
　　他 tʰa²¹
我们 ŋuɤ⁵³məŋ⁰ 你家咸着，～走也
咱们 tsʰa²⁴məŋ⁰ 他们不去，～去
你们 n̠i⁵³məŋ⁰
那些 nəʔ⁵ɕi⁰ 远指代词做第三人称复数代词
　　他们 tʰa²¹məŋ⁰

众人 tʂuan⁴²zəŋ⁰ 大家：～都说嘞
各儿家 kuər²⁴tɕi⁰ 自己、自己人：我～做（"家"
　　韵母弱化）
　　各儿 kuər²¹
人家 zəŋ²⁴tɕi⁰ "家"韵母弱化
别人 pie²⁴zəŋ⁰
我大 ŋuɤ⁵³ta²⁴³ 我爸
你大 n̠i⁵³ta²⁴³ 你爸
他大 tʰa²¹ta²⁴³ 他爸
这个 tsʅ⁴⁴kɤ⁰~tsei²⁴kɤ⁰ 我要那个，不要～
那个 nei²⁴kɤ⁰~nəʔ⁵kɤ⁰ 我要这个，不要～
哪个 la²⁴kɤ⁰ 哪一个
谁 ʂuei²⁴³
谁个 ʂuei²⁴kɤ⁰
这搭儿 tsʅ⁴⁴tɐr⁰ 这里：碗搁～
那搭儿 nəʔ⁵tɐr⁰ 那里：盆盆搁～
哪 la²⁴³ 你～去 你去哪
这们个 tsʅ⁴⁴məŋ²¹kɤ⁰ 这样：粽子要～包
这么价 tsəʔ⁵mɤ²¹tɕi⁰
那们个 nəʔ⁵mɤ⁰kɤ⁰ 那样：话不是～说的
　　那么价 nəʔ⁵mɤ⁰tɕi⁰
怎么个 tsəʔ⁵ma⁰kɤ⁰ 什么样：你要～裙子？
　　哪号儿 la²⁴xɔr⁰
这们 tsʅ⁴⁴məŋ⁰ 飞机票～贵 坐不起
　　这么 tsəʔ⁵mɤ⁰
怎么 tsəʔ⁵ma⁰ 这个字～写？
　　咋 tsa²¹
什么 ʂəʔ⁵ma⁰ 这个是～字？｜你找～哩？
为什么 uei⁴²ʂəʔ⁵ma⁰
做什么 tsuəʔ⁵ʂəʔ⁵ma⁰ 干什么
多少 tuɤ²⁴ʂɔ⁰ 你们村～人？
可 kʰɤ⁵³ 天～热哩

死 sʅ⁵³ 做补语，比"可"程度深：热～了
　　厉害 li⁴²xɛe⁰ 做补语，比"可"程度深：热得～了
还 xɛ̃²⁴³ ①更：今儿比夜儿～热。②仍然：娃娃～没放学
太 tʰɛe⁴⁴² ～贵
数 ʂu⁵³ 数XX+（最）+形容词：弟兄三个～老二（最）高
　　最 tsuei⁴⁴²
全 tɕʰyɛ̃²⁴³ 一大家子人～来了
　　都 təu²¹
满共 mɛ̃⁵³kuaŋ⁴⁴² ～才十个人
　　总共 tsuəŋ⁵³kuaŋ⁴⁴²
　　一共 iəʔ⁵kuaŋ⁴⁴²
一搭儿 i²¹tər⁰ 一起：我和你～走
　　一搭里 i²⁴ta²¹li⁰
只 tsʅ⁵³ ～去过一回
　　就 tɕʰiəu⁴⁴²
刚 tɕiaŋ²¹ 这双鞋不大不小～好
　　正 tsəŋ⁴⁴²
才 tsʰɛe²⁴³ 刚：电影～开始五分钟
　　刚 kaŋ²¹
　　刚刚 ŋaŋ²²ŋaŋ³¹（老）/kaŋ²²kaŋ³¹（新）
　　随 suei²⁴³ 狗儿子～下下：小狗刚出生
才 tsʰɛe²⁴³ 你怎么～来？
　　就 tɕʰiəu⁴⁴² 我吃咾饭～去
匀匀儿 iəŋ²⁴irr⁰ 经常：我～去西安
　　匀儿不匀儿 irr²⁴pəʔ⁵irr⁰
　　常 tsʰaŋ²⁴³
又 iəu⁴⁴² 兄弟的～要钱来了
再 tsɛe⁴⁴² 明儿～来
也 ie⁵³ 我～种咾点玉麦

反正 fɛ̃²¹tʂaŋ⁴⁴² 你憂急，～迟了
没 muɤ²⁴³ 夜天我～去
　　没有 muɤ²⁴iəu⁰
不 pu⁴⁴²
憂 piɔ⁴⁴² ～客气｜你～去
快 kʰuɛe⁴⁴² ～五点了
险乎儿 ɕi²⁴xur⁰ 差点儿：～蹎倒
　　看乎儿 kʰɛ̃²⁴xur⁰
情愿 tɕʰiəŋ²⁴yɛ̃⁴⁴² 宁可：～买贵的不～坏的
专故儿 tʂuɛ̃²¹kur⁴⁴² 故意
　　专门儿 tʂuɛ̃²¹mr̃r²⁴³
随管 tsʰuei²⁴kuɛ̃⁰ ～怎么弄一下就行了
　　随便 suei²⁴piɛ̃⁴⁴²
白 pʰei²⁴³ ～跑了一回
的当 ti²¹taŋ⁴⁴² 一定：～是老王把车开走了
　　保准 pɔ²⁴tʂuaŋ⁰
　　肯定 kʰəŋ⁵³tiəŋ⁴⁴²
可能 kʰuɤ⁵³nəŋ²⁴³
V着V着…tʂuɤ⁰…tʂuɤ⁰ 边V边V：走～说～
跟 kəŋ²¹ ①和：我～他一个姓。②跟着：我～我妈到老家故乡住咾几天。③向
对 tuei⁴⁴² 那个他～我可好哩
往 uaŋ⁵³ ～前走
　　朝 tʂɔ²⁴³
问 uaŋ⁴⁴² 向：我～我嫂子借咾两千块钱
　　跟 kəŋ²¹
按 ŋɛ̃⁴⁴² ～要求做就行了
　　照 tʂɔ⁴⁴²
替 tʰi⁴⁴² ～我写封信
　　代 tɛe⁴⁴²
要是 iɔ⁴⁴sʅ⁴⁴² 如果：你～忙着哩就要来
休管 ɕiəu²⁴kuɛ̃⁰ 不管：～谁说都不听

第二节

《汉语方言词语调查条目表》

一 天文	十一 身体	二十一 文体活动
二 地理	十二 疾病医疗	二十二 动作
三 时令时间	十三 衣服穿戴	二十三 位置
四 农业	十四 饮食	二十四 代词等
五 植物	十五 红白大事	二十五 形容词
六 动物	十六 日常生活	二十六 副词介词等
七 房舍	十七 讼事	二十七 量词
八 器具用品	十八 交际	二十八 附加成分等
九 称谓	十九 商业交通	二十九 数字等
十 亲属	二十 文化教育	三十 四字格

一 天文

圪崂儿 kəʔ⁵lɔr⁰ 角落
　　圪崂崂儿 kəʔ⁵lɔ²¹lɔr⁰
阳圪崂儿 iaŋ²⁴kəʔ⁵lɔr⁰ 太阳照到的角落
背圪崂儿 pei⁴²kəʔ⁵lɔr⁰ ①太阳照不到的角落。②人少的地方
三环套 sɛ̃²¹xuɛ̃²⁴tʰɔ⁴⁴² 围绕太阳的风圈，即"日晕"。谚云：天上～，地下人遭殃。
月牙儿 yɤ²¹iɐr²⁴³

月亮地 yɤ²¹liaŋ⁴²tʰi⁴⁴² 月亮照到的地方
风圈儿 fəŋ²⁴tɕʰyɐr²¹ 月晕
天河 tʰiɛ̃²¹xuɤ²⁴³ 银河
流星 liəu²⁴ɕiəŋ⁰
扫帚星 sɔ⁵³tʂʰu⁰ɕiəŋ²¹ ①彗星。②比喻给别人带来霉运的人
老黄风 lɔ⁵³xuaŋ²⁴fəŋ⁰ 黄土高原上刮的尘土漫天的大风
大风 ta⁴²fəŋ⁰
鬼旋儿风 kuei⁵³tɕʰyɐr²⁴fəŋ⁰ 旋风

扑面风 pʰu²¹miɛ̃⁴⁴fəŋ⁰

顶风 tiəŋ⁵³fəŋ⁰ 逆风

顺风 ʂuəŋ⁴²fəŋ⁰

刮风 kua²⁴fəŋ²¹

起风 tɕʰi⁵³fəŋ⁰ 开始刮风

风住了 fəŋ²¹tʂu⁴²lɛ̃⁰ 风停了

  不刮了 pəʔ⁵kua²¹lɛ̃⁰

黄云 xuaŋ²⁴yəŋ⁰

黑云 xei²¹yəŋ²⁴³ 谚云：黄云雨大，～雨多。

瓦瓦云 ua⁵³ua⁰yəŋ²⁴³ 形似瓦片层层铺叠的云。

  谚云：～晒死人。

圪瘩云 kəʔ⁵ta⁰yəŋ²⁴³ 块状云

早烧 tsɔ²¹ʂɔ⁴⁴² 早霞

晚烧 uɛ̃²¹ʂɔ⁴⁴² 晚霞

吼雷 xəu⁵³luei²⁴³ 打雷

雷劈了 luei²⁴pʰi²¹lɛ̃⁰ 雷打了：树叫～

打闪 ta²⁴ʂɛ̃⁰ 动宾，闪电

下开了 xa⁴²kʰɛe²¹lɛ̃⁰ 开始下雨了

  下脱笼了 xa⁴²tʰuɤ²¹luəŋ²⁴lɛ̃⁰

  下上了 xa⁴²ʂaŋ⁰lɛ̃⁰

  滴答开了 tie²⁴taºkʰɛe²¹lɛ̃⁰

  掉点了 tiɔ⁴²tiɛ̃⁰lɛ̃⁰

小雨 ɕiɔ²⁴y⁰

圪糁糁雨 kəʔ⁵səŋ²¹səŋ⁰y⁵³ 毛毛雨

  濛糁糁雨 məŋ⁴²səŋ²¹səŋ⁰y⁵³

大雨 ta⁴⁴y⁵³

  老雨 lɔ²⁴y⁰

猛雨 məŋ²⁴y⁵³

  暴雨 pɔ⁴⁴y⁵³

连阴雨 liɛ̃²⁴iəŋ²¹y⁰

老雷雨 lɔ⁵³luei²⁴y⁰

过云雨 kuɤ⁴²yəŋ²⁴y⁵³ 阵雨

不下了 pəʔ⁵xa⁴²lɛ̃⁰ 雨停了

  下过去了 xa⁴²kuɤ⁴²tɕʰi⁰lɛ̃⁰

  不滴答了 pəʔ⁵tie²⁴taºlɛ̃⁰

着雨 tʂu²⁴y⁰

  淋雨 liəu²⁴y⁰

  曝雨 tɕʰi²⁴y⁰ 专指下毛毛雨时淋雨

天虹了 tʰiɛ²¹tɕiaŋ⁴²lɛ̃⁰ 出彩虹了

冰溜子 piəŋ²¹liəu⁴²tsɿ⁰ 冰锥

  冰圪锥 piəŋ²¹kəʔ⁵tʂuei⁰

  冰橛儿 piəŋ²¹tɕʰyər²⁴³

冰牙子 piəŋ²¹ȵia²⁴tsɿ⁰ 冬天放在室外的食物表面结的薄冰

冰碴子 piəŋ²¹tsʰa²⁴tsɿ⁰ 初冬河面上结的薄冰

流凌 liəu²⁴liəŋ⁰ 冬天河里形成的流动的冰块

冻冰 tuəŋ⁴²piəŋ²¹ 结冰

下雪 xa⁴²ɕyɤ²¹

  飘上雪花儿了 pʰiɔ²¹ʂaŋ²¹ɕyɤ²⁴xuɐr²¹lɛ̃⁰

大雪 ta⁴²ɕyɤ²¹

老雪片子 lɔ⁵³ɕyɤ²⁴pʰiɛ̃⁵³tsɿ⁰ 鹅毛大雪

圪糁糁雪 kəʔ⁵səŋ²¹səŋ⁰ɕyɤ²¹ 米粒状的雪

雪消了 ɕyɤ²¹ɕiɔ²¹lɛ̃⁰

  雪化了 ɕyɤ²¹xua⁴²lɛ̃⁰

下露水了 xa⁴²ləu⁴²ʂuei⁰lɛ̃⁰

下霜 xa⁴²ʂuaŋ²¹

  有咾霜了 iəu²⁴lɔ⁵³ʂuaŋ²¹lɛ̃⁰

霜杀了 ʂuaŋ²⁴sa²¹lɛ̃⁰ 霜打后植物没有了生机

  霜打了 ʂuaŋ²⁴ta⁵³lɛ̃⁰

下雾 ɕia⁴²u⁴⁴²

  有雾哩 iəu⁵³u⁴²li⁰

□水 iəŋ⁴²ʂuei⁰ 冰上的浮水

好天 xɔ⁵³tʰiɛ̃⁰

  晴天 tɕʰiəŋ²⁴tʰiɛ̃⁰

天不好 tʰiɛ̃²¹pəʔ⁵xɔ⁵³
　阴天 iəŋ²¹tʰiɛ̃⁰
伏里天 fu²⁴li⁰tʰiɛ̃²¹ 伏天
入伏 zu̱²¹fu²⁴³
头伏 tʰəu²⁴fu⁰ 初伏
二伏 ər⁴²fu⁰ 中伏
三伏 sɛ̃²¹fu²⁴³ 末伏。农谚云：头伏蔓菁，二伏芥，～种得好白菜。

二　地理

地 tʰi⁴⁴²
川地 tʂʰuɛ̃²¹tʰi⁴⁴² 平原
　平地 pʰiəŋ²⁴tʰi⁴⁴²
菜地 tsʰɛɛ⁴⁴tʰi⁴⁴²
菜园子 tsʰɛɛ⁴²yɛ̃²⁴tsʅ⁰ 有条件浇水的菜地
荒地 xuɤ⁴²tʰi⁴⁴²
沙地 sa²¹tʰi⁴⁴² 沙土地
圢地 ua⁴²tʰi⁴⁴² 坡地
碱地 tɕiɛ̃⁵³tʰi⁴⁴² 盐碱地
沟滩地 kəu²⁴tʰɛ̃²¹tʰi⁴⁴² 沟里的滩地
河滩地 xuɤ²⁴tʰɛ̃²¹tʰi⁴⁴² 河边的滩地
山地 sɛ̃²¹tʰi⁴⁴² 山上的农业用地
崾崄地 iɔ⁴²ɕiɛ̃²¹tʰi⁴⁴² 山间的平地
生地 səŋ²¹tʰi⁴⁴² 耕种时间短的比较贫瘠的土地
熟地 ʂu²⁴tʰi⁴⁴² 耕种时间长的肥沃的土地
肥 fei²⁴³（地）肥沃
薄 pʰuɤ²⁴³（地）贫瘠
敞滩 tʂʰaŋ⁵³tʰɛ̃⁰ 开阔的场地
崾崄 iɔ⁴²ɕiɛ̃⁰ 山腰
山崖根儿 sɛ̃²¹nɛɛ²⁴kɤ̃r⁰ 山脚
山圪梁 sɛ̃²¹kəʔ⁵liaŋ⁰ 山梁
沟渠水 kəu²¹tɕʰy²⁴ʂuei⁵³ 山涧（两山夹水）

山坬坬 sɛ̃²⁴ua⁴²ua⁰ 山坡
山峁子 sɛ̃²⁴mɔ⁵³tsʅ⁰ 山头
崖 nɛɛ²⁴³ 山崖
罗崖 luɤ²⁴nɛɛ²⁴³ 万花山镇的一个村名
河里 xuɤ²⁴li⁰
水泊子 ʂuei²⁴puɤ⁵³tsʅ⁰ 潭
天窨泊子 tʰiɛ̃²¹tɕiɔ⁴²puɤ⁵³tsʅ⁰ 山上洪水冲下的深水坑
跌湫 tie²¹sɔ⁴⁴² 瀑布
海 xɛɛ⁵³
河堰 xuɤ²⁴iɛ̃⁴⁴² 河堤
旱滩 xɛ̃⁴²tʰɛ̃⁰ 没有水的河滩
河滩 xuɤ²⁴tʰɛ̃⁰
清水 tɕʰiəŋ²⁴ʂuei⁰
浑水 xuəŋ²⁴ʂuei⁰
浑糊子 xuəŋ²¹xu²⁴tsʅ⁰ 很稠的浑水
雨水 y²⁴ʂuei⁰
山水头 sɛ̃²⁴ʂuei⁰tʰəu²⁴³ 洪峰
发大水 fa²¹ta⁴²ʂuei⁰
漩水涡子 ɕyɛ̃⁴²ʂuei⁰uɤ²¹tsʅ⁰ 漩涡
泉水 tɕʰyɛ̃²⁴ʂuei⁰
泛水圈儿 fɛ̃⁴²ʂuei⁰tɕʰyɐr²¹ 出水少的小泉
温温水 uəŋ²²uəŋ³¹ʂuei⁰ 温水
温突=子水 uəŋ²¹tʰuəʔ⁵tsəʔ⁰ʂuei⁵³
凉开水 liaŋ²⁴kʰɛɛ²¹ʂuei⁰
响水 ɕiaŋ²⁴ʂuei⁰ 即将沸腾时发出响声的水
大石头 ta⁴²ʂəʔ⁵tʰəu⁰
　石头块子 ʂəʔ⁵tʰəu⁰kʰuɛɛ⁴²tsʅ⁰
小石头 ɕiɔ⁵³ʂəʔ⁵tʰəu⁰ 天然的小石头
石子儿 ʂəʔ⁵tsər⁰ 石块儿
碜 tsʰəŋ⁵³①名词，食物中的沙土或小石子。
　②形容词，沙土或小石子儿入口的感

觉：饭~的

青石 tɕʰiəŋ²²sʅ³¹

沙石 sa²¹sʅ²⁴³

羊肝石 iaŋ²⁴kɛ̃²¹sʅ²⁴³ 千层石

石板 sʅ²⁴pɛ̃⁰

毛沙 mɔ²⁴sa²¹ 含土多的沙

细沙 ɕi⁴²sa²¹ 水洗过的沙

沙滩 sa²⁴tʰɛ̃⁰

胡墼 xu²⁴tɕi⁰

    土坯子 tʰu⁵³pʰei²¹tsʅ⁰

砖坯子 tʂuɛ̃²⁴pʰei²¹tsʅ⁰

新砖 ɕiəŋ²⁴tʂuɛ̃²¹

囫囵砖 xu²⁴luəŋ⁰tʂuɛ̃²¹ 整砖

筲瓦 tʰuaŋ²⁴ua⁰

烂瓦 lɛ̃⁴²ua⁰ 碎瓦

黄尘 xuaŋ²⁴tʂʰəŋ⁰ 一般指风刮起的或物体运动搅起来的大的灰尘

坌 pəŋ⁴⁴² 又作"坌"，吹进眼中的尘土

烂泥 lɛ̃⁴²n̻i²⁴³

稀泥 ɕi²¹n̻i²⁴³

胶泥 tɕiɔ²¹n̻i²⁴³

    黄胶泥 xuaŋ²⁴tɕiɔ²¹n̻i²⁴³

黏泥 zɛ̃²⁴n̻i²⁴³ 黄土泥

钢泥 kaŋ²¹n̻i²⁴³ 灰色软石掺水后形成的类似橡皮泥的一种泥，以前常用来做手工

黄土 xuaŋ²⁴tʰu⁰

胶土 tɕiɔ²⁴tʰu⁰

金 tɕiəŋ²¹

银 iəŋ²⁴³

铜 tʰuaŋ²⁴³

铁 tʰie²¹

生铁 səŋ²⁴tʰie⁰

熟铁 ʂu²⁴tʰie⁰

白铁 pʰei²⁴tʰie⁰ 锡

兰炭 lɛ̃²⁴tʰɛ̃⁰ 焦炭

汽油 tɕʰi⁴²iəu⁰

白灰 pʰei²⁴xuei⁰ 石灰

玉石 y⁴²sʅ⁰

城墙 tʂʰəŋ²⁴tɕʰiaŋ⁰

城根底 tʂʰəŋ²⁴kəŋ²¹ti⁵³ 城墙根

城壕 tʂʰəŋ²⁴xɔ⁰ 护城河

城门 tʂʰəŋ²⁴məŋ²⁴³

城门洞 tʂʰəŋ²⁴məŋ²⁴tuəŋ⁴⁴²

山圪崂 sɛ̃²¹kəʔ⁵lɔ⁰ 偏僻的山村

老家 lɔ⁵³tɕia⁰ 家乡

骡马大会 luɤ²⁴ma⁰ta⁴²xuei⁴⁴² 大型交易会，时间不固定，比集的规模大次数少

大路 ta⁴²ləu⁴⁴²

盘山路 pʰɛ̃²⁴sɛ̃²¹ləu⁴⁴²

拐肠肠路 kuɛ⁵³tʂʰaŋ²⁴tʂʰaŋ⁰ləu⁴⁴² 羊肠小道

石头路 ʂəʔ⁵tʰəu⁰ləu⁴⁴² 用石头或石板铺的路

土路 tʰu⁵³ləu⁴⁴²

岔路儿 tsʰa⁴²ləur⁴⁴²

岔路儿口儿 tsʰa⁴²ləur⁴⁴kəur⁰

十字儿 sʅ²⁴tsʰər⁰ 十字路口

三　时令时间

春上 tʂʰuəŋ²¹ʂaŋ⁴⁴² 春天

    春里 tʂʰuəŋ²⁴li⁰

夏上 ɕia⁴²ʂaŋ⁰ 夏天

秋上 tɕʰiəu²¹ʂaŋ⁴⁴² 秋天

    秋里 tɕʰiəu²⁴li⁰

冬上 tuəŋ²¹ʂaŋ⁴⁴² 冬天

    冬里 tuəŋ²⁴li⁰

打春 ta⁵³tʂʰuəŋ⁰ 立春
雨水 y²⁴ʂuei⁰
惊蛰 tɕiəŋ²⁴tʂʰɤ⁰
春分 tʂʰuəŋ²⁴fəŋ⁰
谷雨 ku²⁴y⁰
立夏 li²¹ɕia⁴⁴² 谚云：～就地生水。
小满 ɕiɔ²⁴mẽ⁵³
芒种 maŋ²⁴tʂuəŋ⁴⁴²
夏至 ɕia⁴²tsʅ⁰
小暑 ɕiɔ²⁴ʂu⁰
大暑 ta⁴²ʂu⁰
立秋 li²⁴tɕʰiəu⁰
白露 pʰei²⁴ləu⁰
秋分 tɕʰiəu²⁴fəŋ⁰
寒露 xẽ²⁴ləu⁴⁴² 谚云：～杀百草，立冻地不消。
霜降 ʂuaŋ²¹tɕiaŋ⁴⁴²
立冬 li²⁴tuəŋ²¹
小雪 ɕiɔ⁵³ɕyɤ⁰
大雪 ta⁴²ɕyɤ⁰ 谚云：小雪流凌～磕河。
小寒 ɕiɔ⁵³xẽ²⁴³
大寒 ta⁴²xẽ²⁴³
七月七 tɕʰi²⁴yɤ²¹tɕʰi²¹ 七夕
寒食 xẽ²⁴ʂʅ⁰
大前年 ta⁴²tɕʰiẽ²⁴ȵiẽ⁰
大后年 ta⁴²xəu⁴⁴ȵiẽ⁰
年年 ȵiẽ²⁴ȵiẽ⁰ 每年
前半年 tɕʰiẽ²⁴pẽ⁴²ȵiẽ²⁴³
后半年 xəu⁴²pẽ⁴²ȵiẽ²⁴³
满年 mẽ⁵³ȵiẽ²⁴³ 整年
　一年 i²¹ȵiẽ²⁴³
闰月 zuəŋ⁴²yɤ⁰
月头儿 yɤ²¹tʰəur²⁴³ 月初

月底 yɤ²⁴ti⁰
一个月 iɁ⁵kəɁ⁰yɤ²¹
前一个月 tɕʰiẽ²⁴iəɁ⁵kəɁ⁰yɤ²¹
　上一个月 ʂaŋ⁴²iəɁ⁵kəɁ⁰yɤ²¹
这个月 tsei²⁴kəɁ⁰yɤ²¹
下月 xa⁴²yɤ⁰
月月 yɤ²²yɤ³¹ 每月
大尽 ta⁴⁴tɕiəŋ⁰ 农历三十天的月份
小尽 ɕiɔ⁵³tɕiəŋ⁰ 农历二十九天的月份
第二天 ti⁴²ər⁴⁴tʰiẽ⁰ 次日
前几天 tɕʰiẽ²⁴tɕi⁰tʰiẽ²¹
一礼拜 iəɁ⁵li⁵³pɛe⁴⁴² 一星期
十来天 ʂʅ²¹lɛe²⁴tʰiẽ⁰
半前晌 pẽ⁴²tɕʰiẽ²⁴ʂaŋ⁰ 前晌中后段
半天 pẽ⁴²tʰiẽ⁰
大半天 ta⁴²pẽ⁴²tʰiẽ⁰
老半天 lɔ⁵³pẽ⁴²tʰiẽ⁰ 强调主观感觉时间很长
临明 liəŋ²⁴miəŋ²⁴³ 凌晨
鸡叫了 tɕi²¹tɕiɔ⁴⁴lə⁰
一打早 iəɁ⁵ta²⁴tsɔ⁰ 清晨
　清早 tɕʰiəŋ²⁴tsɔ⁰
前半夜 tɕʰiẽ²⁴pẽ⁴⁴ie⁴⁴²
后半夜 xəu⁴²pẽ⁴⁴ie⁴⁴²
一黑咾 i²¹xei²²lɔ³¹ 整夜
　直一夜 tʂʰəɁ⁵i²¹ie⁴⁴²
每黑咾 mei⁵³xei²²lɔ³¹ 每天晚上
　天天黑咾 tʰiẽ²⁴tʰiẽ⁰xei²²lɔ³¹
年 ȵiẽ²⁴³
月份 yɤ²¹fəŋ⁴⁴²
日子 zʅ²²tsʅ³¹
号 xɔ⁴⁴² 指具体日期：5～
原先 yẽ²⁴ɕiẽ⁰ 先前

靠以前 kʰɔ⁴⁴i⁵³tɕʰiɛ̃²⁴³ 很久以前
旧根儿 tɕiəu⁴²kɤ̃r⁰ 过去
后背 xəu⁴²pʰei⁰ 后来
　　后头 xəu⁴²tʰəu⁰

四　农业

饥荒 tɕi²¹xuaŋ⁰ ①年成不好。②欠的外债
春上耕地哩 tʂʰuaŋ²¹ṣaŋ⁴²tɕiɛ̃²¹tʰi⁴²li⁰ 春耕
耕地 tɕiɛ̃²¹tʰi⁴⁴²
　　翻地 fɛ̃²¹tʰi⁴⁴²
掏地 tʰɔ²¹tʰi⁴⁴² 用老镢头翻土
耱地 muɤ⁴⁴tʰi⁴⁴² 用耱把地里的土疙瘩压碎并整平
耙地 pa⁴²tʰi⁴⁴² 用耙子把地里的土疙瘩压碎整平，并扔掉从土中耙出的杂草
掀地 ɕyɛ̃²¹ti⁴⁴² 用旋耕机翻地并平整土地
夏收 ɕia⁴²ṣəu⁰
收秋 ṣəu²⁴tɕʰiəu⁰ 秋收
点籽儿 tiɛ̃²⁴tsər⁰ 点种
撒种 sa⁵³tʂuaŋ⁰ 撒种子
育苗儿 y⁴²miɔr²⁴³
锄草 tʂʰu²⁴tsʰɔ⁰
谷穗 ku²¹suei⁴⁴²
麦穗 mei²¹suei⁴⁴²
割麦子 kuɤ²¹mei²¹tsɿ⁰
场 tʂʰaŋ²⁴³ 用来将农作物晾晒、脱粒的场地
打场 ta⁵³tʂʰaŋ²⁴³ 手拿连枷或棍子捶打粮食脱粒
扬场 iaŋ²⁴tʂʰaŋ²⁴³ 用木锨、簸箕等农具播扬谷物等，以借风力去除杂质
碾场 ȵiɛ̃⁵³tʂʰaŋ²⁴³ 牲口拉着碌碡（石磙子）碾压粮食脱粒

踩场 tsʰɛe⁵³tʂʰaŋ²⁴³ 吆一群牲口踩踏粮食脱粒
锄地 tʂʰu²⁴tʰi⁴⁴²
上粪 ṣaŋ⁴²fəŋ⁴⁴² 施肥
上底肥 ṣaŋ⁴⁴ti⁵³fei²⁴³ 播种时施肥
追肥 tʂuei²¹fei²⁴³
浇粪 tɕiɔ²¹fəŋ⁴⁴²
积粪 tɕi²¹fəŋ⁴⁴²
　　积肥 tɕi²¹fei²⁴³
拾粪 ʂɿ²¹fəŋ⁴⁴²
粪 fəŋ⁴⁴² 动物的粪便
茅粪 mɔ²⁴fəŋ⁴⁴² 人的粪便
化肥 xua⁴²fei²⁴³
浇水 tɕiɔ²⁴ṣuei⁵³
灌水 kuɛ̃⁴⁴ṣuei⁰
放水 faŋ⁴⁴ṣuei⁰ 排水
担水 tɛ̃²⁴ṣuei⁵³ 用扁担挑水
井 tɕiəŋ⁵³
　　井子 tɕiəŋ⁵³tsɿ⁰
吃水井 tʂʰəʔ⁵ṣuei²⁴tɕiəŋ⁰ 饮用水水井
甜水井 tʰiɛ̃²⁴ṣuei⁰tɕiəŋ⁵³
咸水井 xɛ̃²⁴ṣuei⁰tɕiəŋ⁵³
水桶 ṣuei²⁴tʰuŋ⁰
井绳 tɕiəŋ⁵³ʂəŋ²⁴³
拉水车 la²⁴ṣuei⁵³tʂʰɤ²¹
水车 ṣuei⁵³tʂʰɤ²¹ 从井里汲水的机械装置
架子车 tɕia⁴²tsɿ⁰tʂʰɤ²¹ 人力平板拉货车
驴拉拉车 ly²⁴la⁰la⁰tʂʰɤ²¹
　　驴拉车 ly²⁴la⁰tʂʰɤ²¹
牛车 ȵiəu²⁴tʂʰɤ²¹
人力车 zəŋ²⁴li⁴²tʂʰɤ²¹
车厢 tʂʰɤ²⁴ɕiaŋ²¹
　　车克郎 ˭tʂʰɤ²¹kʰəʔ⁵laŋ⁰

围脖子 uei²⁴pʰuɤ²¹tsʅ⁰ 骡马脖子上夹板下面的布垫
夹板儿 tɕia²⁴pɚ⁰ 套在骡马脖子上的两根扁圆木板，上有铁钩，可以套绳套连接犁或架子车等
网丝 uaŋ⁵³sʅ⁰ 辐条
车轴儿 tʂʰɤ²⁴tʂəur²¹
车篷 tʂʰɤ²¹pʰəŋ²⁴³
车把 tʂʰɤ²⁴pa⁰
闸绳 tsa²¹ʂəŋ²⁴³ 用来刹车的绳子
　刹绳 sa²¹ʂəŋ²⁴³
缰绳 tɕiaŋ²¹ʂəŋ²⁴³
套绳 tʰɔ⁴²ʂəŋ⁰ 套牲口的绳子
叉子 tsʰa⁴²tsʅ⁰ 嚼环
后鞧 xəu⁴²tɕʰiəu²⁴³ 勒在牲口股后的皮带
纣盖 tsəu⁴²kɛ⁴⁴² 套牲口时牲口臀部起保护作用的圆形或三角形的皮子或布块
纣棍 tsəu⁴²kuəŋ⁴⁴² 系在牲口尾巴下的横木，两端用绳子连着鞍子，防止鞍子向前滑动
笼嘴 luəŋ²⁴tsuei⁰
蒙眼壳儿 məŋ²⁴ȵiẽ⁵³kʰuər⁰ 牲口的眼罩
牛笼头 ȵiəu²⁴luəŋ²⁴tʰəu⁰
牛襻 ȵiəu²⁴pʰẽ⁰ 拴在驾辕牲口胸部或尾部的皮带或布带等，分"前襻""后襻"
牛轭子 ȵiəu²⁴kei²¹tsʅ⁰
鼻桊儿 pʰi²⁴ɕyɚ⁴⁴² 穿在牛鼻子里的木棍儿或铁环
犁 li²⁴³
铧 xua²⁴³ 犁刀
耙子 pʰa²⁴tsʅ⁰ 翻地后平整土地的农具
囤 tuəŋ⁴⁴² 存放粮食的器具

石仓子 ʂəʔ⁵tsʰaŋ²¹tsʅ⁰ 用石板做成的方形粮仓
纸囤子 tsʅ⁵³tuəŋ⁴⁴tsʅ⁰ 纸糊的粮食囤子
碾子 ȵiẽ⁵³tsʅ⁰
碾盘 ȵiẽ⁵³pʰẽ⁰ 碾子的圆形底盘
碌碡 lu²¹tʂʰu⁰ 用来轧谷物或平场地的石磙
磨 muɤ⁴⁴² 名词
磨拐子 muɤ⁴⁴kuɛ⁵³tsʅ⁰ 小磨上的手柄
磨把儿 muɤ⁴²pɚ⁴⁴² 上磨扇上揳的用来系绳子的短木棍
磨脖脐儿 muɤ⁴⁴pʰu²¹tɕʰiɚ⁰ 磨扇中心的铁轴
罗儿 luər²⁴³ 筛粉末状物用的器具
细罗儿 ɕi⁴²luər²⁴³ 孔较小较密的罗儿
沙罗儿 sa⁴²luər²⁴³ 孔较大较稀的罗儿
罗 luɤ²⁴³ 用罗子筛米、面等
筛 sɛɛ⁵³ ～土
□面 tẽ⁴²miẽ⁴⁴² 用粗罗筛起了虫的面
笸箩 pʰuɤ⁵³luɤ⁰ 用柳条编的放粮食等的器物
孛箩 pʰəʔ⁵luɤ⁰ 用沙柳柳条编的放东西的器物：针线～
连枷 liẽ²⁴tɕie⁰
石杵子 ʂʅ²⁴tʂʰu⁵³tsʅ⁰ 碓杵
镢头 tɕyɤ²⁴tʰəu⁰
老镢 lɔ⁵³tɕyɤ⁰ 又宽又大的镢头
溜子镢 liəu⁴²tsʅ²¹tɕyɤ⁰ 细长的镢头
铡刀 tsʰa²⁴tɔ⁰
砍刀 kʰẽ⁵³tɔ⁰
木锨 mu²¹ɕiẽ⁰
铁锨 tʰie²⁴ɕiẽ⁰
木撮子 mu²¹tsʰuɤ²¹tsʅ⁰ 带提梁的木铲
炭簸箕 tʰẽ⁴⁴puɤ⁵³tɕʰi⁰ 撮垃圾用
系子 ɕi⁴²tsʅ⁰ 筐子或篮子等的提手：筐～｜笼～

系系 çi⁴²çi⁴⁴²
担担子 tẽ²¹tẽ⁴²tsʅ⁰ 挑担子
毛掸子 mɔ²⁴tẽ⁵³tsʅ⁰ 鸡毛掸子
甩子 ʂuɛɛ⁵³tsʅ⁰ 旧时用长布条束成的掸子，用来掸掉身上的尘土

五　植物

庄稼 tʂuaŋ²²tɕia³¹
粮食 liaŋ²⁴ʂʅ⁰
粮食颗子 liaŋ²⁴ʂʅ⁰kʰuɤ²¹tsʅ⁰ 没脱皮的粮食颗粒
五谷 u⁵³ku⁰
小麦 ɕiɔ⁵³mei⁰
麦叶儿 mei⁴²iɛr⁰ 麦芒
黑麦 xei²¹mei⁰
荞麦 tɕʰiɔ²⁴mei⁰
麦茬子 mei²¹tsʰa²⁴tsʅ⁰
软糜子 zuẽ⁵³mi²⁴tsʅ⁰ 未脱壳的黍子
硬糜子 ȵiəŋ⁴²mi²⁴tsʅ⁰ 未脱壳的没有黏性的糜子
小米儿 ɕiɔ⁵³miər⁰
黄米 xuaŋ²⁴mi⁰ 脱壳的硬糜子米，是黄米捞饭、摊黄儿和黄馍馍等的原料
软米 zuẽ⁵³mi⁰ 脱壳的软黍子米，是糕和米酒的原料
酒谷米 tɕiəu⁵³ku²¹mi⁰ 黏谷子米，多用来做米酒
野糜子 ie⁵³mi²⁴tsʅ⁰ 形似糜子的稗子
野谷子 ie⁵³mi²⁴tsʅ⁰ 形似谷子的稗子
秕谷子 pi⁵³ku²¹tsʅ⁰ 籽粒不饱满的谷苗
大米 ta⁴²mi⁰ ①稻的籽实去壳后的米。②硬白米，相对糯米而言
软大米 zuẽ⁵³ta⁴⁴mi⁰ 糯米
玉麦棒子 y⁴⁴mei⁰paŋ²⁴tsʅ⁰
棉桃儿 miẽ²⁴tʰɔr²⁴³ 棉花桃儿

麻子秆秆 ma²⁴tsʅ⁰kẽ²¹kẽ⁰
瓜子儿 kua²⁴tsər⁵³
　葵花子儿 kʰuei²⁴xua²¹tsər⁵³
莲子 liẽ²⁴tsʅ⁵³
黑豆 xei²¹təu⁴⁴²
红小豆 xuəŋ²⁴ɕiɔ⁵³təu⁴⁴²
扁豆 pʰiẽ⁵³təu⁴⁴²
豆角儿 təu⁴⁴tɕyər⁰
倭瓜 uɤ²¹kua⁰ 深绿色的圆形南瓜
毛菜瓜 mɔ²⁴tsʰɛe⁴²kua⁰ 菜瓜
苦瓜 kʰu⁵³kua⁰
冬瓜 tuəŋ²¹kua⁰
西葫芦 ɕi²¹xu²¹lu⁰
　葫芦 xu²⁴lu⁰
　宝葫芦 pɔ⁵³xu²⁴lu⁰ 葫芦，晒干后剖开可用来舀东西
　瓢葫芦 pʰiɔ²⁴xu²¹lu⁰
红葱儿 xuəŋ²⁴tsʰur̃⁰ 红皮葱
龙⁼葱儿 luəŋ²⁴tsʰur̃⁰
白葱儿 pʰei²⁴tsʰur̃⁰ 白皮葱
小葱儿 ɕiɔ⁵³tsʰur̃⁰
　水葱儿 ʂuei⁵³tsʰur̃⁰
葱儿叶叶 tsʰur̃²⁴ie²¹ie⁰ 葱叶
葱儿胡子 tsʰur̃²¹xu²⁴tsʅ⁰ 葱须
蒜圪都 suẽ⁴²kəʔ⁵tu⁰ 蒜头
蒜糊糊 suẽ⁴²xu²⁴xu⁰ 蒜泥
蒜苗儿 suẽ⁴²miɔr²⁴³ ①在器皿中水培的蒜的花茎。②菜名
蒜薹 suẽ⁴²tʰɛɛ²⁴³
韭黄 tɕiəu⁵³xuaŋ²⁴³
大辣子 ta⁴²la²¹tsʅ⁰ 柿子椒
线椒 ɕiẽ⁴²tɕiɔ⁰ 尖椒

辣面儿 la²¹miɐr⁴⁴² 辣椒面
芥菜 kɛe⁴²tsʰɛe⁰
芥末 tɕie⁴²muɤ⁰
胡椒 xu²⁴tɕiɔ⁰
小白菜 ɕiɔ⁵³pʰei²⁴tsʰɛe⁰
莴笋叶子 uɤ²⁴suəŋ⁰ie²¹tsʅ⁰
生菜 səŋ²¹tsʰɛe⁴⁴²
化心 xua⁴²ɕiəŋ⁰（萝卜）糠了
黄萝卜 xuaŋ²⁴luɤ²⁴pʰu⁰
萝卜秧子 luɤ²⁴pʰu⁰iaŋ²¹tsʅ⁰ 萝卜缨儿
萝卜干儿 luɤ²⁴pʰu⁰kɐr²¹
水萝卜 ʂuei⁵³luɤ²⁴pʰu⁰
□莲 tɕʰyɤ²¹liɛ̃²⁴³ 苤蓝
蔓菁 mɛ̃²⁴tɕiəŋ⁴⁴²
心灵美 ɕiəŋ²¹liəŋ²⁴mei⁰ 心里美萝卜
起苔 tɕʰi⁵³tʰɛe²⁴³ 萝卜、葱、白菜、韭菜等老了开花长硬秆
油菜薹 iəu²⁴tsʰɛe⁴²tʰɛe²⁴³
麻子 ma²⁴tsʅ⁰ 蓖麻籽
树林子 ʂu⁴²liəŋ²⁴tsʅ⁰
树苗儿 ʂu⁴²miɔr⁰
树干子 ʂu⁴²kɛ̃²¹tsʅ⁰
树梢子 ʂu⁴²sɔ²¹tsʅ⁰
树根 ʂu⁴²kəŋ²¹
树叶子 ʂu⁴²ie²¹tsʅ⁰
树枝枝 ʂu⁴²tsʅ²¹tsʅ⁰
树杈杈 ʂu⁴²tsʰa⁴²tsʰa⁰
拐枝枝 kuɛɛ⁵³tsʅ²¹tsʅ⁰ 树的旁枝
纽丝圪瘩 niəu⁵³sʅ⁰kəʔ⁵taʔ⁰ 木头上的树节疤
树圪桩 ʂu⁴²kəʔ⁵tʂuaŋ²¹ 树桩
树阴凉 ʂu⁴²iəŋ²¹liaŋ⁴² 树荫
栽树 tsɛɛ²¹ʂu⁴⁴² 种树

柯树 kʰuɤ²¹ʂu⁴⁴² 修剪树
松果儿 suəŋ²⁴kuɐr⁰
松香 suəŋ²⁴ɕiaŋ⁰
桑树 saŋ²¹ʂu⁴⁴²
桑枣儿 saŋ²¹tsɔr⁰ 桑葚
桑叶儿 saŋ²¹iɛr⁰
杨树 iaŋ²⁴ʂu⁴⁴²
柳树毛儿毛儿 liəu⁵³ʂu⁴²mɔr²⁴mɔr⁰ 柳絮
杜梨树 tu⁴²li²⁴ʂu⁴⁴²
柠条 niəŋ²⁴tʰiɔ⁰
杏儿树 xɤ̃r⁴²ʂu⁴⁴²
榆树 y²⁴ʂu⁴⁴²
榆钱儿 y²⁴tɕʰiɐr⁰
榆皮 y²⁴pʰi⁰
樗树 tɕʰy²¹ʂu⁴⁴² 臭椿
槐树 xuɛɛ²⁴ʂu⁴⁴² 刺槐
槐花儿 xuɛɛ²⁴xuɐr⁰
竹竿儿 tʂu²⁴kɐr⁰
刺梨儿 tsʰʅ⁴²liɐr²⁴³
沙柳儿 sa²⁴liəur⁰ 柽柳
沙蓬 sa²¹pʰəŋ²⁴³
棘针 kəʔ⁵tʂəŋ²¹ 酸枣枝
干果儿 kɛ̃²⁴kuɐr⁰ 包括核桃、葡萄干、杏干、桃干等
离核子桃儿 li⁴²xu²⁴tsʅ⁰tʰɔr²⁴³ 桃核和桃肉不黏的桃
黏核子桃儿 zɤ̃²⁴xu²⁴tsʅ⁰tʰɔr²⁴³ 桃核和桃肉黏在一起的桃
杏儿黄儿 xɤ̃r⁴²xuãr²⁴³ ①杏子黄了。②事情失败了：那个事～了
端午杏儿 tuɛ̃²⁴u⁰xɤ̃r⁴⁴²
青杏儿 tɕʰiəŋ²¹xɤ̃r⁴⁴²

黄杏儿 xuaŋ²⁴xɣ̃r⁴⁴²

离核子杏儿 li⁴²xu²⁴tsʅ⁰xɣ̃r⁴⁴² 杏核和杏肉不黏的杏子

黏核子杏儿 zɛ̃²⁴xu²⁴tsʅ⁰xɣ̃r⁴⁴² 杏核和杏肉黏的杏子

羊粪珠珠杏儿 iaŋ²⁴fəŋ⁴²tʂu²¹tʂu⁰xɣ̃r⁴⁴² 颗粒如羊粪大小的杏

玉黄 y⁴²xuaŋ⁰ 一种青黄色的李子

沙果 sa²⁴kuɣ⁰ 海棠果

小果儿 ɕiɔ²⁴kuɐr⁰ 文林郎果

　林金儿 liəŋ²⁴tɕiɣ̃r⁰

横枣儿 ɕyɣ²⁴tsɔr⁵³ 细长形枣

　弯枣儿 tiɔ⁴⁴tsɔr⁵³

圆枣儿 yɛ̃²⁴tsɔr⁰ 圆形的枣，延安以前没有

酸枣儿 suɛ̃²⁴tsɔr⁵³~tsɔr⁰

醉枣儿 tsuei⁴⁴tsɔr⁰ 白酒腌制的枣

柿饼儿 sʅ⁴²piɣ̃r⁰

橘子筋筋 tɕy²²tsʅ³¹tɕiəŋ²¹tɕiəŋ⁰ 橘络

西瓜 ɕi²⁴kua⁰ 常见有红瓤瓜和黄瓤瓜

吊瓜儿 tiɔ⁴²kuɐr⁰ 大棚种植的小西瓜，因吊在藤上而得名

生葫芦 səŋ²¹xu²⁴lu⁰ 生瓜

小瓜儿 ɕiɔ⁵³kuɐr⁰ 甜瓜

花生豆豆 xua²¹ʂəŋ⁰təu⁴⁴təu⁰ 花生粒

花生皮皮 xua²¹ʂəŋ⁰pʰi²⁴pʰi⁰ 包裹花生粒的红皮

桂花 kuei⁴²xua⁰

菊花 tɕy²⁴xua⁰

芍药 ʂuɣ²⁴yɣ⁰

月季 yɣ²¹tɕi⁴⁴²

荷叶儿 xuɣ²⁴iɛr⁰

水仙 ʂuei⁵³ɕiɛ̃⁰

喇叭花儿 la²¹pa²⁴xuɐr⁰ 牵牛花

山丹丹花儿 sɛ̃²¹tɛ̃⁴²tɛ̃⁰xuɐr²¹ 杜鹃花

仙人掌 ɕiɛ̃²¹zəŋ²⁴tʂaŋ⁰

鸡冠花 tɕi²⁴kuɛ̃²¹tsʅ⁰xua²¹

　鸡冠冠花儿 tɕi²⁴kuɛ̃²¹kuɛ̃⁰xuɐr²¹

艾 ŋɛe⁴⁴²

花瓣儿 xua²⁴pɐr⁴⁴²

花心心 xua²⁴ɕiəŋ²¹ɕiəŋ⁰ 花蕊

苇子 y⁵³tsʅ⁰ 芦苇

猪耳朵草 tʂu²¹ər⁵³tuɣ⁰tsʰɔ⁵³ 骨皮草

胖娃娃草 pʰaŋ⁴²ua²⁴ua⁰tsʰɔ⁵³ 马齿苋，多凉拌食用

灰藋 xuei²¹tʰiɔ⁴⁴² 藜，一种杂草

苜蓿 mu²¹ɕy⁰

苦菜 kʰu⁵³tsʰɛe⁴⁴² 苦苣

蛇莓儿 ʂɣ²⁴mər⁰ 蛇莓，蔷薇科植物

马茹子 ma⁵³zu²⁴tsʅ⁰ 蕤仁

杜梨儿 tu⁴²liər²⁴³ 杜梨树的果实

黄蒿 xuaŋ²⁴xɔ²¹ 青蒿

辣辣苗儿 la²²la³¹miər²⁴³ 独行草

白蒿 pʰei²⁴xɔ²¹

白蒿芽 pʰei²⁴xɔ²¹ȵia²⁴³ 白蒿的幼嫩茎叶，可食用可入药

秃塄儿 tʰu²¹sɔr⁴⁴² 地肤子，当地人多种植在窑洞顶上，常用来扎扫帚

绿毛毛 liəu²¹mɔ²⁴mɔ⁰ 青苔

六　动物

牲口 səŋ²²kʰəu³¹

　牲灵 səŋ²²liəŋ³¹

儿马 ər²⁴ma⁰ 公马

骒马 kʰuɣ⁵³ma⁰ 母马

黄牛 xuaŋ²⁴ȵiəu⁰

水牛 ʂuei⁵³ȵiəu⁰
牛卜佬儿 ȵiəu²⁴pəʔ⁵lər⁰ 牛犊
叫驴 tɕio⁴²ly²⁴³ 公驴
騲驴 tsʰɔ⁵³ly²⁴³ 母驴
驴骡 ly²⁴luɤ²⁴³ 马父驴母的骡子
马骡 ma⁵³luɤ²⁴³ 驴父马母的骡子
骆驼 luɤ²²tʰuɤ³¹
绵羊 miẽ²⁴iaŋ⁰
山羊 sẽ²¹iaŋ²⁴³
圪羝 kəʔ⁵ti⁰ 未骟的公羊
老骚胡 lɔ⁵³sɔ²¹xu²⁴³ 用来配种的老公羊
羯子 tɕie²¹tsʅ⁰ 已骟的公羊
母子 mu⁵³tsʅ⁰ 母羊
羊羔儿 iaŋ²⁴kər⁰
栈羊 tsʰẽ⁴²iaŋ²⁴³ 圈养羊
狗娃儿 kəu⁵³ueɻ²⁴³ 幼犬
　　狗儿子 kəu⁵³ər²⁴tsʅ
哈巴狗 xa²¹pa⁰kəu⁵³
落窝鸡 lɔ⁴²uɤ⁰tɕi²¹ 正在孵蛋的母鸡
鸡娃儿 tɕi²¹ueɻ²⁴³ 小鸡儿
踏蛋 tʰa²¹tẽ⁴⁴² 鸡交配
鸡冠子 tɕi²⁴kuẽ²¹tsʅ⁰
鸡爪爪 tɕi²⁴tʂua⁵³tʂua⁰
公鸭子 kuaŋ²⁴ȵia²¹tsʅ⁰
母鸭子 mu⁵³ȵia²¹tsʅ⁰
鸭娃儿 ȵia²¹ueɻ²⁴³ 小鸭子
鸭蛋 ȵia²¹tẽ⁴⁴²
野物儿 ie⁵³uər⁰ 野兽
狮子 sʅ²¹tsʅ⁰
母老虎 mu⁵³lɔ²⁴xu⁰
狗熊 kəu⁵³ɕyəŋ²⁴³
豹子 pɔ⁴⁴tsʅ⁰

狐子 xu²⁴tsʅ⁰ 狐狸
黄鼬 xuaŋ²⁴io⁰ 黄鼠狼
蛤蟆 xa²¹xuei⁴⁴² 中华鼢鼠
剪=觳儿 tɕiẽ⁵³kur⁰ 老鼠幼崽
燕儿 ieɻ⁴⁴² 燕子
雁咕噜 ȵiẽ⁴⁴kuəʔ⁵lu⁰ 大雁
山鸡 sẽ²⁴tɕi⁰ 斑鸠
曲咕咕 tɕʰy²¹ku⁴⁴ku⁰ 布谷鸟
鸽树锛锛 tɕiẽ²¹ʂu⁴²pəŋ²¹pəŋ⁰ 啄木鸟
恨=吼=xəŋ⁴²xəu⁰ 猫头鹰
八哥儿 pa²⁴kuər⁰ 当地分不清鹦鹉和八哥儿，
　　都叫～
仙鹤 ɕiẽ²¹xuɤ⁴⁴²
罩=鹰 tsɔ⁴²iəŋ⁰ 老鹰
野鸡 ie⁵³tɕi⁰
水鸭子 ʂuei⁵³ȵia²¹~ia²¹tsʅ⁰ 野鸭
鸬鹚 ləu⁴²tsʰʅ
长腿鹭鸶 tsʰaŋ²⁴tʰuei⁰ləu⁴²sʅ⁰ 鹭鸶
嘴 tsuei⁵³ 鸟类之嘴
雀儿窝 tɕʰiər⁵³uɤ⁰ 鸟窝
蚕儿衣 tsʰɚ²⁴i²¹ 蚕蛹
　　蚕壳壳 tsʰẽ²⁴kʰuɤ²²kʰuɤ³¹
蚕儿屎 tsʰɚ²⁴sʅ⁵³
土鳖 tʰu⁵³pie⁰ 地鳖，可入药
蜗蜗牛儿 kua⁴²kua⁰ȵiəur²⁴³ 蜗牛
粪扒牛 fəŋ⁴²pʰa²¹ȵiəu⁰ 蜣螂
骚秃子 sɔ²⁴tʰu²¹tsʅ⁰ 类似蜣螂的一种虫，尾部
　　尖，臭味大
鞋底虫 xɛ²⁴ti⁰tʂʰuəŋ²⁴³ 鼠妇
磕头牛牛 kʰuɤ²¹tʰəu²⁴ȵiəu²⁴ȵiəu⁰ 磕头虫
毛爹爹 mɔ²⁴tsa⁴²tsa⁰ 蚰蜒的一种，黑色或白
　　灰色，多腿

毛蚰蜒 mɔ²⁴iəu²⁴iɛ̃⁰ 金黄色，多腿，比毛夅夅长

蜈蚣 u²⁴kuaŋ⁰ 本地少见，多见于中药

蝎子 ɕie²¹tsɿ⁰

蛇鼠子 ʂɤ²⁴su²¹tsɿ⁰ 体形小的壁虎

毛毛虫 mɔ²⁴mɔ⁰tʂʰuaŋ²⁴³

米虫 mi⁵³tʂʰuaŋ²⁴³ 米里生的蛀虫

面虫 miɛ̃⁴²tʂʰuaŋ²⁴³ 面里生的蛀虫

壮地虫 tsuaŋ⁴²ti⁴²tʂʰuaŋ²⁴³ 蛴螬

蛆儿 tɕʰyr²⁴³

油旱 iəu²⁴xɛ̃⁰ 蚜虫

苍蝇 tsʰaŋ²¹iəŋ⁰ 绿色大苍蝇，大头金蝇、丝光绿蝇都叫～

狗蝇 kəu⁵³iəŋ²⁴³ 狗身上的虱子

咬人 n̠iɔ⁵³zəŋ²⁴³（蠓子）叮人

醋蛾儿 tsʰu⁴²ŋuəɻ²⁴³ 做醋时使用的一种真菌

虮子 tɕi⁵³tsɿ⁰

墙虱 tɕʰiaŋ²⁴sei⁰ 臭虫

草虱 tsʰɔ⁵³sei⁰ 牲口身上的虱子

蠓赞 ˭məŋ⁵³tsɛ̃⁴⁴² 牛虻

黑小子 xəʔ⁵ɕiɔ⁵³tsɿ⁰ 蟋蟀

蚂蚱蚱 ma²¹tsa⁴²tsa⁰ 蚱蜢

草猴子 tsʰɔ⁵³xəu²⁴tsɿ⁰ 螳螂

扁螽 piɛ̃⁵³tsuaŋ⁰ 蝗虫

卖糖老汉儿 mɛɛ⁴²tʰaŋ²⁴lɔ⁵³xɚ⁴⁴² 水蜘蛛

秋蝉儿 tɕʰiəu²¹sɐɻ²⁴³ 蝉

人脑蜂儿 zəŋ⁴²nɔ²⁴fɤ̃ɻ⁰ 形似人头的蜂

土蜂儿 tʰu⁵³fɤ̃ɻ⁰ 穴居于土中的小蜂

柴蜂儿 tsʰɛɛ²⁴fɤ̃ɻ⁰ 巢筑在草木上的蜂

地黄蜂儿 ti⁴²xuaŋ²⁴fɤ̃ɻ⁰

蜇人 tʂɤ²¹zəŋ²⁴³ 蜂蜇人

蜂儿窝 fɤ̃ɻ²⁴uɤ²¹

臭虫 tʂʰəu⁴²tʂʰuaŋ²⁴³

打灯蝉儿 ta⁵³təŋ²¹ʂɐɻ²⁴³ 灯蛾

兰˭牙膀儿 lɛ̃²⁴ia²⁴pãɻ⁰ 瓢虫

草鱼 tsʰɔ⁵³y²⁴³

金鱼 tɕiəŋ²¹y²⁴³

鱼刺 y²⁴tsʰɿ⁴⁴²

鱼骨殖 y²⁴ku²¹ʂɿ⁰

鱼鳔儿 y²⁴pʰiəɻ⁰

耳鳃 əɻ⁵³sei⁰ 鱼鳃

鱼子儿 y²⁴tsəɻ⁰ 鱼卵

钓鱼 tiɔ⁴²y²⁴³

鱼竿儿 y²⁴kɐɻ²¹

鱼钩儿 y²⁴kəuɻ⁰

鱼食 y²⁴ʂɿ²⁴³

渔网 y²⁴uaŋ⁵³

王八 uaŋ²⁴pa⁰ 本地人分不清龟和鳖，统称"～"

蟹黄 ɕie⁴²xuaŋ²⁴³

蛤蟆圪蚪儿 xəʔ⁵maʔ⁰ʔ⁵təuɻ⁰ 蝌蚪

蚂蟥 ma⁵³xuaŋ⁰ 水蛭

海壳儿 xɛɛ⁵³kʰəɻ⁰ 蚌

七　房舍

窑 iɔ²⁴³ 窑洞，陕北古老的民居形式

土窑 tʰu⁵³iɔ²⁴³

接口儿窑 tɕie²⁴kʰəuɻ⁰iɔ²⁴³ 石头窑面的土窑

石窑 ʂɿ²⁴~ʂəʔ⁵iɔ²⁴³

正窑 tʂəŋ⁴²iɔ²⁴³ ①坐北朝南的窑洞。②一排最中间的窑

偏窑儿 pʰiɛ̃²¹iəɻ²⁴³ 正窑两侧的窑

中窑 tsuaŋ²¹iɔ²⁴³ 一排最中间的窑

边窑儿 piɛ̃²¹iəɻ²⁴³ 一排中最边上的窑洞

倒坐窑 tɔ⁴²tsʰuɤ⁴²iɔ²⁴³ 与正窑朝向相反的窑

洞，通常坐南朝北

窑月饼 iɔ²⁴yɤ²¹piəŋ⁰ 窑后壁

　　窑掌儿 iɔ²⁴tʂɑ̃r⁵³

窑深 iɔ²⁴ʂəŋ⁰ 窑的深度

窑口宽 iɔ²⁴kʰəu⁰kʰuɛ²¹ 窑的宽度

浪头 laŋ⁴²tʰəu⁰ 窑的高度

窑楦 iɔ²⁴ɕyẽ⁴⁴² 修砌窑洞的拱形模型及其填充物

鞍间房 ŋẽ²⁴tɕiɛ⁰faŋ²⁴³ 人字形屋顶的房子

厦厦 sa⁴²sa⁰ 房顶是一面斜坡的房子

　　一笡笡房 i²¹tɕʰie⁴²tɕʰie⁰faŋ²⁴³

厦棚儿 sa⁴²pʰɤ̃r⁰ 院子里靠墙搭建的遮阳遮雨的简易棚子

薄壳儿 puɤ²⁴kʰɤr⁰ 一种窑腿直立，拱顶较小的窑洞

炕 kʰaŋ⁴⁴² 用石头或砖砌成的睡觉用的长方形台子

灶火 tsɔ⁴²xuɤ⁰ 用石头或砖砌成的土灶

堖畔 nɔ⁵³pʰɛ̃⁴⁴² 窑洞的外部顶部

独院儿 tu²⁴yɐr⁴⁴² 单独一家住的院子

地工 ti⁴²kuŋ²¹ 修窑洞或盖房的地基

瓦房 ua⁵³faŋ²⁴³ 屋顶铺瓦的房子：～有鞍间房也有厦厦

盖 kɛe⁴⁴² ～房子

打 ta⁵³ ～土窑

修造 ɕiəu²¹tsʰɔ⁴⁴² 个人修建（房子及窑洞等）

外起 uɛɛ⁴²tɕʰi⁰

　　院子 yẽ⁴²tsɿ⁰

崄畔 tɕiẽ⁵³pʰɛ̃⁴⁴² 大门外或院子的边畔的空地

墙 tɕʰiaŋ²⁴³

院墙 yẽ⁴²tɕʰiaŋ⁰ 院子的墙

土墙 tʰu⁵³tɕʰiaŋ²⁴³

砖墙 tʂuẽ²¹tɕʰiaŋ²⁴³

花墙 xua²¹tɕʰiaŋ²⁴³ 砖砌的带镂空花形的墙，围墙及窑顶上都可以砌～

石墙 ʂʅ²⁴tɕʰiaŋ²⁴³

花石墙 xua²¹ʂʅ²⁴tɕʰiaŋ²⁴³ 石板交错垒成的石墙

照壁 tʂɔ⁴²pi⁰ 影壁

里屋 li⁵³u²¹ 里间

正房 tʂəŋ⁴²faŋ²⁴³

偏房 pʰiẽ²¹faŋ²⁴³ 厢房

客厅 kʰei²⁴tʰiəŋ⁰（新）

平房 pʰiəŋ²⁴faŋ⁰

楼 ləu²⁴³ 楼房

阳台 iaŋ²⁴tʰɛe²⁴³（新），不论阳面或阴面都叫"～"

门楼儿 məŋ²⁴ləur²⁴³ 延安城门上原来有，已拆除

门洞洞 məŋ²⁴tuəŋ⁴²tuəŋ⁰ 拱形门

仓房 tsʰaŋ²¹faŋ²⁴³ 存放杂物的小房子

仓窑 tsʰaŋ²¹iɔ²⁴³ 存放粮食或杂物的小窑洞

脊 tɕi²⁴³ 房脊

檐兽 iẽ²⁴ʂəu⁴⁴²

檐头 iẽ²⁴tʰəu⁰

房上 faŋ²⁴ʂaŋ⁴⁴² 平房、鞍间房、厦厦等外部的房顶

房顶 faŋ²⁴tiəŋ⁰ 平房房顶

房檐 faŋ²⁴iẽ²⁴³

窑檐 iɔ²⁴iẽ²⁴³ 窑洞的檐头

窑檐石 iɔ²⁴iẽ⁰ʂʅ²⁴³ 窑洞檐头的石板

窑面子 iɔ²⁴miẽ⁴²tsɿ⁰ 窑洞的门面

窑腿子 iɔ²⁴tʰuei⁵³tsɿ⁰

码头石 ma⁵³tʰəu²⁴ʂʅ⁰ 窑腿最下面的整块大石头

梁 liaŋ²⁴³ 房梁

檩子 liəŋ⁵³tsɿ⁰

椽 tʂʰuẽ²¹

栈材 tsɛ̃⁴²tsʰɛe²⁴³ 平铺在房顶的小片木材

猫头 mɔ²⁴tʰəu²⁴³ 屋顶前端的猫头瓦当，与滴水相间排列，起点缀装饰作用

滴水 tie²⁴ṣuei⁰ 屋顶前端状如舌头的瓦片，作用是排雨水

顶柱石 tiəŋ⁵³tṣu⁴²ʂʅ²⁴³ 柱下石

台台 tʰɛe²⁴tʰɛe⁰ 台阶

　　踏步 tʰa²¹pu⁴⁴²

仰尘 iaŋ⁵³tʂʰəŋ⁰ 天花板

穿廊 tʂʰuɛ̃²²laŋ³¹ 走廊

正门 tʂəŋ⁴²məŋ²⁴³

后门 xəu⁴²məŋ²⁴³

侧门儿 tsʰei²¹mɻ̃r²⁴³

门背后 məŋ²⁴pei⁴²xəu⁰ 门扇的后面

　　门圪坜 məŋ²⁴kəʔ⁵lɔ⁰

门关关 məŋ²⁴kuɛ̃²²kuɛ̃³¹ 木头或金属的门闩

　　门闩闩 məŋ²⁴ʂuɛ̃²²ʂuɛ̃³¹

门插插 məŋ²⁴tsʰa²¹tsʰa⁰ 木头或金属的门插

门钻儿 məŋ²⁴tsuer⁴⁴² 承载门轴的部件

门扇 məŋ²⁴ʂɛ̃⁴⁴²

走扇门 tsəu⁵³ʂɛ̃⁴²məŋ²⁴³ 因变形而无法闭严的门

隔置 kei²¹tʂʅ⁴⁴² 窑洞里加装的隔开空间的门窗

窗子 tʂʰuaŋ²²tsʅ³¹

窗台儿 tʂʰuaŋ²¹tʰɛr²⁴³

　　窗台台 tʂʰuaŋ²¹tʰɛe²⁴tʰɛe⁰

窗股子 tʂʰuaŋ²¹ku⁵³tsʅ⁰ 构成窗格的细木条

　　窗棂子 tʂʰuaŋ²¹liəŋ²⁴tsʅ⁰

窗格子 tʂʰuaŋ²⁴kei²¹tsʅ⁰

窗肩膀 tʂʰuaŋ²⁴tɕiɛ̃²⁴paŋ⁰ 支撑平框的台阶

平框 pʰiŋ²⁴tɕʰiaŋ⁴⁴² 门窗上横着的最长最宽的木头

圆框 yɛ̃²⁴tɕʰiaŋ⁴⁴² 门窗上紧贴墙壁的弧形木头

门框 məŋ²⁴tɕʰiaŋ⁴⁴² 门两边的木头

立框 li²¹tɕʰiaŋ⁴⁴² 平框上与窗脑儿相连的竖木头

脑窗儿 nɔ⁵³tʂʰuãr²¹ 窗子上部可吊起用以透气的部件

天窗 tʰiɛ̃²⁴tʂʰuaŋ⁰ 窗子平框以上可打开的小窗子

猫眼儿 mɔ²⁴ȵier⁵³ 窗子上或墙上猫出入的通道

气眼儿 tɕʰi⁴⁴ȵier⁵³ 窑洞窗子最上部的通气的小孔

过道儿 kuɤ⁴²tər⁴⁴²

楼道儿 ləu²⁴tər⁴⁴²（新）

楼板 ləu²⁴pɛ̃⁰（新）

脚地 tɕyɤ²¹tʰi⁴⁴²~ti⁴⁴² 地面

炭灶 tʰɛ̃⁴²tsɔ⁴⁴² 烧炭的灶

柴火灶 tsʰɛe²⁴xuɤ⁰tsɔ⁴⁴² 烧柴的灶

套灶火 tʰɔ⁴²tsɔ⁴²xuɤ⁰ 用泥抹平灶的内壁

炉齿 ləu²⁴tsʰʅ⁰ 炉条

锅台 kuɤ²¹tʰɛe²⁴³

锅巷儿 kuɤ²¹xãr⁴⁴² 锅台靠近炕沿儿或墙壁的地方

锅栏墙儿 kuɤ²¹lɛ̃²⁴tɕʰiãr⁰ 炕和灶台之间用砖砌的直角形的矮墙

热炕儿 zɤ²¹kʰãr⁴⁴²

炕头儿 kʰaŋ⁴²tʰəur²⁴³ 炕上靠近灶台的部分

炕沿 kʰaŋ⁴²iɛ̃²⁴³ 炕沿儿

炕栏 kʰaŋ⁴²lɛ̃²⁴³ 安在炕沿儿和灶火之间的石条或木条

猫儿巷 mɔr²⁴xaŋ⁴⁴² 灶膛与炕洞连接的部位

炕洞子 kʰaŋ⁴²tuəŋ⁴²tsʅ⁰ 炕下通烟火的通道

烟洞 iẽ²¹tʰuəŋ⁴⁴² 烟囱

拉烟洞 la²⁴iẽ²¹tʰuəŋ⁴⁴² 用绳子绑上砖头等物，从下往上拉动，以清理烟囱内部的烟灰

狗窝儿 kəu⁵³uər⁰ ①狗的窝。②炕洞与烟洞相连处开的口子

头灶儿 tʰəu²⁴tsɚ⁴⁴² 灶火下面存灰的地方

栅栅 tsa⁴²tsa⁰ 栅栏

磨房 muɤ⁴²faŋ⁰

牲口棚 səŋ²¹kʰəu⁵³pʰəŋ²⁴³ 喂养牲口的棚子

马圈 ma⁵³tɕʰyẽ⁴⁴²

牛圈 ȵiəu²⁴tɕʰyẽ⁴⁴²

驴圈 ly²⁴tɕʰyẽ⁴⁴²

马槽 ma⁵³tsʰɔ²⁴³ 喂马的石槽

驴槽 ly²⁴tsʰɔ²⁴³ 喂驴的石槽

牛槽 ȵiəu²⁴tsʰɔ²⁴³ 喂牛的石槽，比马槽略宽

猪食槽儿 tʂu²¹ʂʅʔ⁵tsʰɔr²⁴³ 喂猪的石槽

馇猪食 tsʰa²⁴tʂu²¹ʂʅ⁰ 边拌边煮猪饲料

羊圈 iaŋ²⁴tɕʰyẽ⁴⁴²

鸡窝儿 tɕi²⁴uər⁰

鸡食槽儿 tɕi²¹ʂʅʔ⁵tsʰɔr⁰ 喂鸡的木槽或石槽

洋芋窖 iaŋ²⁴y⁴⁴tɕiɔ⁴⁴² 院子里冬天储存食物的地窖，存放土豆、萝卜、白菜、肉等

果子窑窑 kuɤ⁵³tsʅ⁰iɔ²⁴iɔ⁰

水窖 ʂuei⁵³tɕiɔ⁴⁴²

积雨窖 tɕi²⁴y⁵³tɕiɔ⁴⁴² 收集雨水的水窖

牌楼儿 pʰɛe²⁴ləur⁰

柴垛 tsʰɛe²⁴tuɤ⁴⁴²

草垛 tsʰɔ⁵³tuɤ⁴⁴²

柴签签 tsʰɛe²⁴tɕʰiẽ²¹tɕʰiẽ⁰ 细柴棍

八 器具用品

碗柜 uẽ⁵³kʰuei⁴⁴²

箱子 ɕiaŋ²¹tsʅ⁰

箱箱 ɕiaŋ²²ɕiaŋ³¹

平箱 pʰiaŋ²⁴ɕiaŋ²¹ 常用来存放衣物的有盖的方形木箱

顶箱儿 tiəŋ²⁴ɕiãr²¹ 对开门的柜子，铜合页及半圆形的铜片是标配，用来存放衣物

门箱儿 məŋ²⁴ɕiãr²¹

扣箱儿 kʰəu²⁴ɕiãr²¹ 顶部有盖的方形木箱，盖板分为两部分，后部约三分之一是固定的，前边的盖板可开合，常用来存放衣物

大立柜儿 ta⁴²li²¹kʰuər⁴⁴²

大衣柜儿 ta⁴²i²¹kʰuər⁴⁴²

高低柜儿 kɔ²⁴ti²¹kʰuər⁴⁴²

五斗柜儿 u²⁴təu⁵³kʰuər⁴⁴²

圆桌儿 yẽ²⁴tʂuər⁰

方桌儿 faŋ²¹tʂuər⁰

写字台 ɕie⁵³tsʅ⁴²tʰɛe²⁴³

一头沉 i²¹tʰəu²⁴tʂʰəŋ²⁴³ 写字台的一种，桌面下方一边有柜子一边没有

饭桌儿 fẽ⁴²tʂuər⁰

炕桌儿 kʰaŋ⁴²tʂuər⁰

桌布 tʂuɤ²¹pu⁴⁴² 台布

石床儿 ʂʅʔ⁵tʂʰuaŋ²⁴³ 院子里搭的石头桌子

靠背儿 kʰɔ⁴²pər⁴⁴² 椅子背儿

掌掌 tʂʰaŋ⁴²tʂʰaŋ⁰ 凳子、椅子腿之间的横木

躺椅 tʰaŋ²⁴i⁰

沙发 sa²⁴fa⁰

茶几 tsʰa²⁴tɕi⁰

板凳儿 pẽ⁵³tɤ̃r⁰

小板凳儿 ɕiɔ²⁴pẽ⁵³tɤ̃r⁰

条凳儿 tʰiɔ²⁴tɤ̃r⁴⁴² 长条凳子

马凳儿 ma⁵³tɣ̃r⁰ 马扎
垫垫 tʰiɛ̃⁴²tʰiɛ̃⁰ ①小垫子。②蒲团
沟垫子 kəu²⁴tʰiɛ̃⁴²tsʅ⁰ 坐垫
    毯毯 tʰɛ̃⁵³tʰɛ̃⁰
床板 tʂʰuaŋ²⁴pɛ̃⁰
铺的盖的 pʰu²¹ti⁰kɛɛ⁴⁴ti⁰ 卧具的统称
铺盖 pʰu²¹kɛɛ⁴⁴² 被褥的统称
钩帘儿 kəu²¹liɐr²⁴³
    蚊帐钩儿 uaŋ²⁴tʂaŋ⁴⁴kəur⁰
毯子 tʰɛ̃⁵³tsʅ⁰
栽绒毯 tsɛɛ²¹ʐuəŋ²⁴tʰɛ̃⁰ 长毛绒毯子
地毯 ti⁴²tʰɛ̃⁰
毡 tʂɛ̃²¹
绵毡 miɛ̃²⁴tʂɛ̃²¹ 绵羊毛擀的毡
沙毡 sa²⁴tʂɛ̃²¹ 山羊毛擀的毡，比较粗硬
被圪筒儿 pʰi⁴²kəʔ⁵tʰuɣ̃r⁰ 被窝儿
被里 pʰi⁴²li⁰
被面 pʰi⁴²miɛ̃⁴⁴²
被挡头 pi⁴²taŋ⁴²tʰəu⁰ 被子挨人脖子的部分
夏凉被儿 ɕia⁴²liaŋ²⁴pər⁴⁴² 夏天的薄被
网套 uaŋ⁵³tʰɔ⁴⁴² 网着的棉胎
老虎单子 lɔ²¹xu²¹tɛ̃²¹tsʅ⁰ 老虎图案的厚床单
凉席 liaŋ²⁴ɕi⁰
席签子 ɕi²⁴tɕʰiɛ̃²¹tsʅ⁰ 席子上的毛刺
枕头套儿 tʂəŋ⁵³tʰəu⁰tʰər⁴⁴²
枕巾儿 tʂəŋ⁵³tɕiɣ̃r⁰
枕头儿瓤瓤 tʂəŋ⁵³tʰəur⁰ʐaŋ²⁴ʐaŋ⁰ 枕头填充物，
    一般是荞麦皮、小米或蚕屎
枕芯儿 tʂəŋ⁵³ɕiɣ̃r⁰
油布 iəu²⁴pu⁴⁴²
梳妆台 ʂu²⁴tʂuaŋ²¹tʰɛɛ²⁴³
镜儿 tɕiɣ̃r⁴⁴² 镜子

穿衣镜 tʂʰuɛ̃²⁴i²¹tɕiəŋ⁴⁴²
手提箱 ʂəu⁵³tʰi²⁴ɕiaŋ⁰
皮箱 pʰi²⁴ɕiaŋ⁰
褡裢儿 ta²¹liɐr²⁴³ 在牲口背上驮着的，中间开
    口两端装东西的口袋
顺顺 ʂuəŋ⁴²ʂuəŋ⁰ 肩扛的细长形的褡裢
毛口袋 mɔ²⁴kʰəu⁵³tɛɛ⁰ 羊毛编织的口袋
线口袋 ɕiɛ̃⁴⁴kʰəu⁵³tɛɛ⁰ 线绳编织的口袋
麻袋 ma²⁴tɛɛ⁴⁴²
    麻包 ma²⁴pɔ⁰
鸡皮包 tɕi²¹pʰi²⁴pɔ⁰ 编织袋
    蛇皮袋 ʂɣ²⁴pʰi²⁴tɛɛ⁴⁴²
衣架儿 i²¹tɕiɐr⁴⁴² ①立在地上的衣服架子。②衣
    服撑子
晾衣架 liaŋ⁴²i²¹tɕia⁴⁴²
夜壶儿 iɛ⁴²xur²⁴³
暖手炉儿 nuɛ̃²⁴ʂəu⁵³ləur²⁴³
暖水袋 nuɛ̃²⁴ʂuei⁰tɛɛ⁴⁴²
    热水袋 zɣ²⁴ʂuei⁰tɛɛ⁴⁴²
暖坛儿 nuɛ̃⁵³tʰɐr²⁴³ 内装热水的扁圆壶
火盆儿 xuɣ⁵³pʰɣ̃r⁰
保温壶 pɔ⁵³uəŋ²¹xu²⁴³
澡盆 tsɔ⁵³pʰəŋ²⁴³
澡堂子 tsɔ⁵³tʰaŋ²⁴tsʅ⁰ 浴池
风匣 fəŋ²¹xa²⁴³ 风箱
火枪 xuɣ⁵³tɕʰiaŋ⁰ 通炉子的铁棍
火夹子 xuɣ⁵³tɕia²¹tsʅ⁰ 火钳
火筷儿 xuɣ⁵³kʰuɐr⁴⁴²
铲铲 tsʰɛ̃⁵³tsʰɛ̃⁰ 小铲子：灰～
䅟黍秆儿 tʰɔ²ʂu⁰kɐr⁰ 高粱秆儿
秸秸 tɕiɛ⁴²tɕiɛ⁰ 高粱长穗儿的那节硬秆儿
豆柴 təu⁴²tsʰɛɛ²⁴³ 豆秸

第五章 分类词表

137

打火机 ta²⁴xuɤ⁰tɕi²¹
家匙 tɕia²¹sɿ²⁴³ 炊具餐具的总称
轻银锅儿 tɕʰiəŋ²¹iəŋ²⁴kuər²¹ 铝锅
怀锅儿 xuɛe²⁴kuər⁰
　前锅儿 tɕʰiɛ̃²⁴kuər⁰
后锅儿 xəu⁴²kuər⁰
扁锅儿 pʰiɛ̃⁵³kuər⁰
罗锅儿 luɤ²⁴kuər⁰ 扁平的略厚略深的双耳锅
炒瓢 tsʰɔ⁵³pʰiɔ²⁴³ 单柄炒菜的锅
锅盖 kuɤ²¹kɛe⁴⁴²
锅底黑 kuɤ²⁴ti²⁴xei²¹ 锅底的烟锈
铁匙 tʰie²¹sɿ⁰ 铁锅铲
铜匙 tʰuŋ²⁴sɿ⁰ 铜锅铲
笊篱 tsɔ⁴²li⁰
水壶 ʂuei²¹xu²⁴³
老碗 lɔ²⁴uɛ̃⁵³ 大碗
瓷碗 tsʰɿ²⁴uɛ̃⁰
细碗 ɕi⁴²uɛ̃⁰ 细瓷碗
粗碗 tsʰu²⁴uɛ̃⁰ 粗瓷碗
洋瓷碗 iaŋ²¹tsʰɿ²⁴uɛ̃⁰ 搪瓷碗
钵钵 puɤ⁵³puɤ⁰ 孩子吃饭用的小碗
碗瓜瓜 uɛ̃⁵³kua²¹kua⁰ 碗托儿
瓦瓷儿 ua⁵³tsʰər²⁴³ 瓷器碎片
茶缸儿 tsʰa²⁴kãr²¹ 带把儿的陶瓷茶杯
茶杯（杯）tsʰa²⁴pʰei⁰（pʰei⁰）
碟子 tʰie²⁴tsɿ⁰
蘸食碟 tsɛ̃⁴²sɿ²¹tʰie²⁴³ 放蘸汁的小碟子
　口食碟 kʰəu⁵³sɿ²¹tʰie²⁴³
舀饭勺子 iɔ⁵³fɛ̃⁴²ʂuɤ²⁴tsɿ⁰ 舀饭的大勺子
筷子筒筒 kʰuɛe⁴²tsɿ⁰tʰuəŋ⁵³tʰuəŋ⁰ 筷筒
酒杯 tɕiəu⁵³pʰei⁰
　酒盅儿 tɕiəu⁵³tʂuɤ̃r⁰

烧酒盅盅 ʂɔ²⁴tɕiəu⁰tʂuəŋ²¹tʂuəŋ⁰
盘子 pʰɛ̃²⁴tsɿ⁰
方木盘 faŋ²⁴mu²¹pʰɛ̃²⁴³ 大的方形木质盘子，用来端调料和饭菜
弯盘子 tiɔ⁴²pʰɛ̃²⁴tsɿ⁰
酒壶儿 tɕiəu⁵³xur²⁴³
酒壶壶 tɕiəu⁵³xu²⁴xu⁰
酒随儿 tɕiəu⁵³suər²⁴³ 一种肚大脖细口小的小酒壶
酒坛坛 tɕiəu⁵³tʰɛ̃²⁴tʰɛ̃⁰
酒罐儿 tɕiəu⁵³kuər⁴⁴²
酒篓子 tɕiəu²⁴ləu⁵³tsɿ⁰
罐子 kuɛ̃⁴²tsɿ⁰
瓶儿塞子 pʰir̃r²⁴sei²¹tsɿ⁰
　瓶儿塞塞 pʰir̃r²⁴sei²¹sei⁰
礤子 tsʰa²¹tsɿ⁰ 把土豆及萝卜等礤成丝或片的炊具
礤礤 tsʰa²¹tsʰa⁰
月饼模子 yɤ²⁴piəŋ⁰mu²⁴tsɿ⁰ 做月饼的模子
馃馅模子 kuɤ⁵³ɕiɛ̃⁴²mu²⁴tsɿ⁰ 做馃馅的模子
饸饹床儿 xuɤ²⁴lɔ⁰tʂʰuãr²⁴³ 加工饸饹的专用炊具
抿夹床儿 miəŋ⁵³tɕia⁰tʂʰuãr²⁴³ 加工抿夹儿的专用炊具
调和碓碓 tʰiɔ²⁴xuɤ⁴²tuei⁴²tuei⁰ 铁质的捣调料的器皿
捣蒜钵钵 tɔ⁵³suɛ̃⁴⁴puɤ⁵³puɤ⁰ 蒜臼
　捣蒜碓碓 tɔ⁵³suɛ̃⁴⁴tuei⁴²tuei⁰
　捣蒜杵杵 tɔ⁵³suɛ̃⁴⁴tʂʰu⁵³tʂʰu⁰
　捣蒜槌槌 tɔ⁵³suɛ̃⁴⁴tʂʰuei²⁴tʂʰuei⁰
杀羊刀子 sa²¹iaŋ²⁴tɔ²²tsɿ³¹
杀猪刀子 sa²⁴tʂu²¹tɔ²²tsɿ³¹

磨（刀）石 muɤ²⁴（tɔ²¹）ʂʅ⁰
油石 iəu²⁴ʂʅ⁰ 一种抹油的磨刀石
案儿 ŋɐr⁴⁴² 做面食或切菜用的面板
菜墩儿 tsʰɛe⁴²tuɤ̃r⁰ 圆形砧板
　　墩墩 tuəŋ²⁴tuəŋ⁰
（水）桶（ʂuei²⁴）tʰuəŋ⁵³
泔水 kɛ̃²⁴ʂuei⁰ 混合的剩饭剩菜
泔水桶 kɛ̃²⁴ʂuei⁰tʰuəŋ⁵³
饭筒筒 fɛ̃⁴⁴tʰuəŋ⁵³tʰuəŋ⁰ 手拎的送饭的小桶
饭罐儿 fɛ̃⁴²kuɐr⁴⁴²
药槽子 yɤ²¹tsʰɔ²⁴tsʅ⁰ 研磨药材的铁质船形槽
药滚子 yɤ²¹kuəŋ⁵³tsʅ⁰ 研磨药材的铁质带双柄的滚子
笼 luəŋ²⁴³ 蒸笼
甑箅儿 tɕiəŋ⁴²pʰiɛr⁰ 蒸食物用的箅子
腌菜缸 iɛ̃²¹tsʰɛe⁴²kaŋ²¹ 腌制白菜的缸
酱菜缸 tɕiaŋ⁴²tsʰɛe⁴²kaŋ²¹ 腌制萝卜等小菜的缸
醋缸 tsʰu⁴²kaŋ²¹
揾布 tʂɛ̃⁵³pʰu⁰ 厨房用的抹布
抹布 ma²¹pu⁴⁴² 厨房以外用的
笤帚 tʰiɔ²⁴tʂʰu⁰ 用糜子穗扎成，比扫帚小
拖把 tʰuɤ²¹pa⁴⁴²
推刨儿 tʰuei²¹pɔr⁴⁴² 刨子
平枪 pʰiəŋ²⁴tɕʰiaŋ⁰ 锛子
锯子 tɕy⁴²tsʅ⁰
锯条儿 tɕy⁴²tʰiɔr²⁴³
凿子 tsuɤ²⁴tsʅ⁰
尺子 tʂʰʅ²²tsʅ³¹
方尺 faŋ²⁴tʂʰʅ⁵³ 曲尺
折尺 tʂɤ²⁴tʂʰʅ⁵³
卷尺 tɕyɛ̃²⁴tʂʰʅ⁵³
线斗子 ɕiɛ̃⁴⁴təu⁵³tsʅ⁰ 墨斗

墨线 mei²⁴ɕiɛ̃⁴⁴² 墨斗线
老虎钳子 lɔ²⁴xu⁵³tɕʰiɛ̃²⁴tsʅ⁰
镊子 nie²²tsʅ³¹
锯末儿 tɕy⁴²muər⁰
刨花儿 pɔ⁴²xuɐr⁰
大绳 ta⁴²ʂəŋ²⁴³ 很粗的绳
死圪瘩 sʅ⁵³kəʔ⁵taʔ⁰ 死结
活络曲儿 xuɤ²⁴luɤ²⁴tɕʰyr²¹ 活结
合页儿 xuɤ²⁴~xɤ²⁴iɛr⁰
瓦刀 ua⁵³tɔ⁰ 铁质瓦工工具，形状像刀，用在起墙时砍断砖瓦以及涂抹泥灰等
泥叶儿 ȵi⁴²iɛr⁰ 填敷及抹平泥灰的瓦工工具，由长方形锰钢或不锈钢刀体和木质刀柄组成
抹子 muɤ⁵³tsʅ⁰ 填敷及抹平泥灰的瓦工工具，由长方形木质的刀体和刀柄组成
泥盘 ȵi²⁴pʰɛ̃²⁴³ 瓦工用来盛泥和灰的木板
泥包 ȵi²⁴pɔ⁰ 提泥的简易尼龙包
麻刀 ma²⁴tɔ⁰ 抹墙用的碎麻，加在泥灰中增加凝聚力
灰斗子 xuei²⁴təu⁵³tsʅ⁰
錾弯子 tsɛ̃⁴⁴uɛ̃⁵³tsʅ⁰ 錾子
砧子 tʂəŋ²¹tsʅ⁰ 打铁时垫铁块用的铁铸砧板
捻錾 ȵiɛ̃⁵³tsɛ̃⁴⁴² 动词，錾头秃了淬火捣尖
剃头刀子 tʰi⁴²tʰəu²⁴tɔ²¹tsʅ⁰ 剃刀
推剪 tʰuei²⁴tɕiɛ̃⁵³
　　推子 tʰuei²⁴tsʅ⁰
铰头剪子 tɕiɔ⁵³tʰəu²⁴tɕiɛ̃⁵³tsʅ⁰ 理发剪
沙剪 sa⁴²tɕiɛ̃⁰ 牙剪
担刀布 tɛ̃⁴²tɔ²¹pu⁴⁴² 荡刀布
理发椅子 li⁵³fa⁰i⁵³tsʅ⁰
缝纫机 fəŋ²⁴zəŋ⁴²tɕi⁰

机子 tɕi²¹tsʅ⁰
熨斗 yəŋ⁴⁴təu⁵³
烙铁 luɤ²⁴tʰie⁰（老）
弓子 kuaŋ²¹tsʅ⁰ 弹棉花工具
纺车 faŋ⁵³tʂʰɤ²¹
织布机 tʂʅ²¹pu⁴⁴tɕi²¹
梭子 suɤ²¹tsʅ⁰ 织布用的
老布 lɔ⁵³pu⁰ 手工织的粗棉布
脸盆架子 liɛ̃⁵³pʰəŋ²⁴tɕia⁴²tsʅ⁰
香皂 ɕiaŋ²¹tsɔ⁴⁴²
香胰子 ɕiaŋ²⁴i²⁴tsʅ⁰（老）
猪胰子 tʂu²¹i²⁴tsʅ⁰ 过去用碎猪皮、猪油、猪脾脏和碱混合揉制的洗衣皂
洗衣粉 ɕi⁵³i²⁴fəŋ⁵³
洗脚盆儿 ɕi⁵³tɕyɤ⁰pʰɤ̃r²⁴³
擦脚布 tsʰa²⁴tɕyɤ²¹pu⁴⁴²
汽灯 tɕʰi⁴²təŋ²¹ 将煤油汽化后燃烧照明的灯
马灯 ma⁵³təŋ²¹ 能防风雨、可手提的带玻璃罩的煤油灯
煤油灯 mei²⁴iəu⁰təŋ²¹
灯捻子 təŋ²¹niɛ̃⁵³tsʅ⁰ 灯芯
灯罩儿 təŋ²¹tsɔr⁴⁴²
灯盏 təŋ²¹tsɛ̃⁵³
灯油 təŋ²¹iəu²⁴³
灯篓儿 təŋ²¹ləur²⁴³ 灯笼
包儿包儿 pɔr²²pɔr³¹ 包儿及包袱的统称
挎包儿 kʰua⁴²pɔr⁰ 斜挎包
背包儿 pei⁴²pɔr⁰ 双肩包
荷包儿 xɤ²⁴pɔr⁰ 旧时人们随身携带的一种装零星物品的绣花小布包
钱包儿 tɕʰiɛ̃²⁴pɔr⁰
章子 tʂaŋ²²tsʅ³¹ 图章

望眼镜 uaŋ⁴⁴niɛ̃⁵³tɕiəŋ⁰ 望远镜
糨子 tɕiaŋ⁴²tsʅ⁰ 糨糊
顶针儿 tiəŋ⁵³tʂr̃⁰
捻线陀儿 niɛ̃⁵³ɕiɛ̃⁴²tʰuər²⁴³ 线轴儿
卜吊儿 puɤ²¹tiər⁴⁴² 把羊毛捻成毛线的木质小工具
针沟子 tʂəŋ²⁴kəu²¹tsʅ⁰ 针上引线的孔
针尖儿 tʂəŋ²¹tɕier⁰
针脚 tʂəŋ²¹tɕyɤ⁴⁴ "脚"声调特殊
针眼儿 tʂəŋ²⁴nier⁰
纫针 zəŋ⁴²tʂəŋ²¹ 穿针
锥子 tʂuei²²tsʅ³¹
挖耳塞的 ua²⁴ər⁵³sei²¹ti⁰ 耳挖子
搓板儿 tsʰuɤ²⁴per⁰ 洗衣板儿
棒槌 paŋ⁴²tʂʰuei⁰ 过去洗衣服用的捣衣槌
扇子 ʂɛ̃⁴²tsʅ⁰ 本地天气凉爽，扇子种类少
拐棍儿 kuɛ⁵³kur̃r⁰ 拐杖，不分中式与西式
擦屁股纸 tsʰa²¹pʰi⁴²ku⁰tsʅ⁵³ 手纸
卫生纸 uei⁴²səŋ²¹tsʅ⁵³
圪榄 kəʔ⁵ lɛ̃⁰ 木棒
橡棒 tʂʰuɛ̃²¹paŋ⁴⁴² 又长又粗的直木棒
骨碌子 ku²¹lu²¹tsʅ⁰ 圆柱状物体

九　称谓

婆姨女子 pʰuɤ²⁴i²⁴ny⁵³tsʅ⁰ 女性通称
女的 ny⁵³ti⁰
毛娃儿 mu²⁴uɐr⁰ 婴儿
挨身身娃娃 ŋɛ²⁴ʂəŋ²¹ʂəŋ⁰ua²⁴ua⁰ 一个家庭里出生时间间隔较短的几个孩子
老汉儿 lɔ⁵³xɐr⁰ 老头儿
半老汉儿 pɛ̃⁴⁴lɔ⁵³xɐr⁰ 五十岁左右的男子
老婆儿 lɔ⁵³pʰuɐr⁰ 老太婆

半老婆儿 pɛ̃⁴⁴lɔ⁵³pʰuər⁰ 五十岁左右的妇女
小伙子 ɕiɔ²⁴xuɤ⁵³tsʅ⁰
城里人 tʂʰəŋ²⁴li⁰zəŋ²⁴³
乡里人 ɕiaŋ²⁴li⁵³zəŋ²⁴³ 乡下人
本家 pəŋ⁵³tɕia⁰ 同宗同姓者
外路人 uɛɛ⁴²ləu⁰zəŋ²⁴³ 外地人
本地人 pəŋ⁵³ti⁴²zəŋ²⁴³
外国人 uɛɛ⁴²kuei⁰~kuɤ⁰zəŋ²⁴³
外人 uɛɛ⁴²zəŋ²⁴³
　旁人 pʰaŋ²⁴zəŋ⁰
同岁 tʰuəŋ²⁴suei⁴⁴²
内行 nuei⁴²xaŋ²⁴³
外行 uɛɛ⁴²xaŋ²⁴³
中间人 tʂuaŋ²⁴tɕiɛ̃⁰zəŋ²⁴³ 在中间介绍或调停的人
打帮家儿 ta⁵³paŋ²¹tɕier⁰ 劝说别人成交的人
牙子 ia²⁴tsʅ⁰ 旧时为买卖双方撮合并从中取得佣金的人
童养媳 tʰuəŋ²⁴iaŋ⁵³ɕi²⁴³
青头 tɕʰiəŋ²²tʰəu³¹ 头发乌黑，借指未结过婚的男女
二婚 ər⁴²xuəŋ⁰ 再婚
二婚婆姨 ər⁴²xuəŋ⁰pʰuɤ²⁴i⁰ 再婚女子
寡妇 kua⁵³fu⁰
相好的 ɕiaŋ²⁴xɔ⁵³ti⁰ 婚外情人
野汉 ie⁵³xɛ̃⁰ 婚外情人中的男性
蛮儿 mɛ̃²⁴ər²⁴³ 私生子
蛮女 mɛ̃²⁴n̺y⁵³ 私生女
私娃娃 sʅ²¹ua²⁴ua⁰ 私生子
　杂种子 tsa²⁴tʂuəŋ⁵³tsʅ⁰
暴发户儿 pɔ⁴²fa²¹xur⁴⁴²
败家子 pɛɛ⁴²tɕia²¹tsʅ⁰

骗人的 pʰiɛ̃⁴²zəŋ²⁴ti⁰ 骗子
　哄人的 xuəŋ⁵³zəŋ²⁴ti⁰
偷娃娃的 tʰəu²¹ua²⁴ua⁰ti⁰ 人贩子
横人 ɕyɤ²⁴zəŋ²⁴³ 爱抬杠的人
黑痞 xei²¹pʰi²⁴³ 无赖
　死痞 sʅ⁵³pʰi²⁴³
　赖痞 lɛɛ⁴²pʰi²⁴³
　脏痞 tsaŋ²¹pʰi²⁴³
晃脑 xuaŋ⁴²nɔ²⁴³ 轻浮的人
肉脑 zəu⁴²nɔ²⁴³ 容易上当受骗的笨人
干脑 kɛ̃²¹nɔ²⁴³ 干瘦的人
滑脑 xua²⁴nɔ²⁴³ 奸滑的人
爬伿 pʰa²⁴suəŋ⁰ 无赖
坏伿 xuɛɛ⁴²suəŋ⁰ 坏蛋
　瞎伿 xa²¹suəŋ⁰
奸伿 tɕiɛ̃²¹suəŋ²⁴³ 奸猾的人
灰伿 xuei²¹suəŋ²⁴³ 极其莽撞的人
糊脑伿 xu⁴⁴nɔ⁵³suəŋ⁰ 糊涂蛋
儿货 ər²⁴xuɤ⁴⁴² 坏人
贱货 tɕiɛ̃⁴²xuɤ⁴⁴² 贱人
八成儿货 pa²²tʂʰɹ̃⁴³¹xuɤ⁴⁴² 不精明的人
砍货 kʰɛ̃⁵³xuɤ⁴⁴² 敢说敢做却缺心眼又不着调的人
吹牛屄货 tʂʰuei²¹n̺iəu²⁴pi²¹xuɤ⁴⁴² 喜欢吹牛的人
二屎货 ər⁴²tɕʰiəu²⁴xuɤ⁴⁴² 做事莽撞不计后果的人
塌底货 tʰa²⁴ti⁵³xuɤ⁴⁴² 不成事的人
半憨憨 pɛ̃⁴²xɛ̃²¹xɛ̃⁰ 半傻子
　半糖⁼儿 pɛ̃⁴²tʰar²⁴³
八成儿（货）pa²²tʂʰɹ̃⁴³¹(xuɤ⁴⁴²) 不精明的人，比"半憨憨"的程度轻
二愣子 ər⁴²ləŋ⁴²tsʅ⁰ 莽撞的人
猪脑子 tʂu²⁴nɔ⁵³tsʅ⁰ 没头脑的人

兀突＝子人 u²⁴tʰu²¹tsʅ⁰zəŋ²⁴³ 内向寡言的人
糖性性人 tʰaŋ²⁴ɕiəŋ⁴²ɕiəŋ⁰zəŋ²⁴³ 性格绵软没脾气的人
矫性性 tɕiɔ⁵³ɕiəŋ⁴²ɕiəŋ⁰ 急性子
慢性子 mẽ⁴²ɕiəŋ⁴²tsʅ⁰
㞞包 suəŋ²⁴pɔ⁰ 既没胆量又没本事的人
　脓包 nuəŋ²⁴pɔ⁰
　　㞞儴棒 suəŋ²⁴naŋ⁰paŋ⁴⁴²
草包 tsʰɔ⁵³pɔ⁰ 没有真才实学的人
烧包 ʂɔ²⁴pɔ⁰ 好色的男人
孬种 nɔ²⁴tʂuəŋ⁰ 没骨气的人
儴子 naŋ²⁴tsʅ⁰ 不争气的子孙
门限大王 məŋ²⁴xẽ⁴²tɛɛ⁴²uaŋ⁰ 只敢在家里厉害的孩子
　窝里造 uɤ²⁴li⁰tsʰɔ⁴⁴²
黏糯子 zẽ²⁴tɕiaŋ⁴²tsʅ⁰ 糊涂蛋
倒眼窝 tɔ²⁴ȵiẽ⁵³uɤ²¹ 察人不清的人
酒鬼 tɕiəu²⁴kuei⁵³
洋药鬼儿 iaŋ²⁴yɤ²¹kuər⁵³ 大烟鬼
㞍渣鬼 ka⁵³tsa⁰kuei⁵³ 狡诈的人
狡人 tɕiɔ⁵³zəŋ²⁴³ 狡诈的人
爬场鬼 pʰa²⁴tʂʰaŋ⁰kuei⁵³ 不务正业的年轻人
倒糟鬼 tɔ⁵³tsɔ²¹kuei⁵³ 倒霉鬼
抠鬼 kʰəu²⁴kuei⁵³ 吝啬鬼
嫖脑子 pʰiɔ²⁴nɔ²⁴tsʅ⁰ 不正经的男人
贱痞子 tɕiẽ⁴⁴pʰi²⁴tsʅ⁰ 贱骨头
营生 iəŋ²⁴səŋ⁰ 工作
　生活 səŋ²¹xuɤ²⁴³
活计 xuɤ²⁴tɕi⁰ 杂活
工人 kuəŋ²¹zəŋ²⁴³
长工 tʂʰaŋ²⁴kuəŋ⁰
短工 tuẽ⁵³kuəŋ⁰

临时工 liəŋ²⁴sʅ²⁴kuəŋ⁰ 单位的临时工作人员
掌柜的 tʂaŋ⁵³kuei⁰ti⁰
　老板 lɔ²⁴pẽ⁰
　老板娘 lɔ²⁴pẽ⁰niaŋ²⁴³
　东家 tuəŋ²⁴tɕia⁰
伙计 xuɤ⁵³tɕi⁰ ①店员或长工。②合作的人
客人 kʰɤ²¹zəŋ²⁴³ 顾客
　顾主 ku⁴²tʂu⁰
做小买卖的 tsu²¹ɕiɔ²⁴mɛɛ⁵³mɛɛ⁰ti⁰ 小贩
摆摊摊的 pɛɛ⁵³tʰẽ²¹tʰẽ⁰ti⁰ 摊贩
二倒贩子 ər⁴⁴tɔ⁵³fẽ⁴²tsʅ⁰ 低价进货再卖出的小贩
先生 ɕiẽ²²səŋ³¹~ɕiẽ²⁴səŋ⁰ （私塾）教书先生
老师 lɔ⁵³sʅ⁰
　教师 tɕiɔ⁴⁴sʅ⁰
学生娃娃 ɕyɤ²⁴səŋ⁰ua²⁴ua⁰
　学生 ɕyɤ²⁴səŋ⁰
　同学 tʰuəŋ²⁴ɕyɤ²⁴³
当兵的 taŋ²⁴piəŋ²¹ti⁰
公安 kuəŋ²⁴ŋẽ⁰
　警察 tɕiəŋ⁵³tsʰa⁰
大盖帽 ta⁴²kɛɛ⁴²mɔ⁴⁴² ①执法人员戴的帽子。②借指警察
大夫 tɛɛ⁴²fu⁰
　医生 i²²səŋ³¹~i²⁴səŋ⁰
司机 sʅ²⁴tɕi⁰
　开车的 kʰɛɛ²⁴tʂʰɤ²¹ti⁰
匠人 tɕʰiaŋ⁴²zəŋ⁰
大工儿 ta⁴⁴kuɤ̃r⁰ 建筑工匠
小工儿 ɕiɔ⁵³kuɤ̃r⁰ 建筑工地干杂活的人
石匠 ʂɿʔ⁵tɕʰiaŋ⁴⁴²
银匠 iəŋ²⁴tɕʰiaŋ⁰ 锡匠
铜匠 tʰuəŋ²⁴tɕʰiaŋ⁰

铁匠 tʰie²¹tɕʰiaŋ⁰

锢漏儿匠 ku²¹ləur⁰tɕʰiaŋ⁴⁴² 修补锅碗瓢盆的手艺人

掌匠 tʂaŋ⁵³tɕʰiaŋ⁰ 给牲口钉掌的匠人

皮匠 pʰi²⁴tɕʰiaŋ⁰

钉鞋的 tiəŋ²¹xɛe²⁴ti⁰ 鞋匠

杀猪的 sa²⁴tʂu²¹ti⁰ 杀猪的屠户

杀羊的 sa²¹iaŋ²⁴ti⁰ 杀羊的屠户

杀牛的 sa²¹niəu²⁴ti⁰ 杀牛的屠户

抬轿的 tʰɛe²⁴tɕiɔ⁴²ti⁰ ①轿夫。②助手

艄工 sɔ²⁴kuəŋ⁰

搭档 ta²¹taŋ⁴⁴²

喂牲灵的 uei⁴²səŋ²¹liəŋ²⁴ti⁰ 饲养员

奶妈儿 nɛe⁵³mɐr⁰

奶大 nɛe⁵³ta²⁴³ 奶妈之夫

佣人 yəŋ⁴²zəŋ⁰

保姆 pɔ²⁴mu⁰

老娘婆 lɔ⁵³niaŋ²⁴pʰuɤ⁰ 接生婆

十　亲属

长辈儿 tʂaŋ⁵³pər⁰
　大辈儿 ta⁴²pər⁴⁴²

老家亲 lɔ⁵³tɕia²⁴tɕʰiəŋ²¹ 老祖宗

老爷爷 lɔ⁵³ie²⁴ie⁰ 曾祖父

老娘娘 lɔ⁵³nyɤ²⁴nyɤ⁰ 曾祖母

阿叔 a²⁴ʂu²¹ ①弟兄的岳父。②姐妹的公公

姑爷 ku²¹ie²⁴³ 姑奶奶的丈夫

姨爷 i⁴²ie⁰ 姨奶奶的丈夫（"姨"声调特殊）

一辈儿 iə⁵pər⁴⁴² 平辈

二老婆 ər⁴⁴lɔ⁵³pʰuɤ⁰ 小老婆

阿伯子 a²⁴pei²¹tsʅ⁰ 丈夫的哥哥

小叔子 ɕiɔ⁵³ʂu²¹tsʅ⁰ 丈夫的弟弟

大姑子 ta⁴²ku²¹tsʅ⁰ 丈夫的姐姐

小姑子 ɕiɔ⁵³ku²¹tsʅ⁰ 丈夫的妹妹

大舅子 ta⁴²tɕiəu⁴²tsʅ⁰ 妻子的哥哥

小舅子 ɕiɔ⁵³tɕiəu⁴²tsʅ⁰ 妻子的弟弟

妻姐姐 tɕʰi²⁴tɕie⁵³tɕie⁰ 大姨子

小姨子 ɕiɔ⁵³i²⁴tsʅ⁰

伯叔哥哥 pei²⁴ʂu⁰kuɤ²²kuɤ³¹ 堂兄
　叔伯哥哥 ʂu²⁴pei⁰kuɤ²²kuɤ³¹

伯叔姊妹 pei²⁴ʂu⁰tsʅ⁵³mei⁰ 堂姊妹
　叔伯姊妹 ʂu²⁴pei⁰tsʅ⁵³mei⁰

伯叔姐姐 pei²⁴ʂu⁰tɕie⁵³tɕie⁰ 堂姐
　叔伯姐姐 ʂu²⁴pei⁰tɕie⁵³tɕie⁰

伯叔妹妹 pei²⁴ʂu⁰mei⁰mei⁰ 堂妹
　叔伯妹妹 ʂu²⁴pei⁰mei⁴²mei⁰

姑舅哥哥 ku²¹tɕiəu⁴²kuɤ²²kuɤ³¹ 姑表兄

两姨哥哥 liaŋ⁵³i⁰kuɤ²²kuɤ³¹ 姨表兄

姑舅嫂子 ku²¹tɕiəu⁴²sɔ⁵³tsʅ⁰ 姑表兄的妻子

两姨嫂子 liaŋ⁵³i⁰sɔ⁵³tsʅ⁰ 姨表兄的妻子

姑舅兄弟 ku²¹tɕiəu⁴²ɕyəŋ²¹tʰi⁴⁴² 姑表弟

两姨兄弟 liaŋ⁵³i⁰ɕyəŋ²¹tʰi⁴⁴² 姨表弟

姑舅姊妹 ku²¹tɕiəu⁴²tsʅ⁵³mei⁰ 姑表姊妹

两姨姊妹 liaŋ⁵³i⁰tsʅ⁵³mei⁰ 姨表姊妹

姑舅姐姐 ku²¹tɕiəu⁴²tɕie⁵³tɕie⁰ 姑表姐

两姨姐姐 liaŋ⁵³i⁰tɕie⁵³tɕie⁰ 姨表姐

姑舅妹妹 ku²¹tɕiəu⁴²mei⁴²mei⁰ 姑表妹

两姨妹妹 liaŋ⁵³i⁰mei⁴²mei⁰ 姨表妹

小辈儿 ɕiɔ⁵³pər⁰ 晚辈

儿女 ər²⁴ny⁰ 儿子和女儿的总称

大小子 ta⁴⁴ɕiɔ⁵³tsʅ⁰ 大儿子
　大儿 ta⁴²ər²⁴³

猴小子 xəu²⁴ɕiɔ⁵³tsʅ⁰ 小儿子
　猴儿 xəu²⁴ər²⁴³

奶儿 nɛɛ⁵³ər²⁴³ 奶妈喂养的男孩
奶女 nɛɛ²⁴n̠y⁰ 奶妈喂养的女孩
孙子媳妇儿 suəŋ²²tsʅ³¹ɕi²⁴fur⁰
孙女儿 suəŋ²⁴n̠yr⁵³ 孙女
孙女婿 suəŋ²⁴n̠y⁵³ɕi⁰
重孙女儿 tʂʰuəŋ²⁴suəŋ²¹n̠yr⁰
外孙女儿 uɛɛ⁴⁴suəŋ²¹n̠yr⁰
外甥女儿 uɛɛ⁴²səŋ²¹n̠yr⁰ 外甥女
侄女 tʂʰʅ²⁴n̠y⁰
娘家侄儿 n̠iaŋ²⁴tɕia²¹tʂʰʅ²⁴ər⁰ 内侄
娘家侄女 n̠iaŋ²⁴tɕia²¹tʂʰʅ²⁴n̠y⁰ 内侄女
亲家 tɕʰiəŋ⁴²tɕia²¹ ①亲家。②亲家翁
亲家母 tɕʰiəŋ⁴²tɕia²¹mu⁰
前家儿女 tɕʰiɛ̃²⁴tɕia²¹ər²⁴n̠y⁰ 妇女改嫁带的前夫的孩子
娘家 n̠iaŋ²⁴tɕi⁰ "家"韵母弱化
婆家 pʰuɤ²⁴tɕi⁰
男家 nɛ̃²⁴tɕi⁰ 婚姻关系中的男方
　男方 nɛ̃²⁴faŋ⁰
女家 n̠y⁵³tɕi⁰ 婚姻关系中的女方
　女方 n̠y⁵³faŋ⁰
外家 uei⁴²tɕi⁰ 姥姥家
娘外家 n̠iaŋ²⁴uei⁴²tɕi⁰ 娘舅家
丈人家 tʂʰaŋ⁴²zəŋ²⁴tɕi⁰

十一 身体

胚子好 pʰei²⁴tsʅ⁰xɔ⁵³ 本身长得漂亮
身体 ʂəŋ²⁴tʰi⁰
　身子 ʂəŋ²⁴tsʅ⁰
　身材 ʂəŋ²¹tsʰɛɛ²⁴³
　　身段 ʂəŋ²¹tuɛ̃⁴⁴²
　　身盘 ʂəŋ²¹pʰɛ̃²⁴³

秃脑 tʰu²¹nɔ²⁴³ ①秃头。②秃头的人
秃子 tʰu²²tsʅ³¹
歇顶 ɕie²⁴tiəŋ⁰ 头顶头发脱落
脱头发 tʰuɤ²¹tʰəu²⁴fa⁰ 动宾式
苍脑 tsʰaŋ²¹nɔ²⁴³ 少白头
脑门心 nɔ²¹məŋ²⁴ɕiəŋ²¹ 头顶
后脑把子 xəu⁴²nɔ⁰pa⁴²tsʅ⁰ 后脑勺
脖腔骨 pʰuɤ²¹tɕʰiəŋ²¹ku⁰ 颈椎
囟门子 ɕiəŋ⁴²məŋ⁰tsʅ⁰
大奔颅 ta⁴²pəŋ²²ləu³¹ 向前突的前额
太阳穴 tʰɛɛ⁴²iaŋ⁰ɕyɤ²⁴³ 鬓角
圪鬃鬃 kəʔ⁵tsua²¹tsua⁰ 短马尾辫
卜鬏儿 pəʔ⁵tɕiəur⁰
锅刷刷 kuɤ²⁴ʂua²²ʂua³¹ 锅刷状的短辫子
短帽盖儿 tuɛ̃⁵³mɔ⁰kɛr⁰ 齐耳短发
剪发头 tɕiɛ̃⁵³fa²¹tʰəu²⁴³ 超过耳朵的短发
纂纂 tsuɛ̃⁵³tsuɛ̃⁰ 中老年妇女盘在脑后的鬏
锁锁 suɤ⁵³suɤ⁰ 刘海儿
脸蛋儿 liɛ̃⁵³tɐr⁴⁴²
容颜 yəŋ²⁴iɛ̃⁰ 面容
颧骨 tɕʰyɛ̃²⁴ku⁰
酒窝儿 tɕiəu⁵³uɐr⁰
人中 zəŋ²⁴tʂuəŋ⁰
牙岔骨 n̠ia²⁴tsʰa²¹ku⁰ 腮帮子
眼眶儿 n̠iɛ̃⁵³kʰuãr⁴⁴²
白眼娃儿 pei²⁴n̠iɛ̃⁵³uɐr²⁴³ 眼白
黑眼珠子 xei²¹n̠iɛ̃⁵³tʂu²⁴tsʅ⁰
　瞳仁儿 tʰuəŋ²⁴zʅ̃r²⁴³
眼角儿 n̠iɛ̃⁵³tɕyər⁰
大眼角儿 ta⁴²n̠iɛ̃⁵³tɕyər⁰ 内眼角
眼圈儿 n̠iɛ̃⁵³tɕʰuɐr²¹
眼胶屎 n̠iɛ̃⁵³tɕiɔ²⁴sʅ⁰ 眼眵

眼皮儿 ṇiɛ̃⁵³pʰiər²⁴³
光眼 kuaŋ²⁴ṇiɛ̃⁵³ 单眼皮儿
花眼 xua²⁴ṇiɛ̃⁵³ 双眼皮儿
眼睫毛 ṇiɛ̃⁵³tsa²¹mɔ²⁴³
搐眉头 tʂʰu²¹mi²⁴tʰəu⁰ 皱眉
　皱眉头 tsəu⁴²mi²⁴tʰəu⁰
　挽眉头 uɛ̃⁵³mi²⁴tʰəu⁰
清鼻子 tɕʰiəŋ²¹pʰi²⁴tsɿ⁰ 稀鼻涕
黄鼻子 xuaŋ²⁴pʰi²⁴tsɿ⁰ 黄色的稠鼻涕
鼻脑子 pʰi²⁴nɔ⁵³tsɿ⁰ 稠鼻涕（詈语）
鼻圪痂 pʰi²⁴kɤ²⁴tɕia⁰ 鼻痂
鼻窟窿儿 pʰi²⁴kʰuəʔ⁵luɤ̃r⁴⁴² 鼻孔
鼻毛 pʰi²⁴mɔ²⁴³
鼻圪都 pʰi²⁴kɤ²⁴tu⁰ 鼻尖儿
鼻子尖 pʰi²⁴tsɿ⁰tɕiɛ̃²¹ 嗅觉灵敏
鼻梁（骨）pʰi²⁴liaŋ²⁴（ku⁵³）
酒糟鼻 tɕiəu⁵³tsɔ⁰pʰi²⁴³
上牙壳子 ʂaŋ⁴²ṇia²⁴kʰuɤ²¹tsɿ⁰ 上腭
下牙壳子 xa⁴²ṇia²⁴kʰuɤ²¹tsɿ⁰ 下腭
唾沫 tʰuɤ⁴²mi⁰
唾沫星子 tʰuɤ⁴²mi⁰ɕiəŋ²⁴tsɿ⁰ 唾沫点子
颔水布袋儿 xɛ̃²⁴ʂuei⁰pu⁴²tɛr⁰ 靠近嘴角两侧的部位
舌苔 ʂɤ²⁴tʰɛɛ⁰
大舌头 ta⁴²ʂɤ²⁴tʰəu⁰ 口齿不清的人
　秃舌舌 tʰu²¹ʂɤ²²ʂɤ³¹
忽咙掌掌 xu²¹~xuəʔ⁵ləu⁰tʂaŋ⁵³tʂaŋ⁰ 舌根处
门牙 məŋ²⁴ṇia⁰
虎牙 xu⁵³ṇia²⁴³
颗牙 saŋ⁵³ṇia⁰
　老牙 lɔ⁵³ṇia²⁴³
呲牙 tsʰɿ²¹ṇia²⁴³ 龅牙

地包天 ti⁴²pɔ²⁴tʰiɛ̃⁰ 下牙比上牙外凸
天包地 tʰiɛ̃²⁴pɔ²¹ti⁴⁴² 上牙比下牙外凸
牙床子 ṇia²⁴tʂʰuaŋ²⁴tsɿ⁰
虫牙 tʂʰuəŋ²⁴ṇia²⁴³ 龋齿
　虫吃牙 tʂʰuəŋ²⁴tʂʰɿ⁰ṇia²⁴³
牙口 ia²⁴kʰəu⁵³ ①牛马等动物的年龄。②（人）牙齿和嘴巴：我爷爷～好着哩
声音 ʂəŋ²⁴iəŋ⁰
耳朵眼儿 ər⁵³tuɤ⁰ṇier⁵³
耳朵扇子 ər⁵³tuɤ⁰ʂɛ̃⁴²tsɿ⁰ 耳垂
拴马桩儿 ʂuɛ̃²⁴ma⁰tʂuãr²¹ 耳朵上长的小肉瘤
耳塞 ər⁵³sei⁰ 耳屎
耳背 ər⁵³pei⁴⁴² 听力下降
喉眼儿 xəu²⁴ier⁰ 喉结
圈脸胡 tɕʰyɛ̃²¹liɛ̃⁵³xu²⁴³ 络腮胡
八爹胡 pa²¹tsa⁴²xu²⁴³ 八字胡
山羊胡子 sɛ̃²¹iaŋ²⁴xu²⁴tsɿ⁰
腔子 tɕʰiaŋ²⁴tsɿ³¹ 胸
胸岔骨 ɕyəŋ²¹tsʰa⁴²ku⁰ 胸口中间的骨头
心口子 ɕiəŋ²⁴kʰəu⁵³tsɿ⁰ 胃部
　心窝子 ɕiəŋ²⁴uɤ²¹tsɿ⁰
心眼子 ɕiəŋ²⁴ṇiɛ̃⁵³tsɿ⁰ 心眼儿：～不对
肩胛骨 tɕiɛ̃²⁴tɕia⁰ku⁵³
后胛板 xəu⁴²tɕia⁰pɛ̃⁵³ 肩胛
溜肩 liəu⁴²tɕiɛ̃²¹ 溜肩膀
大胳膊 ta⁴²kəʔ⁵puɤ⁰ 大臂
小胳膊 ɕiɔ⁵³kəʔ⁵puɤ⁰ 小臂
圪肘子 kəʔ⁵tʂəu²¹tsɿ⁰ 胳膊肘
圪□钵 kəʔ⁵lɔ²¹puɤ⁰ 腋窝
　圪□窝儿 kəʔ⁵lɔ⁰uər²¹
圪□钵毛 kəʔ⁵lɔ⁰puɤ²¹mɔ²⁴³ 腋毛
手腕儿 ʂəu²¹uɐr⁴⁴²

关节 kuɛ̃²¹tɕie⁰

指头圪拉儿 tsʅ⁵³tʰəu⁰kəʔ⁵lɐr⁰ 手指缝儿

死肉 sʅ⁵³zəu⁴⁴² 趼子

指甲盖儿 tsʅ⁵³tɕia⁰kɛr⁴⁴²

指拇蛋儿 tsʅ²¹mu⁴⁴tʰɐr⁴⁴² 手指头肚儿（"拇"声调特殊）

肉签子 zəu⁴²tɕʰiɛ̃²¹tsʅ⁰ 指甲边缘的肉刺

手掌 ʂou²⁴tʂaŋ⁰

巴掌 pa²⁴tʂaŋ⁰

手心 ʂou⁵³ɕiəŋ⁰

手背 ʂou⁵³pei⁴⁴²

折腰子手 ʂɤ²⁴iɔ²¹tsʅ⁰ʂəu⁵³ 手相之一，生命线和感情线是一条线的手掌

大腿 ta⁴²tʰuei⁰

大腿面子 ta⁴²tʰuei⁰miɛ̃⁴²tsʅ⁰ 大腿面

大腿弯子 ta⁴²tʰuei⁰uɛ̃²¹tsʅ⁰ 大腿根儿

小腿把子 ɕiɔ²⁴tʰuei⁰pa⁴²tsʅ⁰ 小腿

腿肚子 tʰuei⁵³tʰu⁴²tsʅ⁰

小腿肚儿 ɕiɔ²⁴tʰuei⁰tʰur⁴⁴²

小腿圪梁 ɕiɔ²⁴tʰuei⁰kəʔ⁵liaŋ⁰ 胫骨

胯 kʰua⁵³ 胯骨

裆 taŋ²¹ 两条腿的中间

精沟子 tɕiəŋ²⁴kəu²¹tsʅ⁰ 下身赤裸

屁股壕壕 pʰi⁴²ku⁰xɔ²⁴xɔ⁰ 屁股沟儿

屁股根儿 pʰi⁴²ku⁰kɤ̃r²¹ 尾骨

尿 tɕʰiəu²⁴³ 男阴

鸡鸡 tɕi²⁴tɕi⁰ 赤子阴

赖赖 lɛɛ⁴²lɛɛ⁰ 睾丸

尿毛儿 tɕʰiəu²⁴mɔr²⁴³ 男性阴毛

屄毛 pi²¹mɔ²⁴³ 女性阴毛

脚腕儿 tɕyɤ²¹uɐr⁴⁴²

划拉骨 xua²⁴la²¹ku²¹ 踝骨

精脚片子 tɕiəŋ²⁴tɕyɤ²¹pʰiɛ̃⁵³tsʅ⁰ 赤脚

脚梁面 tɕyɤ²¹liaŋ²⁴miɛ̃⁴⁴² 脚面

脚底板儿 tɕyɤ²⁴ti²⁴pɐr⁵³ 脚掌

脚心 tɕyɤ²⁴ɕiəŋ²¹

脚尖尖 tɕyɤ²⁴tɕiɛ̃²²tɕiɛ̃³¹

脚趾头 tɕyɤ²⁴tsʅ²¹tʰəu²⁴³

脚趾甲 tɕyɤ²⁴tsʅ⁵³tɕia⁰

脚把把 tɕyɤ²¹pa⁴²pa⁰ 脚跟

脚后跟儿 tɕyɤ²¹xəu⁴²kɤ̃r²¹

脚踪 tɕyɤ²⁴tsuəŋ²¹

脚印儿 tɕyɤ²¹iɤ̃r⁴⁴²

趺高 fu²⁴kɔ²¹ 脚面高

鸡眼眼疮 tɕi²⁴ȵiɛ̃⁵³ȵiɛ̃⁰tʂʰuaŋ²¹

鸡眼 tɕi²⁴ȵiɛ̃⁵³

肋肢 lei²¹tsʅ⁰ 肋骨

人奶 zəŋ²⁴nɛɛ⁰ 乳汁

奶 nɛɛ⁵³

奶头 nɛɛ⁵³tʰəu⁰ 乳头

骨殖 ku²²sʅ³¹ 骨头，羊～

腰 iɔ²¹

脊梁骨 tɕi²¹liaŋ²⁴ku⁰

双旋儿 ʂuaŋ²¹tɕʰyɐr²⁴³ 头顶双旋儿。俗语云：男双旋儿做知县，女双旋儿嫁官员。

指纹 tsʅ⁵³uəŋ²⁴³

簸箕 puɤ⁵³tɕi⁰ 簸箕形的指纹。当地人认为，簸箕是向外簸东西，所以有簸箕指纹预示不攒钱

笸箩 pʰuɤ⁵³luɤ⁰ 圆形的指纹。当地人认为，笸箩是向里收东西，所以有笸箩指纹预示会攒钱

寒毛儿 xɛ̃²⁴mɔr⁰ 脸上的细绒毛

汗毛儿 xɛ̃⁴²mɔr²⁴³ 身上的汗毛

毛骨眼子 mɔ²⁴ku²¹ȵiɛ̃⁵³tsʅ⁰ 包括皮肤毛孔及骨头缝儿
汗眼子 xɛ̃⁴⁴ȵiɛ̃⁵³tsʅ⁰ 毛孔
　　汗眼儿 xɛ̃⁴²ȵier⁰
记 tɕi⁴⁴² 胎记
骨架 ku²¹tɕia⁴⁴² 骨骼
筋 tɕiəŋ²¹
血 ɕie²¹
血管 ɕie²⁴~ɕyɤ²⁴kuɛ̃⁰
脉 mei²¹
五脏 u⁵³tsaŋ⁴⁴²
心 ɕiəŋ²¹
肝花 kɛ̃²⁴xua⁰ 人或动物肝肺的统称
出气筒子 tʂʰu²¹tɕʰi⁴²tʰuəŋ⁵³tsʅ⁰ ①气管。②撒气的对象
苦胆 kʰu²⁴tɛ̃⁰ 胆
涩脾 sei²¹pʰi²⁴³ 脾
腰子 iɔ²²tsʅ³¹ 肾
腰眼 iɔ²⁴ȵiɛ̃⁰
肠肠 tʂʰaŋ²⁴tʂʰaŋ⁰ 肠子的统称
屁门肠子 pa⁵³mɤ⁰tʂʰaŋ²⁴tsʅ⁰ 直肠
大肠 ta⁴²tʂʰaŋ⁰
小肠 ɕiɔ⁵³tʂʰaŋ⁰
麻肠儿 ma²⁴tʂʰãr²⁴³ 盲肠
衣胞儿 i²⁴pər⁰ 胎盘
脑水 nɔ²⁴ʂuei⁰ 没~：没本事
屁斗 pi²⁴təu⁵³ 耳光
垢痂 kəu⁵³tɕia⁰ 厚垢

十二　疾病医疗

病 pʰiəŋ⁴⁴²
大病 ta⁴²pʰiəŋ⁴⁴² 重病
不乖 pu²⁴kuɛe²¹ 孩子生病的婉称
好利洒了 xɔ⁵³li⁴²sa⁰lɛ̃⁰（病）完全好了
　　好了 xɔ²⁴lɛ̃⁰
叫上个医生 tɕiɔ⁴²ʂaŋ⁰kɤ⁰i²⁴səŋ⁰ 请医生
治 tsʅ⁴⁴² ~病
　　看 kʰɛ̃⁴⁴²
有治没治 iəu⁵³tsʅ⁴²muɤ²¹tsʅ⁴⁴² 常用于问句。①（病）能治不能治。②（事情）有没有办法（解决）
开上副药 kʰɛe²¹ʂaŋ⁴²fu⁰yɤ²¹ 开药方
　　开方子 kʰɛe²¹faŋ²²tsʅ³¹
偏方儿 pʰiɛ̃²⁴fãr⁰ 民间药方
　　土方儿 tʰu⁵³fãr⁰
　　土方子 tʰu⁵³faŋ²⁴tsʅ⁰
买药 mɛe⁵³yɤ²¹
抓药 tʂua²⁴yɤ²¹ 抓草药
草药 tsʰɔ⁵³yɤ²¹ 中药药材
中药铺 tʂuəŋ²⁴yɤ²¹pʰu⁴⁴²
西药房 ɕi²⁴yɤ²¹faŋ²⁴³
药引子 yɤ²⁴iəŋ⁵³tsʅ⁰
砂锅儿 sa²²kuər³¹ 熬中药的陶瓷锅
　　药锅 yɤ²⁴kuɤ⁰
熬药 ŋɔ²⁴yɤ²¹ 煎药
药膏子 yɤ²⁴kɔ⁵³tsʅ⁰ 西药药膏
膏药 kɔ²⁴yɤ⁰ 中药药膏
药面面 yɤ²¹miɛ̃⁴²miɛ̃⁰ 药粉
药颗颗 yɤ²⁴kʰuɤ⁵³kʰuɤ⁰ 药粒
抹药 muɤ⁵³yɤ²¹ 擦药
贴药 tʰie²⁴yɤ²¹ 上药
喝药 xuɤ²⁴yɤ²¹ 喝汤药
出水 tʂʰu²¹ʂuei⁵³ 发汗
去风 tɕʰy⁴²fəŋ²¹

败火 pʰɛe⁴⁴xuɤ⁰ 去火

除湿 tʂʰu²⁴sʅ²¹ 去湿

解毒 tɕie⁵³tʰu²⁴³~tu²⁴³ 去毒

撩拨 liɔ²⁴puɤ⁰ 民间治异病，讳言时也用"抹虑、营造"暗指此意

  拨撩 puɤ²⁴liɔ⁰

散饭 sɛ̃⁴²fɛ̃⁴⁴² 消食

刮给下 kua²¹kei²¹xa⁰ 刮痧，用铜钱儿蘸水或油刮皮肤

放血 faŋ⁴²ɕie⁰ 过去用缸子或碗的碎片划破皮肤放血

好针路 xɔ⁵³tʂəŋ²¹ləu⁴⁴² ①针线做得好。②扎针技术好

扳罐罐 pɛ̃²¹kuɛ̃⁴²kuɛ̃⁰ 拔火罐子

扳脑罐罐 pɛ̃²¹nɔ²⁴kuɛ̃⁴²kuɛ̃⁰ 用在额头上的小火罐

风发 fəŋ²⁴fa⁰

  感冒 kɛ̃²⁴mɔ⁰

重感冒 tʂuəŋ⁴⁴kɛ̃⁵³mɔ⁰ 伤寒

  老毖 lɔ⁵³pʰie²¹

冷 ləŋ⁵³ 发冷

起鸡皮圪瘩 tɕʰi⁵³tɕi²¹pʰi²⁴kəʔ⁵ta⁰

气短 tɕʰi⁴⁴tuɛ̃⁵³ 气喘

气管炎 tɕʰi⁴²kuɛ̃⁰iɛ̃⁴⁴²

哮喘 ɕiɔ⁴⁴tʂʰuɛ̃⁰

上火 ʂaŋ⁴⁴xuɤ⁵³

垫住了 tiɛ̃⁴²tʂʰu⁰lɛ̃⁰ 积滞

结住了 tɕie²¹tʂʰu⁰lɛ̃⁰（排泄）不通畅

受激 ʂəu⁴²tɕi²¹ 热身子被冷水浇

心口子疼 ɕiəŋ²¹kʰəu⁵³tsʅ⁰tʰəŋ²⁴³ ①胸口疼。②胃疼

  腔眼疼 tɕʰiaŋ²⁴n̩iɛ̃⁰tʰəŋ²⁴³

脑晕 nɔ²⁴yəŋ⁴⁴² 头晕

  晕 yəŋ⁴⁴²

晕车 yəŋ⁴²tʂʰɤ²¹

晕船 yəŋ⁴²tʂʰuɛ̃²⁴³

脑疼 nɔ²⁴tʰəŋ²⁴³

  头疼 tʰəu²⁴tʰəŋ²⁴³

发呕 fa²⁴ŋəu⁵³ 想呕吐

恶心 ŋuɤ²⁴ɕiəŋ⁰

干恶心 kɛ̃²⁴ŋuɤ²¹ɕiəŋ⁰ 只恶心吐不出来

冷疝气 ləŋ⁵³ʂuɛ̃⁴²tɕʰi⁴⁴² 疝气

屄门肠子下来了 pa²¹mɤ⁰tʂʰaŋ²⁴tsʅ⁰xa⁴²lɛe²⁴lɛ̃⁰ 脱肛（"门"韵母弱化）

霍乱儿 xu²¹luɐr⁴⁴²

当糠差 taŋ²⁴kʰaŋ²⁴tsʰɛe²¹ 出水痘

  当花儿 taŋ²⁴xuɐr²¹

羊毛顶 iaŋ²⁴mɔ²⁴tiəŋ⁵³ 吃羊肉又喝凉水引起肚子疼

四六风 sʅ⁴²liəu⁴²fəŋ²¹ 婴儿出生第四天到第六天惊风

种牛痘 tʂuŋ⁴²n̩iəu²⁴təu⁴⁴² 种痘

生食气 ʂəŋ²¹ʂəʔ⁵tɕʰi⁴⁴² 消化不良产生的气体

黄疸 xuaŋ²⁴tɛ̃⁰

肝炎 kɛ̃²¹iɛ̃⁴⁴²

肺炎 fei⁴²iɛ̃⁴⁴²

盲肠炎 maŋ²⁴tʂʰaŋ²⁴iɛ̃⁴⁴²

痨病 lɔ²⁴pʰiəŋ⁴⁴² 结核病

  喉痨 xəu²⁴lɔ⁰

胸膜炎 ɕyəŋ²⁴muɤ²⁴iɛ̃⁴⁴²

大脖子病 ta⁴²pʰuɤ²⁴tsʅ⁰pʰiəŋ⁴⁴² 甲状腺肿大

跌了 tie²¹lɛ̃⁰ 跌伤

碰了 pʰəŋ⁴²lɛ̃⁰ 碰伤

划唠一溜 xua²⁴lɔ⁰i²¹sɔ⁴⁴² 划了一道

出血 tṣʰu²⁴ɕie⁰ 流血
黑青 xei²²tɕʰiəŋ³¹ 淤青
肿 tṣuaŋ⁵³
撅住痂痂 tɕʰyɤ²¹tṣʰu⁴²tɕia²²tɕia³¹ 结痂
脸蛋肿 liẽ⁵³tẽ⁰tṣuaŋ⁵³ 腮腺炎
害疮儿 xɛɛ⁴²tṣʰuãr⁰ 长疮
长脓圪点儿 tṣaŋ⁵³nuəŋ²⁴kəʔ⁵tiɐr⁰ 长疔
漏 ləu⁴⁴² 痔疮
　　漏疮 ləu⁴²tṣʰuaŋ⁰
疮 tṣʰuaŋ²¹
热颗子 zɤ²¹kʰuɤ⁵³tṣʅ⁰ 痱子
眼子 iẽ⁵³tṣʅ⁰ 不凸起的黑痣
蚕屎 tsʰɛ̃²⁴sʅ⁰ 雀斑
青春颗子 tɕʰiəŋ²⁴tṣʰuəŋ⁰kʰuɤ⁵³tsʅ⁰ 粉刺疙瘩
　　粉刺颗子 fəŋ⁵³tsʅ⁰kʰuɤ⁵³tsʅ⁰
燎焦泡 liɔ²⁴tɕiɔ²¹pʰɔ⁴⁴² 烫伤后起的水泡
口呛 kʰəu⁵³tɕʰiaŋ⁴⁴² 口臭
鼻子不灵 pʰi²⁴tsʅ⁰pu²¹liəŋ²⁴³ 嗅觉不灵
鼻子埕住了 pʰi²⁴tsʅ⁰tṣu²¹tṣʰu⁴²lẽ⁰ 鼻塞
水蛇腰 ʂuei⁵³ʂɤ²⁴iɔ²¹ 指女子又细又软的腰
水桶腰 ʂuei²⁴tʰuəŋ⁵³iɔ²¹ 粗腰
痎忽咙绵羊 tṣʰa²¹xuəʔ⁵ləu⁰miẽ²⁴iaŋ⁰ 嗓音沙哑的人
独眼龙 tu²⁴n̠iẽ⁵³luəŋ²⁴³ 一只眼睛瞎的人
近屈⁼子 tɕiəŋ⁴²tɕʰy²¹tsʅ⁰ 近视眼
老花眼 lɔ⁵³xua²¹n̠iẽ⁰
水泡泡儿眼 ʂuei⁵³pʰɔ⁴²pʰɔr⁰n̠iẽ⁰ 鼓眼泡儿
对眼子 tuei⁴²n̠iẽ²¹tsʅ⁰ 斗鸡眼儿
　　对眼儿 tuei⁴²n̠iɐr⁰
　　对眼眼 tuei⁴⁴n̠iẽ⁵³n̠iẽ⁰
灰皮遮了 xuei²¹pʰi²⁴tṣɤ²¹lẽ⁰ 白内障
圪蒙蒙眼 kəʔ⁵məŋ²¹məŋ⁰n̠iẽ⁵³ 眯眯眼
斜眼 ɕie²⁴n̠iẽ⁰

风眼 fəŋ²⁴n̠iẽ⁵³ 迎风流泪的眼睛
眼檄 n̠iẽ⁵³tɕʰyɤ²⁴³ 眼睑起的麦粒肿
裂子 lie²¹tsʅ⁰ ①裂缝。②手脚因为干燥出现的裂纹
泡 pʰɔ⁴⁴² 水泡儿：穿新鞋脚上起咾个～
　　圪泡 kəʔ⁵pʰɔ⁰
羊羔儿疯 iaŋ²⁴kɔr⁰fəŋ²¹ 癫痫
抽风 tṣʰəu²⁴fəŋ²¹ ①惊风。②抽风
中风 tṣuəŋ⁴²fəŋ²¹
瘫 tʰɛ̃²¹ 瘫痪
结颏颏 tɕi²⁴kʰuɤ²¹kʰuɤ⁰ 结巴的人
缺手儿 tɕʰyɤ²⁴ʂəur⁰ 手残者
缺胳膊 tɕʰyɤ²⁴kəʔ⁵puɤ⁰
麻子 ma²⁴tsʅ⁰ ①人出天花后留下的疤痕。②脸上有麻子的人
疤子 pa²²tsʅ³¹ 脸上有疤痕的人
六指儿 liəu⁴²tsʰɐr⁵³ 手长六个指头的人
半蹩子 pɛ̃⁴⁴pʰie⁵³tsʅ⁰ 腿脚部有疾病，引申指身体残疾或不健康的人

十三　衣服穿戴

穿罩儿 tṣʰuɛ̃²¹tsɔr⁴⁴²
　　穿戴 tṣʰuɛ̃²¹tɛe⁴⁴²
打扮 ta⁵³pɛ̃⁰
制服衣裳 tṣʅ⁴²fu²⁴i²¹ʂaŋ⁰ 制服
中式衣裳 tṣuəŋ²⁴sʅ⁰i²¹ʂaŋ⁰
西服 ɕi²¹fu⁴⁴ "服"声调特殊
长袍儿 tṣʰaŋ²⁴pʰɔr²⁴³ 中式长衫
马褂儿 ma⁵³kuɐr⁰
旗袍儿 tɕʰi²⁴pʰɔr⁰
老棉袄 lɔ⁵³miẽ²⁴ŋɔ⁰ 大棉袄
皮袄 pʰi²⁴ŋɔ⁰

搭面子皮袄 ta²¹miɛ̃⁴²tsʅ⁰pʰi²⁴ŋɔ⁰ 外面加了罩面的皮袄

大氅 ta⁴⁴tʂʰaŋ⁵³ 棉大衣

大衣 ta⁴²i⁰

呢子大衣 ȵi²⁴tsʅ⁰ta⁴²i⁰

皮大衣 pʰi²⁴ta⁴²i⁰

短大衣 tuɛ̃⁵³ta⁴²i⁰

罩衫儿 tsɔ⁴²sɚ⁰ 外衣

罩衣 tsɔ⁴²i⁰

内衣 nuei⁴²i⁰

绒袄儿 ʐuaŋ²⁴ŋɚ⁰ 绒衣

坎肩儿 kʰɛ̃⁵³tɕiɚ⁰ 外穿背心

毛坎肩儿 mɔ²⁴kʰɛ̃⁵³tɕiɚ⁰ 毛背心

钻洞毛衣 tsuɛ̃²¹tuəŋ⁴²mɔ²⁴i⁰ 套头毛衣

斗袍儿 təu⁵³pʰɔr²⁴³ 幼儿披的斗篷

衣裳襟子 i²¹ʂaŋ⁰tɕiəŋ²¹tsʅ⁰ 衣襟儿

大襟 ta⁴²tɕiəŋ⁰

小襟 ɕiɔ⁵³tɕiəŋ⁰

对襟子 tuei⁴⁴tɕiəŋ²²tsʅ³¹

领子 liəŋ⁵³tsʅ⁰

下摆 xa⁴²pɛɛ⁰

长袖儿 tʂʰaŋ²⁴ɕiəur⁴⁴² 长袖上衣

半袖儿 pɛ̃⁴⁴ɕiəur⁰ 短袖上衣

散袖儿 sɛ̃⁵³ɕiəur⁴⁴² 袖口不收紧的袖子

紧袖儿 tɕiəŋ⁵³ɕiəur⁴⁴² 袖口收紧的袖子

裙子 tɕʰyəŋ²⁴tsʅ⁰

背带裤儿 pei²¹tɛɛ⁴²kʰur⁴⁴²

长裤儿 tʂʰaŋ²⁴kʰur⁰

单裤儿 tɛ̃²¹kʰur⁰

棉裤儿 miɛ̃²⁴kʰur⁰

夹裤儿 tɕia²⁴kʰur⁰

绒裤儿 ʐuaŋ²⁴kʰur⁴⁴²

连脚裤 liɛ̃²⁴tɕyɤ²¹kʰu⁴⁴² 裤腿包脚的婴儿开裆背带裤

大裆裤 ta⁴²taŋ⁰kʰu⁴⁴²

开裆裤 kʰɛɛ²⁴taŋ⁰kʰu⁴⁴²

死裆裤 sʅ⁵³taŋ⁰kʰu⁴⁴²

合裆裤儿 xuɤ²⁴taŋ⁰kʰur⁴⁴²

裤裆 kʰu⁴²taŋ⁰

裙裤儿 tɕʰyəŋ²⁴kʰur⁴⁴²

裤腰 kʰu⁴²iɔ²¹

裤带 kʰu⁴²tɛɛ⁴⁴²

裤带□子 kʰu⁴²tɛɛ²¹tsʰɛ̃²¹tsʅ⁰ 皮带扣儿

明衩衩 miəŋ²⁴tsʰa²¹tsʰa⁰ 衣服外面的口袋

里衩衩 li²⁴tsʰa²¹tsʰa⁰ 衣服里面的口袋

暗衩衩 ŋɛ̃⁴⁴tsʰa²¹tsʰa⁰

子母蛋 tsʅ²⁴mu⁰tʰɛ̃⁴⁴² 中式的纽扣

子母襻 tsʅ²⁴mu⁰pʰɛ̃⁴⁴² 中式的扣襻

扣门儿 kʰəu⁴²mr̃²⁴³ 西式的扣眼

面子 miɛ̃⁴²tsʅ⁰

里子 li⁵³tsʅ⁰

衬肩 tsʰəŋ⁴²tɕiɛ̃⁰ 担担子时垫在肩膀上的环形布垫

松紧 suəŋ²¹tɕiəŋ⁰ 松紧带

恶水 ŋuɤ²⁴ʂuei⁰ 脏衣物

趿拉巴鞋 tʰəʔ⁵la²¹pa⁰xɛɛ²⁴³ 脚后跟处没有鞋帮的鞋，例如"拖鞋"

踏倒跟鞋 tʰa²¹tɔ⁵³kəŋ²¹xɛɛ²⁴³ 把脚后跟的鞋帮踩倒的鞋

暖鞋 nuɛ̃⁵³xɛɛ²⁴³

单鞋 tɛ̃²¹xɛɛ²⁴³

皮鞋 pʰʅ²⁴xɛɛ⁰

皮靴子 pʰi²⁴ɕyɤ²¹tsʅ⁰ 皮靴

毡鞋 tʂɛ̃²¹xɛɛ²⁴³

秋鞋 tɕʰiəu²¹xɛe²⁴³ 胶底鞋

雨鞋 y⁵³xɛe²⁴³

布鞋 pu⁴²xɛe²⁴³

襻襻鞋 pʰɛ̃⁴²pʰɛ̃⁰xɛe²⁴³ 脚面有一根系带的鞋

松紧鞋 suəŋ²¹tɕiəŋ⁰xɛe²⁴³ 脚面两侧有松紧带的鞋

千层底鞋 tɕʰiɛ̃²¹tsʰəŋ²⁴ti⁵³xɛe²⁴³ 千层底布鞋，因鞋底由多层白布袼褙纳制而得名

小脚鞋 ɕiɔ⁵³tɕyɤ²¹xɛe²⁴³ 旧时裹脚妇女穿的鞋

鞋底子 xɛe²⁴ti⁵³tsʅ⁰

鞋帮子 xɛe²⁴paŋ²¹tsʅ⁰

鞋楦儿 xɛe²⁴ɕyɐr⁴⁴²

鞋溜子 xɛe²⁴liəu⁴²tsʅ⁰ 鞋拔子

鞋克郎⁼儿 xɛe²⁴kʰɔʔ⁵lɑ̃r⁰ 鞋腔

鞋带儿 xɛe²⁴tɛr⁴⁴²

鞋垫儿 xɛe²⁴tiɐr⁴⁴²

线袜 ɕiɛ̃⁴²ua⁰

丝袜子 sʅ²⁴ua²¹tsʅ⁰ 丝袜

长筒袜子 tʂʰaŋ²⁴tʰuəŋ⁰ua²²tsʅ³¹ 长丝袜

低祒袜子 ti²¹iɔ⁴²ua²¹tsʅ⁰ 短袜

袜带子 ua²¹tɛe⁴²tsʅ⁰ 旧时有袜带

裹脚 kuɤ⁵³tɕyɤ⁰ 旧时妇女的裹脚布

裹腿 kuɤ²⁴tʰuei⁵³ 缠在小腿上的布条

毡帽 tʂɛ̃²⁴mɔ⁴⁴² 羊毛毡做成的圆顶、筒状的帽子

棉帽儿 miɛ̃²⁴mɔr⁴⁴² 带有帽耳的棉帽子

皮帽子 pʰi²⁴mɔ⁴²tsʅ⁰ 外面缝一层狗皮的棉帽

羊皮帽子 iaŋ²⁴pʰi⁰mɔ⁴²tsʅ⁰ 外面缝一层羊皮的棉帽

皮帽 pʰi²⁴mɔ⁴⁴²

礼帽 li⁵³mɔ⁴⁴²

瓜壳儿帽 kua²¹kʰuɐr⁰mɔ⁴⁴² 瓜皮帽

黄军帽 xuaŋ²⁴tɕyəŋ²¹mɔ⁴⁴²

火车头帽儿 xuɤ⁵³tʂʰɤ²¹tʰəu²⁴mɔr⁴⁴² 雷锋帽

虎虎帽 xu⁵³xu⁰mɔ⁴⁴² 小孩子戴的虎头造型的帽子

兔儿帽儿 tʰur⁴⁴mɔr⁴⁴² 小孩子戴的兔头造型的帽子

草帽儿 tsʰɔ⁵³mɔr⁴⁴²

帽檐檐 mɔ⁴²iɛ̃²⁴iɛ̃⁰ 帽檐

帽壳壳儿 mɔ⁴²kʰuɤ²¹kʰuɐr⁰ 帽壳

帽苫苫 mɔ⁴²ʂɛ̃⁴²ʂɛ̃⁰ 帽耳

斗笠 təu⁵³li⁰（旧）

金银首饰 tɕiəŋ²¹iəŋ²⁴ʂəu⁵³ʂʅ⁰ 首饰的总称

银货 iəŋ²⁴xuɤ⁴⁴² 银首饰

扭丝儿手镯 ɲiəu⁵³sər⁰ʂəu⁵³tʂʰuɤ⁰ 绞花儿式样的银手镯

铜溜子 tʰuəŋ²⁴liəu⁴²tsʅ⁰ 铜戒指

金箍子 tɕiəŋ²⁴ku²¹tsʅ⁰ 金戒指

项圈 xaŋ⁴²tɕʰyɛ̃²¹

项链儿 ɕiaŋ⁴²liɐr⁴⁴²

长命锁儿 tʂʰaŋ²⁴miəŋ⁴⁴suɐr⁵³ 小儿佩戴的百家锁

别针儿 pʰie²⁴tʂr̃r⁰

簪儿 tsɐr²¹

卡子 tɕʰia⁵³tsʅ⁰ 头发卡子

发卡 fa²⁴tɕʰia⁰ 发箍

网网 uaŋ⁵³uaŋ⁰ 网发髻的黑网子，女性老年人喜用

耳环 ər⁵³xuɛ̃²⁴³ ①耳饰的统称。②耳环

耳坠坠 ər⁵³tʂuei⁰tʂuei⁰ 带有下垂饰物的耳饰

纪念章儿 tɕi⁴⁴ɲiɛ̃⁴²tʂɐ̃r²¹

胭脂 iɛ̃²⁴tsʅ⁰

粉 fəŋ⁵³ 化妆粉

牌牌 pʰɛe²⁴pʰɛe⁰ 小孩子胸前的围嘴儿

骑襦子 tɕʰi²⁴tɕʰie⁴²tsʅ⁰（婴儿）在两腿间夹尿布
羊肚子手巾儿 iaŋ²⁴tu⁵³tsʅ⁰ʂəu⁵³tɕiɾ̃r⁰
裹肚儿 kuɤ⁵³tʰur⁰ 旧时缠在胸腹部的长片布
肚肚 tu⁵³tu⁰ 女子和小孩穿的肚兜
手套 ʂəu⁵³tʰɔ⁴⁴²
油布伞 iəu²⁴pu⁴⁴sɛ̃⁵³
雨伞 y²⁴sɛ̃⁰
雨衣 y⁵³i⁰
蓑衣 suɤ²¹i⁰（旧）雨衣
眼镜 n̠iɛ̃⁵³tɕiəŋ⁰
石头镜 ʂʅ²⁴tʰəu⁰tɕiəŋ⁴⁴²
茶色镜 tʂʰa²⁴sei²¹tɕiəŋ⁴⁴² 茶色石头镜
墨镜 mei²⁴tɕiəŋ⁴⁴²
花镜 xua²¹tɕiəŋ⁴⁴² 老花镜
风镜 fəŋ²¹tɕiəŋ⁴⁴²
平镜 pʰiəŋ²⁴tɕiəŋ⁰ 平光镜
近视镜 tɕiəŋ⁴²sʅ⁰tɕiəŋ⁴⁴²
手表 ʂəu²⁴piɔ⁰
延安表 iɛ̃²⁴ŋɛ̃⁰piɔ⁰ 延安手表厂产的表
闹钟 nɔ⁴²tʂuaŋ²¹
钟 tʂuaŋ²¹

十四　饮食

吃喝 tʂʰʅ²¹xuɤ⁰ 伙食
吃饭 tʂʰʅ²¹fɛ̃⁴⁴²
　　献脑子 ɕiɛ̃⁴⁴nɔ⁵³tsʅ⁰ 詈语
早起饭 tsɔ²⁴tɕʰi²¹fɛ̃⁴⁴²
晌午饭 ʂaŋ²⁴u⁰fɛ̃⁴⁴² 午饭
后晌饭 xəu⁴²ʂaŋ⁰fɛ̃⁴⁴² 晚饭
　　黑咯饭 xei²¹lɔ⁵³fɛ̃⁴⁴²
正顿饭 tʂəŋ⁴²tuəŋ⁰fɛ̃⁴⁴² 正餐

间生饭 tɕiɛ̃⁴²səŋ²¹fɛ̃⁴⁴² 夹生饭
打尖儿 ta⁵³tɕier²¹ 旅途或劳动中途吃点儿东西
干粮 kɛ̃²²liaŋ³¹
零嘴儿 liəŋ²⁴tsuər⁵³ 零食
麻花儿 ma²⁴xuɤr⁰ 油炸麻花
锅圪巴 kuɤ²¹kəʔ⁵pa⁰ 锅巴
　　锅巴巴 kuɤ²⁴pa²¹pa⁰
酿皮子 zaŋ⁵³pʰi²⁴tsʅ⁰ 用麻辣味的猪肝片儿做调料的凉皮
夜宵 ie⁴²ɕiɔ⁰
　　宵夜 ɕiɔ²¹ie⁴⁴²
剩饭 ʂəŋ⁴²fɛ̃⁴⁴²
稠饭 tʂʰəu²⁴fɛ̃⁴⁴² 小米黏饭
捞饭 lɔ²⁴fɛ̃⁰ 从米汤中捞的米饭
捞饭米汤 lɔ²⁴fɛ̃⁴²mi⁵³tʰaŋ⁰ 做捞饭时的稀汤
米糊 mi⁵³xu²⁴³ 小米米粉糊
白面 pʰei²¹miɛ̃⁴⁴²
黑面 xei²¹miɛ̃⁴⁴² 黑小麦磨成的面粉
头糵面 tʰəu²⁴tsʰɛ̃⁴²miɛ̃⁴⁴² 第一遍筛下的面粉
二糵面 ər⁴²tsʰɛ̃⁴²miɛ̃⁴⁴² 第二遍筛下的面粉
麸子面 fu²¹tsʅ⁰miɛ̃⁴⁴² 最后一遍筛下的面粉
挂面 kua⁴²miɛ̃⁰
机器面 tɕi²¹tɕʰi⁴²miɛ̃⁴⁴² 机制的面条
汤面 tʰaŋ²¹miɛ̃⁴⁴²
臊子 sɔ⁴²tsʅ⁰ 面条上浇的卤汁
撅片儿面 tɕyɤ²⁴pʰier⁵³miɛ̃⁴⁴² 面片儿
榆皮面 y²⁴pʰi²⁴miɛ̃⁴⁴² 在过去经济困难时，把榆树皮磨的粉掺到面粉中食用，和好的榆皮面团呈淡粉色
连锅面 liɛ̃²⁴kuɤ⁰miɛ̃⁴⁴² 连锅端上桌的烩面
干捞面 kɛ̃²¹lɔ²⁴miɛ̃⁴⁴² 臊子拌面，不加汤
和菜饭 xuɤ⁴²tsʰɛe⁴²fɛ̃⁴⁴² 加了蔬菜碎叶的小米粥

拌汤 pʰɛ̃⁴²tʰaŋ⁰ 面疙瘩汤
面糊糊 miɛ̃⁵³xu²⁴xu⁰ 面糊儿
花卷儿 xua²⁴tɕyɤʳ⁰
地蕨包子 ti⁴⁴ʐuɛ̃⁵³pɔ²¹tsʅ⁰ 地木耳馅的包子
窝窝 uɤ²⁴uɤ⁰ 窝头
油糕 iəu²⁴kɔ⁰
枣糕 tsɔ⁵³kɔ²¹
甜糕 tʰiɛ̃²⁴kɔ²¹ 没有炸过的糕
撅糕 tsʰɛe²⁴kɔ²¹ 揉糕
糕斜 kɔ²¹ɕie²⁴³ 糕面和白面做成的黄白两色相间的方形蒸馍
烧饼 ʂɔ²⁴piəŋ⁰
烙饼 lɔ⁴²piəŋ⁰ 一种油烙的白面饼
起面饼子 tɕʰi⁵³miɛ̃⁰piəŋ⁵³tsʅ⁰ 发面饼
死面饼子 sʅ⁵³miɛ̃⁰piəŋ⁵³tsʅ⁰
叶子扁食 ie²¹tsʅ⁰piɛ̃⁵³ʂʅ⁰ 皮儿大馅儿少的小饺子
蒸饺儿 tʂəŋ²⁴tɕiɤʳ⁰
火烧 xuɤ⁵³ʂɔ⁰ 馅饼
硬火烧 ȵiəŋ⁴²xuɤ⁵³ʂɔ⁰ 烤制的外壳较硬的肉馅饼
软火烧 ʐuɛ̃²⁴xuɤ⁵³ʂɔ⁰ 油炸的外壳软软的肉馅饼
炸鸡蛋 tsa²⁴tɕi²¹tɛ̃⁴⁴² 油炸的鸡蛋面疙瘩
鸡蛋糕 tɕi²¹tɛ̃⁴²kɔ²¹
荞麦糁子 tɕʰiɔ²⁴mei⁰səŋ²¹tsʅ⁰ 脱了壳的荞麦颗粒
炒面 tsʰɔ⁵³miɛ̃⁰
面茶 miɛ̃⁴²tsʰa²⁴³
油茶 iəu²⁴tsʰa⁰ 面粉加牛油、葱姜蒜、花生碎粒和核桃粒等炒熟而成
月饼 yɤ²⁴piəŋ⁰
饼干儿 piəŋ⁵³kɐʳ⁰
酵子 tɕiɔ⁴²tsʅ⁰ 发酵用的面团

面饽 miɛ̃⁴²pʰuɤ⁰ 做面食时为防止黏合而撒的面粉
肥肉 fei²⁴ʐəu⁴⁴²
黑肉 xei²¹ʐəu⁴⁴² 瘦猪肉
瘦肉 ʂəu⁴²ʐəu⁴⁴²
肉丁丁 ʐəu⁴²tiəŋ²²tiəŋ³¹ 肉丁
肉圪瘩瘩 ʐəu⁴²kəʔ⁵ta²¹ta⁰
肉片儿 ʐəu⁴²pʰiɐʳ⁰
肉丝儿 ʐəu⁴²sɐʳ⁰
肉皮儿 ʐəu⁴²pʰiɐʳ²⁴³
卤汤 ləu⁵³tʰaŋ⁰
腥汤 ɕiəŋ²²tʰaŋ³¹ 炖肉的清汤
猪肘子 tʂu²⁴tʂəu⁵³tsʅ⁰
带把儿肘子 tɛɛ⁴²pɐʳ⁰tʂəu⁵³tsʅ⁰ 带骨头的猪肘子
猪丫丫 tʂu²¹ia²⁴ia⁰ 去掉硬壳的猪趾头
里脊肉 li⁵³tɕi²¹ʐəu⁴⁴²
蹄儿筋 tʰiɐʳ²⁴tɕiəŋ²¹
牛舌头 ȵiəu²⁴ʂɤ²⁴tʰəu⁰
头蹄下水 tʰəu²⁴tʰi²⁴ɕia⁴²ʂuei⁰ 羊的头、蹄、内脏的统称
猪肺子 tʂu²⁴fei⁴²tsʅ⁰
猪肠肠 tʂu²¹tʂʰaŋ²⁴tʂʰaŋ⁰ 猪肠子
猪克郎⁼儿 tʂu²⁴kʰəʔ⁵lãʳ⁰ 猪的腔骨
排骨 pʰɛɛ²⁴ku⁰
猪腰子 tʂu²⁴iɔ²¹tsʅ⁰ 猪肾
白条鸡 pʰei²⁴tʰiɔ²⁴tɕi⁰ 煺过毛的收拾干净的鸡
鸡杂儿 tɕi²¹tsɐʳ²⁴³ 鸡心、鸡肠、鸡肝、鸡肫、鸡血等的统称
鸡脖脐儿 tɕi²¹pʰu²¹tsʰɐʳ⁰ 鸡肫
羊血 iaŋ²⁴ɕyɤ⁰
羊克郎⁼儿 iaŋ²⁴kʰəʔ⁵lãʳ⁰ ①羊腔骨。②去头并挖空内脏的整羊

羊蹄儿 iaŋ²⁴tʰiər²⁴³
羊蹄儿焖子 iaŋ²⁴tʰiər²⁴məŋ²¹tsŋ⁰ 羊蹄儿炖成的肉冻
皮冻儿 pʰi²⁴tur̃r⁰ 猪皮熬成的肉冻
肚子 tu⁵³tsŋ⁰ 作为食物的猪牛羊等的胃
牛百叶儿 ȵiəu²⁴pei²¹iɛr⁴⁴² 牛胃
牛肚儿 ȵiəu²⁴tur⁰
土鸡蛋 tʰu⁵³tɕi²¹tʰɛ̃⁴⁴²~tɛ̃⁴⁴² 散养的鸡下的蛋
双黄蛋 ʂuaŋ²¹xuaŋ²⁴tʰɛ̃⁴⁴²~tɛ̃⁴⁴²
蛋清儿 tʰɛ̃⁴²~tɛ̃⁴²tɕʰir̃r²¹
蛋黄儿 tʰɛ̃⁴²~tɛ̃⁴²xuãr²⁴³
炒鸡蛋 tsʰɔ⁵³tɕi²¹tʰɛ̃⁴⁴²~tɛ̃⁴⁴²
滴鸡蛋 tie²⁴tɕi²¹tʰɛ̃⁴⁴²~tɛ̃⁴⁴² ①水煮的荷包蛋。
　　　②做荷包蛋
　荷包蛋 xuɤ²⁴pɔ²¹tʰɛ̃⁴⁴²~tɛ̃⁴⁴²
煮鸡蛋 tʂu⁵³tɕi²¹tʰɛ̃⁴⁴²~tɛ̃⁴⁴² ①连壳煮的鸡蛋。
　　　②用水煮鸡蛋
蒸鸡蛋 tʂəŋ²¹tɕi²¹tʰɛ̃⁴⁴²~tɛ̃⁴⁴² 蒸的蛋羹
腌鸡蛋 iɛ̃²¹tɕi²¹tʰɛ̃⁴⁴²~tɛ̃⁴⁴² 调料汤腌制的鸡蛋
腌鸭蛋 iɛ̃²⁴ia²¹tɛ̃⁴⁴² 咸鸭蛋
香肠 ɕiaŋ²¹tsʰaŋ²⁴³ 专指商品香肠
素菜 su⁴²tsʰɛe⁴⁴²
肉菜 zou⁴²tsʰɛe⁴⁴² 荤菜
就饭菜 tɕiəu⁴²fɛ̃⁴²tsʰɛe⁴⁴² 下饭菜
紧肉 tɕiəŋ⁵³zou⁴⁴² 动词，开水煮肉至煮出血水
爁肉 lɛ̃⁵³zou⁴⁴² 生肉入锅将水炒干
滚蛋汤 kuəŋ⁵³tɛ̃⁴²tʰaŋ²¹ 酒席上最后一道汤的戏称
咸菜 xɛ̃²⁴tsʰɛe⁴⁴² 腌制的萝卜等
干菜 kɛ̃²¹tsʰɛe⁴⁴² 粗盐腌制并晒干的白萝卜粗丝，吃的时候用开水或稀米汤泡软
咸白菜 xɛ̃²⁴pʰei²⁴tsʰɛe⁰

腌白菜 iɛ̃²¹pʰei²⁴tsʰɛe⁰
小菜 ɕiɔ⁵³tsʰɛe⁴⁴² 粗盐腌制的红萝卜丝儿、洋姜丝儿、蔓菁丝儿、莴笋丝儿等
油煿豆腐 iəu²⁴puɤ²¹təu⁴²fu⁰ 油煎豆腐片
豆腐皮儿 təu⁴²fu⁰pʰiər²⁴³
豆腐干儿 təu⁴⁴fu⁰kɐr²¹ 卤过的豆腐片
腐竹 fu⁵³tʂu⁰
豆腐乳 təu⁴²fu⁰zu⁵³
面筋 miɛ̃⁴²tɕiəŋ⁰
藕粉 ŋəu²⁴fəŋ²¹
豆豉 təu⁴²ʂŋ⁰
芡 tɕʰiɛ̃⁴⁴² 淀粉
　芡面儿 tɕʰiɛ̃⁴²mier⁴⁴²
洋芋芡 iaŋ²⁴y⁴²tɕʰiɛ̃⁴⁴² 土豆淀粉
绿豆芡 liəu⁴²təu⁴²tɕʰiɛ̃⁴⁴² 绿豆磨成的淀粉
芡糊 tɕʰiɛ̃⁴⁴xu²⁴³ 淀粉糊
银耳 iəŋ²⁴ər⁰
黄花儿 xuaŋ²⁴xuɛr²¹
　金针 tɕiəŋ²¹tʂəŋ³¹
海带 xɛe⁵³tɛe⁴⁴²
提味儿 tʰi²⁴uər⁴⁴² 添加作料使味美
味气 uei⁴²tɕʰi⁰ ①气味。②人气：那一点~也没，十人九眼黑 他没有一点儿人气，十个人里九个人讨厌。
色气 sei²¹tɕʰi⁴⁴² 颜色
板油 pɛ̃⁵³iəu²⁴³ 猪肚子里肋肢旁的肥膘
花油 xua²¹iəu²⁴³ 猪肠子、肚子上的肥油脂
羊油 iaŋ²⁴iəu⁰
清油 tɕʰiəŋ²¹iəu²⁴³ 旧指小麻油，现指所有植物油
花生油 xua²²səŋ³¹iəu²⁴³
黄芥油 xuaŋ²⁴kɛe⁴²iəu²⁴³

菜籽儿油 tsʰɛe⁴²tsər⁰iəu²⁴³

小麻油 ɕiɔ⁵³ma⁰iəu²⁴³ 蓖麻子油

干酱 kɛ̃²¹tɕiaŋ⁴² 自制的稠酱

大颗子盐 ta⁴²kʰuɤ²¹tsʅ⁰iɛ̃²⁴³ 粗盐

袋儿袋儿盐 tɛr⁴²tɛr⁰iɛ̃²⁴³ 精盐

芝麻酱 tsʅ²¹ma²⁴tɕiaŋ⁴⁴²

豆瓣儿酱 təu⁴²pɐr⁰tɕiaŋ⁴⁴²

辣子酱 la²¹tsʅ⁰tɕiaŋ⁴⁴² 辣酱

糖精 tʰaŋ²⁴tɕiəŋ²¹

黑糖 xei²¹tʰaŋ²⁴³ 红糖

白砂糖 pʰei²⁴sa²¹tʰaŋ²⁴³ 白糖

方糖 faŋ²¹tʰaŋ²⁴³ 小方块儿白糖

棒儿棒儿糖 pãr⁴²pãr⁴²tʰaŋ²⁴³ 棒棒糖

糖稀 tʰaŋ²⁴ɕi²¹ 稀糖浆

棉花糖 miɛ̃²⁴xua²¹tʰaŋ²⁴³

冰糖 piəŋ²¹tʰaŋ²⁴³

水果糖 ʂuei⁵³kuɤ⁵³tʰaŋ²⁴³ 硬糖块

奶糖 nɛe⁵³tʰaŋ²⁴³ 奶味软糖

稀蜜糖 ɕi²⁴mi²¹tʰaŋ²⁴³ 过去用面和蜂蜜制成的一种面糖

调和 tʰiɔ²⁴xuɤ⁰ 作料

大茴 ta⁴²xuei²⁴³ 八角

桂皮 kuei⁴²pʰi²⁴³

花椒 xua²²tɕiɔ³¹

麻椒 ma²⁴tɕiɔ²¹ 一种很麻的黑花椒

茴香 xuei²⁴ɕiaŋ²¹

白胡椒 pʰei²⁴xu²⁴tɕiɔ²¹

烟 iɛ̃²¹ 吃～

烟叶儿 iɛ̃²⁴iɛr⁰

烟丝儿 iɛ̃²⁴sər⁰

卷烟 tɕyɛ̃⁵³iɛ̃⁰

水烟 ʂuei⁵³iɛ̃⁰

纸烟把子 tsʅ⁵³iɛ̃²¹pa⁴²tsʅ⁰ 香烟头儿

洋药 iaŋ²⁴ie⁰ 用罂粟花果实熬制的膏体

　七里参 tɕʰi²⁴li⁵³səŋ²¹ 俗称

水烟袋 ʂuei⁵³iɛ̃²¹tɛe⁴⁴²

旱烟袋 xɛ̃⁴²iɛ̃²¹tɛe⁴⁴²

旱烟锅子 xɛ̃⁴²iɛ̃²¹kuɤ²¹tsʅ⁰ 细竹竿样的烟具

烟盒 iɛ̃²¹xuɤ²⁴³

烟锈 iɛ̃²¹ɕiəu⁴⁴²

烟灰 iɛ̃²⁴xuei²¹

火镰 xuɤ⁵³liɛ̃⁰ 旧时取火用具

火石 xuɤ⁵³ʂʅ⁰ 火镰打火用的石头

绿茶 liəu²¹tsʰa²⁴³

红茶 xuəŋ²⁴tsʰa⁰

砖茶 tʂuɛ̃²¹tsʰa²⁴³ 蒸压成砖头状的茶叶

燕窝茶 iɛ̃⁴²uɤ⁰tsʰa²⁴³ 窝状的茶块儿

熬茶 ŋ²⁴tsʰa²⁴³ 专指沏砖茶

粮食酒 liaŋ²⁴ʂʅ⁰tɕiəu⁰ 用粮食酿制的酒

甜酒 tʰiɛ̃²⁴tɕiəu⁰ 带甜味的各种酒的统称，
　包括葡萄酒等

老玉米酒 lɔ⁵³y⁴⁴mi²¹tɕiəu⁰ 用玉米酿制的白酒

清酒 tɕʰiəŋ²⁴tɕiəu⁵³ 酒谷米酿制的酒

酒糟 tɕiəu⁵³tsɔ²¹

十五　红白大事

亲事 tɕʰiəŋ²¹sʅ⁴⁴²

做媒 tsuɤ²¹mei²⁴³

保媒 pɔ⁵³mei²⁴³

谈 tʰɛ̃²⁴³ ～着哩：正在谈对象

好茬茬 xɔ⁵³tsʰa²⁴tsʰa⁰ 合适的对象

岁数 suei⁴²ʂu⁰ 年龄

　年纪 ȵiɛ̃²⁴tɕi⁴⁴²

周岁 tʂəu²¹suei⁴⁴² 从出生算起，每满一年为一

周岁

虚岁 ɕy²¹suei⁴⁴² 传统的记龄方式，出生当年算一岁

年岁 niẽ²⁴suei⁴⁴² 指老人的年纪

说下人家 ʂuɤ²¹xa⁴²zəŋ²⁴tɕia²¹ 订婚了

做亲 tsu²¹tɕʰiəŋ⁰ 建立婚姻关系

娃娃亲 ua²⁴ua⁰tɕʰiəŋ²¹

喜日子 ɕi⁵³ʐʅ²¹tsʅ⁰ 结婚的日子

喜酒 ɕi²⁴tɕiəu⁰

喜糖 ɕi⁵³tʰaŋ²⁴³

办喜事 pẽ⁴⁴ɕi⁵³sʅ⁴⁴²

轿 tɕiɔ⁴⁴² 包括花轿

    轿子 tɕiɔ⁴²tsʅ⁰

招女婿 tʂɔ²⁴n̠y²¹ɕi⁴⁴² 倒插门

交杯酒 tɕiɔ²¹pei²¹tɕiəu⁵³ 结婚中的新形式

圆房 yẽ²⁴faŋ²⁴³ 首次完成夫妻生活

同房 tʰuəŋ²⁴faŋ²⁴³ 夫妻性生活的讳称

后走了 xəu⁴²tsəu²⁴lẽ⁰ 寡妇再嫁

又寻咾一个 iəu⁴²ɕiəŋ²⁴lɔ⁰i²¹kɤ⁰ 男方续弦

    又办咾一个 iəu⁴²pẽ²⁴lɔ⁰i²¹kɤ⁰

    又娶咾一个 iəu⁴⁴tsʰʅ⁵³lɔ⁰i²¹kɤ⁰

接生 tɕie²⁴səŋ²¹

月地 yɤ²¹tʰi⁴⁴²

月婆儿 yɤ²¹pʰuər²⁴³ 产妇

守月子 ʂəu⁵³yɤ²¹tsəʔ⁰

头首首 tʰəu²⁴ʂəu⁵³ʂəu⁰ 头胎

刮娃娃 kuɤ²¹ua²⁴ua⁰ 打胎

    处理咾 tʂʰu²¹li⁰lɔ⁰

    打咾 ta²⁴lɔ⁰

墓生生 mu⁴²səŋ²¹səŋ⁰ 遗腹子

老生生 lɔ⁵³səŋ²¹səŋ⁰ 父母年老时生的孩子

垫窝窝 tʰiẽ⁴²uɤ²¹uɤ⁰ 家中最小的孩子

喝奶 xuɤ²⁴nɛŋ⁰ 喝奶粉调的奶

尿床 n̠iɔ⁴²tʂʰuaŋ²⁴³

尿炕 n̠iɔ⁴²kʰaŋ⁴⁴² 遗尿，以前当地只有炕

翻瞌睡 fẽ²⁴kʰuɤ²¹suei⁴⁴² 小孩睡前哭闹

打能能 ta⁵³nəŋ²⁴nəŋ⁰ 小孩学习站立

晬儿 tsuər⁴⁴² 专指12岁以下孩子的生日

老寿星 lɔ⁵³ʂəu⁴²ɕiəŋ²¹ 寿星

没抱起 muɤ⁵³pɔ⁴²tɕʰi⁰（婴儿）夭亡

奔丧 pəŋ⁴²saŋ²¹

赶白事 kẽ⁵³pʰei²⁴sʅ⁴⁴² 参加丧事

腾肚子 tʰəŋ²⁴tʰu⁴²tsʅ⁰ 使肚子空，也指老年人去世前排泄

好回首 xɔ⁵³xuei²⁴ʂəu⁰ 长寿的老人死时没受罪

寿材 ʂəu⁴²tsʰɛe²⁴³ 生前预制的棺材

守孝 ʂəu⁵³ɕiɔ⁴⁴²

戴孝 tɛe⁴²xɔ⁴⁴²

抹孝 ma²¹xɔ⁴⁴² 除孝

换孝 xuẽ²¹xɔ⁴⁴² 不方便戴孝的人只戴短期孝后除孝

送灵 suəŋ⁴²liəŋ²⁴³ 送葬

并葬 piəŋ⁴²tsaŋ⁰ 合葬

寄埋 tɕi⁴²mɛe²⁴³ 浮厝

纸火 tsʅ²⁴xuɤ⁰ 纸扎

童男女 tʰuəŋ²⁴nẽ²⁴n̠y⁰

纸钱 tsʅ⁵³tɕʰiẽ²⁴³ 打上铜钱印的麻纸

纸丁 tsʅ⁵³tiəŋ²¹ 在麻纸上打铜钱印的工具

香纸 ɕiaŋ²¹tsʅ⁰ 拜祭用的香和纸

幛子 tsaŋ⁴²tsʅ⁰ 挽幛

老陵 lɔ⁵³liəŋ²⁴³ 家族墓地

坟地 fəŋ²⁴ti⁴⁴² 墓地

公墓 kuəŋ²¹mu⁴⁴² 仙鹤岭～

墓窑儿 mu⁴²iər²⁴³ 墓室

认墓石 zəŋ⁴²mu⁴²ʂʅ²¹ 拦挡墓室口的石板
碑子 pi²²tsʅ³¹
　碑 pei²¹
立碑子 li²¹pi²²tsʅ³¹ 立碑
供桌儿 kuəŋ⁴²tʂuər⁰
上坟 ʂaŋ⁴²fəŋ²⁴³
跳河 tʰiɔ⁴²xuɤ²⁴³ 投水自尽
上吊 ʂaŋ⁴²tiɔ⁴⁴²
死人骨殖 sʅ⁵³zəŋ⁰ku²²ʂʅ³¹ 尸骨
干骨 kɛ̃²¹ku⁰ 人死十几年后只剩骨头
骨灰盒儿 ku²¹xuei⁰xuər²⁴³
神神 ʂəŋ²⁴ʂəŋ⁰ 神仙
土地庙 tʰu⁵³tʰi⁰miɔ⁴⁴²
龙王庙 luəŋ²⁴uaŋ⁰miɔ⁴⁴²
财神庙 tsʰɛe²⁴ʂəŋ⁰miɔ⁴⁴²
娘娘庙 ȵiaŋ²⁴ȵiaŋ⁰miɔ⁴⁴²
阎王爷 iɛ̃²⁴uaŋ⁰ie²⁴³
佛龛 fuɤ²⁴kʰɛ̃²¹
香案 ɕiaŋ²¹ŋɛ̃⁴⁴²
黄裱纸 xuaŋ²⁴piɔ²⁴tsʅ⁵³ 敬鬼神烧的黄纸
脑上顶神神 nɔ²⁴ʂaŋ⁴²tiəŋ⁵³ʂəŋ²⁴ʂəŋ⁰ 供奉神灵
扫天媳妇儿 sɔ⁵³tʰiɛ̃²¹ɕi²⁴fur⁰ 连阴天时，剪一个高举一只手的纸人，在手上粘几根笤帚枝，再把纸人粘在秸秆上。寓意把天扫开，停止下雨。
献的 ɕiɛ̃⁴²təʔ⁰ 供品
上献的 ʂaŋ⁴²ɕiɛ̃⁴²təʔ⁰ 上供
灯柱 təŋ²¹tʂʰu⁴⁴²
香 ɕiaŋ²¹ 上～
高香 kɔ²⁴ɕiaŋ²¹ 敬神的线香
香炉 ɕiaŋ²¹ləu²⁴³
点香 tiɛ̃⁵³ɕiaŋ²¹ 动宾，烧香

签纸 tɕʰiɛ̃²⁴tsʅ⁰ 印有谈吉凶的诗文的纸条
簸签 puɤ⁵³tɕʰiɛ̃²¹ 打卦
抽签 tʂʰəu²⁴tɕʰiɛ̃²¹ 求签
解签 tɕie⁵³tɕʰiɛ̃²¹
太和山道观 tʰɛe⁴²xuɤ²⁴sɛ̃²¹tɔ⁴²⁻⁴⁴kuɛ̃⁴⁴² 当地最有名的道观，位于清凉山
清凉山庙会 tɕʰiəŋ²¹liaŋ²⁴sɛ̃²¹miɔ⁴²xuei⁴⁴² 清凉山位于延安市区，每年阴历四月八举办盛大庙会
做道场 tsuɤ²¹tɔ⁴²⁻⁴⁴tʂʰaŋ⁰
礼生 li⁵³səŋ⁰ 做道场时朗诵的人
念经 ȵiɛ̃⁴²tɕiəŋ²¹
测字 tsʰei²¹tsʅ⁴⁴²
看风水 kʰɛ̃⁴²fəŋ²⁴ʂuei⁰
算卦 suɛ̃⁴²kua⁴⁴²
算命的 suɛ̃⁴²miəŋ⁴²ti⁰ 算命先生
　算卦的 suɛ̃⁴²kua⁴²ti⁰
看麻衣相的 kʰɛ̃⁴²ma⁴²i²¹ɕiaŋ⁴²ti⁰ 看面相的
推流星 tʰuei²¹liəu²⁴ɕiəŋ²¹ 根据生辰八字属相算命
师婆子 sʅ²¹pʰuɤ²⁴tsʅ⁰ 巫婆
　神婆 ʂəŋ²⁴pʰuɤ⁰
巫神 u⁴²ʂəŋ⁰ 男性
跳神 tʰiɔ⁴²ʂəŋ²⁴³
邪病 ɕie²⁴pʰiəŋ⁴⁴² 邪异的怪病
　异病 i⁴²pʰiəŋ⁴⁴²
伞伞刀 sɛ̃⁵³sɛ̃⁵³tɔ²¹ 跳神时手举的带环儿的刀子
异人 i⁴²zəŋ⁰ 民间具有与鬼神沟通或治邪病等特殊才能的人
许愿 ɕy⁵³yɛ̃⁴⁴²
还愿 xuɛ̃²⁴yɛ̃⁴⁴²
磨索 muɤ⁴²suɤ⁰ 驱邪及叫魂时的言语动作

中邪 tṣuaŋ⁴²ɕie²⁴³

跟上毛鬼神了 kəŋ²¹ʂaŋ⁴²mɔ²⁴kuei⁵³ʂəŋ²⁴lẽ⁰ 毛鬼神附体。通常面对举止不正常的人发出疑问或调侃：～？

遭罪 tsɔ²¹tsuei⁴⁴² 因为罪孽导致神灵惩罚

遭孽 tsɔ²⁴ȵie²¹ 造孽

妨 faŋ²¹ 妨害：那女子八字硬，～男人克 kʰei²¹

本龄年 pəŋ⁵³liəŋ⁴²ȵiẽ⁰ 本命年

熬年 ŋ²⁴ȵiẽ²⁴³ 守岁

拜年 pɛɛ⁴²ȵiẽ²⁴³

龙抬头 luəŋ²⁴tʰɛɛ²⁴tʰəu⁰

十六　日常生活

穿衣裳 tṣʰuẽ²¹i²¹ʂaŋ⁰

脱衣裳 tʰuɤ²¹i²¹ʂaŋ⁰

脱鞋 tʰuɤ²¹xɛɛ²⁴³

量衣裳 liaŋ²⁴i²¹ʂaŋ⁰

铰衣裳 tɕiɔ⁵³i²¹ʂaŋ⁰ 裁剪衣服

踏衣裳 tʰa²⁴i²¹ʂaŋ⁰ 用缝纫机缝衣裳

　　扎衣裳 tsa²⁴i²¹ʂaŋ⁰

等度 təŋ⁵³tu⁰ 比划一下尺寸大小

贴边儿 tʰie²¹piɐr⁰ 缝在衣服里子边上的窄条

滚边儿 kuəŋ⁵³piɐr⁰ 在衣服和布鞋等的边缘特别缝制的一种圆棱的边儿

敹边儿 liɔ²⁴piɐr²¹ 把布边卷进去缝好，外面尽量不露针脚

锁边儿 suɤ⁵³piɐr⁰

缘鞋口 iẽ²⁴xɛɛ²⁴kʰəu⁵³ 用布条镶鞋口

缉鞋后跟 tɕʰi²¹xɛɛ²⁴xəu⁴²kəŋ⁰ 把鞋后跟的鞋帮和鞋底缝起来

纳鞋底儿 na²¹xɛɛ²⁴tiɐr⁵³

抿袼褙儿 miəŋ⁵³kəʔ⁵piɐr⁰ 用糨糊将碎布一层一层粘成袼褙

缀纽子 tṣuei⁴⁴ȵiəu⁵³tsɿ⁰ 缝扣子

扎花儿 tsa²¹xuɐr⁰

　　绣花儿 ɕiəu⁴²xuɐr⁰

补补丁 pu⁵³pu²⁴tiəŋ⁰ 打补丁

锥鞋 tṣuei²¹xɛɛ²⁴³ 上鞋

钉鞋 tiəŋ²¹xɛɛ²⁴³ 补鞋

缝铺盖 fəŋ²⁴pʰu²¹kɛɛ⁴⁴² 做被卧

洗恶水 ɕi⁵³ŋuɤ²⁴ʂuei⁰ 洗衣裳

洗咾一水 ɕi²⁴lɔ⁰i²¹ʂuei⁵³ 洗了一遍

摆 pɛɛ⁵³ 用清水漂洗

晒衣裳 sɛɛ⁴²i²¹ʂaŋ⁰

晾衣裳 liaŋ⁴²i²¹ʂaŋ⁰

浆衣裳 tɕiaŋ⁴²i²¹ʂaŋ⁰

烙衣裳 luɤ²⁴i²¹ʂaŋ⁰ 用烙铁烫平衣物

熨衣裳 yəŋ⁴²i²¹ʂaŋ⁰ 用熨斗烫平衣物

烧火 ʂɔ²⁴xuɤ⁰ 生火

　　放火 faŋ⁴²xuɤ⁰

　　笼火 luəŋ²⁴xuɤ⁰

洗米 ɕi²⁴mi⁰ 淘米

起面 tɕʰi⁵³miẽ⁴⁴² 发面

和面 xuɤ²⁴miẽ⁴⁴²

撬荞面 tɕʰiɔ⁴²tɕʰiɔ²⁴miẽ⁴⁴² 和荞面

削面 ɕiəu²¹miẽ⁴⁴²

切面 tɕʰie²¹miẽ⁴⁴²

揪面片 tɕiəu²¹miẽ⁴²pʰiẽ⁰⁻⁵³

　　撅面片 tɕyɤ²⁴miẽ⁴²pʰiẽ⁰⁻⁵³

蒸馍馍 tṣəŋ²¹muɤ²⁴muɤ⁰

拌拌汤 pʰẽ⁴²pʰẽ⁴²tʰaŋ⁰ 做面疙瘩汤

滴拌汤 tie²¹pʰẽ⁴²tʰaŋ⁰ 做稀面糊

拣菜 tɕiẽ⁵³tsʰɛɛ⁴⁴² 择菜

拃皮 təŋ²¹pʰi²⁴³ 剥肉皮
做菜 tsuɤ²¹tsʰɛe⁴⁴² 总称
熬菜 ŋ²¹tsʰɛe⁴⁴² 炖菜
烩菜 xuei⁴²tsʰɛe⁴⁴² 多种食材烩在一起
调凉菜 tʰiɔ²⁴liaŋ²⁴tsʰɛe⁴⁴²
戳凉粉儿 tʂʰuɤ²¹liaŋ²⁴fɤr⁰ 做凉粉
    馇凉粉儿 tsʰa²⁴liaŋ²⁴fɤr⁰
营造馅子 iəŋ²⁴tsʰɔ²⁴xɛ̃⁴²tsʅ⁰ 制作馅料
做汤 tsuɤ²⁴tʰaŋ²¹
呛汤 tɕʰiaŋ⁴²tʰaŋ⁰ 滚油加入作料呛出香味，再
    加水调制而成的汤
调汤 tʰiɔ²⁴tʰaŋ⁰ 调料加清水做的调味汤
饭好了 fɛ̃⁴⁴xɔ⁵³lɛ̃⁰ 包括饭和菜
    饭熟了 fɛ̃⁴²ʂu²⁴lɛ̃⁰
生 səŋ²¹（饭）不熟
夹生 tɕia²⁴səŋ²¹（饭）半生不熟
开饭 kʰɛe²¹fɛ̃⁴⁴²
动筷子 tuəŋ⁴²kʰuɛe⁴²tsʅ⁰ 开始吃饭
舀饭 iɔ⁵³fɛ̃⁴⁴² 盛饭
拘菜 tɕy²¹tsʰɛe⁴⁴² 搛菜
舀汤 iɔ⁵³tʰaŋ²¹
拿筷子 na²⁴kʰuɛe⁴²tsʅ⁰ 使筷子
肉不烂 zəu²¹pəʔ⁵lɛ̃⁴⁴²
嚼不动 tɕʰyɤ²⁴pəʔ⁵tuəŋ⁴⁴²
    咬不动 ȵiɔ⁵³pəʔ⁵tuəŋ⁴⁴²
噎住了 ie²¹tʂʰu⁴²lɛ̃⁰
呛了 tɕʰiaŋ²¹lɛ̃⁰ 水进入气管引起不适
打饱声 ta²⁴pɔ⁵³ʂəŋ⁰ 打饱嗝儿
打卜⁼够⁼儿 ta⁵³pu²¹kəur⁰ 因吸入冷气而打嗝
嘴淡的 tsuei⁵³tɛ̃⁴²ti⁰ 吃东西没滋味儿
抽大烟 tʂʰəu²¹ta²⁴iɛ̃²¹ 吸鸦片或吸毒
洗手 ɕi²⁴ʂəu⁰

揩手 kʰɛe²⁴ʂəu⁰ 擦手
洗眉眼 ɕi⁵³mi²⁴ȵiɛ̃⁰
    洗脸 ɕi²⁴liɛ̃⁰
揩脸 kʰɛe²⁴liɛ̃⁰ 擦脸
涮口 ʂuɛ̃⁴²kʰəu⁰ 漱口
笓梳 pi⁴⁴ʂu²¹ 细齿的梳子
梳辫子 ʂu²¹pʰiɛ̃⁴²tsʅ⁰
缯辫子 tsəŋ⁴²pʰiɛ̃⁴²tsʅ⁰ 绑马尾辫
辫辫子 pʰiɛ̃⁴²pʰiɛ̃⁴²tsʅ⁰ 辫麻花辫
盘头 pʰɛ̃²⁴tʰəu²⁴³ 梳髻
铰指甲 tɕiɔ²⁴tsʅ⁵³tɕia⁰ 剪指甲
挖耳塞 ua²⁴ər⁵³sei⁰ 掏耳朵
抠鼻子 kʰəu²¹pʰi²⁴tsʅ⁰
揩身名⁼ kʰɛe²⁴ʂəŋ²¹miɛ̃²⁴³ 擦澡
歇凉凉 ɕie²¹liaŋ²⁴liaŋ⁰ 乘凉
    歇阴凉 ɕie²¹iəŋ²¹liaŋ²⁴³
晒洋洋 sɛe⁴²iaŋ²⁴iaŋ⁰ 晒太阳
打火火 ta²⁴xuɤ⁵³xuɤ⁰ 在室外点燃柴火取暖
烤火 kʰɔ²⁴xuɤ⁰
点灯 tiɛ̃⁵³təŋ⁰
关灯 kuɛ̃²⁴təŋ⁰ 熄灯
拉灯 la²⁴təŋ⁰ 以前的电灯，拉灯绳熄灯
瞌睡了 kʰuɤ²¹suei⁴²lɛ̃⁰
铺盖焐下 pʰu²¹kɛe⁴²u⁵³xa⁰ 铺好被褥
铺炕 pʰu²¹kʰaŋ⁴⁴²
铺床 pʰu²¹tʂʰuaŋ²⁴³
仰下 ȵiaŋ⁵³xa⁰ 躺下
睡着 suei⁴²tʂʰuɤ²⁴³
睡不着 suei⁴²pəʔ⁵tʂʰuɤ²⁴³
眯 mi⁵³ 小睡
歇晌午 ɕie²⁴ʂaŋ⁵³uɤ⁰
    睡午觉 suei⁴²u⁵³tɕiɔ⁴⁴²

仰面朝天 ȵiaŋ⁵³mə?⁵tʂʰɔ²⁴tʰiɛ̃²¹ "面"韵母弱化
　　仰面赤天 ȵiaŋ²⁴mɤ²¹tʂʰʅ²¹tʰiɛ̃⁰
侧棱睡 tsei²¹ləŋ²⁴ʂuei⁴⁴²侧着睡
脖子窝了 puɤ²⁴tsʅ⁰uɤ²¹lɛ̃⁰落枕
转腿肚儿 tʂuɛ̃⁴²tʰuei⁵³tur⁴⁴²小腿抽筋
说梦话 ʂuɤ²¹məŋ⁴²xua⁴⁴²
魇住了 iɛ̃⁵³tʂʰu⁴²lɛ̃⁰
　　梦魇了 məŋ⁴⁴iɛ̃²¹lɛ̃⁰
熬夜 ŋɔ²⁴ie⁴⁴²
黄穰⁼xuaŋ²⁴zaŋ²⁴³破破烂烂的铺盖及行李等
地里去也 ti⁴²li⁰tɕʰi⁴²ie⁰去地里干活
园子里去也 yɛ̃²⁴tsʅ²¹li⁰tɕʰi⁴²ie⁰去菜地里干活
山里去也 sɛ̃²⁴li⁰tɕʰi⁴²ie⁰去山里干农活
工地去也 kuaŋ²¹ti⁴²tɕʰi⁴²ie⁰上工
收工 ʂəu²⁴kuaŋ²¹
出去了 tʂʰu²¹tɕʰi⁴²lɛ̃⁰
回去了 xuei²⁴tɕʰi⁰lɛ̃⁰回家了
逛街 kuaŋ⁴²kɛe²¹
　　串街 tʂʰuɛ̃⁴²kɛe²¹
　　遛街 liəu²¹kɛe²¹
拧筛 ȵiaŋ²⁴sɛe⁰走过来走过去
遛打 liəu²¹ta⁰散步，闲逛

十七　讼事

告状 kɔ⁴²tʂuaŋ⁴⁴²
原告 yɛ̃²⁴kɔ⁴⁴²
被告 pi⁴²kɔ⁴⁴²
状子 tʂuaŋ⁴²tsʅ⁰
审案子 ʂəŋ⁵³ŋɛ̃⁴²tsʅ⁰
问案子 uəŋ⁴²ŋɛ̃⁴²tsʅ⁰
上法庭 ʂaŋ⁴²fa²⁴tʰiəŋ⁰
证人 tʂəŋ⁴²zəŋ⁰

人证 zəŋ²⁴tʂəŋ⁴⁴²
物证 uɤ²¹tʂəŋ⁴⁴²
订对 tiəŋ²¹tuei⁴⁴²对证
　　针对 tʂəŋ²¹tuei⁴⁴²
刑事 ɕiəŋ²⁴sʅ⁴⁴²
民事 miəŋ²⁴sʅ⁴⁴²
家务事 tɕia²¹u⁴²sʅ⁴⁴²
律师 ly⁴²sʅ⁰
写状子的 ɕie⁵³tʂuaŋ⁴²tsʅ⁰ti⁰代书
服 fu²⁴³接受（判决等的）结果
　　认眼 zəŋ⁴²ȵiɛ̃⁰
不服 pə?⁵fu²⁴³不接受（判决等的）结果
　　不认眼 pə?⁵zəŋ⁴²ȵiɛ̃⁰
上诉 ʂaŋ⁴²su⁴⁴²
　　上告 ʂaŋ⁴²kɔ⁴⁴²
判 pʰɛ̃⁴⁴²宣判
承认 tʂʰəŋ²⁴zəŋ⁴⁴²承认，招认
口供 kʰəu⁵³kuaŋ⁰
口实 kʰəu⁵³ʂʅ²⁴³话柄和把柄：落下～
　　话把子 xua⁴²pa⁴²tsʅ⁰
供 kuaŋ⁴⁴²～出同谋
同谋 tʰuaŋ²⁴mu²⁴³
故意做下的 ku⁴²i⁴²tsuɤ²¹xa⁴²ti⁰故意犯罪
　　有意做下的 iəu⁵³i⁰tsuɤ²¹xa⁴²ti⁰
过失犯罪 kuɤ⁴²ʂʅ²¹fɛ̃⁴²tsuei⁴⁴²
犯王法 fɛ̃⁴²uaŋ²⁴fa⁰
　　犯法 fɛ̃⁴²fa⁰
　　犯罪 fɛ̃⁴²tsuei⁴⁴²
放出来了 faŋ⁴²tʂʰu²¹lɛe²⁴lɛ̃⁰开释
保出来了 pɔ⁵³tʂʰu²¹lɛe²⁴lɛ̃⁰保释
逮捕 tɛe²⁴pʰu⁵³
绑去了 paŋ⁵³tɕʰi⁴²lɛ̃⁰

抓去了 tṣua²¹tɕʰi⁴²lɛ⁰
押 ia²¹ 押解（犯人）
犯人车 fɛ̃⁴²zəŋ⁰tṣʰɤ²¹ 囚车
清官 tɕʰiəŋ²⁴kuɛ̃²¹
赃官 tsaŋ²⁴kuɛ̃²¹
黑吃 xei²⁴tṣʰʅ²¹ 受贿
 收 ṣəu²¹ ～东西｜～钱
送 suəŋ⁴⁴² 送礼、行贿：～东西｜～钱
罚钱 fa²⁴tɕʰiɛ̃²⁴³
 罚款 fa²⁴kʰuɛ̃⁵³
杀头 sa²¹tʰəu²⁴³ 斩首
枪打 tɕʰiaŋ²⁴ta⁵³
 枪毙 tɕʰiaŋ²¹pi⁴⁴²
亡命牌 uaŋ²⁴miəŋ⁴²pʰɛe²⁴³ 斩条，插在死囚背
  后验明正身的木条
拷问 kʰɔ⁵³uəŋ⁰
手镣 ṣəu⁵³liɔ⁴⁴²
 手铐 ṣəu⁵³kʰɔ⁰
指拇铐 tsʅ²⁴mu⁰kʰɔ⁴⁴² 只铐两个大拇指的小
  手铐
脚镣 tɕyɤ²⁴liɔ⁴⁴²
绑起来 paŋ⁵³tɕʰi⁵³lɛe⁰ 把犯人～
 捆起来 kʰuəŋ²⁴tɕʰi⁵³lɛe⁰
 搊起来 tṣʰu²¹tɕʰi⁵³lɛe⁰
关起来 kuɛ̃²⁴tɕʰi⁵³lɛe⁰ 关押起来
坐禁闭 tsuɤ⁴⁴tɕiəŋ²¹pi⁴⁴²
 坐牢 tsʰuɤ⁴²lɔ²⁴³
劳改犯 lɔ²⁴kɛe⁰fɛ̃⁴⁴² 囚犯
 犯人 fɛ̃⁴²zəŋ⁰
看一看 kʰɛ̃⁴²i⁰kʰɛ̃⁴⁴² 探监
从监狱跑了 tsʰuəŋ²⁴tɕiɛ̃²¹y⁴²pʰɔ²⁴lɛ⁰ 越狱
打条子 ta⁵³tʰiɔ²⁴tsʅ⁰ 写字据

立字据 li²¹tsʅ²⁴tɕy⁴⁴²
填名字 tʰiɛ̃²¹miəŋ²⁴tsʅ⁰ 画押
压手印 ȵia²¹ṣəu²⁴iəŋ⁴⁴²
捐税 tɕyɛ̃²¹ṣuei⁴⁴²
租子 tsu²²tsʅ³¹ 地租
约 yɤ²¹ 地契
税 ṣuei⁴⁴²
交税 tɕiɔ²¹ṣuei⁴⁴² 纳税
执照 tsʅ²¹tṣɔ⁴⁴²
营业执照 iəŋ²⁴ȵie⁰tsʅ²¹tṣɔ⁴⁴²
本本儿 pəŋ⁵³pɤ̃r⁰ 拿到～了再买车
 驾照 tɕia⁴²tṣɔ⁴⁴²
牌子 pʰɛe²⁴tsʅ⁰ 给车上～
 牌照 pʰɛe²⁴tṣɔ⁴⁴²
布告 pu⁴²kɔ⁴⁴² 告示
 告知 kɔ⁴²tsʅ²¹
讣告 pu⁴²kɔ⁴⁴²
（官）印（kuɛ̃²¹）iəŋ⁴⁴² 旧时官员的图章
坨坨 tʰuɤ²⁴tʰuɤ⁰ 公章
萝卜坨子 luɤ²⁴pʰu⁰tʰuɤ²⁴tsʅ⁰ 民间对公章的谑称
戳儿 tṣʰuər²¹ 专指邮政专用章
交代 tɕiɔ²¹tɛe⁴⁴² 移交工作
 交过 tɕiɔ²¹kuɤ⁴⁴²
上任 ṣaŋ⁴²zəŋ⁴⁴²
新来的 ɕiəŋ²¹lɛe²⁴ti⁰ 新上任的：～的领导
不当了 pəʔ⁵taŋ²¹lɛ⁰ 卸任
免 miɛ̃⁵³ 罢免
 罢官儿 pa⁴²kuər⁰
叫夺权了 tɕiɔ⁴²tʰuɤ²⁴tɕʰyɛ̃²⁴lɛ⁰
案卷 ŋɛ̃⁴²tɕyɛ̃⁴⁴²
传票 tsʰuɛ̃²⁴pʰiɔ⁴⁴²
眼线 ȵiɛ̃⁵³ɕiɛ̃⁴⁴²

十八　交际

应酬 iəŋ⁴²tʂʰəu⁰

来往 lɛe²¹uaŋ⁰ 人情往来

　　来回 lɛe²⁴xuei⁰

　　打交儿 ta²⁴tɕiɔr⁰

没来回 muɤ²¹lɛe²⁴xuei⁰ ①不来往。②只接受别人的宴请和礼物等，却不还礼

看人 kʰɛ̃⁴²zəŋ²⁴³ 看望长辈、病人等

拜望 pɛe⁴²uaŋ⁴⁴² 拜访

稀客 ɕi²⁴kʰei²¹

年客 n̠iɛ̃²⁴kʰei²¹ 过年请的客人

新客 ɕiəŋ²¹kʰei⁰ 家族里新结的亲戚

叫吃饭 tɕiɔ⁴²tʂʰʅ²¹fɛ̃⁴⁴²

　　请客 tɕʰiəŋ⁵³kʰei²¹

回礼 xuei²⁴li⁰

失礼 ʂʅ²⁴li⁰

待承 tɛe⁴²tʂʰəŋ⁰ 待客

　　伺应 tsʰʅ⁴²iəŋ⁰

　　招待 tʂɔ²¹tɛe⁴⁴²

男客 nɛ̃²⁴kʰei²¹

女客 n̠y⁵³kʰei²¹

门户 məŋ²⁴xu⁰ 行～：行礼

人情 zəŋ²⁴tɕʰiəŋ⁰

礼物儿 li⁵³uər⁰

XX伙＝去也 XXxuɤ⁰tɕʰi⁴²ie⁰ 去XX家做客

陪人 pʰei²⁴zəŋ²⁴³ 陪客人

送人 suəŋ⁴²zəŋ²⁴³ 送客人

慢走，闲咾再来串来 mɛ̃⁴⁴tsəu⁰，xɛ̃²⁴lɔ⁰tsɛe⁴²lɛe²⁴tʂʰuɛ̃⁴²lɛe⁰ 主人送客时说的客气话

　　顾上咾再串来 ku⁴²ʂaŋ⁰lɔ⁰tsɛe⁴²tʂʰuɛ̃⁴²lɛe⁰

覅送了，回去！piɔ⁴²suəŋ⁴²lɛ̃⁰，xuei²⁴tɕʰi⁴⁴²！客人离开时对主人说的话

不客气 pu²⁴kʰei²¹tɕʰi⁴⁴² 回应致谢语的话

　　没事 muɤ²¹sʅ⁴⁴²

　　那是个什么？na²¹sʅ⁴²kɤ⁰ʂəʔ⁵ma⁰? 意思是小事一桩，不是个事儿

请帖 tɕʰiəŋ⁵³tʰie⁰

　　帖子 tʰie⁵³tsʅ⁰

席 ɕi²⁴³ 酒席

入席 zu²¹ɕi²⁴³

　　坐席 tsuɤ⁴²ɕi²⁴³

上菜 ʂaŋ⁴²tsʰɛe⁴⁴²

　　端菜 tuɛ̃²¹tsʰɛe⁴⁴²

上碗子 ʂaŋ⁴²uɛ̃⁵³tsʅ⁰ 把蒸碗送到饭桌上

安客 ŋɛ̃²⁴kʰei²¹ 安排客人坐下

敬酒 tɕiəŋ⁴⁴tɕiəu⁵³

满上 mɛ̃⁵³ʂaŋ⁰ 给酒杯倒满酒

劝酒 tɕʰyɛ̃⁴⁴tɕiəu⁵³

碰杯 pʰəŋ⁴²pei²¹

　　干杯 kɛ̃²¹pei⁰

不和 pəʔ⁵xuɤ²⁴³ 关系不好

　　臭了 tʂʰəu⁴²lɛ̃⁰

　　恼了 nɔ⁵³lɛ̃⁰

仇人 ʂəu²⁴zəŋ⁰ 冤家

不公道 pəʔ⁵kuəŋ²¹tɔ⁴⁴² 不公平

冤枉 yɛ̃²⁴uaŋ⁰

受屈 ʂəu⁴²tɕʰy²¹ 受委屈

插话 tsʰa²¹xua⁴⁴²

　　参言 tsʰɛ̃²¹iɛ̃²⁴³

　　插嘴 tsʰa²⁴tsuei⁵³

搭茬儿 ta²¹tsʰɚr²⁴³ 接话

　　搭岔儿 ta²¹tsʰɚr⁴⁴²

挑刺儿 tʰiɔ²¹tsʰɚr⁴⁴² 吹毛求疵

驳弹 puɤ²²tʰɛ̃³¹
假 tɕia⁵³ 为人不坦率、假装客气
　　作假 tsuɤ²⁴tɕia⁵³
架子大 tɕia⁴²tsʅ⁰ta⁴⁴² 摆架子
装憨汉 tʂuan²¹xɛ̃²¹xɛ̃⁴⁴² 装傻
背兴 pei⁴²ɕiəŋ⁴⁴² 羞愧
溜舔 liəu⁴²tʰiɛ̃⁰ ～队长
　　巴结 pa²¹tɕie⁰
串门子 tʂʰuɛ̃⁴²mən²⁴tsʅ⁰（贬）男人去别人家玩儿，实指男女有不正当关系
攀关系 pʰɛ̃²⁴kuɛ̃²¹ɕi⁴⁴² 套近乎
看起 kʰɛ⁴²tɕʰi⁰ 看得起
　　放/揉的眼里 faŋ⁴²/ʐəu²⁴təʔ⁵n̠iɛ̃²⁴li⁰
看不起 kʰɛ⁴²pəʔ⁵tɕʰi⁰
　　看不下 kʰɛe⁴²pəʔ⁵xa⁴⁴²
放也没放到眼里 faŋ⁴²ie⁰muɤ²¹faŋ⁴²tə²⁴n̠iɛ̃²¹li⁰
揉也没揉到眼里 ʐəu²⁴ie⁰muɤ²¹ʐəu²⁴tə²⁴n̠iɛ̃²¹li⁰
浅看 tɕʰiɛ̃⁵³kʰɛ̃⁴⁴² 小看
朋伙儿 pʰəŋ²⁴xuər⁰ 合伙儿
　　搭伙儿 ta²⁴xuər⁰
断⁼出去 tuɛ̃⁴²tʂʰu²¹tɕʰi⁰ 撵出去
相信 ɕiaŋ²¹ɕiəŋ⁴⁴² 威信：～不好
下数 xa⁴²ʂu⁰ 规矩
门路儿 məŋ²⁴ləur⁴⁴² 做事的规矩
　　门道儿 məŋ²⁴tər⁴⁴²
说时 ʂuɤ²¹sʅ⁰ 说法：有～
儿话 ər²⁴xua⁴⁴² 脏话
京腔儿 tɕiəŋ²⁴tɕʰiãr²¹ 专指普通话：咬～

十九　商业交通

字号儿 tsʰʅ⁴²xər⁴⁴²
牌子 pʰɛe²⁴tsʅ⁰ 招牌
牌子货 pʰɛe²⁴tsʅ⁰xuɤ⁴⁴² 品牌商品
开铺子 kʰɛe²¹pʰu⁴²tsʅ⁰
　　开门面 kʰɛe²¹mən²⁴miɛ̃⁰
　　开门市 kʰɛe²¹mən²⁴sʅ⁴⁴²（新）
铺面 pʰu⁴²miɛ̃⁴⁴² 商铺
摆摊子 pɛe⁵³tʰɛ̃²¹tsʅ⁰
　　摆摊摊儿 pɛe⁵³tʰɛ̃²²tʰɚ³¹
各人做着哩 kɤ²¹ʐəŋ²⁴tsuɤ²¹tʂuɤ⁰li⁰ 自己做生意着呢
下馆子 xa⁴²kuɛ̃⁵³tsʅ⁰
　　吃馆子 tʂʰʅ²¹kuɛ̃⁵³tsʅ⁰
服务员 fu²¹u⁴²yɛ̃²⁴³
　　招待员 tʂɔ²¹tɛe⁴²yɛ̃²⁴³
卖布门市 mɛe⁴²pu⁴²mən²⁴sʅ⁴⁴² 布店
　　帐铺 tʂaŋ⁴²pʰu⁰（旧）
百货门市 pei²¹xuɤ⁴²mən²⁴sʅ⁴⁴²
　　百货店 pei²¹xuɤ⁴²tiɛ̃⁴⁴²
杂货铺儿 tsa²⁴xuɤ⁴²pʰur⁴⁴² 经营铁器、农具、生活用品等
　　杂货门市 tsa²⁴xuɤ⁴²mən²⁴sʅ⁴⁴²
　　杂货店 tsa²⁴xuɤ⁴²tiɛ̃⁴⁴²
供销社 kuaŋ⁴²ɕiɔ²¹ʂɤ⁴⁴² 供销合作社
调和门市 tʰiɔ²⁴xuɤ⁴²mən²⁴sʅ⁴⁴² 调料店
粮油门市 liaŋ²⁴iəu⁰mən²⁴sʅ⁴⁴²
　　粮店 liaŋ²⁴tiɛ̃⁴⁴²
粮站 liaŋ²⁴tsɛ̃⁴⁴² 统购统销时期的粮店
文体门市 uəŋ²⁴tʰi⁵³mən²⁴sʅ⁴⁴² 经营文体用品的商店
文具店 uəŋ²⁴tɕy⁴²tiɛ̃⁴⁴²
烟草门市 iɛ̃²¹tsʰɔ⁵³mən²⁴sʅ⁴⁴²
书店 ʂu²¹tiɛ̃⁴⁴²
裁缝铺儿 tsʰɛe²⁴fəŋ⁰pʰur⁴⁴²

纸火铺 tsʅ²⁴xuɤ⁵³pʰu⁴⁴² 经营丧事用品的商店
铁匠铺儿 tʰie²¹tɕʰiaŋ⁴²pʰur⁴⁴²
茶馆儿 tsʰa²⁴kuɐr⁵³
　茶楼儿 tsʰa²⁴ləur²⁴³
理发铺 li⁵³fa⁰pʰu⁴⁴²
　理发店 li⁵³fa⁰tiẽ⁴⁴²
待长铺儿 tʰɛe⁴²tṣaŋ⁰pʰur⁴⁴²（旧）"长"是"招"的变音
剃脑 tʰi⁴²nɔ²⁴³
　剃头 tʰi⁵³tʰəu²⁴³ 专指男性理发
　剪头 tɕiẽ⁵³tʰəu²⁴³ 剪发，指女性理发
　铰头发 tɕiɔ⁵³tʰəu²⁴fa⁰
刮胡子 kua²¹xu²⁴tsʅ⁰
　刮脸 kua²⁴liẽ⁵³
肉摊摊 zəu⁴²tʰẽ²²tʰẽ³¹ 卖肉的摊子
肉铺 zəu⁴⁴~zəu⁴²pʰu⁴⁴² 卖肉的店铺
油坊 iəu²⁴faŋ⁰
当铺 taŋ⁴²pʰu⁴⁴²
赁房子 liəŋ⁴²faŋ²⁴tsʅ⁰ 承租房子
往出赁房子 uaŋ⁵³tṣʰu²¹liəŋ⁴²faŋ²⁴tsʅ⁰ 出租房子
抵押房子 ti⁵³ia⁰faŋ²⁴tsʅ⁰
典地 tiẽ⁵³tʰi⁴⁴²
炭市儿 tʰẽ⁴²sər⁴⁴² 卖煤的地方
煤气 mei²⁴tɕʰi⁴⁴²
煤气罐 mei²⁴tɕʰi²⁴kuẽ⁴⁴²
天然气 tʰiẽ²¹zẽ²⁴tɕʰi⁴⁴²
开张 kʰɛe²⁴tṣaŋ⁰
　开业 kʰɛe²⁴ie⁰
停业 tʰiəŋ²⁴ie⁰
　关门 kuẽ²¹məŋ⁰
盘货 pʰẽ²⁴xuɤ⁴⁴² 盘点
盘 pʰẽ²⁴³ 出资接手饭店等经营实体

柜台 kʰuei⁴²tʰɛe²⁴³
　栏柜 lẽ²⁴kuei⁴⁴²
要价 iɔ⁴²tɕia⁴⁴² 开价
还价 xuẽ²⁴tɕia⁴⁴²
拉价钱 la⁴²tɕia⁴²tɕʰiẽ⁰ 谈价钱
搞价 kɔ⁵³tɕia⁴⁴² 砍价
公道 kuəŋ²¹tɔ⁴⁴²（价钱等）合理公平
谎价 xuaŋ⁵³tɕia⁴⁴² 虚高价格
断货 tuẽ⁴²xuɤ⁴⁴² 货物卖光了
生意好 səŋ²¹i⁴²xɔ⁵³
　生意红火 səŋ²¹i⁴²xuəŋ²⁴xuɤ⁰
　生意不好 səŋ²¹i⁴²pəʔ⁵xɔ⁵³
　生意不红火 səŋ²¹i⁴²pəʔ⁵xuəŋ²⁴xuɤ⁰
老本儿 lɔ²⁴pr̃r⁰ ①原有的本钱。②比喻老资格或原有的知识
保本儿 pɔ²⁴pr̃r⁰
　保本钱 pɔ²⁴pəŋ²¹tɕʰiẽ²⁴³
赔 pʰei²⁴³
　亏 kʰuei²¹
利 li⁴⁴²
　利钱 li⁴²tɕʰiẽ⁰
　利息 li⁴²ɕi²¹
利滚利 li⁴²kuəŋ²¹li⁴⁴²
　驴打滚儿 ly²⁴ta²⁴kur̃⁰
时气好 sʅ²⁴tɕʰi⁴²xɔ⁵³ 运气好
　时运好 sʅ²⁴yəŋ⁴²xɔ⁵³
交运 tɕiɔ²¹yəŋ⁴⁴²
　走运 tsəu⁵³yəŋ⁴⁴²
　交好运 tɕiɔ²⁴xɔ²¹yəŋ⁴⁴²
　狗尿到脑上了 kəu⁵³ȵiɔ⁴²tɔ⁰nɔ²⁴ʂɤ⁰lẽ⁰
倒运 tɔ²¹yəŋ⁴⁴² 运气不好
　背 pei⁴⁴²

差 tsʰa⁴⁴² ～五毛十块，即九元五角

清 tɕʰiaŋ²¹ 账～了

除账 tʂʰu²⁴tsaŋ⁴⁴² 变相抵账：张磊短我的钱着哩，我买那他的猪趁～哩

定子钱 tiaŋ⁴²tsʅ⁰tɕʰiɛ̃²⁴³ 定金

押金 ia²⁴tɕiaŋ²¹

账房 tʂaŋ⁴²faŋ⁰

花销 xua²⁴ɕiɔ⁰ 花费

　开支 kʰɛe²⁴tsʅ⁰

杂沓 tsa²⁴tʰa⁰ 正项开支以外的零碎费用

账 tʂaŋ⁴⁴² 账目

记账 tɕi⁴²tsaŋ⁴⁴²

欠账 tɕʰiɛ̃⁴²tsaŋ⁴⁴²

要账 iɔ⁴²tsaŋ⁴⁴²

死账 sʅ⁵³tsaŋ⁴⁴² 要不回的账

　烂账 lɛ̃⁴²tsaŋ⁴⁴²

赖账 lɛe⁴²tsaŋ⁴⁴² 不认账

流水账 liəu²⁴ʂuei²¹tsaŋ⁴⁴²

来往账 lɛe²⁴uaŋ⁵³tsaŋ⁴⁴²

发票 fa²¹pʰiɔ⁴⁴²

存款 tsʰuaŋ²⁴kʰuɛ̃⁵³

攒下的钱 tsɛ̃⁵³xa⁰təʔ⁵tɕʰiɛ̃²⁴³ 积蓄

打钱 ta⁵³tɕʰiɛ̃²⁴³ 经银行汇出小额钱款

打款 ta²⁴kʰuɛ̃⁵³ 经银行汇出较大额的钱款

零花钱 liəŋ²⁴xua²¹tɕʰiɛ̃²⁴³

麻钱儿 ma²⁴tɕʰiɐr²⁴³ 铜板

铜元 tʰuaŋ²⁴yɛ̃²⁴³

银元 iaŋ²⁴yɛ̃²⁴³

　响洋 ɕiaŋ⁵³iaŋ²⁴³

字儿 tsər⁴⁴² 硬币有字的一面

漫儿 mɐr⁴⁴² 硬币有花的一面

一块 iəʔ⁵kʰuɛe⁴² 一元钱

一毛 iəʔ⁵mɔ²⁴ 一角钱

一分洋 iəʔ⁵fəŋ²¹iaŋ⁰ 一分钱

十块 ʂəʔ⁵kʰuɛe⁴⁴² 十元钱

一百块 i²¹pei⁰kʰuɛe⁴⁴² 一百元

一张钱 i²¹tsaŋ⁰tɕʰiɛ̃²⁴³ 一张钞票

天平 tʰiɛ̃²¹pʰiaŋ²⁴³

戥子 təŋ⁵³tsʅ

抬杆秤 tʰɛe²⁴kɛ̃²¹tʂʰəŋ⁴⁴² 需要两三人合抬的大秤

盘儿盘儿秤 pʰɐr²⁴pʰɐr⁰tʂʰəŋ⁴⁴² 老式带秤盘的手提杆秤

钩子秤 kəu²²tsʅ³¹tʂʰəŋ⁴⁴² 钩秤

磅秤 paŋ⁴²tʂʰəŋ⁴⁴²

秤盘 tʂʰəŋ⁴²pʰɛ̃²⁴³

秤星儿 tʂʰəŋ⁴²ɕĩr²¹

秤杆儿 tʂʰəŋ⁴²kɐr⁰

　秤杆子 tʂʰəŋ⁴²kɛ̃²¹tsʅ⁰

秤钩子 tʂʰəŋ⁴²kəu²¹tsʅ⁰

秤锤 tʂʰəŋ⁴²tsʰuei²⁴³

秤砣 tʂʰəŋ⁴²tʰuɤ²⁴³

秤毫系 tʂʰəŋ⁴²xɔ²⁴ɕi⁴⁴² 秤毫

秤高 tʂʰəŋ⁴²kɔ²¹ 称东西时秤杆高，分量足

秤低 tʂʰəŋ⁴²ti²¹ 称东西时秤杆低垂，分量不足

秤平 tʂʰəŋ⁴²pʰiaŋ²⁴³ 称东西时秤杆与地面平行，分量刚够

旱路 xɛ̃⁴²ləu⁴⁴²

水路 ʂuei⁵³ləu⁰ ①与"旱路"相对。②窑顶专门修建的引水槽

火车路 xuɤ⁵³tsʰɤ²¹ləu⁴⁴²

　铁路 tʰie²¹ləu⁴⁴²

火车轨 xuɤ⁵³tsʰɤ²¹kuei⁵³ 铁轨

火车站 xuɤ⁵³tsʰɤ²¹tsɛ̃⁴⁴²

火车 xuɤ⁵³tʂʰɤ⁰
汽车路 tɕʰi⁴²tʂʰɤ²¹ləu⁴⁴² 公路
　　马路 ma⁵³ləu⁴⁴²
汽车 tɕʰi⁴²tʂʰɤ⁰
公共汽车 kuəŋ²¹kuəŋ⁴²tɕʰi⁴²tʂʰɤ⁰
小车儿 ɕiɔ⁵³tʂʰər⁰ 小轿车
　　蛤蟆车儿 xəʔ⁵ma⁰tʂʰər²¹
摩托 muɤ²⁴tʰuɤ⁰ 摩托车
　　电驴子 tiẽ⁴⁴ly²⁴tsɿ⁰
三轮儿 sẽ²¹lyr̃²⁴³ 人力三轮车
　　三轮车 sẽ²¹lyəŋ²⁴tʂʰɤ²¹
马车 ma⁵³tʂʰɤ²¹ 大车
船 tʂʰuẽ²⁴³
帆 fẽ²⁴³
舵 tʰuɤ²⁴³
桨 tɕiaŋ⁵³
坐船 tsuɤ⁴⁴tʂʰuẽ²⁴³
渡口 tu⁴⁴kʰəu⁵³
码头 ma⁵³tʰəu²⁴³
砭石 ȵie²¹ʂɿ⁰ 过河踩踏的石头
大桥 ta⁴²tɕʰiɔ²⁴³
石桥 ʂəʔ⁵tɕʰiɔ²⁴³ 石拱桥
过水桥 kuɤ⁴⁴ʂuei⁵³tɕʰiɔ²⁴³ 比较低矮的没有护栏的简易桥。水大时，水就从桥面上流过，水不大时，桥上可供人通行。
吊桥 tiɔ⁴⁴tɕʰiɔ²⁴³
桥墩子 tɕʰiɔ²⁴tuəŋ²¹tsɿ⁰ 桥下支撑桥体的墩石和柱体等
　　桥腿子 tɕʰiɔ²⁴tʰuei⁵³tsɿ⁰

二十　文化教育

念上书了 ȵiẽ⁴⁴ʂaŋ⁰ʂu²¹lẽ⁰ 上小学了

上上学了 ʂaŋ⁴²ʂaŋ⁰ɕyɤ²⁴lẽ⁰
旷课 kʰuaŋ⁴²kʰuɤ⁴⁴²
幼儿园 iəu⁴²ər⁰yẽ²⁴³
义学 i⁴²ɕyɤ²⁴³
私学 sɿ²¹ɕyɤ²⁴³ 私塾
学费 ɕyɤ²⁴fei⁴⁴²
放假 faŋ⁴⁴tɕia⁴⁴²
暑假 ʂu⁵³tɕia⁰
寒假 xẽ²⁴tɕia⁴⁴²
请假 tɕʰiəŋ⁵³tɕia⁰
罚站 fa²⁴tsẽ⁴⁴²
上课 ʂaŋ⁴²kʰuɤ⁴⁴²
下课 ɕia⁴²kʰuɤ⁴⁴²
讲台 tɕiaŋ⁵³tʰɛe²⁴³
黑板 xei²⁴pẽ⁰
粉笔 fəŋ⁵³pi⁰
黑板擦擦 xei²⁴pẽ⁰tsʰa²²tsʰa³¹ 板擦儿
点名册 tiẽ⁵³miəŋ²⁴tsʰei⁰
板子 pẽ⁵³tsɿ⁰ 戒尺
笔记本儿 pi²¹tɕi⁴⁴pr̃r⁵³
　　日记本儿 zɿ²¹tɕi⁴⁴pr̃r⁵³
书儿 ʂur²¹ ①书籍的统称。②课本
包书儿皮皮 pɔ²⁴ʂur²¹pʰi²⁴pʰi⁰ 包书皮
　　褙书儿皮皮 pei⁴²ʂur²¹pʰi²⁴pʰi⁰
橡皮擦擦 ɕiaŋ⁴²pʰi²⁴tsʰa²²tsʰa³¹ 橡皮
擦咾 tsʰa²²lɔ³¹ 擦掉
铅笔镟儿 tɕʰiẽ²⁴pi⁰ɕyɤr⁴⁴² 转笔刀
圆规 yẽ²⁴kuei⁰
三角板 sẽ²¹tɕyɤ²⁴pẽ⁵³
　　三角尺 sẽ²¹tɕyɤ²⁴tʂʰɿ²¹
镇纸 tʂəŋ⁴²tsɿ³
作文本儿 tsuɤ²¹uəŋ²⁴pr̃r⁵³

大字本儿 ta⁴²tʂʅ⁴²pr̃r⁵³
钢笔尖儿 kaŋ²⁴pi⁰tɕiɐr²¹
钢笔杆儿 kaŋ²⁴pi⁰kɐr⁰
钢笔套儿 kaŋ²¹pi⁰tʰɔr⁴⁴²
　　钢笔套套 kaŋ²¹pi⁰tʰɔ⁴²tʰɔ⁰
生活 səŋ²²xuɤ³¹ 毛笔和墨盒等
毛笔套儿 mɔ²⁴pi⁰tʰɔr⁴⁴² 毛笔的笔帽
笔筒 pi²⁴tʰuəŋ⁰
磨墨 muɤ²⁴mei⁰ 研墨
墨盒儿 mei²⁴xuər²⁴³
搩笔 tẽ⁴²pi⁰
墨水儿 mei²⁴~ muɤ²¹ʂuər⁰
　　钢笔水儿 kaŋ²⁴pi²¹ʂuər⁰
念书人 n̢iẽ⁴²ʂu²¹ʐəŋ²⁴³
　　有文化人 iəu⁵³uəŋ²⁴xua⁴²ʐəŋ⁰
识字的 ʂəʔ⁵tsʰʅ⁴²ti⁰
不识字的 pəʔ⁵ʂəʔ⁵tsʰʅ⁴²ti⁰
　　文盲 uəŋ²⁴maŋ²⁴³
　　睁眼瞎子 tsəŋ²⁴n̢iẽ²¹xa²¹tsʅ⁰
文人 uəŋ²⁴ʐəŋ⁰ ①擅长写文章的人。②行动拖
　　沓的人
复习 fu²¹ɕi²⁴³
背书 pei⁴²ʂu⁰
　　背诵 pei⁴²suəŋ⁴⁴²
报名考 pɔ⁴²miəŋ²⁴kʰɔ⁵³ 报考
考场儿 kʰɔ²⁴tʂʰãr⁵³
进考场儿 tɕiəŋ⁴²kʰɔ²⁴tʂʰãr⁵³
卷子 tɕyẽ⁴²tsʅ⁰ 考卷
满分儿 mẽ⁵³fr̃r⁰
零（圪）蛋 liəŋ²⁴(kəʔ⁵)tẽ⁴⁴²
　　零鸡蛋 liəŋ²⁴tɕi²¹tẽ⁴⁴²
　　零分儿 liəŋ²⁴fr̃r⁰

出榜 tʂʰu²⁴paŋ⁵³ 发榜
头名 tʰəu²⁴miəŋ⁰
　　第一名 ti⁴²i²¹miəŋ²⁴³
把（把）名 pa⁴²（pa⁰）miəŋ²⁴³ 末名
　　黑老把 xei²⁴lɔ²¹pa⁴⁴²
　　倒数第一名 tɔ⁴²ʂu⁰ti⁴²i²¹miəŋ²⁴³
毕业 pi²⁴n̢ie⁰
肄业 i²⁴n̢ie⁰
文凭 uəŋ²⁴pʰiəŋ⁰
老母子 lɔ²⁴mu²¹tsʅ⁰ 最原始的版本
大字 ta⁴²tsʰʅ⁴⁴² 大楷
小楷 ɕiɔ²⁴kʰɛe⁰
仿儿 fãr⁵³ 毛笔字帖
写仿儿 ɕie⁵³fãr⁰ 临帖
　　照上仿儿写 tsɔ⁴²ʂɤ⁰fãr⁵³ɕie⁵³
涂了 tʰu²⁴lẽ⁰ 抹掉：写差了就~
涂个黑圪蛋 tʰu²⁴kəʔ⁰xei²⁴kəʔ⁵tẽ⁴⁴² 涂成一团黑
写白字 ɕie⁵³pʰei²⁴tsʰʅ⁴⁴²
　　写别字 ɕie⁵³pie²⁴tsʰʅ⁴⁴²
漏字 ləu⁴²tsʰʅ⁴⁴² 掉字
打草稿儿 ta⁵³tsʰɔ²⁴kɚr⁰
誊 tʰəŋ²⁴³ 抄写
　　抄 tsʰɔ²¹
一点儿 i²¹tiɐr⁵³
一横 i²¹xəŋ²⁴³
一竖儿 i²¹ʂur⁴⁴²
　　一顺儿 i²¹ʂur̃r⁴⁴²
一撇儿 i²¹pʰiɛr⁵³
一捺儿 i²¹nɐr²¹
竖勾儿 ʂu⁴²kəur⁰
斜勾儿 ɕie²⁴kəur⁰
卧勾儿 uɤ⁴²kəur⁰

一提儿 i²¹tʰiər²⁴³

一画儿 i²¹xuɤr⁴⁴² "一"字是～

  一笔 i²⁴pi⁵³

偏旁儿 pʰiẽ²¹pʰãr²⁴³

单人旁儿 tẽ²¹ʐɤ̃r²⁴pʰãr²⁴³ 单立人儿（亻）

双人旁儿 ʂuaŋ²¹ʐɤ̃r²⁴pʰãr²⁴³ 双立人儿（彳）

弓长张 kuəŋ²¹tʂʰaŋ²⁴tʂaŋ²¹ 弯弓张

立早章 li²⁴tsɔ⁵³tʂaŋ²¹

禾木旁儿 xuɤ²⁴mu²¹pʰãr⁰（禾）

四方框儿 sʅ⁴²faŋ²¹kʰuãr⁴⁴² 四框栏儿（囗）

宝盖儿头 pɔ⁵³kɛr⁰tʰəu²⁴³ 宝盖儿（宀）

秃宝盖儿 tʰu²¹pɔ⁵³kɛr⁴⁴²（冖）

竖心儿旁儿 ʂu⁴²ɕĩr²¹pʰãr²⁴³（忄）

反犬旁儿 fẽ⁵³tɕʰyẽ⁰pʰãr²⁴³（犭）

单耳旁儿 tẽ²⁴ər⁰pʰãr²⁴³ 单耳刀儿（卩）

双耳旁儿 ʂuaŋ²⁴ər⁰pʰãr²⁴³ 双耳刀儿（阝）

反文 fẽ⁵³uəŋ²⁴³（攵）

王字旁儿 uaŋ²⁴tsʅ⁴²pʰãr²⁴³（王）

提土旁儿 tʰi²⁴tʰu⁰pʰãr²⁴³（土）

竹字头儿 tʂu²¹tsʅ⁴²tʰəur²⁴³（⺮）

火字旁儿 xuɤ⁵³tsʅ⁰pʰãr²⁴³

四点底 sʅ⁴²tiẽ²⁴ti⁵³（灬）

三点水儿 sẽ²¹tiər²⁴ʂuər⁵³（氵）

两点水儿 liaŋ²⁴tiər²⁴ʂuər⁵³（冫）

病字旁儿 pʰiəŋ⁴²tsʅ⁰pʰãr²⁴³（疒）

走之底 tsəu⁵³tsʅ⁰ti⁵³（辶）

绞丝旁儿 tɕiɔ⁵³sʅ⁰pʰãr²⁴³（纟）

提手旁儿 tʰi²⁴ʂəu⁰pʰãr²⁴³（扌）

草字头 tsʰɔ⁵³tsʅ⁴²tʰəu²⁴³（艹）

广字头 kuaŋ⁵³tsʅ⁰tʰəu²⁴³（广）

立刀儿 li²¹tɔr⁰（刂）

二十一　文体活动

踢毛健儿 tʰi²¹mɔ²⁴tɕier⁵³ 踢毽子

跳皮筋儿 tʰiɔ⁴²pʰi²⁴tɕĩr⁰

抓子儿 tʂua²⁴tsər⁰ 用几个小沙包或石子儿做玩具，扔起其一，做规定动作后再接住者赢

弹珠珠 tʰẽ²⁴tʂu²²tʂu³¹ 弹玻璃球儿

弹杏核儿 tʰẽ²⁴xəŋ⁴²xur⁰

打水漂儿 ta²⁴ʂuei⁵³pʰiɔr²¹ 在水面上掷石头片

跳方儿 tʰiɔ⁴⁴fãr²¹ 跳方格游戏

  跳方块儿 tʰiɔ⁴²faŋ²¹kʰuɛr⁰

翻绞绞 fẽ²⁴tɕiɔ⁵³tɕiɔ⁰ 翻绳游戏

撂手巾儿 liɔ⁴⁴ʂəu⁵³tɕĩr⁰ 丢手绢游戏

踢铁环 tʰaŋ⁴²tʰie²⁴xuẽ²⁴³ 滚铁圈游戏

掀棋棋 ɕyẽ²¹tɕʰi²⁴tɕʰi⁰ 一种象棋游戏

打毛猴儿 ta⁵³mɔ²⁴xəur⁰ 抽陀螺

打弹弓 ta²¹tẽ⁴²kuəŋ⁰ 玩弹弓

溜马马 liəu⁴⁴ma⁵³ma⁰ 坐着从高处往下滑

推牌九 tʰuei²¹pʰɛɛ²⁴tɕiəu⁰

梦和 məŋ⁴²xu²⁴³ 老年人玩的纸牌游戏

赶毛驴儿 kẽ⁵³mɔ²⁴lyr²⁴³ 一种扑克游戏

开和儿 kʰɛɛ²¹xur²⁴³ 打麻将和的第一把

黑和儿 xei²¹xur²⁴³ 打麻将从开始一直没和

自扣儿 tsʅ⁴²kʰəur⁰ 打麻将自摸

跌色子 tie²⁴sei²¹tsʅ⁰ 掷色子

  跌点子 tie²⁴tiẽ⁵³tsʅ⁰

摇色子 iɔ²⁴sei²¹tsʅ⁰

扣明宝 kʰəu⁴²miəŋ²⁴pɔ⁰ 压宝

扳不倒儿 pɛ²¹pəʔ⁵tɔr⁰ 不倒翁

放炮 faŋ⁴²pʰɔ⁴⁴²

两响炮 liaŋ²⁴ɕiaŋ⁰pʰɔ⁴⁴² 二踢脚

花 xua²¹ 烟花
放花 faŋ⁴²xua²¹ 放花炮
带输赢 tɛe⁴²ʂu²¹iəŋ²⁴³ 打赌
象棋 ɕiaŋ⁴²tɕʰi²⁴³
老将 lɔ⁵³tɕiaŋ⁰ 将和帅都叫～
士 sʅ⁴⁴²
象 ɕiaŋ⁴⁴²
相 ɕiaŋ⁴⁴²
车 tɕy²¹
马 ma⁵³
炮 pʰɔ⁴⁴²
牛儿 ȵiəur²⁴³ 兵和卒都叫～
拱牛儿 kuaŋ⁵³ȵiəur²⁴³
　进兵 tɕiəŋ⁴²piəŋ²¹
上士 ʂaŋ⁴²sʅ⁴⁴² 士前进
下士 ɕia⁴²sʅ⁴⁴² 士后退
上象 ʂaŋ⁴²ɕiaŋ⁴⁴² 飞象
下象 ɕia⁵³ɕiaŋ⁴⁴² 落象
将 tɕiaŋ⁴⁴² 动词，下象棋时攻击对方的将或帅
围棋 uei²⁴tɕʰi⁰
黑子 xei²⁴tsʅ⁰
白子 pʰei²⁴tsʅ⁰
和棋 xuɤ²⁴tɕʰi²⁴³
拔河 pʰa²⁴xuɤ²⁴³
耍水 ʂua²⁴ʂuei⁰ 游泳
耍背水 ʂua²¹pei⁴²ʂuei⁰ 仰泳
蛤蟆水 xəʔ⁵ma²¹ʂuei⁰ 蛙泳
狗刨水 kəu⁵³pʰɔ²⁴ʂuei⁰ 狗刨
扁担水 pʰiɛ̃⁵³tɛ̃⁰ʂuei⁵³ 自由泳
钻水沫儿 tsuɛ̃²⁴ʂuei⁵³muər⁴⁴² 潜水
打球儿 ta⁵³tɕʰiəur²⁴³
球儿赛 tɕʰiəur²⁴sɛe⁴⁴²

乒乓（球）pʰiəŋ⁴²pʰaŋ⁰（tɕʰiəu⁰）
篮球 lɛ̃²⁴tɕʰiəu⁰
排球 pʰɛe²⁴tɕʰiəu⁰
足球 tɕy²⁴tɕʰiəu⁰
羽毛球 y⁵³mɔ²⁴tɕʰiəu⁰
跳远 tʰiɔ⁴⁴yɛ̃⁵³
跳高 tʰiɔ⁴²kɔ²¹
翻毛杠=头儿 fɛ̃²¹mɔ²⁴kaŋ²¹tʰəur²⁴³ 头顶地翻跟
　　头（蒙汉合璧词）
翻鹞子 fɛ̃²¹iɔ⁴²tsʅ⁰ 侧翻跟头
倒立 tɔ⁴²li²¹
踩拐子 tsʰɛe²⁴kuɛe⁵³tsʅ⁰
　踩高跷 tsʰɛe⁵³kɔ²⁴tɕʰiɔ⁰
耍大刀 ʂua⁵³ta⁴²tɔ⁰
耍枪 ʂua⁵³tɕʰiaŋ⁰
耍流星 ʂua⁵³liəu²⁴ɕiəŋ⁰ 耍流星锤
扭秧歌儿 ȵiəu⁵³iaŋ²⁴kuər⁰ 跳秧歌舞
伞头 sɛ̃⁵³tʰəu⁰ 秧歌队伍第一排举着伞领跳领
　　唱的男演员
蛮婆儿 mɛ̃²⁴pʰuər⁰ 秧歌中的女丑角，有的是
　　男扮女装
扳水船儿 pɛ̃²⁴ʂuei⁵³tʂʰuɐr²⁴³ 跑旱船表演
打腰鼓 ta⁵³iɔ⁴²ku⁰
跳舞儿 tʰiɔ⁴²ur⁰
木偶戏 mu²⁴ŋəu⁰ɕi⁴⁴²
皮影儿戏 pʰi²⁴iɤ̃r⁰ɕi⁴⁴²
文戏 uəŋ²⁴ɕi⁴⁴²
武戏 u⁵³ɕi⁴⁴²
京剧 tɕiəŋ²¹tɕy⁴⁴²
秦腔 tɕʰiəŋ²⁴tɕʰiaŋ⁰
眉户 mi⁴²xu⁰ 眉户戏，陕西传统剧种之一
山西梆子 sɛ̃²⁴ɕi⁰paŋ²¹tsʅ⁰ 晋剧

河南梆子 xɤ²⁴nɛ̃⁰paŋ²¹tsʅ⁰ 豫剧
评剧 pʰiəŋ²⁴tɕy⁴⁴² 中共中央驻延安时期有评剧院
剧院儿 tɕy⁴²yɐr⁴⁴² 戏院
影剧院儿 iəŋ⁵³tɕy⁴⁴yɐr⁴⁴² 戏院兼影院
电影院儿 tiɛ̃⁴²iəŋ⁰yɐr⁴⁴²
戏台 ɕi⁴²tʰɛe²⁴³
唱戏的 tʂʰaŋ⁴²ɕi⁴²ti⁰
　　戏子 ɕi⁴²tsʅ⁰
演员儿 iɛ̃⁵³yɐr²⁴³（新）
说书 ʂuɤ²⁴ʂu⁰
琵琶说书 pʰi²⁴pʰa⁰ʂuɤ²⁴ʂu⁰ 延安传统说书，琵琶伴奏
大花脸 ta⁴²xua²⁴liɛ̃⁵³ 花脸
二花脸 ər⁴²xua²⁴liɛ̃⁵³
三花儿 sɛ̃²⁴xuɐr⁰
　　丑角儿 tʂʰəu⁵³tɕyər⁰
胡子生儿 xu²⁴tsʅ⁰sr̃r²¹ 老生
小生儿 ɕiɔ⁵³sr̃r⁰
武生 u⁵³səŋ⁰
刀马旦 tɔ²⁴ma²¹⁻⁵³tɛ̃⁴⁴²
老旦 lɔ⁵³tɛ̃⁰
青衣 tɕʰiəŋ²⁴i²¹
花旦 xua²¹tɛ̃⁴⁴²
小旦 ɕiɔ⁵³tɛ̃⁴⁴²
㧅旗旗打伞伞的 tʂəu⁵³tɕʰi²⁴tɕʰi⁰ta²⁴sɛ̃⁵³sɛ̃⁰ti⁰ 跑龙套的人

二十二　动作

爬起来 pʰa²⁴tɕʰi²¹lɛe⁰
摇脑 iɔ²⁴nɔ²⁴³ 摇头
点头 tiɛ̃⁵³tʰəu²⁴³

仰头 ȵiaŋ⁵³tʰəu²⁴³ 俗语云：～婆姨低头汉，用来指有主意的能成事的女人和男人
抬头 tʰɛe²⁴tʰəu²⁴³
脑低下 nɔ²⁴tʰi²¹xa⁴⁴² 低头
脑弯过来 nɔ²⁴uɛ̃²¹kuɤ⁴²lɛe⁰ 回头
　　脑调过来 nɔ²⁴tiɔ⁴²kuɤ⁴²lɛe⁰
眉眼背过去 mi²⁴ȵiɛ̃⁴²pei⁴²kuɤ⁴²tɕʰi⁰ 脸转过去
□脖 ʂuaŋ⁵³pʰuɤ⁰ 耸肩缩脖子
睁眼 tsəŋ²⁴ȵiɛ̃⁰
瞪眼 təŋ⁴⁴²ȵiɛ̃⁵³
眼圪挤住 ȵiɛ̃⁵³kəʔ⁵tɕi²¹tʂʰu⁰ 闭眼
　　眼闭住 ȵiɛ̃⁵³pi⁴²tʂʰu⁰
挤眼 tɕi²⁴ȵiɛ̃⁰ 挤眼睛
碰上 pʰəŋ⁴²ʂaŋ⁰ 遇见
遇全 y⁴²tsʰuɛ̃²⁴³（人）聚全了
觑 tsʰu²⁴³ 透过缝隙看
觑眼 tsʰu²⁴ȵiɛ̃⁵³ ①偷看。②顺便看一下
偷眼 tʰəu²⁴ȵiɛ̃⁰ 偷看
照 tʂɔ⁴⁴² 远望：我～见你大姨来了
瞅 tsʰəu⁵³
䀹 uɛ̃²¹ 看一下再闭眼转头，表示不满意
盯 tiəŋ²¹ 一直看
相端 ɕiaŋ⁴²tuɐ⁰ 观察
瞪 təŋ⁴⁴²
瞭哨 liɔ⁴²sɔ⁰ ①捎带照看。②望风
瞅眼 tsʰəu²⁴ȵiɛ̃⁰ 留心寻找
眼睛转得突噜噜的 ȵiɛ̃⁵³tɕiəŋ⁰tʂuɛ̃⁴²tə?⁵tʰuə?⁵lu²¹lu⁰ti⁰ 眼睛乱转
淌眼泪 tʰaŋ²⁴ȵiɛ̃⁵³luei⁰ 流眼泪
眼泪圪汪汪儿地 ȵiɛ̃⁵³luei⁰kəʔ⁵uaŋ²¹uãr⁰ti⁰ 噙着眼泪

张口 tʂaŋ²⁴kʰəu⁵³
　张嘴 tʂaŋ²⁴tsuei⁵³
嘴闭上 tsuei⁵³pi⁴²ʂaŋ⁰ 闭嘴
噘嘴 tɕyɤ²⁴tsuei⁵³ 嘟嘴
搙胳膊 zu̩⁴²kəʔ⁵puɤ⁰ 伸出胳膊
手夺起 ʂəu⁵³tsa⁴²tɕʰi⁰
　举手 tɕy²⁴ʂəu⁰
摆手 pɛɛ²⁴ʂəu⁰ 手心朝外左右摆动
漾手 iaŋ⁴²ʂəu⁰ 手臂前后摆动
招手 tʂɔ²⁴ʂəu⁰
手撂脱 ʂəu⁵³liɔ⁴²tʰuɤ⁰ 撒手
伸手 ʂəŋ²⁴ʂəu⁰
拖手 tʰuɤ²⁴ʂəu⁰ 拉手
搂拾 ləu²²ʂʅ³¹ 着手开始做
搂早 ləu²¹tsɔ⁵³ 准备：～盖房娶媳妇
　蹉舞 tsa²⁴u⁰
预备 y⁴⁴pi⁴⁴² 事先准备：你早些儿～好钱
动手 tuəŋ⁴²ʂəu⁰ 打架：只许动口不许～
拍手 pʰei²⁴ʂəu⁰
手背抄转 ʂəu⁵³pei⁴²tsʰɔ²¹tʂuɛ̃⁰ 背着手儿
　手背的背后 ʂəu⁵³pei⁴²tə⁰⁰pei⁴²xəu⁰
手抱带怀里 ʂəu⁵³pɔ⁴²tɛɛ⁴²xuɛɛ²⁴li⁰ 两手交叉在胸前
　手抱到怀里 ʂəu⁵³pɔ⁴²tɔ⁴²xuɛɛ²⁴li⁰
手筒带袖子里面 ʂəu²⁴tʰuəŋ⁵³tɛɛ⁴²ɕiəu⁴²tsʅ⁰li⁵³miɛ̃⁴⁴² 双手交叉伸到袖筒里
捂住 u²¹tʂʰu⁴⁴²
拨拉 pəʔ⁵la⁰ 拨
□ tʂəu⁴⁴² 拽，挟制：家里小的孩子把我～得死死价
提屁 tʰi²⁴pa⁰ 抱持小儿双腿让其大便
提尿 tʰi²⁴n̩iɔ⁴⁴² 把尿

扶上 fu²⁴ʂaŋ⁴⁴² 扶着
弹指头 tʰɛ̃²⁴tsʅ⁵³tʰəu⁰
弹脑蹦儿 tʰɛ̃²⁴nɔ⁴²pr̃r⁰ 弹脑瓜儿
捏紧槌头 n̩ie²⁴tɕiəŋ⁰tʂʰuei²⁴tʰəu⁰ 攥起拳头
蹬脚 tuəŋ²⁴tɕyɤ²¹ 跺脚
圪跐脚 kəʔ⁵tiɛ̃⁰tɕyɤ²¹ 跐脚
大腿跷的二腿上 ta⁴²tʰuei⁰tɕʰiɔ⁴²təʔ⁵ər⁴²tʰuei⁰ʂaŋ⁴⁴² 跷二郎腿
腿骨联=住 tʰuei⁵³kuəʔ⁵lyɛ̃²¹tʂʰu⁰ 蜷腿
　腿瘃住 tʰuei⁵³tɕiəu⁴²tʂʰu⁰
筛腿 sɛɛ²⁴tʰuei⁰ 抖腿
踢腿 tʰi²⁴tʰuei⁰
腰猫转 iɔ²¹mɔ²⁴tʂuɛ̃⁴⁴² 弯腰
腰弯下 iɔ²⁴uɛ̃²¹xa⁴⁴²
腰展展 iɔ²⁴tʂɛ̃²⁴tʂɛ̃⁰ 伸腰
押腰 tsʰəŋ²⁴iɔ⁰
撑腰 tsʰəŋ²⁴iɔ⁰ 支持
撅沟子 tɕyɤ²⁴kəu²²tsʅ³¹ 撅屁股
屁股把转 pʰi⁴²ku⁰pa⁴²tʂuɛ̃⁴⁴²
捶背 tʂʰuei²⁴pei⁴⁴²
抿 miəŋ⁵³ ①略饮少许：口里～上点酒。②用糨糊一层层地粘：～褙褙儿
喷 pʰəŋ²¹
吹 tʂʰuei²¹
尝 ʂaŋ²⁴³
嫌 ɕiɛ̃²⁴³
　嫌弃 ɕiɛ̃²⁴tɕʰi⁴⁴²
撇 pʰie⁵³ ①扔。②舀去液体表面的沫儿等
踩 tsa²¹ 踩：～到凳子上
　踏 tʰa²¹
跐 tsʰʅ²¹ 用力踩
跳弹 tʰiɔ⁴²tʰuɛ̃⁰ ①跳。②折腾（略带有贬义）

蹦 pəŋ⁴⁴² 连跑带跳
蹟 kuɛ̃⁴⁴² 摔跤
　　跌 tie²¹
绊 pɛ̃⁴⁴²
　　卜烂 ˭pəʔ⁵lɛ̃⁴⁴² "绊"的分音词
蹾 tuəŋ²¹ ①颠簸。②从高处跳下使腿脚受挫
捼 uɤ²¹ 折不容易断的东西：～铁丝
捅 tʰuəŋ⁵³
戮 ləu⁴⁴² 用刀子捅
做 tsuəʔ⁵ ～咥一顿
　　攃 tsʰɛe⁴⁴²
　　打 ta⁵³
乿 tuɤ²¹ 以手指或细棍之类击打
乿打 tuɤ²⁴ta⁵³ ①以手指或细棍之类击打。②筷子略微夹了点（饭菜），吃得少
敲 tɕʰio²¹
沙 sa⁴⁴² ①选择后剩下。②理发时用剪子把头发打薄
拈 niɛ̃²⁴³ 捡
搲 ua²¹ 抓
夹 tɕia²¹
搂 ləu²⁴³ 抱：～柴
搂 ləu⁵³ 搂抱：一把～住
剜 uɛ̃²¹ ～洋芋籽：用刀尖挖掉土豆即将出芽的部位
掊 uɤ²¹ 挖：～了一勺子
抽 tʂʰəu²¹
拉 la²¹
搓 tsʰuɤ²¹
扬斥 iaŋ²⁴tʂʰɻ⁰ 撒
　　擢撒 xu²⁴sa⁰
　　擢斥 xu²⁴tʂʰɻ⁰

□ kəŋ⁴⁴² 伸手去够：～不上
挎 kʰua⁴⁴² ①～包儿。②（男人）勾搭：老王～咥个离婚婆姨
推 tʰuei²¹ ①～车子。②（洪水）冲：庄子叫水～了
夺 tʰuɤ²⁴³
抹 ma²¹ 褪下套着的东西
寻上了 ɕiəŋ²⁴ʂaŋ⁴⁴²lɛ̃⁰ 找着了
垛起来 tuɤ⁴⁴tɕʰi⁵³lɛe⁰ 码起来
　　摆起来 luɤ⁴⁴tɕʰi⁵³lɛe⁰
割杀 kuɤ²¹sa⁰（剩下的东西不多了）努力吃完
得窍 tei²¹tɕʰio⁴⁴² 掌握窍门
倡扬 tʂʰaŋ²¹iaŋ²⁴³ 把不好的事情大肆宣扬
相应 ɕiaŋ²⁴iəŋ⁰ 占便宜，沾光
耍玩 ʂua²⁴uɛ̃⁰ ①打扮：王燕把老汉的～得干颜洁净。②掌控：那让婆姨～住了
出趟 tʂʰu²¹tʰaŋ⁴⁴² 瞎～：胡闹胡做
修经 ɕiəu²⁴tɕiəŋ⁰ 心不在焉地干某事，没什么成效
襄活 ɕiaŋ²⁴xuɤ⁰ 帮忙
　　撺掇 tsʰuɛ̃²²tuɤ³¹
撺 tsʰuɛ̃²¹ ①在后面紧追或紧逼。②督促：政府的事领导～上办得快
耍横 ʂua⁵³xəŋ²⁴³ 摆出蛮横的架势
息顾 ɕi²⁴ku⁰ 休养身体
摆拉 pɛe⁵³la²⁴³ ①摆开。②摆架子
拾翻 ʂəʔ⁵fɛ̃⁰ 到处搜
搜掐 səu²¹tɕʰia⁰ 仔细地搜寻东西
硾 uei²⁴³ 坐着用臀部挪动
识字 ʂəʔ⁵tsʰɻ⁴⁴²
　　认字 zəŋ⁴²tsʰɻ⁴⁴²

估计 ku⁵³tɕi⁰ 估量
　　敠量 tuɤ²¹liaŋ⁰
　　约莫 yɤ²⁴muɤ⁰
　　战敠 tiɛ̃²¹tuɤ⁰
想办法 ɕiaŋ⁵³pɛ̃⁴²fa⁰
猜 tsʰɛe²¹
算见 suɛ̃⁴²tɕiɛ̃⁴⁴²预计到
　　料定 liɔ⁴²tiəŋ⁴⁴²
做主 tsuɤ²⁴tʂu⁵³ 主张
起疑心 tɕʰi⁵³i²⁴ɕiəŋ⁰ 怀疑
　　疑心 i²⁴ɕiəŋ⁰
　　怀疑 xɛe²⁴ɲi²⁴³
拿不定/住主意 na²⁴pəʔ⁵tiəŋ⁴²/tʂʰu⁴²tʂu⁵³i⁰ 犹豫
　　不决
操磨 tsʰɔ²¹muɤ²⁴³ 事情多，负担重，操心多使
　　人累
怕咾一跳 pʰa⁴²lɔ⁰i²¹tʰiɔ⁴⁴² 吓一跳
草鸡 tsʰɔ⁵³tɕi⁰ 由于害怕而没勇气再尝试
　　胆输了 tɛ̃⁵³ʂu²¹lɛ̃⁰
　　㞞了 suəŋ²⁴lɛ̃⁰
急 tɕi²⁴³
　　着急 tʂuɤ²⁴tɕi²⁴³
危 uei²¹ 非常着急
萦心 iəŋ²⁴ɕiəŋ⁰ 挂念
　　牵心 tɕʰiɛ̃²⁴ɕiəŋ⁰
放心 faŋ⁴²ɕiəŋ⁰
盼 pʰɛ̃⁴⁴² 盼望
盼不得 pʰɛ̃²¹pəʔ⁵tei⁰ 巴不得
忘了 uaŋ⁴⁴~⁴²lɛ̃⁰
　　记不得 tɕi⁴²pu²¹tei⁰
　　想不起来 ɕiaŋ⁵³pu²¹tɕʰi⁵³lɛe²⁴³
　　想起来了 ɕiaŋ²⁴tɕʰi⁵³lɛe²⁴lɛ̃⁰

记起来了 tɕi⁴⁴tɕʰi⁵³lɛe²⁴lɛ̃⁰
恨 xəŋ⁴⁴²
偏心 pʰiɛ̃²⁴ɕiəŋ⁰
　　心不公 ɕiəŋ²¹pəʔ⁵kuəŋ⁰
眼热 ɲiɛ⁵³zɤ⁰ 羡慕并引起做同样事情的冲动：
　　老王～老李倒房子挣咾钱了
怄气 ŋəu⁴²tɕʰi⁴⁴²
　　拗气 ŋɔ⁴²tɕʰi⁴⁴²
嗔叫 tʂʰəŋ²¹tɕiɔ⁴⁴² 埋怨，责怪
　　怨 yɛ̃⁴⁴²
　　怪 kuɛe⁴⁴²
说 ʂuɤ²¹①说话。②责备，批评：我把他～咾
　　一顿
着气 tʂʰuɤ²⁴~tʂuɤ²⁴tɕʰi⁴⁴² 受气
较劲儿 tɕiɔ⁴²tɕiɤ̃r⁴⁴²
起火 tɕʰi²⁴xuɤ⁰①发生火灾。②发火
凶砍 ɕyəŋ²⁴kʰɛ̃⁰ 发火
追砍 tʂuei²⁴kʰɛ̃⁰ 催促
扑砍 pʰu²¹kʰɛ̃⁰ 积极地做
射砍 ʂɿ²⁴kʰɛ̃⁰ 急不可耐地做
跑砍 pʰɔ²⁴kʰɛ̃⁰ 来回跑以联络关系
心疼 ɕiəŋ²¹tʰəŋ²⁴³①（对物）爱惜。②（对人）
　　疼惜
爱 ŋɛe⁴⁴² 羡慕：看见红红买的衣裳，把二女
　　子～的
爱好 ŋɛe⁴²xɔ⁰ 注重荣誉，讲究礼仪：～人
相谢 ɕiaŋ²¹ɕie⁴⁴² 用物质感谢
　　酬谢 tʂʰəu²⁴ɕie⁴⁴²
幸 ɕiəŋ⁴⁴² 娇惯
让 zaŋ⁴⁴²①把东西给人：～座位。②不争、
　　迁就：你～给下那。③允许：～我过去
迁就 tɕʰiɛ̃²¹tɕiəu⁴⁴² 将就别人

应付 iəŋ⁴²fu⁰ 敷衍
应承 iəŋ⁴²tʂʰəŋ⁰ ①答应。②敷衍
不应承 pəʔ⁵iəŋ⁴²tʂʰəŋ⁰ 不答应
翻把 fẽ²¹pa⁴⁴² 反悔
　　下下蛋了 xa⁴²xa⁰tẽ⁴²lẽ⁰
看见 kʰẽ⁴²tɕiẽ⁴⁴²
品见 pʰiəŋ⁵³tɕiẽ⁴⁴² 慢慢琢磨后觉得
觉见 tɕyɤ⁴²tɕiẽ⁴⁴² 觉得
梦见 məŋ⁴²tɕiẽ⁴⁴² 梦到
碰见 pʰəŋ⁴²tɕiẽ⁴⁴² 碰到
闻见 uəŋ²⁴tɕiẽ⁰ 闻到
吃见 tʂʰʅ²¹tɕiẽ⁴⁴² 吃了觉得……（酸、好吃等）
尝见 ʂaŋ²⁴tɕiẽ⁴⁴² 尝了觉得……（酸、好吃等）
摸见 muɤ²¹tɕiẽ⁰ 摸了觉得……
挨近 ŋɛɛ²¹tɕiəŋ⁴⁴² 亲近
妨挡 faŋ⁵³taŋ⁴⁴² 妨碍，不方便
痴 tʂʰʅ²¹ 反应慢：人老耳背~下了
不言喘 pəʔ⁵iẽ²⁴tʂʰuẽ⁰ 不作声
抬杠 tʰɛɛ²⁴kaŋ⁴⁴²
　　抬死人杠 tʰɛɛ²⁴sʅ⁵³zəŋ²⁴kaŋ⁴⁴²
　　捩筋 lie²⁴tɕiəŋ⁰
　　撅筋 tɕyɤ²¹tɕiəŋ⁰
顶 tiəŋ⁵³ 顶撞
顶嘴 tiəŋ²⁴tsuei⁰
　　犟嘴 tɕiaŋ⁴²tsuei⁰
　　谴□ tɕʰie⁵³tsaŋ⁰~tsaŋ⁴⁴² 训斥
　　降喊 ɕiaŋ²⁴xẽ⁰
捱骂 nɛɛ²⁴ma⁴⁴²
捱打 nɛɛ²⁴ta⁰
声唤 ʂəŋ²¹xuẽ⁴⁴² 呻吟
安顿 ŋẽ²¹tuəŋ⁴⁴² ①嘱咐。②安排妥当
嘴碎 tsuei⁵³suei⁴⁴² 唠叨

嘴扯 tsuei²⁴tʂʰa⁵³
圪囔 kəʔ⁵naŋ⁰ 啰啰唆唆说下一大堆
圪沓 kəʔ⁵tʰa⁰
夯口 xaŋ²⁴kʰəu⁰ 不好意思说出口
臊打 sɔ⁴²ta⁰ 讽刺
臊刮 sɔ⁴²kua⁰
迷打 mi⁴²ta⁰ 通过言语讨好迷惑
排侃 pʰɛɛ²⁴kʰẽ⁰ 调侃或挖苦辱骂
敲打 tɕʰiɔ²¹ta⁰ 用言语打击人
吓唬 xei⁴²xu⁰
诈唬 tsa⁴²xu⁰ 为套出实情连骗带吓唬
宣扬 ɕyẽ²¹iaŋ²⁴³ 到处说正面的人或事
散扬 sẽ⁴²iaŋ²⁴³ 散播别人的丑事影响别人的声誉，也说"丧摊子"
　　丧扬 saŋ⁴²iaŋ²⁴³
□叨 ʂɔ²⁴tɔ⁰ 因为言语不慎惹下的是非
海吵 xɛɛ²⁴tsʰɔ⁰ 议论
查访 tsʰa²⁴faŋ⁰ 调查打听
打问 ta⁵³uəŋ⁴⁴² 打听
　　查问 tsʰa²⁴uəŋ⁴⁴²
打帮 ta⁵³paŋ⁰ 劝
打劝 ta⁵³tɕʰyẽ⁴⁴²
说合 ʂuɤ²¹xuɤ²⁴³ 劝说促成别人的事
誚引 tsʰɔ⁵³iəŋ⁰ 引诱
打熬 ta²¹ŋɔ²⁴³ 因为长时间经历某事而变得习惯：我从小~下了
乖圝 kuɛɛ²¹luẽ²⁴³ 好言相劝
猴逗 xəu²⁴təu⁴⁴² 调戏
咬唣 ȵiɔ⁵³tsɔ⁰ 供出同伙
瞎咬唣 xa²⁴ȵiɔ⁵³tsɔ⁰ 无中生有故意诬陷
胡咬唣 xu²⁴ȵiɔ⁵³tsɔ⁰
擩舌头 zu⁴²ʂɤ²⁴tʰəu⁰ 无中生有造谣

呲 tsʰʅ²¹ 讥笑
  笑唤 ɕiɔ⁴²xuẽ⁰ "唤"应为"话"音讹
  呲笑 tsʰʅ²¹ɕiɔ⁴⁴²
逗笑儿 təu⁴²ɕiɔɻ⁴⁴² 开玩笑
脱笑 tʰuɤ²¹ɕiɔ⁴⁴² 引人发笑
宽心 kʰuẽ²⁴ɕiəŋ²¹ 宽慰
翻舌头 fɛ²¹ʂʅ²⁴tʰəu⁰ 把听到的话说给别人听：小娃娃爱～
  翻话 fɛ²¹xua⁴⁴²
学 xuɤ²⁴³~ɕyɤ²⁴³ 描述：儿媳妇儿把家里的事～咾半天
祈告 tɕʰi²¹kɔ⁴⁴² 因为发愁把私事说给别人听
搞叨 kɔ²⁴tɔ⁰ 商量
擩事 ʐu⁴²sʅ⁴⁴² 蓄意挑拨引起纠纷
  戳事 tʂʰuɤ²¹sʅ⁴⁴²
心瘾 ɕiəŋ²⁴iəŋ⁰ 心理作用
憋 pie²¹ 呼吸不畅：气～得
准 tʂuaŋ⁵³ ①算数：那说话～上哩。②准确
荫 iəŋ²¹ 遮住视线或光线
迋 kaŋ⁴⁴² 跑
迋 kuaŋ⁴⁴² 闲游
□ kaŋ⁴⁴² 冒（烟或气）
熰 ŋəu⁵³ ①慢火熬：～糖酱。②长时间待在家里：二儿～在家里一个月了
□ pia²¹ 粘贴
  贴 tʰie²¹
□ pʰia⁵³ 剥离，分离：～树梢子
努 nəu⁵³ 憋着气使劲
□ kaŋ⁵³ （粮食）生虫：大米虫～了
唼 sa⁴⁴² 虫蛀：毛毯虫～了
踪 tsuaŋ²¹ （苍蝇）在上面停留：面教蝇子～了
囚 ɕiəu²⁴³ 没有变化使人烦闷：天天做饭把人～得
担 tɛ⁴⁴² 悬空放置
捵 tɛ⁴⁴² 重复来回地拉动或拨动：～笔｜～刀子
挓 tsa⁴⁴² 旁若无人地随意躺：～倒
劙 xuɤ²¹ 用刀子剖开
  劙剥 xuɤ²¹puɤ²¹
□ tʂu²¹ 堵塞
呵 xuɤ²¹ 蒸汽加热（饭菜）：饭放到锅里～给下
温 uəŋ²¹ 加热饭菜
起身 tɕʰi⁵³ʂəŋ⁰ 出发
提眼 tʰi²⁴ȵiɛ⁰ 提醒
立等 li²⁴təŋ⁰ 焦急地等待，希望立刻有结果
起首 tɕʰi²⁴ʂəu⁰ 开始
了完 liɔ⁵³uɛ²⁴³ 结束
  了咾 liɔ⁵³lɔ⁰
结完 tɕie²¹uɛ²⁴³
了消 liɔ⁵³ɕiɔ⁰ 办妥
毕 pi²⁴³ ①结束：～业。②（事情）失败：那个事～了
静压 tɕiəŋ⁴²ȵia⁰ 镇压：家里人嚷架～不下
漾打 iaŋ⁴²ta⁰ 任性地花钱或做事：我们家由那个他～哩
捎打 sɔ²⁴ta⁰ 捎带
克打 kʰɤ²¹ta⁰ 克扣待遇
抖打 təu⁵³ta⁰ 显摆
挤打 tɕi⁵³ta⁰ 排挤
吹打 tʂʰuei²⁴ta⁰ 吹牛
递打 ti⁴²ta⁰ 互相往来
相跟 ɕiaŋ²⁴kəŋ⁰ 一起走
搭伴儿 ta²¹pʰəɻ⁴⁴²
揪留 tɕiəu²¹liəu²⁴³ 召集，招呼

挠揢 nɔ²⁴ua⁰ 设法筹措
　　挠乱 ⁼nɔ²⁴luɛ̃⁴⁴²
抹虑 muɤ⁵³ly⁴⁴² 筹办，安排
营造 iaŋ²⁴tsʰɔ⁰ ①制作。②找民间异人帮忙使事情顺利或好转：那些婆姨汉常嚷仗哩，让谁~给下
贪食 tʰɛ̃²¹sɿ²⁴³ 吃饱了还吃
回搅 xuei²⁴tɕiɔ⁰（贬）①翻弄。②为办事到处找关系
分施 fəŋ²⁴sɿ²¹ 分发
贩赈 fɛ̃⁴²tʂəŋ⁴⁴² 把家里的东西偷偷送给外人
填还 tʰiɛ̃²⁴xuɛ̃⁰ 偷偷拿东西补贴外人
□ luɛ̃⁴⁴² 白拿
　　赠拿 tsəŋ²¹na²⁴³
　　拾□ ʂəʔ⁵luɛ̃⁴⁴²~lɛ̃⁴⁴²
指 tsɿ⁵³ ①指向、指着。②指望：咱家就~你哩
指望 tsɿ⁵³uaŋ⁰
指靠 tsɿ⁵³kʰɔ⁰ 指望并依靠
指上 tsɿ²¹⁻⁵³ʂaŋ⁴⁴² 可依靠
指不上 tsɿ⁵³pu²¹ʂaŋ⁴⁴² 不可依靠
称着 tsʰəŋ⁴²tʂʰuɤ⁰ 值得
称不着 tsʰəŋ⁴²pu²¹tʂʰuɤ⁰ 不值得
　　漂不住 pʰiɔ²¹pəʔ⁵tʂʰu⁴⁴²
　　划不着 xua²⁴pu²¹tʂʰuɤ⁰
着得 tʂuɤ²⁴tei⁰ 容得下，能接受（某人某物）
着不得 tʂuɤ²⁴pəʔ⁵tei⁰ 容不下，不能接受（某人某物）
支住 tsɿ²¹tʂʰu⁴⁴² 能支持住，能忍耐住
　　立住 li²¹tʂʰu⁴⁴²
支不住 tsɿ²¹pu²⁴tʂʰu⁴⁴² 支持不住，忍耐不住
　　立不住 li²¹pu²⁴tʂʰu⁴⁴²
劲上 tɕiaŋ⁴²ʂaŋ⁰ 打得过

劲不上 tɕiaŋ⁴²pəʔ⁵ʂaŋ⁰ 打不过
除灭 tʂʰu²⁴mie⁰ 除掉，灭掉
打误 ta⁵³u⁰ 耽误
打退堂鼓 ta⁵³tʰuei⁴²tʰaŋ²⁴ku⁰ 准备放弃
做过了 tsuəʔ⁵kuɤ⁴²lɛ̃⁰ 坏事了
　　瞎了 xa²¹lɛ̃⁰
吃咂 tʂʰɿ²²tsa³¹ 大体上吃了一些
吃诈 tʂʰɿ²¹tsa⁴⁴² 凭借手中权力敲诈勒索
撕揢 sɿ²⁴ua⁰ 撕扯
黏揢 zɛ̃²⁴ua⁰ 沾上关系：你要~这个事
占揽 tsɛ̃⁴²lɛ̃⁰ 霸占
　　霸揽 pa⁴²lɛ̃⁰
擩丮 zu²⁴tuɤ⁰ 动手（打人）并呵斥
　　茹攮 zu²⁴naŋ⁰
行炼 ɕiaŋ²⁴liɛ⁴⁴² 虐待
偏待 pʰiɛ̃²¹tɛe⁴⁴² 不公平对待
异样 i⁴²iaŋ⁰ 觉得不同寻常
抸 tɕʰia⁴⁴² 用双手扼住
笡 tɕʰie⁴⁴² 倾斜
胅 tie²¹ 挺：~颗大肚
腾开 tʰəŋ⁴²kʰɛe⁰ 腾出位置
起开 tɕʰi⁵³kʰɛe⁰ 让人走开
　　起去 tɕʰi⁵³tɕʰi⁰
站过 tsɛ̃⁴²kuɤ⁰ 站一边
吃架 tʂʰɿ⁴²tɕia⁴⁴² 抵挡：~不住
　　招架 tsɔ²¹tɕia⁴⁴²
掌 tsʰəŋ⁴⁴² 支，垫：箱子底下~上块木板｜~不住
谋下 mu²⁴xa⁴⁴² 一心想做某事
祈⁼搅 tɕʰi²⁴tɕiɔ⁰ 参与，搭手
　　圪搅 kəʔ⁵tɕiɔ⁰
倒流 tɔ⁴²liəu⁰ 比喻退步

等上 təŋ⁵³ʂaŋ⁴⁴² 遇到

擩 ʐu⁴⁴² ①塞：填～。②递：～到手里。③伸：～胳膊

掇送 tuɤ²¹suəŋ⁴⁴² 把物品扔掉或赠予他人

填擩 tʰiɛ²⁴ʐu⁰ 把物品随手塞在某个地方

捥 uɛ²¹ 手拔：～草

漾 iaŋ⁴⁴² 晃动：～绳儿

挼 ʐua²⁴³ ①揉，搓。②比喻义，折磨

挼人 ʐua²⁴ʐəŋ²⁴³ 折磨人

作践 tsuɤ²¹tɕiɛ⁴⁴² 蹂躏

  揉搓 ʐəu²⁴tsʰuɤ⁰

仇害 ʂəu²⁴xɛe⁴⁴² 连累

装 tʂuaŋ⁴⁴² 填充：～枕头｜～被子

揎 ɕyɛ⁴⁴² 撑：鞋～大了

清 tɕʰiəŋ⁴⁴² 凝结：羊油～了

潭 tuəŋ⁵³ ①玩，沾（水）：～水。②乱搞：～下一屁股账

潭淘 tuəŋ⁵³tʰɔ⁰ 乱搞

潭乱子 tuəŋ⁵³luɛ⁴²tsʅ⁰ 闯祸

藏情 tsʰaŋ²⁴tɕiəŋ²⁴³ 掩饰真实情况：猴娃娃不～

侵害 tɕʰiəŋ²¹xɛe⁴⁴² 破坏

拖且 tʰuɤ²⁴tɕʰie⁰ 拖延着暂时不动

  拉磨 la²¹muɤ⁴⁴²

招识 tʂɔ²⁴ʂʅ⁰ 搭理，多用于否定式

  张 tʂaŋ²⁴³

   理张 li⁵³tʂaŋ⁰

   尿 ȵiɔ⁴⁴²（贬）

苫 ʂɛ⁴⁴² 以物覆盖

淘 tʰɔ²⁴³ 淘洗

绽 tsʰɛ⁴⁴² ①解：把绳子～开。②鞋底与鞋帮缝线断开。③眼周皮肤松弛：熬夜眼～的

□ tsɛ⁴⁴² 用大针脚缝

敹 liɔ²⁴³ 缝缀

绌 tʂʰu²¹ 用大针脚草草缝合

造 tsʰɔ⁴⁴² ①制作。②上门又砸又骂欺负人：美美～咾一伙

造蛋 tsʰɔ⁴⁴tɛ⁴⁴² 故意与人作对，为难人

割 kuɤ²¹ ～韭菜｜～肉

务营 u⁴²i⁰ ①抚养。②抱养。③侍弄（花草或庄稼等）

炉 ləu²⁴³ 烤制：～月饼

使唤 sʅ⁵³xuɛ⁰ 使用

回 xuei²⁴³ ①返回：～老家。②冻得不厉害的东西解冻：白菜～下了。③蚯蚓等在土中活动使土质疏松：虫把地～虚了

消 ɕiɔ²¹ 解冻：肉～下了

垄 tsʰʅ⁴⁴² 沾上脏东西：衣裳～得脏的

淋 liəŋ²⁴³ 洒：水～下一地

扑洒 pʰu²¹sa⁰ 用手洒水

招呼 tʂɔ²¹xu⁰ ①照看，照应。②招待

贸 mɔ⁴⁴² 盲目地无根据地（做事）：～猜

懵 məŋ²¹ 一下反应不过来

研 ȵiɛ²⁴³ 硌

引上 iəŋ⁵³ʂaŋ⁰ 带上

□ tʂʰuɛ⁵³ ①给谷类去皮。②边干边学

□炼 tʂʰuɛ⁵³liɛ⁴⁴² 锻炼

打骨拢儿 ta⁵³kuəʔ⁵luɤ̃r⁰

  打滚儿 ta²⁴kuɤ̃r⁰

叼空儿 tiɔ²⁴kʰuɤ̃r⁴⁴² 抽空儿

  叼打 tiɔ²⁴ta⁰

顶戴 tiəŋ²¹tɛe⁴⁴² 恭恭敬敬地伺候，隐含说话人不满的情绪

伺候 tsʰɿ⁴²xəu⁰

会来事 xuei⁴²lɛe²⁴sɿ⁴⁴² 善于处理人际关系，长于办事

罟 ku⁵³ 强迫（做事）

化瓤 xua⁴²zaŋ²⁴³ 过熟的西瓜瓤化成水

炕 kʰaŋ⁴⁴² ①烘干。②烙：～张饼子

捩 lie²¹ ①扭转。②扭伤：脖子～了

崴 uɛe⁵³（脚）扭伤

闪 ʂɛ̃⁵³ ①快速躲避：～开。②因动作不当导致受伤：腰～了

抛 pʰɔ²⁴³ 过秤时去掉包装物的分量

除 tʂʰu²⁴³

品对 pʰiəŋ²¹tuei⁴⁴² 小心应付

垛沓 tuɤ⁴²tʰa⁰ ①整理（房间等）。②了结：把账～咾

烧 ʂɔ²⁴³ ①被烫。②形容词，烫

骚情 sɔ²⁴tɕʰiəŋ⁰ 献殷勤

拖 tʰuɤ²¹

翻 fɛ̃²¹ ①翻动。②（小孩）因不舒服哭闹。③重复说某件事：～～沓沓就那几句话

冗翻 zuəŋ⁵³fɛ̃⁰（小孩）哭叫闹腾

顾揽 ku⁴²luɛ̃⁰ 顾及：～不来了（"揽"发生顺同化）

敨剥 təu⁴²puɤ⁰ 抖开

焐 u⁵³ 使热

行 ɕiəŋ²⁴³（地基）移动，滑行

划柴 xua²¹tsʰɛe²⁴³ 劈柴

焙 pi²¹ 烘烤：～寒气

燺 ɕie²¹ 火烤

滗 pi⁵³ 把器物中的东西挡住将液体倒出

冒 mɔ⁴⁴² 水～了：水沸溢出

洇 iəŋ⁴⁴² 液体落在布或纸上晕开

□ pʰuɤ²¹ 烟火从灶膛喷出

弥 mi²⁴³ 衣服或布料等太短，缝上布接长

搭 ta²¹ ①支、架。②披：身上～咾件儿皮袄

煺 tʰuei⁴⁴² 用开水烫完拔毛：～猪毛

籴 tie²⁴³ 批量买

粜 tʰiɔ⁴⁴² 甩卖：贱～

舚 tʰɛ̃⁴⁴² 吐：～舌头｜～清水

溻 tʰa²¹ 浸湿：衣裳～湿了

剺 li²⁴³ 用刀划

铰 tɕiɔ⁵³ 剪：～头发

𡂿 luɛ̃²⁴³ ①团，揉。②量词。③不停咀嚼。④不得要领地做或说

捋 ly²¹ 手握条状物滑动

抄 tsʰɔ²¹ 用筷子夹取

撮 tsʰɤ²¹ 用簸箕铲取

同家 tʰuəŋ²⁴tɕia⁰ 儿女和父母不分家

另 liəŋ⁴⁴² 分开：～家

啽 ŋɛ̃⁵³ 手捧着颗粒状食物吃：～咾一炒面

揞 ŋɛ̃⁴⁴² 用手遮挡：～住不让看

稺 tʂɿ⁴⁴² 庄稼的播种晚于要求的节气：生儿～｜谷子～

秓 tʂɿ²⁴³ 庄稼的播种早于要求的节气：生儿～｜谷子～

揞 ŋuɤ²¹ 用灰等把火压住：把灶火～咾

熝 ŋɔ⁴⁴² 水在锅里反复烧开：～锅水

随 suei²⁴³ 跟着做：～门户

尽心 tɕiəŋ⁴²ɕiəŋ⁰ 尽心意

拍圪瘩 pʰei²¹kəʔ⁵ta⁰ 算总账，不细算

成总算 tʂʰəŋ²⁴tsuəŋ⁰suɛ̃⁴⁴²

断堆儿 tuɛ̃⁴²tuər⁰ 论堆儿（买卖）

防不预儿 faŋ²⁴pəʔ⁵yr⁴⁴² 以防万一

没麻达 muɤ²¹ma²⁴ta⁰ 没问题

打闹 ta²¹nɔ⁴⁴² 设法搞：～钱

打搣 ta⁵³tsɤ⁰ 收拾，吃光

打垛 ta⁵³tuɤ⁴⁴² 收拾外出所需的东西

入蹋 zɿ²⁴tʰa⁰ 糟蹋

入鬼 zɿ²⁴kuei⁰

　入弄 zɿ²¹luəŋ⁴⁴²

入哄 zɿ²⁴xuəŋ⁰ 哄骗

入眼 zɿ²¹n̠iɛ̃⁰ 讨厌

入杠 ⁼zɿ²¹kaŋ⁴⁴² 气势汹汹地指教或讽刺

圪捞 kəʔ⁵lɔ⁰ 搅

圪趁 kəʔ⁵tsʰəŋ⁰ 略微移动

圪凑 kəʔ⁵tsʰəu⁰ 凑，聚集

圪晃 kəʔ⁵xuaŋ⁰ 小幅度晃动

圪吵 kəʔ⁵tsʰɔ⁰ 小声吵

圪影 ⁼kəʔ⁵iəŋ⁰ 使恶心

克瘆 kʰəʔ⁵səŋ⁰ 受惊

卜捩 pəʔ⁵lie⁰ 扭动

二十三　位置

地上 ti⁴²ʂɤ⁰

地底下 ti⁴⁴ti⁵³xa⁰

天上 tʰiɛ̃²¹ʂɤ⁰

山上 sɛ̃²¹ʂɤ⁰

路上 ləu⁴²ʂɤ⁰

墙上 tɕʰiaŋ²⁴ʂɤ⁰

门上 məŋ²⁴ʂɤ⁰

桌子上 tʂuɤ²¹tsɿ⁰ʂɤ⁰

椅子上 i⁵³tsɿ⁰ʂɤ⁰

边边儿起 piɛ̃²²piɐr³¹tɕʰi⁰ 物体的边缘的地方

沿沿儿起 iɛ̃⁴²iɐr⁰tɕʰi⁰ 最边上

手伙 ⁼ʂəu⁵³xuɤ⁰ 手里

心伙 ⁼ɕiəŋ²¹xuɤ⁰ 心里

野滩 ie⁵³tʰɛ̃⁰ 野外

大门外头 ta⁴²məŋ⁰uɛɛ⁴²tʰəu⁰

门外头 məŋ²⁴uɛɛ⁴²tʰəu⁰

墙外头 tɕʰiaŋ²⁴uɛɛ⁴²tʰəu⁰

窗子外头 tʂʰuaŋ²⁴tsɿ⁰uɛɛ⁴²tʰəu⁰

车伙 ⁼tʂʰɤ²¹xuɤ⁰ 车里面

车上 tʂʰɤ²¹ʂaŋ⁴⁴²

车外头 tʂʰɤ²¹uɛɛ⁴²tʰəu⁰

车前头 tʂʰɤ²¹tɕʰiɛ̃²⁴tʰəu⁰

车后头 tʂʰɤ²¹xəu⁴²tʰəu⁰

山前岸儿 sɛ̃²¹tɕʰiɛ̃²⁴ŋɐr⁰

山前头 sɛ̃²¹tɕʰiɛ̃²⁴tʰəu⁰

山后岸儿 sɛ̃²¹xəu⁴²ŋɐr⁰

山后头 sɛ̃²¹xəu⁴²tʰəu⁰

房子后背 faŋ²²tsɿ³¹xəu⁴²pei⁰ 房后

以前 i⁵³tɕʰiɛ̃²⁴³……之前

以后 i⁵³xəu⁴⁴²……之后

以上 i⁵³ʂɤ⁰……之上

以下 i⁵³xa⁴⁴²……之下

从这搭儿以后 tsʰuəŋ²⁴tsɿ⁴⁴tɐr⁰i⁵³xəu⁴⁴²

从今儿以后 tsʰuəŋ²⁴tɕiɣ̃r²¹i⁵³xəu⁴⁴²

东 tuəŋ²¹

西 ɕi²¹

南 nɛ̃²⁴³

北 pei⁵³

东南 tuəŋ²¹nɛ̃²⁴³

东北 tuəŋ²⁴pei⁰

西南 ɕi²¹nɛ̃²⁴³

西北 ɕi²⁴pei⁰

路畔畔 ləu⁴²pɛ̃⁴²pɛ̃⁰ 路边儿

当院子 taŋ²¹yɤ⁴²tsɿ⁰ 院子正中间

当脚地 taŋ²¹tɕyɤ²¹tʰi⁴⁴² 窑洞地面的中心位置

床底下 tʂʰuaŋ²⁴ti⁵³xa⁰

楼底下 ləu²⁴ti⁵³xa⁰

脚底下 tɕyɤ²⁴ti⁵³xa⁰

碗底底 uẽ²⁴ti⁵³ti⁰ 碗里面的底部

碗瓜瓜 uẽ⁵³kua²¹kua⁰ 碗外面的底部手抓处

碗沿沿 uẽ⁵³iẽ²¹iẽ⁰ 碗口边沿

锅底子 kuɤ²⁴ti⁵³tsɿ⁰ ①锅里面的底部。②锅外面的底部，里外说法相同

缸底 kaŋ²⁴ti⁰ ①缸的里面的底部。②缸的外面的底部。里外说法相同

周围儿 tʂəu²¹uər²⁴³ 附近

往里走 uɤ²¹~uaŋ⁵³li²⁴tsəu⁰

往外走 uɤ²¹~uaŋ⁵³uɛ⁴²tsəu⁰

往东走 uɤ²¹~uaŋ⁵³tuəŋ²¹tsəu⁰

往西走 uɤ²¹~uaŋ⁵³ɕi²⁴tsəu⁰

往回走 uɤ²¹~uaŋ⁵³xuei²⁴tsəu⁰

往前走 uɤ²¹~uaŋ⁵³tɕʰiẽ²⁴tsəu⁰

……往东 uɤ²¹~uaŋ⁵³tuəŋ⁰……以东

……往西 uɤ²¹~uaŋ⁵³ɕi⁰……以西

……往南 uɤ²¹~uaŋ⁵³nẽ²⁴³……以南

……往北 uɤ²⁴~uaŋ²⁴pei⁵³……以北

……以回 i⁵³xuei²⁴³……以内

……以外 i⁵³uɛ⁰……以外

……来 lɛɛ²⁴³……以来：十年～

……中间 tʂuaŋ²⁴tɕiẽ⁰……之间

胯巴㧪 kʰua⁵³pa⁰ua⁴⁴² 物体的侧面部分

二十四　代词等

我的 ŋuɤ⁵³⁻²¹ti⁰ ～衣裳

这些 tsɿ²¹~tʂəʔ⁵ɕi⁰ 表近指：～人不好说话

哪些 la²⁴ɕi⁰ 哪一些

咋相儿 tsa⁵³ɕiãr⁴⁴² 怎么样

怎么 tsəʔ⁵ma⁰ 多：～久｜～高｜～大｜～厚｜～重

我们两个 ŋuɤ⁵³⁻²¹məŋ⁰liaŋ²⁴kɤ⁰ 我们俩

咱们两个 tsʰa²⁴məŋ⁰liaŋ²⁴kɤ⁰ 咱们俩

你们两个 ni⁵³məŋ⁰liaŋ²⁴kɤ⁰ 你们俩

那些两个 nəʔ⁵ɕi⁰liaŋ²⁴kɤ⁰ 他们俩

娘母子 ȵiaŋ²⁴mu⁰tsɿ⁰ 娘儿俩

　娘母两个 ȵiaŋ²⁴mu⁰liaŋ²⁴kɤ⁰

子父老子两个 tsɿ⁵³fu⁴⁴lɔ⁵³tsɿ⁰liaŋ²⁴kɤ⁰ 爷儿俩

爷爷孙子两个 ie²⁴ie⁰suaŋ²²tsɿ³¹liaŋ²⁴kɤ⁰ 爷孙俩

两先后 liaŋ²¹ɕiẽ⁴²xəu⁴⁴² 妯娌俩

　先后两个 ɕiẽ⁴²xəu⁴²liaŋ²⁴kɤ⁰

两挑担 liaŋ²⁴tʰiɔ²¹tẽ⁴⁴² 连襟俩

嫂嫂小姑子两个 sɔ⁵³sɔ⁰ɕiɔ⁵³ku²¹tsɿ⁰liaŋ²⁴kɤ⁰ 姑嫂俩

婆媳两个 pʰuɤ²⁴ɕi⁰liaŋ²⁴kɤ⁰

两弟兄 liaŋ⁵³ti⁴²ɕyəŋ⁰ 兄弟俩，哥儿俩

　弟兄两个 ti⁴²ɕyəŋ⁰liaŋ²⁴kɤ⁰

两姊妹 liaŋ²⁴tsɿ⁵³mei⁰ 姐妹俩

姊妹两个 tsɿ⁵³mei⁰liaŋ²⁴kɤ⁰ 兄妹俩或姐弟俩

舅舅外甥两个 tɕiəu⁴²tɕiəu⁰uɛ⁴²səŋ⁰liaŋ²⁴kɤ⁰ 舅甥俩

姑姑［侄儿］两个 ku²²ku³¹tʂʰər²⁴liaŋ²⁴kɤ⁰ 姑侄俩

叔老子［侄儿］两个 ʂu²⁴lɔ⁵³tsɿ⁰tʂʰər²⁴liaŋ²⁴kɤ⁰ 叔侄俩

师徒两个 sɿ²¹tʰu²⁴liaŋ²⁴kɤ⁰ 师徒俩

人 zəŋ²⁴³ 人们：～都说二娃当咾官了

嫂嫂小姑子 sɔ⁵³sɔ⁰ɕiɔ⁵³ku²¹tsɿ⁰ 姑嫂们

师傅徒弟 sɿ²¹fu⁰tʰu²⁴tʰi⁴⁴² 师徒们

老师和学生 lɔ⁵³sɿ⁰xuɤ²¹ɕyɤ²⁴səŋ⁰ 老师学生们

这么些理性 tsɿ⁴⁴mɤ⁰ɕi²¹li⁵³ɕiəŋ⁰ 这些个理儿

那么些事 nəʔ⁵mɤ⁰ɕi²¹sʅ⁴⁴² 那些个事儿
一圪都桌子 iəʔ⁵kəʔ⁵tu⁰tʂuɤ²¹tsʅ⁰ 一大堆桌子
一圪都椅子 iəʔ⁵kəʔ⁵tu⁰i⁵³tsʅ⁰ 一大堆椅子
一圪都书 iəʔ⁵kəʔ⁵tu⁰ʂu²¹ 一大堆书

二十五　形容词

强 tɕʰiaŋ²⁴³ 这个比那个～些
帮间⁼儿 paŋ²⁴tɕieɹ⁰
　　不错 pəʔ⁵tsʰuɤ⁴⁴²
差不多 tsʰa²¹pəʔ⁵tuɤ⁰
不咋相儿 pəʔ⁵tsa²¹ɕiãr⁴⁴² 不是很好
　　不强强 pəʔ⁵tɕʰiaŋ²⁴tɕʰiaŋ⁰
指事 tsʅ⁵³sʅ⁴⁴² "指上事"的省略说法，顶用
　　顶事 tieŋ⁵³sʅ⁴⁴²
　　管用 kuẽ⁵³yŋ⁰
不指事 pəʔ⁵tsʅ⁵³sʅ⁴⁴² 不顶用
　　不顶事 pəʔ⁵tieŋ⁵³sʅ⁴⁴²
　　不管用 pəʔ⁵kuẽ⁵³yŋ⁰
瞎 xa²¹ ①坏。②无能
不能行 pəʔ⁵nəŋ²⁴ɕieŋ²⁴³ 无能
　　不中用 pəʔ⁵tʂuaŋ²¹yŋ⁴⁴²
　　没本事 muɤ²⁴pəŋ⁵³sʅ⁰
古⁼董⁼ ku²⁴tuəŋ⁰
　　凑合 tsʰəu⁴²xuɤ⁰
拴正 ʂuẽ²¹tʂəŋ⁴⁴² ①（物品或长相等）好：衣服～。②为人正派：人～
当紧 taŋ²⁴tɕiəŋ⁰ 要紧
牢 lɔ²⁴³ 坚固
入脏 zʅ²⁴zaŋ⁰ 又脏又乱
　　入赖 zʅ²¹lɛɛ⁴⁴²
　　赖 lɛɛ⁴⁴²
入超⁼ zʅ²¹tʂʰɔ⁰ 不～：不正经

饱 pɔ⁵³
挣 tsəŋ⁴⁴² 形容饱胀的感觉
　　幅 pie²¹（塞得）很满：肚～
　　撑 tsʰəŋ²¹
镶口 naŋ²⁴kʰəu⁵³（吃得）满足
糊 xu⁴⁴² ①视物模糊：眼～。②（粥或米汤煮得）黏
□ lyẽ⁴⁴²（米汤、粥）黏
熰 ŋəu²⁴³（烧）焦：米饭～了
壮 tʂuaŋ⁴⁴²
好活 xɔ⁵³xuɤ²⁴³ 生活境遇称心如意
美气 mei²¹tɕʰi⁴⁴² 美滋滋
　　好受 xɔ²¹ʂəu⁴⁴²
能行 nəŋ²⁴ɕieŋ²⁴³
　　有本事 iəu²⁴pəŋ⁵³sʅ⁰
短见 tuẽ⁵³tɕiẽ⁰ 缺德
　　心短 ɕiəŋ²⁴tuẽ⁵³
　　心瞎着哩 ɕiəŋ²¹xa²⁴tʂuɤ²¹li⁰
　　心眼子不够 ɕiəŋ²¹ɲiẽ⁵³tsʅ⁰pəʔ⁵kəu⁴⁴²
心昧 ɕiəŋ²¹mei⁴⁴² 心术不正
连卦⁼ liẽ²⁴kua⁴⁴² 身体灵活：腰腿～
　　积溜 tɕi²¹liəu⁰
灵动 lieŋ²⁴tuəŋ⁴⁴² 机灵
活泛 xuɤ²⁴fẽ⁴⁴² 办事灵活
　　活套 xuɤ²⁴tʰɔ⁴⁴²
巧 tɕʰiɔ⁵³ 灵巧：手～
拙 tʂuɤ²¹ 笨拙：嘴～
脑迷 nɔ⁵³mi⁴⁴² 糊涂
忽噜 xu²¹lu⁴⁴² ①糊涂。②昏迷
死相 sʅ⁵³ɕiaŋ⁰ 不灵活，死心眼
　　死面面 sʅ⁵³miẽ⁴²miẽ⁰
细 ɕi⁴⁴²（过日子）非常节约

不出子儿 pəʔ⁵tʂʰuəʔ⁵tsər⁰ 不出钱，一毛不拔
展脱 tʂɛ̃⁵³tʰuɤ⁰（做事）大方
　　展趟 tʂɛ̃⁵³tʰaŋ⁰
大发 ta⁴²fa⁰ 慷慨
囫囵 xu²⁴luəŋ⁰ 整：鸡蛋吃～的
浑 xuəŋ²⁴³ ～身是汗
突 tʰu²¹ 凸
塌 tʰa²¹ 凹
凉快 liaŋ²⁴kʰuɛ⁴⁴²
僻静 pʰi²¹tɕiəŋ⁴⁴²
滑丝 xua²⁴sʅ⁰ 螺丝脱扣
正宗 tʂəŋ⁴²tsuəŋ⁰ 地道：～延安风味
齐凑 tɕʰi²⁴tsʰəu⁴⁴² 整齐
整严 tʂəŋ²¹iɛ̃²⁴³ 整齐有序
可心 kʰuɤ⁵³ɕiəŋ⁰ 称心
　　随XX意 suei²⁴XXi⁴⁴²
应至 iəŋ⁴²tsʅ⁴⁴²
　　合适 xuɤ²⁴sʅ⁴⁴²
正 tʂəŋ⁴⁴² 帽子戴～
　　端 tuɛ̃²¹
横 ɕyɤ²⁴³ ～放着
斜 ɕie²⁴³
全完 tsʰuɛ̃²⁴uɛ̃⁰ 全在一起：收拾～
全焕 tɕʰyɛ̃²⁴xuɛ̃⁴⁴²①（东西）齐全无损。②（人）平安无恙
大红 ta⁴²xuəŋ²⁴³ 朱红
深红 ʂəŋ²¹xuəŋ²⁴³
黑红 xei²¹xuəŋ²⁴³ 泛黑的红色
水红 ʂuei⁵³xuəŋ²⁴³
桃红 tʰɔ²⁴xuəŋ²⁴³
浅红 tɕʰiɛ̃⁵³xuəŋ²⁴³
亮红 liaŋ⁴²xuəŋ²⁴³

粉红 fəŋ⁵³xuəŋ²⁴³
瓦蓝 ua⁵³lɛ̃²⁴³ ～的天
浅蓝 tɕʰiɛ̃⁵³lɛ̃²⁴³
天蓝 tʰiɛ̃²¹lɛ̃²⁴³
藏蓝 tsaŋ⁴²lɛ̃²⁴³
深蓝 ʂəŋ²¹lɛ̃²⁴³
黑蓝 xei²¹lɛ̃²⁴³ 接近黑色的蓝色
葱儿心绿 tsʰur̃²⁴ɕiəŋ²¹liəu²¹
草绿色 tsʰɔ⁵³liəu²¹sei²¹
淡绿色 tʰɛ̃⁴²liəu²¹sei²¹ 浅绿
雪白 ɕyɤ²¹pʰei²⁴³
白灰灰 pʰei²⁴xuei²¹xuei⁰ 灰白
深灰 ʂəŋ²⁴xuei²¹
浅灰 tɕʰiɛ̃⁵³xuei²¹
银灰 iəŋ²⁴xuei²¹
米黄 mi⁵³xuaŋ²⁴³
土黄 tʰu⁵³xuaŋ²⁴³ 像黄土一样的颜色
老黄 lɔ⁵³xuaŋ²⁴³ 深黄
淡黄 tʰɛ̃⁴²xuaŋ²⁴³ 浅黄
茄子色 tɕʰie²⁴tsʅ⁰sei²¹ 深紫
淡紫 tʰɛ̃⁴²tsʅ²¹ 浅紫
咖啡色 kʰa²⁴fei²⁴sei²¹ 深咖色
巧克力色 tɕʰiɔ⁵³kʰɤ⁰li⁴²sei²¹
驼色 tʰuɤ²⁴sei²¹ 浅咖色
豇豆色 tɕiaŋ²¹təu⁴²sei²¹ 和豇豆豆子一样的颜色，接近浅咖啡色
黏 zɛ̃²⁴³ 黏性大：吃个桃儿把手～的
利 li⁴⁴² 不黏
嫩 nuəŋ⁴⁴²
精 tɕiəŋ²¹①聪明。②精明
灵 liəŋ²⁴³①（小孩儿）机灵，聪明。②灵验
灵验 liəŋ²⁴iɛ̃⁰

怪 kuɛɛ⁴⁴²①聪明：那娃娃生得～。②奇怪：～事

入怪 zʅ²¹kuɛɛ⁴⁴² 奇怪

鬼 kuei⁵³ 狡猾

恼 nɔ⁵³ 不高兴

木囊 mu⁴²naŋ⁰ 拖拉，磨叽

紧趁 tɕiaŋ⁵³tʂʰən⁰（干活）不拖沓

消闲 ɕiɔ²¹xɛ̃²⁴³ 闲

惯熟 kuɛ̃⁴²ʂu²⁴³ 熟络

亮净 liaŋ⁴²tɕiaŋ⁴⁴²（颜色）明亮干净

慢 mɛ̃⁴⁴²（坡度）平缓不陡：～坡坡

不立 pu²⁴li⁰ 坡～

窄狭 tsei²¹ɕia²⁴³ 狭窄，不宽敞

局憋 tɕy²⁴piɛ⁰ 憋闷：在家戚咾几天，～死了

冲 tsʰuaŋ⁴⁴²（说话）莽撞，直接

恓惶 ɕi²²xuaŋ³¹ 可怜

残伙 tsʰɛ̃²⁴xuɤ⁰ 心里凶恶又做事残暴：那人～

残 tsʰɛ̃²⁴³ 心～

懵 tsʰɔ²⁴³ 心～

残道 tsʰɛ̃²⁴tɔ⁴⁴²（说话）尖酸刻薄

戗茬 tɕʰia⁴²tsʰa²⁴³ 为人处世霸道，强词夺理，争强好胜

馋叨 tsʰɛ̃²⁴tɔ⁰ 爱说是非

嘴多 tsuei⁵³tuɤ⁰

倒糟 tɔ⁵³tsɔ⁰ 倒霉

烂干 lɛ̃⁴²kɛ̃⁰（局面）非常糟糕，难以为继

烂包 lɛ̃⁴²pɔ⁰

尿势儿 tɕiəu²⁴ʂər⁴⁴²（能力或身体等）大不如前

刚骨 kaŋ²¹ku⁰ 有骨气

扛硬 kʰaŋ⁵³ȵiaŋ⁰ 硬气：不敢把话说得太～

拿得稳 naʔ²⁴təʔ²⁵uəŋ⁵³ 稳重

筛 sɛɛ⁵³ 不稳重

能艳儿 nəŋ²⁴iɐr⁴⁴² 爱显摆

能 nəŋ²⁴³

泼苴 pʰuɤ²⁴tsʰa⁰ 泼辣

足劲 tɕy²¹tɕiəŋ⁴⁴² 带劲儿

圆泛 yɛ̃²⁴fɛ̃⁴⁴² 完整

光烫 kuaŋ²¹tʰaŋ⁴⁴²①光洁美观。②形容生活丰裕无忧或事情做得漂亮

气长 tɕʰi⁴²tʂʰaŋ²⁴³ 长远

气怅 tɕʰi⁴²tʂʰaŋ⁰ 因不如意而感到不痛快

累连 luei⁴²liɛ̃⁰①连累。②辛苦

牙爪重 ia²⁴tsɔ⁰tʂuaŋ⁴⁴² 长辈管教晚辈手段厉害

欢实 xuɛ̃²⁴ʂəʔ⁵（行动）自如敏捷

屹颠 kəʔ⁵tiɛ̃⁰ 形容得宠撒娇的样子

屹巴 kəʔ⁵pa⁰ 形容脸部皮肤缺水紧绷的感觉

得办 tei²¹pʰɛ̃⁴⁴² 来得及

不得办 pəʔ⁵tei²¹pʰɛ̃⁴⁴² 来不及

二十六　副词介词等

可可儿 kʰuɤ⁵³kʰuɐr⁰ ～十块钱

刚好儿 kaŋ²⁴xɔr⁰

正 tʂəŋ⁴⁴² 恰巧：～我在那儿

正好儿 tʂəŋ⁴²xɔr⁰

尽 tɕiəŋ²¹ 净：～吃米不吃面

有点儿 iəu⁵³tiɐr⁰ 天～冷

怕是 pʰa⁴²ʂʅ⁰ 也许：～要下雨哩

敢是 kɛ̃⁵³ʂʅ⁰

不……不 pu²¹…pu²¹ 不到九点不开会

闻早儿 uəŋ²⁴tsɔr⁰ 趁早儿：～动静

迟早 tsʰʅ²⁴tsɔ⁰ 随时：～来都行

一眼看下 iaʔ⁵ȵiɛ̃⁰kʰɛ̃⁴²xa⁰ ～就到年底了

眼看 ȵiɛ̃²¹kʰɛ̃⁴⁴²

多亏 tuɤ²⁴kʰuei⁰ ～你来了，不咋就麻烦了
　　幸亏 ɕiəŋ⁴²kʰuei⁰
当面儿 taŋ²¹miɐr⁴⁴² 有话～说
背后 pei⁴²xəu⁴⁴² 背地：不要～说
留背后 liəu²⁴pei⁴⁴xəu⁰ 以后：～说
顺路儿 ʂuəŋ⁴²ləur⁴⁴² 麻烦～捎的给我买本书
　　顺便儿 ʂuəŋ⁴²piɐr⁴⁴²
到了儿 tɔ⁴²liɐr⁰ 到最后：王叔～没走成
　　到把儿 tɔ⁴²pɐr⁴⁴²
一到了儿 iəʔ⁵tɔ⁴²liɐr⁰ 一贯：老李～拴正品行好
　　一到把儿 iəʔ⁵tɔ⁴²pɐr⁴⁴²
实古儿 ʂʅ²⁴kur⁰ 从来：～不擦玻璃
一满 iəʔ⁵mɛ̃⁰ ①压根儿：～解不下。②从来：～没骑过马
　　根本 kəŋ²⁴pəŋ⁵³
实在 ʂʅ²⁴tsɐe⁴⁴² 这人～好
　　确实 tɕʰyɤ²¹ʂʅ²⁴³
平 pʰiəŋ²⁴³ ～四十：正好四十岁
奔 pəŋ⁴⁴² ～五十：接近五十
着 tʂuɤ²¹ 表肯定与确定的副词：我～去也
赠 tsəŋ²¹ 免费地：～吃
　　白 pʰei²⁴³
偏偏儿 pʰiɛ̃²¹pʰiɐr²⁴ 偏：你不叫我去我～去
胡 xu²⁴³ ～说
　　瞎 xa²¹
体另 tʰi⁵³liəŋ⁰ 另外：～还有一个人
　　另外 liəŋ⁰uɛe⁴⁴²
头里 tʰəu²⁴li⁰ ①先：你～走我随后来。②之前：我～解不开，后来才听人说的
　　先 ɕiɛ̃²¹
未免家 uei⁴²miɛ̃²¹tɕie⁰ 万一
无故 u²⁴ku⁴⁴² 没有特别的理由，只为以防

万一：钱～准备好，未免价用哩
大半儿 tʰɐe⁵³pɐr⁰ 一般，通常：～这么做
平时 pʰiəŋ²⁴³ʂʅ²⁴³
　　平素 pʰiəŋ²⁴su⁴⁴²
打猛子 ta²⁴məŋ⁵³tsʅ⁰ 突然
　　打猛儿 ta²⁴mɤ̃r⁰
　　猛猛 məŋ⁵³məŋ⁰
　　冷不防 ləŋ⁵³pəʔ⁵faŋ²⁴³
勿指儿 u⁴²tsɐr⁰ 出乎意料：弄咋老半天最后～弄好了
睛管 tɕʰiəŋ²⁴kuɛ̃⁰ 不必考虑别的，放心去做：你～念书去，家伙有大人哩
　　睛 tɕʰiəŋ²⁴³
　　只管 tsəʔ⁵kuɛ̃⁰
保险 pɔ²⁴ɕiɛ̃⁰ ①形容词，有把握的。②副词，一定
随当 suei²⁴taŋ⁴⁴² 随即：我～就把钱还了
真的 tʂəŋ²¹ti⁰
大约摸 ta⁴²yɤ²¹muɤ⁰ 大约
一圪抿儿 iəʔ⁵kəʔ⁵miɤ̃r⁰ 一下子：～就到黑咋了
叫 tɕiɔ⁴⁴² 被：～狗咬了一口
把 pa²¹ ～门关上
对 tuei⁴² 后妈～娃娃不好
投到 tʰəu²⁴tɔ⁴⁴² 等到：～还完账不晓得猴年马月了
　　等到 təŋ⁵³tɔ⁰
到 tɔ⁴⁴² 撂～水里
撵 niɛ̃⁵³ 在……之前：～吃饭洗手
在 tsʰɐe⁴⁴² ～哪儿戚住着哩？
从 tsʰuəŋ²⁴³ ～哪儿走
自打 tsʅ⁴²ta⁰ 自从：二娃～上了班则解话了

自 tsʅ⁴⁴²

打 ta⁵³

依 i²¹ ～我看，不算错

叫 tɕiɔ⁴⁴²

照 tʂɔ⁴⁴²

□ xɛ⁵³ 用：你～毛笔写

拿 na²⁴³

用 yəŋ⁴⁴²

顺着 ʂuaŋ⁴²tʂuɤ⁰ 沿着：～河边走

给 kei⁴⁴² ①为，替：～大家办事。②表支配
的助词：把门～关上了

给我 kei⁴²ŋuɤ⁰ 表命令：你～把这碗饭吃完

给咱 kei⁴²tsʰa²⁴³ 表商量及请求：～把碗一洗

把 pa²¹……叫 tɕiɔ⁴⁴² 延安把姑姑叫伢伢

拿 na²⁴……当 taŋ⁴⁴² 延安拿麦秸当柴烧

打小儿 ta²⁴ɕiɚ⁰ 我～就能吃苦

从小 tsʰuaŋ²⁴ɕiɔ⁰

往出 uɤ²¹~uaŋ⁵³tʂʰu²¹ ～拿钱

赶 kɛ̃⁵³ 你～三号以前到

离 li⁴⁴² 距离：～过年就三个月了

二十七　量词

本儿 pɻ̃r²¹ 一～书

笔 pi²¹ 一～钱｜一～款

封 fəŋ⁴⁴² 一～信

种 tʂuaŋ²¹ 一～药｜一～虫虫

圪瘩 kəʔ⁵ta⁰ 块儿：一～被子｜一～泥

宗 tsuaŋ²¹ 一～事：一档子事

枝 tsʅ²¹ 一～花儿

桌儿 tʂuɚ²¹ 一～酒席｜请一～客

场 tʂʰaŋ⁵³ 一～雨｜一～戏

身儿 ʂɻ̃r²¹ 一～棉衣

杆 kɛ̃²¹ 一～枪

家 tɕia²¹ 一～铺子

间 tɕiɛ̃²¹ 一～房子

院 yɛ̃⁴⁴² 一～房子

篇 pʰiɛ̃²¹ 一～文章

页 ie⁴⁴² 一～书

段段 tuɛ̃⁴²tuɛ̃⁰ 节，段：一～文章

片 pʰiɛ̃²¹ 一～好心｜一～砖

片儿 pʰiɚr⁵³ 一～肉｜一～菜叶子

面 miɛ̃⁴⁴² 一～旗｜见一～

层 tsʰəŋ²⁴³ 一～纸

门 məŋ²⁴³ 一～亲事

刀 tɔ²¹ 一～纸

沓儿 tʰɚr²⁴³ 一～纸

缸 kaŋ²¹ 一～水

碗 uɛ̃⁵³ 一～饭

杯 pei²¹ 一～茶｜一～烧酒

把儿 pɚr⁵³ 一～萝卜｜打一～麻将

包 pɔ²¹ 一～花生

卷儿 tɕyɚr⁵³ 一～纸

捆儿 kʰuɻ̃r⁵³ 一～柴

担 tɛ̃⁴⁴² 一～水

溜儿 liəur⁴⁴² 排：一～椅子

摆溜儿 pɛɛ⁵³liəur⁴⁴²

排 pʰɛɛ²⁴³

进 tɕiəŋ⁴⁴² 一～院子

串 tʂʰuɛ̃⁴⁴² 一～鞭炮

句 tɕy⁴⁴² 一～话

对 tuei⁴⁴² 一～花瓶

套 tʰɔ⁴⁴² 一～书

伙子 xuɤ²¹tsʅ⁰ 帮，拨：一～人

伙儿 xuər⁵³

把子 pa²¹tsʅ⁰ 一～人：一帮人
批 pʰi²¹ 一～货
扑㯏 pu²¹xuəŋ⁰ 丛：一～草
窝 uɤ²¹ 一～蜂
圪抓 kəʔ⁵tʂua⁰ 串：一～葡萄
一跪一拃 i²¹kʰuei⁴²i²¹tsa⁰ 大拇指与中指张开的长度
一虎拃 i²⁴xu²⁴tsa⁰ 大拇指与食指自然张开的长度
一拃 i²⁴tsa⁰ 大拇指与食指尽力张开的长度，一拃比一虎拃的长度长
一膀子 i²¹paŋ⁵³tsʅ⁰ 两臂平伸两手之间的长度
一抱 i²¹pɔ⁴⁴²
　　一搂 i²⁴ləu⁵³ 当地人说黄帝手植柏树：七搂八拃半，圪低圪瘩还不算
一指 i²¹tsʅ⁰ 膘厚～
一成儿 i²¹tʂʰɤ̃r²⁴³
脸 liɛ̃⁵³ 一～土
肚子 tʰu⁴²tsʅ⁰ 一～气
眼 ȵiɛ̃⁵³ 看一～
口 kʰəu⁵³ 吃一～
阵阵 tʂʰəŋ⁴²tʂʰəŋ⁰ 一会儿：下了～雨
　　阵儿 tʂʰɤ̃r⁴⁴²
下儿 xɐr⁴² 一～：一下
下儿下儿 xɐr⁴²xɐr⁰ 一～：一下下
座 tsuɤ⁴⁴² 尊：一～佛像
扇 ʂɛ̃⁴⁴² 一～门
幅 fu²⁴³ 一～画儿
堵 tu⁵³ 一～墙
趟 tʰaŋ⁴⁴² 一～车
水 ʂuei⁵³ 衣裳洗一～
窑 iɔ²⁴³ 烧一～陶器

打 ta²¹ 一～鸡蛋
堆 tuei²¹ 一～雪
连串 liɛ̃²⁴tʂʰuɛ̃⁴⁴² 串：一～问题
圪都 kəʔ⁵tu⁰ 一～蒜：一头蒜
路 ləu⁴⁴² 一～公共汽车
挂 kua⁴⁴² 辆：一～车
师 sʅ²¹ 一～兵
旅 ly⁵³ 一～兵
团 tʰuɛ̃²⁴³ 一～兵
营 iəŋ²⁴³ 一～兵
连 liɛ̃²⁴³ 一～兵
排 pʰɛe²⁴³ 一～兵
班 pɛ̃²¹ 一～兵
组 tsu⁵³ 一～学生｜一～家具
撮 tsuɤ²¹ 一～毛
轱辘 kuəʔ⁵lu⁰ 一～线
笔 pi⁵³ 写一～好字
手 ʂəu⁵³ 写一～好字
票 pʰiɔ⁴⁴² 投一～
届 tɕie⁴⁴² 开一～会议
任 zəŋ⁴⁴² 做一～官
盘 pʰɛ̃²⁴³ 一～棋｜一～菜
圈儿 tɕʰyɐr²¹ 打一～麻将
台 tʰɛe²⁴³ 唱一～戏
点点 tiɛ̃²¹tiɛ̃⁰ 一～钱
滴 tie²¹ 一～雨
匣匣 xa²⁴xa⁰ 一～火柴
　　盒儿 xuər²⁴³
匣子 xa²⁴tsʅ⁰ 一～手饰
箱子 ɕiaŋ²¹tsʅ⁰ 一～衣裳
架子 tɕia⁴²tsʅ⁰ 一～书
柜子 kʰuei⁴²tsʅ⁰ 一～衣裳

抽屉儿 tʂʰəu²¹tʰiɤr⁴⁴² 一～文件

笼子 luəŋ⁵³tsɿ⁰ 一～菠菜

    筐子 kʰuaŋ²¹tsɿ⁰

篮子 lɛ̃²⁴tsɿ⁰ 一～梨

炉子 ləu²⁴tsɿ⁰ 一～灰

袋子 tɛe⁴²tsɿ⁰ 一～干粮

池子 tʂʰʅ²⁴tsɿ⁰ 一～水

瓶子 pʰiəŋ²⁴tsɿ⁰ 一～醋

罐子 kuɛ̃⁴²tsɿ⁰ 一～醉枣儿

坛子 tʰɛ̃²⁴tsɿ⁰ 一～酒

桶 tʰuəŋ⁵³ 一～油

盆儿 pʰɤ̃r²⁴³ 一～水

壶儿 xur²⁴³ 一～茶

锅 kuɤ²¹ 一～饭

笼儿 luɤ̃r²⁴³ 一～包子

碟儿 tʰiɛr²⁴³ 一～小菜

盅儿 tʂuɤ̃r²¹ 一～烧酒

马勺 ma⁵³ʂuɤ²⁴³ 一～水

勺子 ʂuɤ²⁴tsɿ⁰ 一～汤

    勺儿 ʂuər²⁴³ 一～汤｜一～酱油

一千来个人 iaʔ⁵tɕʰiɛ̃²¹lɛe²⁴kɤ⁰zəŋ²⁴³ 千把人

一万来块 iaʔ⁵uɛ̃⁴²lɛe²⁴kʰuɛɛ⁴⁴² 万把块钱

一半里路 iaʔ⁵pɛ̃⁴²li⁰ləu⁴⁴² 不到两里路

二里多路 ər⁴⁴li⁰tuɤ²¹ləu⁴⁴²

一半亩地 iaʔ⁵pɛ̃⁴²mu⁰tʰi⁴⁴² 不到两亩地

一两亩地 iaʔ⁵liaŋ²⁴mu⁰tʰi⁴⁴²

二十八　附加成分等

后加成分：

—扎 tsa²⁴³ 程度补语：气～

    —残 tsʰɛ̃²⁴³

    —结实 tɕie²¹ʂʅ⁰

—要命 io⁴²miəŋ⁴⁴² 程度补语：热得～

    —要死 io⁴²sɿ⁰

—不行 pəʔ⁵ɕiəŋ²⁴³ 熬得～累得不行

—死咧 sɿ⁵³lie⁰ 穷～｜爱～｜懒～

—不了 pu⁴²liɔ⁰ 受～｜算～｜花～

形容词后缀：

—溜溜 liəu⁴²liəu⁰ 酸～｜稀～｜端～｜顺～

—锃锃 tsəŋ²²tsəŋ³¹ 端～

—固固 ku²¹ku⁰ 酸～

—汪汪 uaŋ²¹uaŋ⁰ 白～

—啋啋 tsʰɛe²¹tsʰɛe⁰ 扁～

—丝丝 sɿ²¹sɿ⁰ 甜～｜麻～

—囊囊 naŋ²¹naŋ⁰ 甜～

—咚咚 tuəŋ²²tuəŋ³¹ 稠～｜糊～｜厚～｜浑～

—楞楞 ləŋ⁴²ləŋ⁰ 木～

—哼哼 xəŋ²¹xəŋ⁰ 幅～｜饱～

—拉拉 la²¹la⁰ 黄～｜臊～

—丹丹 tɛ̃²¹tɛ̃⁰ 俊～

—怪怪 kuɛɛ⁴²kuɛɛ⁰ 干～

—乎乎 xu²¹xu⁰ 牛皮～

—唔唔 u²¹u⁰ 紧～

—喷喷 pʰəŋ²¹pʰəŋ⁰ 香～

—光光 kuaŋ²¹kuaŋ⁰ 明～

—湛湛 tsɛ̃²¹tsɛ̃⁰ 亮～

—绷绷 pəŋ²¹pəŋ⁰ 紧～

—哇哇 ua²¹ua⁰ 冰～

—（圪）也也（kəʔ⁵）ie²¹ie⁰ 凉～｜俊～｜长～｜清～｜宽～

—（圪）绫绫儿（kəʔ⁵）liəŋ²¹liɤ̃r⁰ 瘦～

—（圪）杵杵（kəʔ⁵）tʂʰu²¹tʂʰu⁰ 胖～｜毛～

—忽缭缭 xu²¹lio²¹lio⁰ 浅～｜薄～

—忽闪闪 xu²¹ʂɛ̃²¹ʂɛ̃⁰ 薄～

—卜舔舔 pəʔ⁵tʰiɛ̃²¹tʰiɛ̃⁰ 浅~

—卜塌塌 pəʔ⁵tʰa²¹tʰa⁰ 灰~

—卜叽叽 pəʔ⁵tɕi²¹tɕi⁰ 赖~｜甜~｜酸~

—卜拉叽 pəʔ⁵la²¹tɕi⁰ 酸~

—卜拉儿拉儿 pəʔ⁵lɚ²¹lɚ⁰ 碎~｜猴~

—卜落落 pəʔ⁵luɤ²¹luɤ⁰ 碎~

—卜楞登 pəʔ⁵ləŋ⁴²təŋ⁴⁴² 瓷~｜憨~

最 tsuei⁴²…… 不过 pəʔ⁵kuɤ⁴⁴² 你能来最好不过

—溜卜叽 liəu²⁴pəʔ⁵tɕi⁰ 酸~

名词后缀：

—法 fa⁰

  吃法 tʂʰʅ²¹fa⁰ 这个菜没~

  喝法 xuɤ²¹fa⁰ 那个酒没~

  看法 kʰɛ̃⁴²fa⁰ 这出戏有~：有看头

—头 tʰəu⁰

  吃头 tʂʰʅ²¹tʰəu⁰

  喝头 xuɤ²¹tʰəu⁰

  看头 kʰɛ̃⁴²tʰəu⁰

  干头 kɛ̃⁴²tʰəu⁰

  奔头 pəŋ⁴²tʰəu⁰

  苦头儿 kʰu⁵³tʰəur⁰

  甜头儿 tʰiɛ̃²⁴tʰəur⁰

其他后缀：

—马也 ma²⁴ie⁰ 表示列举或描述情形

  赤肚~ tʂʰʅ²¹tu⁴²ma²⁴ie⁰ 形容光着肚子的样子

  灰土~ xuei²⁴tʰu⁵³ma²⁴ie⁰ 形容布满灰尘的情景

  圪搐~ kəʔ⁵tʂʰu²¹ma²⁴ie⁰ 衣物或皮肤等皱皱巴巴的样子

  赌博~ tu⁵³puɤ²¹ma²⁴ie⁰ 形容好赌等不务正业的行为

  费事~ fei⁴²sʅ²¹ma²⁴ie⁰ 形容劳心费神地克服困难或排除阻碍的情形

  清早~ tɕʰiəŋ²¹tsɔ⁵³ma²⁴ie⁰ 大清早

—打马 ta²⁴ma⁰ 表示列举

  黑痞~ xei²¹pʰi²⁴ta²⁴ma⁰ 无赖那种

—马趴 ma⁵³pʰa²⁴³ ……的样子

  圪撅~ kəʔ⁵lie⁰ma⁵³pʰa⁰ ①不顺手，动作不协调的样子。②不随和，有意唱反调的样子

  圪料⁼~ kəʔ⁵liɔ⁴²ma⁵³pʰa²⁴³ ①物品变形导致的不顺直不平整的样子。②指人说话做事不顺利，也指不随和、不合拍的样子

  圪溜~ kəʔ⁵liəu²⁴ma⁵³pʰa⁰ 物体不直的样子

前加成分：

胖—pʰaŋ²¹ ~臭

锃—tsəŋ⁴⁴² ~亮

黢—tɕʰy²¹ ~黑

入—zʅ²¹ ~怪｜~能｜~眼｜~蹋

圪—kəʔ⁵ ~沓｜~颠｜~挤｜~泡｜~都

克—kʰəʔ⁵ ~郎｜~瘆

老—lɔ⁵³ ~虎｜~鼠｜~师

虚词：

了 lɛ⁰

着 tʂuɤ²¹

得 tɤ⁰

的 tɤ⁰

地 ti⁰

二十九　数字等

一号儿 i²¹xɔr⁴⁴²

二号儿 ər⁴²xɔr⁰

三号 sɛ̃²⁴xɔ⁴⁴²

四号 sʅ⁴²xɔ⁰

五号 u⁵³xɔ⁰ 五个 u²⁴kɤ⁰
六号 liəu⁴²xɔ⁴⁴² 六个 liəu²⁴kɤ⁰
七号 tɕʰi²¹xɔ⁴⁴² 七个 tɕʰi²⁴kɤ⁰
八号 pa²¹xɔ⁴⁴² 八个 pa²⁴kɤ⁰
九号 tɕiəu⁵³xɔ⁰ 九个 tɕiəu²⁴kɤ⁰
十号 ʂʅ²¹xɔ⁰ 十个 ʂʅ²⁴~ʂəʔ⁵kɤ⁰
初一 tʂʰu²⁴i²¹ 第二 ti⁴²ər⁴⁴²
初二 tʂʰu²¹ər⁴⁴² 第三 ti⁴²sɛ̃²¹
初三 tʂʰu²⁴sɛ̃²¹ 第四 ti⁴²ʂʅ⁴⁴²
初四 tʂʰu²¹ʂʅ⁴⁴² 第五 ti⁴⁴u⁵³
初五 tʂʰu²⁴u⁰ 第六 ti⁴²~ti⁴⁴liəu²¹
初六 tʂʰu²⁴liəu⁴⁴² 第七 ti⁴²tɕʰi²¹
初七 tʂʰu²⁴tɕʰi⁰ 第八 ti⁴²pa²¹
初八 tʂʰu²⁴pa⁰ 第九 ti⁴⁴tɕiəu⁵³
初九 tʂʰu²⁴tɕiəu⁵³ 第十 ti⁴²ʂʅ²⁴³
初十 tʂʰu²¹ʂʅ²⁴³ 第一个 ti⁴⁴i²¹kɤ⁰
老大 lɔ⁵³ta⁴⁴² 第二个 ti⁴²ər⁴²kɤ⁰
老二 lɔ⁵³ər⁴⁴² 第三个 ti⁴²sɛ̃²⁴kɤ⁰
老三 lɔ⁵³sɛ̃⁰ 第四个 ti⁴⁴ʂʅ⁴²kɤ⁰
老四 lɔ⁵³ʂʅ⁴⁴² 第五个 ti⁴⁴⁻⁴²u²⁴kɤ⁰
老五 lɔ²⁴u⁰ 第六个 ti⁴⁴liəu²¹kɤ⁰
老六 lɔ⁵³liəu⁰ 第七个 ti⁴²tɕʰi²¹kɤ⁰
老七 lɔ⁵³tɕʰi⁰ 第八个 ti⁴²pa²¹kɤ⁰
老八 lɔ⁵³pa⁰ 第九个 ti⁴²tɕiəu²⁴kɤ⁰
老九 lɔ²⁴tɕiəu⁰ 第十个 ti⁴²ʂʅ²⁴~ʂəʔ⁵kɤ⁰
老十 lɔ⁵³ʂʅ²⁴³ 十一 ʂʅ²⁴i²¹
老猴 lɔ⁵³xəu²⁴³ 老幺 二十一 ər⁴²ʂʅ²⁴i²¹
大哥 ta⁴²kuɤ²¹ 三十一 sɛ̃²¹ʂʅ²⁴i²¹
二哥 ər⁴²kuɤ²¹ 四十 ʂʅ⁴²ʂʅ⁰
一个 iəʔ⁵kɤ⁰ 四十一 ʂʅ⁴²ʂʅ²⁴i²¹
两个 liaŋ²⁴kɤ⁰ 五十 u⁵³ʂʅ⁰
四个 ʂʅ⁴²kɤ⁰ 五十一 u⁵³ʂʅ²⁴i²¹

第五章 分类词表

189

六十 liəu²¹ʂʅ⁰

六十一 liəu²¹ʂʅ²⁴i²¹

七十 tɕʰi²¹ʂʅ⁰

七十一 tɕʰi²¹ʂʅ²⁴i²¹

八十 pa²¹ʂʅ⁰

八十一 pa²¹ʂʅ²⁴i²¹

九十 tɕiəu⁵³ʂʅ⁰

九十一 tɕiəu⁵³ʂʅ²⁴i²¹

一百一 i²¹pei⁰i²¹ 一百一十

一百一十个 i²¹pei⁰i²¹ʂʅ²⁴kɤ⁰

一百一十一 i²¹pei⁰i²¹ʂʅ²⁴i²¹

一百一十二 i²¹pei⁰i²¹ʂʅ²⁴ər⁴⁴²

一百二 i²¹pei⁰ər⁴⁴² 一百二十

一百三 i²¹pei⁰sɛ̃²¹ 一百三十

一百五十个 i²¹pei²⁴u⁵³ʂʅ²⁴kɤ⁰

二百五 ər⁴²pei²⁴u⁰ ①二百五十。②傻子

二百五十个 ər⁴²pei²⁴u⁵³ʂʅ²⁴kɤ⁰

三百一 sɛ̃²⁴pei⁰i²¹ 三百一十

三百三 sɛ̃²⁴pei⁰sɛ̃²¹ 三百三十

三百六 sɛ̃²⁴pei⁰liəu²¹ 三百六十

三百八 sɛ̃²⁴pei⁰pa²¹ 三百八十

一千一 i²¹tɕʰiɛ̃⁰i²¹ 一千一百

一千一百个 i²¹tɕʰiɛ̃⁰i²¹pei²¹kɤ⁰

一千九 i²¹tɕʰiɛ̃⁰tɕiəu⁵³ 一千九百

一千九百个 i²¹tɕʰiɛ̃⁰tɕiəu⁵³pei²¹kɤ⁰

三千 sɛ̃²⁴tɕʰiɛ̃⁰

五千 u⁵³tɕʰiɛ̃⁰

八千 pa²⁴tɕʰiɛ̃⁰

一万二 i²¹uɛ̃⁴²ər⁴⁴² 一万二千

一万两千个 i²¹uɛ̃⁴²liaŋ⁵³tɕʰiɛ̃²¹kɤ⁰

两千个 liaŋ⁵³tɕʰiɛ̃²¹kɤ⁰ 二千个

三万五 sɛ̃²¹uɛ̃⁴²u⁰ 三万五千

三万五千个 sɛ̃²¹uɛ̃⁴²u⁵³tɕʰiɛ̃²¹kɤ⁰

零 liəŋ²⁴³

二斤 ər⁴²tɕiəŋ⁰

　两斤 liaŋ⁵³tɕiəŋ⁰

二钱 ər⁴²tɕʰiɛ̃²⁴³

　两钱 liaŋ⁵³tɕʰiɛ̃²⁴³

二分 ər⁴²fəŋ⁰

　两分 liaŋ⁵³fəŋ⁰

二厘 ər⁴²li²⁴³

　两厘 liaŋ⁵³li²⁴³

两丈 liaŋ⁵³tʂaŋ⁴⁴²

二丈 ər⁴⁴tʂaŋ⁴⁴²

二尺 ər⁴²tʂʰʅ⁰

　两尺 liaŋ²⁴tʂʰʅ⁰

二寸 ər⁴²tsʰuəŋ⁰

　两寸 liaŋ⁵³tsʰuəŋ⁰

二分 ər⁴²fəŋ⁰

　两分 liaŋ⁵³fəŋ⁰

二里 ər⁴²li⁰

　两里 liaŋ²⁴li⁰

两石 liaŋ⁵³tɛ̃⁰

二斗 ər⁴⁴təu⁰

　两斗 liaŋ²⁴təu⁰

二升 ər⁴²ʂəŋ²¹

　两升 liaŋ⁵³ʂəŋ⁰

两合 liaŋ²⁴kuɤ⁰

二亩 ər⁴⁴mu⁰

　两亩 liaŋ²⁴mu⁵³

好几个 xɔ⁵³tɕi²¹kuɤ⁰

可多个 kʰɔʔ⁵tuɤ²¹kɤ⁰ 好多个

好些儿 xɔ⁵³ɕiər⁰ 好一些

大些儿 ta⁴²ɕiər⁰ 大一些

一点点 i²¹tiɛ̃²²tiɛ̃³¹ 一点儿

 一拧⁼拧 ⁼i²¹ȵiəŋ²⁴ȵiəŋ⁰

这些些 tsʅ⁴²ɕi²¹ɕi⁰ 这么多

那些些 nei⁴²ɕi²¹ɕi⁰ 那么多

大点儿 ta⁴²tiɐr⁰

一半个 iəʔ⁵pɛ̃⁴²kɤ⁰ 个把

不到十个 pəʔ⁵tɔ⁴²ʂʅ²⁴kɤ⁰

十来个 ʂʅ²¹lɛe²⁴kɤ⁰ 十多个

一百来个 iəʔ⁵pei²¹lɛe²⁴kɤ⁰ 一百多个

百二八十 pei²¹ər⁴²pa²⁴ʂʅ⁰ 一百左右

 百十来个 pei²¹ʂʅ²¹lɛe²⁴kɤ⁰

千二八百 tɕʰiɛ̃²¹ər⁴²pa²⁴pei⁰ 一千左右

 千数八百 tɕʰiɛ̃²¹su⁴²pa²⁴pei⁰

半截 pɛ̃⁴²tɕʰie⁰

 半起 pɛ̃⁴²tɕʰi⁰

 半个 pɛ̃⁴²kɤ⁰

 一半儿 i²¹pɐr⁴⁴²

两半截 liaŋ²¹pɛ̃⁴²tɕʰie⁰ 两个半个的

 两半起 liaŋ²¹pɛ̃⁴²tɕʰi⁰

多半起 tuɤ²¹pɛ̃⁴²tɕʰi⁰ 多半儿：吃咾~馍馍

 多半个 tuɤ²¹pɛ̃⁴²kɤ⁰

多一半儿 tuɤ²¹i²¹pɐr⁴⁴² 多半儿：~同意

一个半 i²¹kɤ⁰pɛ̃⁴⁴²

出头 tʂʰu²¹tʰəu²⁴³ 刚过（X十年龄）：二十~

上下 ʂaŋ⁴⁴xa⁴⁴²

 左右 tsuɤ⁵³iəu⁰~iəu⁴⁴²

一清二白 i²¹tɕʰiəŋ⁰ər⁴²pʰei²⁴³

一清二楚 i²¹tɕʰiəŋ⁰ər⁴⁴tʂʰu⁰

一刀两断 iəʔ⁵tɔ²¹liaŋ⁵³tuɛ̃⁴⁴²

一举两得 iəʔ⁵tɕy⁰liaŋ⁵³tei²⁴³

三番五次 sɛ̃²⁴fɛ̃²¹u⁵³tsʰʅ⁴⁴²

 三番两次 sɛ̃²⁴fɛ̃²¹liaŋ⁵³tsʰʅ⁴⁴²

三年五年 sɛ̃²¹ȵiɛ̃²⁴u⁵³ȵiɛ̃²⁴³

三长两短 sɛ̃²¹tʂʰaŋ²⁴liaŋ²⁴tuɛ̃⁰

三言两语 sɛ̃²¹iɛ̃²⁴liaŋ²⁴y⁵³

三心二意 sɛ̃²⁴ɕiəŋ²¹ər⁴²i⁴⁴²

四平八稳 sʅ⁴²pʰiɛ̃²⁴pa²⁴uəŋ⁵³

四通八达 sʅ⁴²tʰuaŋ²¹pa²¹ta²⁴³

四面八方 sʅ⁴²~sʅ⁴⁴miɛ̃⁴²pa²⁴faŋ²¹

五湖四海 u⁵³xu²⁴sʅ⁴⁴xɛe⁰

五花八门 u⁵³xua⁰pa²¹məŋ²⁴³

七上八下 tɕʰi²¹ʂaŋ⁴²pa²¹ɕia⁴⁴²

颠三倒四 tiɛ̃²⁴sɛ̃²¹tɔ⁵³sʅ⁴⁴²

乱七八糟 luɛ⁴²tɕʰi²¹pa²¹tsɔ⁴⁴²

七嘴八舌 tɕʰi²⁴tsuei⁵³pa²⁴ʂɤ⁰

七拼八凑 tɕʰi²¹pʰiəŋ⁴²pa²¹tsʰəu⁴⁴²

千辛万苦 tɕʰiɛ̃²⁴ɕiəŋ²¹uɛ̃⁴⁴kʰu⁰

千真万确 tɕʰiɛ̃²⁴tʂəŋ²¹uɛ̃⁴²tɕʰyɤ²¹

千军万马 tɕʰiɛ̃²⁴tɕyəŋ²¹uɛ̃⁴⁴ma⁰

千变万化 tɕʰiɛ̃²¹piɛ̃⁴²uɛ̃⁴²xua⁴⁴²

千言万语 tɕʰiɛ̃²⁴iɛ̃²⁴uɛ̃⁴⁴y⁰

千家万户 tɕʰiɛ̃²⁴tɕia²¹uɛ̃⁴²xu⁴⁴²

甲 tɕia²¹

乙 i⁵³

丙 piəŋ⁵³

丁 tiəŋ²¹

戊 u⁴⁴²

己 tɕi⁵³

庚 kəŋ²¹

辛 ɕiəŋ²¹

壬 zəŋ²⁴³

癸 kʰuei²⁴³

子 tsʅ⁵³

丑 tʂʰəu⁵³

寅 iəŋ²⁴³

卯 mɔ⁵³

辰 tʂʰəŋ²⁴³

巳 sʅ⁴⁴²

午 u⁵³

未 uei⁴⁴²

申 ʂəŋ²¹

酉 iəu⁵³

戌 ɕy²¹

亥 xɛe⁴⁴²

三十　四字格

（按音序排列）

八爹二舞 pa²⁴tsa⁴²ər⁴²u⁰ 走路外八字，动作幅度大，举止张扬

鼻潻颔水 pi²⁴tʰa²¹xɛ̃²⁴ʂuei⁰ 流着鼻涕口水，邋遢的样子

　鼻淋颔水 pi²⁴liəŋ²⁴xɛ̃²⁴ʂuei⁰

摆姿搁也 pɛe⁵³tsʅ²¹kuɤ²⁴ie⁰ 形容讲形式或摆架子的样子

不藏不哄 pəʔ⁵tsʰaŋ²⁴pəʔ⁵xuəŋ⁵³ 开诚布公不隐瞒

不打异样 pəʔ⁵ta²¹i⁴²iaŋ⁴⁴² 见怪不怪

不翻本本 pəʔ⁵pɛ̃²¹pəŋ⁵³pəŋ⁰ 不明事理，不识好歹，还不听别人劝

不蒙意顾 pu²¹məŋ²⁴i²⁴ku⁴⁴² 出乎意料

不识头当 pu²¹sʅ²⁴tʰəu²⁴taŋ⁴⁴² 说话做事不识趣，不知高低轻重

不通人言 pəʔ⁵tʰuəŋ²¹zəŋ²⁴iɛ̃²⁴³ 强词夺理，难以沟通

不言打喘 pu²¹iɛ̃²⁴ta²¹tʂʰuɛ̃⁰ 少言寡语

板板眼眼 pɛ̃²²pɛ̃³¹ɲiɛ̃⁵³ɲiɛ̃⁰ 指繁琐的礼节，按部就班的程序

半蹩卜拉 pɛ̃⁴⁴pʰie⁵³pəʔ⁵la⁰ 身体残疾且多病

半零二落 pɛ̃⁴²liəŋ²⁴ər⁴²la⁰ 形容事情在进行过程中，尚未完成

半死拉活 pɛ̃⁴⁴sʅ⁵³la²¹xuɤ⁰ 一般用于形容病入膏肓或自嘲身体不佳

半生拉熟 pɛ̃⁴²səŋ²¹la²¹ʂu⁰ ①半生不熟。②不够熟悉或熟练

半前响拉 pɛ̃⁴²tɕʰiɛ²⁴ʂaŋ⁵³la⁰ 指上午大约9点到11点的时候

半憨不精 pɛ̃⁴²xɛ̃²¹pəʔ⁵tɕiəŋ²¹ 本来形容弱智，常用于自嘲或讥笑他人

半月二十 pɛ̃⁴²yɤ²¹ər⁴²sʅ⁰ 十五到二十天

棒枪圪榄 paŋ⁴²tɕʰiaŋ²¹kəʔ⁵lɛ̃⁰ 指棍棒等长短不一的器物

　棍枪圪榄 kuaŋ⁴²tɕʰiaŋ²¹kəʔ⁵lɛ̃⁰

冰巴哇凉 piəŋ²²pa³¹ua⁴²liaŋ²⁴³ 冰冷的感觉

病死连天 pʰiəŋ⁴²sʅ²¹liɛ̃²⁴tʰiɛ̃²¹ 久病之人身体羸弱及精神不佳的样子

劈屄害"㕆 pʰi²¹pi²⁴xɛe⁴²tsʰɛe⁰ 形容批评等直截了当，毫不留情

劈屄二舞 pʰi²¹pi²⁴ər⁴²u⁰ 形容做事干脆利索

劈头盖脸 pʰi²¹tʰəu²⁴kɛe⁴⁴liɛ̃⁵³ 不问青红皂白当场（训斥或打骂等）

皮卜楞腾 pʰi²⁴pəʔ⁵ləŋ⁴²tʰəŋ⁰ 形容对别人的批评或建议等无动于衷

屁滋溜也 pʰi⁴²tsʅ²¹liəu⁴²ie⁰ 形容一败涂地狼狈不堪的样子

屁滋连天 pʰi⁴⁴sʅ²¹liɛ̃²⁴tʰiɛ̃²¹ 不停放屁

怕人古"倒 "pʰa⁴²zəŋ²⁴ku²¹tɔ⁰ 因为危险受到惊吓

薄溜忽舔 pʰuɤ²⁴liəu²¹xu²¹tʰiɛ̃⁰ 形容男人轻佻，献媚讨好女人的样子

排侃舞地 pʰɛe²⁴kʰɛ̃⁰u⁵³ti⁴⁴² 调侃，挖苦，讽刺他人

偏三向四 pʰiɛ̃²⁴sɛ̃²¹ɕiaŋ⁴²sʅ⁴⁴² 偏爱，袒护

平白无故 pʰiəŋ²⁴pei²⁴u²⁴ku⁴⁴² 无缘无故

平出平里 pʰiəŋ²⁴tʂʰu²¹pʰiəŋ²⁴li⁵³ ①在平坦的道路上进出。②进出畅通无阻

品姿格也 pʰiəŋ⁵³tsʅ²¹kɤ²⁴ie⁰ 喜欢摆架子，对人爱理不理的样子

麻麻糊糊 ma²⁴ma⁰xu²¹xu⁰ 糊里糊涂，不好不坏，凑凑合合

眉胖眼肿 mi²⁴pʰaŋ⁰ɲiɛ̃²⁴tʂuəŋ⁵³ （因生病或哭泣而）面部浮肿的样子

　胖眉肿眼 pʰaŋ²¹mi²⁴tʂuəŋ²⁴ɲiɛ̃⁰

　肿眉胖眼 tʂuəŋ⁵³mi²⁴pʰaŋ²⁴ɲiɛ̃⁰

眉高眼低 mi²⁴kɔ²¹ɲiɛ̃⁵³ti²¹ 借指脸色

糜糜麻麻 mi²¹mi²¹ma²¹ma⁰ 喻指似是而非，糊里糊涂

麻里麻达 ma²⁴li⁵³ma²⁴ta⁰ 非常麻烦

　麻里麻烦 ma²⁴li⁵³ma²⁴fɛ̃⁰

　麻里十烦 ma²⁴li⁵³sʅ²¹fɛ̃⁰

麻糜不分 ma²⁴mi⁰pəʔ⁵fəŋ²¹ ①脑子糊涂，分不清是非曲直。②为人难缠，不分青红皂白

麻眉睁眼 ma²⁴mi⁰tsəŋ²¹ɲiɛ̃⁰ 睡眼惺忪的样子

麻林箭杆儿 ma²⁴liəŋ⁰tɕiɛ̃⁴²kɚ⁰ 形容雨来得猛下得大

马二马三 ma⁵³ɚ⁴²ma³sɛ̃²¹ ①糊里糊涂的样子。②胡搅蛮缠的样子

木头人人 məʔ⁵tʰou⁰zəŋ²¹zəŋ⁰ 比喻表情呆滞，性格木讷的人

没明没黑 muɤ²¹miəŋ²⁴muɤ²¹xei⁰ 没白天没黑夜（地辛苦）

没老没小 muɤ²⁴lɔ⁵³muɤ²⁴ɕiɔ⁵³ 不论老小（都一样的表现）

没忙没闲 muɤ²¹maŋ²⁴muɤ²¹xɛ̃²⁴³ 不论忙闲

没名没姓 muɤ²¹miəŋ²⁴muɤ²¹ɕiəŋ⁴⁴² 指小人物不出名

没根没靠 muɤ²⁴kəŋ²¹muɤ²¹kʰɔ⁴⁴² 没有根基和依靠

猫递爪爪 mɔ²⁴ti⁴²tʂua⁵³tʂua⁰ 形容眉来眼去，拉拉扯扯的亲密举动

毛沓忽斯 mɔ²⁴tʰa²¹xu²¹sʅ⁰ 物品的边沿破损不齐的样子

毛沓害斯 mɔ²⁴tʰa²¹xɛe⁴²sʅ⁰ 做事毛毛躁躁的样子

毛扎混地 mɔ²⁴tsa²¹xuəŋ⁴²ti⁴⁴² 东西或食物上毛多的样子（暗含"让人不舒服"之义）

毛二八分 mɔ²⁴ɚ⁴²pa²¹fəŋ²¹ 一角钱左右，借指零星的小钱

毛叽圪软 mɔ²⁴tɕi²¹kəʔ⁵zuɛ̃⁵³ 毛太多太软的性状

　毛软圪叽 mɔ²⁴zuɛ̃⁵³kəʔ⁵tɕi²¹

毛吆吼叫 mɔ²⁴iɔ²¹xəu⁵³tɕiɔ⁴⁴² （性格急躁的人）乱吼乱叫

贸打忽斯 mɔ⁴⁴ta⁵³xu²¹sʅ⁰ 盲目行动

满答满应 mɛ̃²⁴ta²¹mɛ̃⁵³iəŋ⁴⁴² 满口答应

满山二圿 mɛ̃⁵³sɛ̃²¹ɚ⁴²ua⁰ 漫山遍野

　可山二圿 kʰuɤ⁵³sɛ̃²¹ɚ⁴²ua⁰

慢卜楞腾 mɛ̃⁴²pəʔ⁵ləŋ⁴²tʰəŋ⁴⁴² 慢慢腾腾

慢里圪揣 mɛ̃⁵³li⁰kəʔ⁵tʂʰuɛe⁵³ 走路四平八稳的样子

慢脚踏手 mɛ̃⁴²tɕyɤ²¹tʰa²¹ʂəu⁵³ 形容性格温和，动作慢

忙死赶趁 maŋ²⁴sʅ⁵³kɛ̃⁵³tʂʰəŋ⁴⁴² 急急忙忙迫不及待的样子

忙沓忽斯 maŋ²⁴tʰa²¹xu²¹sŋ⁰ 形容忙忙乱乱干活的情景

猛忔拉嚓 məŋ⁵³kəʔ⁵la²¹tsʰa⁰ 猛然

明光□浪 miəŋ²⁴kuaŋ²¹tsʰəʔ⁵laŋ⁴⁴² 形容明亮的样子

浮皮潦草 fu²⁴pʰi²⁴liɔ²⁴tsʰɔ⁰ 敷衍应付的样子

发凶了造 fa²¹ɕyəŋ²⁴liɔ²⁴tsʰɔ⁴⁴² 发怒的样子

反来正去 fɛ̃²¹lɛɛ²⁴tʂəŋ⁴⁴tɕʰi⁰ 反正

疯跑野逛 fəŋ²¹pʰɔ²⁴ie⁵³kaŋ⁴⁴² 不受约束地瞎跑

疯揂二抓 fəŋ²⁴ua²¹ər⁴²tʂua²¹ ①无目的地乱抓乱摸乱动。②形容因生活所迫到处挪用资金

　疯抓二揂 fəŋ²⁴tʂua²¹ər⁴²ua²¹

　瞎揂滥抓 xa²⁴ua²¹lɛ̃²⁴tʂua²¹

　瞎揂二抓 xa²⁴ua²¹ər⁴²tʂua²¹

　胡抓二揂 xu²⁴tʂua²¹ər⁴²ua²¹

疯张古道 fəŋ²⁴tʂaŋ²¹ku⁵³tɔ⁴⁴² 急急忙忙，慌慌张张

粉梗扬碎 fəŋ⁵³kəŋ⁰iaŋ²⁴suei⁴⁴² 物体被毁坏粉碎后飞散的样子

嘀嘀叨叨 ti²¹ti²⁴tɔ²¹tɔ⁰ 对某人某事妄加评论，或以各种理由给人找麻烦

打驴捎边 ta⁵³ly²⁴sɔ²⁴piɛ̃²¹ 利用机会顺便办其他事

打家劫道 ta⁵³tɕia²¹tɕie²⁴tɔ⁴⁴² 乱打乱闹，使器物变得狼藉

大欺一马 ta⁴²tɕʰi²¹i²⁴ma⁵³ 对应该尊重的人不屑一顾，或擅自行事

打官弄司 ta²¹kuɛ̃²¹luəŋ²⁴sŋ⁴⁴² 打官司

打火求柴 ta²⁴xuɤ⁵³tɕʰiəu²⁴tsʰɛe²⁴³ 比喻为共同的目的形成临时合作关系

大不走流 ta⁴²pəʔ⁵tsəu⁵³liəu²⁴³ 有小的误差但无碍大局

大呐二喊 ta⁴²na²¹ər⁴⁴xɛ̃⁵³ 毫无顾忌地大喊大叫

大脚二手 ta⁴²tɕyɤ²¹ər⁴²ʂəu⁰ 形容花钱或用东西没节制

大大落落 ta⁴²ta⁰luɤ⁴²luɤ⁰ 大大方方

大头末拉 ta⁴²tʰəu⁰muɤ²⁴la⁰ ①对东西的数量大概统计，不细算。②对事情大面上应付，不关注细节

大差一马 ta⁴²tsʰa⁴²i²⁴ma⁰ 差异较大

大吃二喝 ta⁴²tʂʰʅ²¹ər⁴²xuɤ²¹ 大吃大喝

打鱼儿捎鳖 ta⁵³yr²⁴sɔ²⁴piɛ²¹ ①城门失火，殃及池鱼。②借势得利，顺手牵羊

躲七溜八 tuɤ⁵³tɕʰi²¹liəu⁴²pa²¹ 躲藏的样子

丑丑站站 tuɤ²²tuɤ³¹tsɛ̃⁴²tsɛ̃⁰ 没地方坐，这里站站那里站站

丑前攮后 tuɤ²¹tɕʰiɛ̃²⁴naŋ⁵³xəu⁴⁴² 因为不喜欢对方，一会儿让前一会儿让后，怎么做都不对

捣鬼扬场 tɔ²⁴kuei⁵³iaŋ²⁴tʂʰaŋ⁰ 爱撒谎

倒塌斯害 tɔ⁵³tʰa²¹sŋ²¹xɛe⁴⁴² 形容景象衰败或人不成事的样子

　倒塌害斯 tɔ⁵³tʰa²¹xɛe⁴²sŋ⁰

倒流踏水 tɔ⁵³liəu²⁴tʰa²⁴ʂuei⁰ 坐卧随意有失形象的样子

跌倒马趴 tie²⁴tɔ⁵³ma⁵³pʰa²⁴³ （人）扑面摔倒在地的窘状

跌倒衍起 tie²⁴tɔ⁰iɛ̃²⁴tɕʰi⁵³ ①人绊倒后下意识地站起来。②比喻人不甘于命运安排，重新奋起

跌跤卜烂 tie²¹tɕiɔ⁰pəʔ⁵lɛ̃⁴⁴² ①形容走路磕磕绊绊的样子。②比喻挫折或磨难不断

呆眉杵眼 tɛe²¹mi²⁴tʂʰu⁴²ȵiɛ̃⁰ 呆头呆脑的样子

　呆眉溜眼 tɛe²¹mi²⁴liəu⁴²ȵiɛ̃⁰

豆腐两碗，两碗豆腐 təu⁴²fu⁰liaŋ²⁴uɛ̃⁰, liaŋ²⁴uɛ̃⁰təu⁴²fu⁰ 比喻形式不一样，但内容一样

丢人背兴 tiɔu²¹zəŋ²⁴pei⁴²ɕiŋ⁴⁴² 丢脸

　丢人现眼 tiɔu²¹zəŋ²⁴ɕiɛ̃⁴²iɛ̃⁰

堆天二楞 tuei²⁴tʰiɛ̃²¹ər⁴²ləŋ⁴⁴² 大量东西堆积在一起的样子

　堆天二圹 tuei²⁴tʰiɛ̃²¹ər⁴²ua⁴⁴²

单衣忽绍 tɛ̃²⁴i²¹xuɤ²¹ʂʅ⁴⁴² 冷天穿着单薄衣服，看着就冷的样子

淡眉脱笑 tɛ̃⁴²mi²⁴tʰuɤ²¹ɕiɔ⁴⁴² 形容不在意地或轻蔑地笑

淡哇卜叽 tɛ̃⁴²ua²¹pu²¹tɕi⁰（饭菜）寡淡无味

　少滋没味 ʂɔ⁵³tsʅ²¹muɤ²¹uei⁴⁴²

断̄踏害斯 tuɛ̃⁴²tʰa⁰xɛɛ⁴²sʅ⁰ 因时间紧张匆忙做事

当面掺水 taŋ²¹miɛ̃⁴²tsʰɛ̃²¹ʂuei⁵³ 当面拆台

叮叮叹叹 tiəŋ²¹tiəŋ⁰tʰɛ̃⁴²tʰɛ̃⁰ 不注意场合，多言唠叨

丁死老咸 tiəŋ²¹sʅ⁵³lɔ⁵³xɛ̃²⁴³（饭菜）非常咸

冬末寒天 tuəŋ²¹muɤ⁴²xɛ̃²⁴tʰiɛ̃⁰ 天气寒冷的深冬时节

冬无暑夏 tuəŋ²¹u²⁴ʂu⁵³ɕia⁴⁴² 一年四季从不间断

湩淘害斯 tuəŋ⁵³tʰɔ²⁴xɛɛ⁴²sʅ²¹ 乱搞

冻死连天 tuəŋ⁴²sʅ²¹liɛ̃²⁴tʰiɛ̃²¹ 非常冷

动脚二手 tuəŋ⁴²tɕyɤ²¹ər⁴²ʂəu⁰ 动手动脚

得零打挂 təʔ⁵liəŋ²⁴ta⁵³kua⁴⁴² ①衣衫不整的样子。②形容做事态度不认真

　得溜打挂 təʔ⁵liəu²⁴ta⁵³kua⁴⁴²

得零淡̄水 təʔ⁵liəŋ²⁴tɛ̃⁴²ʂuei⁰ ①断断续续的样子。②人稀稀拉拉，场面冷清的样子

秃舌得溜 tʰu²¹ʂɤ⁰təʔ⁵liəu⁰ 口齿不清

突鼻囔嗓 tʰu²¹pʰi²⁴naŋ²⁴saŋ⁵³ 鼻涕口水满脸的样子

突汤露水 tʰu²⁴tʰaŋ²¹ləu⁴⁴ʂuei⁵³ 不经意间说漏嘴

图死纳命 tʰu²⁴sʅ⁵³na²¹miəŋ⁴⁴² 拼上老命，不顾一切的样子

吐天圪哇 tʰu⁵³tʰiɛ̃²¹kəʔ⁵ua⁰ 呕吐不止的样子

拖逶磨嘴 tʰuɤ²¹tsʰɛ̃²⁴muɤ⁴⁴tsuei⁵³ 想尽办法蹭饭

啕声斗气 tʰɔ²⁴ʂəŋ²¹təu²⁴tɕʰi⁴⁴² 吵架怄气

贴面厨子 tʰiɛ⁴²miɛ̃⁴²tʂʰu²⁴tsʅ⁰ 借指贴钱帮人办事的人

头头点点 tʰəu²⁴tʰəu⁰tiɛ̃⁵³tiɛ̃⁰ ①次要的，零碎的钱物等。②处事的常识与道理

头疼脑发 tʰəu²⁴tʰəŋ²⁴nɔ⁵³fa²¹ 感冒头疼，代指小病

投人拜带 tʰəu²⁴zəŋ²⁴pɛɛ⁴²tɛɛ⁴⁴² 千方百计找人办事

　求人拜带 tɕʰiəu²⁴zəŋ²⁴pɛɛ⁴²tɛɛ⁰

偷死暗活 tʰəu²⁴sʅ⁵³ŋɛ̃⁴²xuɤ²⁴³ 偷偷摸摸

偷死圪接 tʰəu²⁴sʅ⁵³kəʔ⁵ʐua⁰ 偷偷摸摸，遮遮掩掩的样子

　偷死圪窝 tʰəu²⁴sʅ⁵³kəʔ⁵uɤ⁰

瘫卜楞腾 tʰɛ̃²¹pəʔ⁵ləŋ⁴²tʰəŋ⁰ 行动迟缓笨拙的样子

汤清水利 tʰaŋ²⁴tɕʰiəŋ²¹ʂuei⁵³li⁴⁴² 比喻处理事情干净利索

同年等岁 tʰuəŋ²⁴ȵiɛ̃²⁴təŋ⁵³suei⁴⁴² 同岁

忒里忒浪 tʰəʔ⁵li⁵³tʰəʔ⁵laŋ⁴⁴² 看似自言自语却暗含讥讽或侮辱他人的言外之意

　忒零磨拉 tʰəʔ⁵liəŋ²⁴muɤ⁴²la⁰

趿里趿拉 tʰəʔ⁵li⁵³tʰəʔ⁵la⁰ 不紧不慢走路的样子

　趿零二拉 tʰəʔ⁵liəŋ²⁴ər⁴²la⁰

踢塌门限 tʰi²¹tʰa²¹məŋ²⁴xɛ̃⁴⁴² 把门槛都踩倒了，

形容人来人往门庭若市的情形
男妇女人 nẽ²⁴fu²¹n̪y⁵³zəŋ²⁴³ 男男女女
能牙二齿 nəŋ²⁴iaʰər⁴²tsʰɿ⁰（女子）爱撒娇爱卖弄的样子
能艳儿要地 nəŋ²⁴iɐr⁴²iɔ⁴²tʰi⁴⁴² 显摆的样子
力扑三砍 li²¹pʰu⁰sẽ²⁴kʰẽ⁰ 跃跃欲试，按捺不住的样子
　力扑两砍 li²¹pʰu⁰liaŋ²⁴kʰẽ⁵³
力扑三阵 li²¹pʰu⁰sẽ²¹tʂən⁴⁴² 形容感情冲动，为某一件事情反复较劲
力降力喊 li²¹ɕiaŋ²⁴li²⁴xẽ⁵³ 肆意训斥别人，颐指气使的样子
哩哩啦啦 li⁵³li⁰la²¹la⁰ 说话吞吞吐吐，表达不清的样子
　哩哩囵囵 li⁵³li⁰luẽ²¹luẽ⁰
立眉瞪眼 li²¹mi²⁴təŋ⁴⁴n̪iẽ⁰ 逞强好胜，蛮不讲理的样子
　立眉竖眼 li²¹mi²⁴ʂu⁴⁴n̪iẽ⁰
立客难待 li²⁴kʰei²¹nɛɛ²⁴tɕɛ⁴⁴² 站着不坐的客人随时准备走，所以难招待
驴踢狗咬 ly²⁴tʰi²¹kəu²⁴n̪iɔ⁵³ 比喻相互找茬
拉拉溜溜 la²²la³¹liəu⁴²liəu⁰ 断断续续
捞稠澄稀 lɔ²⁴tʂʰəu⁴²təŋ⁴²ɕi²¹ 吃饭挑挑拣拣，引申指人挑剔或自私
老来带去 lɔ⁵³lɛɛ²⁴tɕɛ⁴²tɕʰi⁰ 老年的时候
老迷圪盹 lɔ⁵³mi²⁴kəʔ⁵tuəŋ⁰ 因年老而昏昏欲睡或反应迟钝的样子
路头路脑 ləu⁴²tʰəu²⁴ləu⁴⁴nɔ⁰ 在路上（很容易遇见）
溜官送命 liəu⁴²kuẽ²¹suəŋ⁴²miəŋ⁴⁴² 巴结领导却适得其反
赖溜胡踏 lɛɛ⁴²liəu⁰xu²¹tʰa⁰ 个人不整洁的样子

赖哇卜叽 lɛɛ⁴²ua²¹pu²¹tɕi⁰ 环境及衣着等不整洁的样子
雷翻更阵 luei²⁴fẽ²¹kəŋ⁴²tʂən⁴⁴² ①雷声滚滚的样子。②比喻打架或乱翻时动静很大
懒明数怪 lẽ⁵³miəŋ²⁴ʂu⁵³kuɛɛ⁴⁴² 好吃懒做
烂灵忽丝 lẽ⁴²liəŋ²¹xu²¹sɿ⁰ 物件破旧的样子
　烂灵忽拉 lẽ⁴²liəŋ²¹xu²¹la⁰
连耍带笑 liẽ²⁴ʂua⁵³tɛɛ⁴²ɕiɔ⁴⁴² 借着开玩笑表达真实意图
梁天舞地 liaŋ²⁴tʰiẽ²¹u⁵³ti⁴⁴²（行事）冒失
两拼两闯 liaŋ²⁴pʰuɤ⁵³liaŋ²⁴tʂʰuaŋ⁰ 孤注一掷
两旁世人 liaŋ⁵³pʰaŋ²⁴ʂɿ²⁴zəŋ⁰ 非亲非故的人
两面眉眼 liaŋ⁵³miẽ⁴²mi²⁴n̪iẽ⁰ 两张脸，比喻为一己私利无原则地四面讨好
两离两手 liaŋ⁵³li⁴²liaŋ²⁴ʂəu⁰（双方）各做各的，互不干涉：吹手炮手～
凉哇卜叽 liaŋ²⁴ua²¹pəʔ⁵tɕi²¹ 冰凉的感觉
　冰巴哇凉 piəŋ²¹pa⁰ua⁴²liaŋ²⁴³
棱棱铮铮 ləŋ²⁴ləŋ²⁴tsəŋ²¹tsəŋ⁰ ①衣着打扮整洁又利落的样子。②遇到任何情况始终保持气节的样子
冷淘害搋 ləŋ⁵³tʰɔ²⁴xɛɛ⁴²ua⁰ 形容饭菜冰冷
　冷淘湿搋 ləŋ⁵³tʰɔ²⁴ʂɿ²¹ua⁰
临年腊月 liəŋ²⁴n̪iẽ²⁴la²¹yɤ⁰ 年关将近的腊月里
子父老子 tsɿ⁵³fu⁰lɔ⁵³tsɿ⁰ 父亲与儿女们
自扒自挣 tsɿ⁴²pa²¹tsɿ⁴²tsən⁴⁴² 自己干活自己挣钱，完全依靠自己立足
吱哇流星 tsɿ²¹ua⁰liəu²⁴ɕiəŋ⁰ 形容声音尖利刺耳
扎把武势 tsa²⁴pa⁵³u⁵³ʂɿ⁰ 摩拳擦掌，跃跃欲试的样子
扎扎上劲 tsa²⁴tsa²⁴ʂaŋ⁴²tɕiəŋ⁴⁴²（做事或学习中）一步一步越来越上劲

渣渣害害 tsa²²tsa³¹xɛe⁴²xɛe⁰ 提炼后剩余的废弃的部分

做般弄术 tsuɤ²⁴pɛ̃²¹luəŋ⁴²ʂu⁴⁴² 千方百计糊弄交差或掩饰真相

左盘右算 tsuɤ⁵³pʰɛ̃²⁴iəu⁴²suɛ̃⁴⁴² 反复考虑

早起夜明 tsɔ²⁴tɕʰi⁵³ie⁴²miəŋ²⁴³ 起早贪黑

嘴尖毛长 tsuei⁵³tɕiɛ̃²¹mɔ²⁴tʂʰaŋ²⁴³ 多嘴多舌，搬弄是非

醉打马虎 tsuei⁴²ta⁰ma⁵³xu⁰ 醉醺醺的样子

醉么古董 tsuei⁴²ma⁰ku²⁴tuəŋ⁰

走走路路 tsəu²⁴tsəu⁰ləu⁴²ləu⁴⁴² 时时处处

钻沟溜坬 tsuɛ̃²⁴kəu²¹liəu⁴²ua⁴⁴² 喻指人不走正道，专走歪门邪道

钻头觅缝 tsuɛ̃²¹tʰəu²⁴mi²¹fəŋ⁰ 形容过分亲近，形影不离

脏么古董 tsaŋ²¹ma⁰ku²⁴tuəŋ⁰ 脏兮兮的样子

跐鹏夅武 tsʰɿ²¹pʰəŋ²⁴tsa⁴²u⁰ 拉开架势，扬手挥拳，实则虚张声势的样子

呲毛圪犾 tsʰɿ²¹mɔ²⁴kəʔ⁵ti⁰ 人的头发或动物的皮毛卷曲、乱糟糟的样子

呲毛骨圝 tsʰɿ²¹mɔ²⁴ku²¹luɛ̃²⁴³

擦天滑地 tsʰa²⁴tʰiɛ̃²¹xua²⁴tʰi⁴⁴² 因雨雪或结冰道路很滑的情形

瘥声二气 tsʰa²⁴ʂəŋ²¹ər⁴⁴tɕʰi⁴⁴² 说话声音沙哑的样子

粗糊忒浪 tsʰu²¹xu²⁴tʰəʔ⁵laŋ⁴⁴²（做事）粗放不细致

糙声咕拉 tsʰɔ²⁴ʂəŋ²¹ku²¹la⁰ 形容某人讲其他方言或外语时，说话音调怪异

瞅眉䁖眼 tsʰəu²¹mi²⁴uɛ̃²⁴ȵiɛ̃⁰ 光线昏暗或视力受限时，尽力仔细看的样子

碜乎卜拉 tsʰəŋ⁵³xu²⁴pu²⁴la⁰ 描述食物中有碜的情形

时分八节 sɿ²⁴fəŋ²¹pa²⁴tɕie⁰ 各个节令和节日

斯文八沓 sɿ²¹uəŋ⁰pa²⁴tʰa⁰（某人）讲究礼仪，遇事不急，有时甚至耽误事情

厮打害命 sɿ²⁴ta⁵³xɛe⁴²miəŋ⁴⁴² 打架伤人

死眉赖眼 sɿ⁵³mi²⁴lɛe⁴⁴ȵiɛ̃⁵³ 死皮赖脸

死猪烂沉 sɿ⁵³tʂu²¹lɛ̃⁴²tʂʰəŋ²⁴³ 比喻像死猪一样重

死善无能 sɿ⁵³ʂɛ̃⁴²u²⁴nəŋ²⁴³ 异常怯懦，十分无能

死蔫耷拉 sɿ⁵³ȵiɛ̃²¹təʔ⁵la²¹ ①植物等缺水或果蔬等不新鲜的样子。②人垂头丧气的样子

死行烂害 sɿ⁵³ɕiaŋ²⁴lɛ̃⁴²xɛe⁴⁴² 过时无用或不值钱的东西

嘶声嗨哇 sɿ⁵³ʂəŋ²¹tʰɔ²⁴ua⁰ 乱喊乱叫的样子

嘶声圪哇 sɿ⁵³ʂəŋ²¹kəʔ⁵ua⁰

嘶声害气 sɿ⁵³ʂəŋ²¹xɛe⁴²tɕʰi⁴⁴² 声色俱厉地表示生气

嘶声二气 sɿ⁵³ʂəŋ²¹ər⁴²tɕʰi⁴⁴²

四到五处 sɿ⁴²tɔ⁴²u⁵³tʂʰu⁰ 到处

众到五处 tʂuaŋ⁴²tɔ⁴²u⁵³tʂʰu⁰

概到五处 kɛe⁴²tɔ⁴²u⁵³tʂʰu⁰

四煞里曲 sɿ⁴²sa²¹li⁵³tɕʰy⁰ 各方面

四水相和 sɿ⁴⁴ʂuei⁵³ɕiaŋ²¹xuɤ²⁴³ 方方面面协调和谐

傻打流也 sa⁵³ta⁰liəu²⁴ie⁰ 女子傻乎乎不稳重的样子

筛神打马 sɛe⁵³ʂəŋ²⁴ta²⁴ma⁰ ①身体不由自主地颤抖的样子。②形容女子轻浮，举止不稳重的样子

筛神绊躓 sɛe⁵³ʂəŋ²⁴pɛ̃⁴²kuɛ̃⁴⁴²

涩林圪疤 sei²¹liəŋ²⁴kəʔ⁵pa⁰ 形容物体表面凹凸

不平不光滑的感觉

随行就市 suei²⁴xaŋ²⁴tɕiəu⁴²sʅ⁴⁴² 形容能适应规则，进退自如

碎卜落落 suei⁴²pəʔ⁵luɤ²¹luɤ⁰ 碎小的样子

　　碎溜卜拉 suei⁴²liəu²¹pəʔ⁵la⁰

瘦麻圪绫 səu⁴²ma²¹kəʔ⁵liəŋ²⁴³ 骨瘦如柴的样子

三般两样 sɛ̃²⁴pɛ̃²¹liaŋ⁵³iaŋ⁴⁴² 对人区别对待

　　三等两样 sɛ̃²⁴təŋ⁵³liaŋ⁵³iaŋ⁴⁴²

三劈二马 sɛ̃²¹pʰiəʔ⁵ər⁴²ma⁰ 形容处理事情迅速粗略

　　三平二马 sɛ̃²¹pʰiəŋ²⁴ər⁴⁴ma⁵³

三番更阵 sɛ̃²⁴fɛ̃²¹kəŋ⁴²tʂəŋ⁴⁴² 多次：这么个小事你还～做不好

山毛野爹 sɛ̃²¹mɔ²⁴ie⁵³tsa⁴⁴² 缺乏教养，行为粗野的样子

酸汤辣水 suɛ̃²⁴tʰaŋ²¹la²⁴ʂuei⁵³ 有滋有味的饭菜

酸溜卜叽 suɛ̃²¹liəu²⁴pəʔ⁵tɕi⁰ ①味道太酸。②衣服颜色艳丽而土气。③表情酸溜溜

生胖烂硬 səŋ²⁴pʰaŋ²¹lɛ̃⁴²n̠iəŋ⁴⁴²（饭菜）生硬难嚼

生死打架 səŋ²⁴sʅ⁵³ta⁵³tɕia⁴⁴² 形容不计后果地挑衅和打斗

生死烂疼 səŋ²⁴sʅ⁵³lɛ̃⁴²tʰəŋ²⁴³ 异常疼痛

生死烂贵 səŋ²⁴sʅ⁵³lɛ̃⁴²kuei⁴⁴² 价格非常贵

松死赫拉 suəŋ²¹sʅ⁵³xəʔ⁵la⁰ 物品连接处松动的样子

松死懈溻 suəŋ²¹sʅ⁵³xɛɛ⁴²tʰa⁰ 松松垮垮的样子

　　松死懈肚 suəŋ²¹sʅ⁵³xɛɛ⁴²tu⁴⁴²

俇叽圪囔 suəŋ²⁴tɕi²¹kəʔ⁵naŋ⁵³ 因胆怯而表达不清的样子

俇哇圪叽 suəŋ²⁴ua²¹kəʔ⁵tɕi⁰ 胆怯退让、懦弱的样子

捎来带去 sɔ²¹lɛɛ²⁴tɛɛ⁴²tɕʰi⁴⁴² 顺便

侄男各女 tʂʅ²⁴nɛ̃²⁴kuɤ²⁴n̠y⁰ 泛指子孙晚辈

知根打底 tʂʅ²⁴kəŋ²¹ta²⁴ti⁰ 知道和了解底细

抓麻缭乱 tʂua²¹ma²⁴liɔ⁵³luɛ̃⁴⁴²（因痛苦、着急等）乱喊乱动的样子

捉金当宝 tʂuɤ²⁴tɕiəŋ²¹taŋ²⁴pɔ⁵³ 对人或物特别珍爱或依赖

转转弯弯 tʂuɛ̃⁴²tʂuɛ̃⁰uɛ̃²¹uɛ̃⁰ 拐弯抹角

张狂失道 tʂaŋ²¹kʰuaŋ²⁴sʅ²¹~ʂəʔ⁵tɔ⁴⁴² 形容气焰嚣张，不可一世

张牙拌口 tʂaŋ²¹ia²⁴pɛ̃⁴⁴kʰəu⁵³ 开口求人，十分难为情的样子

装猫赖狗 tʂuaŋ²¹mɔ²⁴lɛɛ⁴⁴kəu⁵³ 耍赖撒泼，制造麻烦

装佯卖蒜 tʂuaŋ²¹iaŋ²⁴mɛɛ⁴⁴suɛ̃⁴⁴² 装糊涂，装样子

正里三行 tʂəŋ⁴⁴li⁵³sɛ̃²¹xaŋ²⁴³ 正正当当

肿卜楞腾 tʂuəŋ⁵³pəʔ⁵ləŋ⁴²tʰəŋ⁰ 浮肿的样子

吃钢咬铁 tʂʰʅ²⁴kaŋ²¹n̠iɔ²⁴tʰie⁵³ 比喻（人）有能耐，作风强硬

　　吃铁咬钢 tʂʰʅ²⁴tʰie⁵³n̠iɔ⁵³kaŋ²¹

赤脚打片 tʂʰʅ²⁴tɕyɤ²¹ta²⁴pʰiɛ⁵³ 光脚的样子

吃亏相应 tʂʰʅ²¹kʰuei⁰ɕiaŋ²¹iəŋ⁰ 吃亏占便宜之类的事情

出消撂息 tʂʰu²¹ɕiɔ⁰liɔ⁴²ɕi²¹ 泄露消息

搊鼻弄眼 tʂʰu²¹pʰi²⁴luəŋ⁴⁴n̠iɛ⁵³ 做鬼脸，表情滑稽可笑的样子

搊眉吊眼 tʂʰu²¹mi²⁴tiɔ⁴⁴n̠iɛ⁰ 满脸不高兴的样子

出肚=害斯 tʂʰu²¹tu⁴²xɛɛ⁴²sʅ⁰ 因内心不悦发脾气的情景

欻=皮抹帽 tʂʰua⁵³pʰi²⁴ma²¹mɔ⁴⁴² 皮肤脱皮、脱

下帽子。①引申为克扣。②喻指被上级狠批并撤职

扯皮撅筋 tʂʰɤ⁵³pʰi²¹tɕyɤ²⁴tɕiən²¹ 相互推诿，暗中较劲

扯机放炮 tʂɤ⁵³tɕi²¹faŋ⁴²pʰɔ⁴⁴² 做事空有声势，操作不到位，最终事倍功半

戳蛮倒对 tʂʰuɤ²¹mɛ̃²⁴tɔ⁵³tuei⁴⁴² 不受欢迎或不被重视，被随便支配到不重要的地方或岗位

戳搅卜烂 tʂʰuɤ²⁴tɕiɔ⁰pu²¹lɛ̃⁴⁴² 搬弄是非

戳是弄非 tʂʰuɤ²¹sʅ⁴²luəŋ⁴²fei²¹

戳事圪捞 tʂʰuɤ²¹sʅ⁴²kəʔ⁵lɔ²⁴³ 碍手碍脚

超脑哇呜 tʂʰɔ²¹nɔ²⁴ua⁴²u⁰ 只顾仰头看，不注意观察周边环境

丑卜楞登 tʂʰəu⁵³pu²¹ləŋ⁴²təŋ⁰ 貌丑又壮实的样子

丑头八怪 tʂʰəu⁵³tʰəu⁰pa²¹kuɛ⁴⁴² 相貌丑陋，面目怪异的样子

臭天动地 tʂʰəu⁴²tʰiɛ̃²¹tuəŋ⁴²tʰi⁴⁴² 臭气熏天

吹天拢地 tʂʰuei²⁴tʰiɛ̃²¹luəŋ⁵³tʰi⁴⁴² 不知天高地厚地吹嘘

  吹天浪地 tʂʰuei²⁴tʰiɛ̃²¹laŋ⁴²tʰi⁴⁴²

穿山架梁 tʂʰuɛ²⁴sɛ̃²¹tɕia⁴²liaŋ²⁴³ 奔波于山路间，有不辞辛劳走远路之意

  架山过梁 tɕia⁴²sɛ̃²¹kuɤ⁴²liaŋ²⁴³

串门倒对 tʂʰuɛ̃⁴²mən²¹tɔ⁵³tuei⁴⁴² 东家门出西家门入。既指寻花问柳又指无所事事

成龙变虎 tʂʰəŋ²⁴luəŋ²⁴piɛ⁴⁴xu⁵³ 比喻人有出息

重三没四 tʂʰuəŋ²⁴sɛ̃²¹muɤ²¹sʅ⁴⁴² 重复：一件事~，说上没完

直说了道 tʂʰʅʔ⁵suɤ²¹liɔ⁵³tɔ⁴⁴² 说话直截了当

十冬腊月 sʅ²¹tuəŋ⁰la²¹yɤ⁰ 腊月天

十手不闲 sʅ²⁴səu⁰pu²¹xɛ̃²⁴³ 形容手忙脚乱一直在忙

世古万年 sʅ⁴⁴kuɤ⁵³uɛ̃⁴²ɲiɛ̃²⁴³ 自古以来

数伏连天 su⁵³fu²⁴liɛ̃²⁴tʰiɛ̃²¹ 数伏天酷热难耐

数九连天 su²⁴tɕiəu⁵³liɛ̃²⁴tʰiɛ̃²¹ 数九天非常寒冷

耍把弄戏 sua²⁴pa²¹luəŋ⁴²ɕi⁴⁴² 耍花样以遮人耳目

耍奸溜滑 sua⁵³tɕiɛ̃²¹liəu⁴²xua²⁴³ 又奸又滑，避开重活，推卸责任

说山说水 suɤ²¹sɛ̃²¹suɤ²⁴suei⁵³ 形容高谈阔论不务实

说死说活 suɤ²¹sʅ⁵³suɤ²¹xuɤ²⁴³ 无论怎么说

苕苕沓沓 sɔ²⁴sɔ⁰tʰa²¹tʰa⁰ 唠唠叨叨说上没完

少东没西 sɔ⁵³tuəŋ²¹muɤ²⁴ɕi²¹ 短缺的东西很多，指缺少必要的物质条件

少调没料 sɔ⁵³tʰiɔ²⁴muɤ²¹liɔ⁴⁴²（饭菜）调料少寡淡无味

少茶没水 sɔ⁵³tsʰa²¹muɤ²⁴suei⁵³ 缺茶缺水，借指条件寒酸无法招待客人

涮卜拉溻 sɔ⁴²pəʔ⁵la²¹tʰa⁰（物品等）褪色后色泽不鲜亮的样子

甩手掌柜 suɛ²⁴səu⁰tʂaŋ⁵³kuei⁴⁴² 分内事放开不管，靠其他人完成

少人无手 sɔ⁵³zən²⁴u²⁴səu⁵³ 缺少人手

水淋抹扎 suei⁵³liəŋ²⁴ma²¹tsa⁰ 到处是水的情形

水淋害在 suei⁵³liəŋ²⁴xɛ⁴²tsɛ⁴⁴² 被水淋湿的样子

水叽明光 suei⁵³tɕi²¹miəŋ²⁴kuaŋ⁰ 形容脸部皮肤水分饱满至发亮

手把锅沿 səu²⁴pa⁵³kuɤ²¹iɛ̃⁴⁴² 比喻占据关键位置

收心务正 ʂou²⁴ɕiəŋ²¹u⁴²tʂəŋ⁴⁴² 收心干正事
双全其美 ʂuaŋ²¹tɕʰyɛ̃²⁴tɕʰi²⁴mei⁵³ 两全其美
身干二净 ʂəŋ²⁴kɛ̃²¹ər⁴⁴tɕiəŋ⁴⁴² 穿着整洁
神嚼干道 ʂəŋ²⁴tɕʰyɤ²¹kɛ̃²¹tɔ⁴⁴² 胡说八道，废话连篇
　神说二道 ʂəŋ²⁴ʂuɤ²¹ər⁴²tɔ⁴⁴²
十有八九 ʂəʔ⁵iou⁵³pa²⁴tɕiou⁵³ 有极大的可能性
入皮溜瓦 ʐʅ²¹pʰi²⁴liəu⁴²ua⁰ 孩子调皮好动不省事的样子
入嘟赖害 ʐʅ²¹tu²¹lɛɛ⁴²xɛɛ⁰ 人不整洁的样子
　污嘟赖害 u²⁴tu²¹lɛɛ⁴²xɛɛ⁴⁴²
入溜打挂 ʐʅ²¹liəu²¹ta⁵³kua⁴⁴² 做事粗心，不负责任，不拘小节的样子
入猫透狗 ʐʅ²¹mɔ²⁴tʰəu⁴⁴kəu⁵³ 比喻不合常理或不顾一切的行为手段
日谋夜算 ʐʅ²¹mu²⁴ie⁴²suɛ̃⁴⁴² 每日苦思冥想，精心算计
　日谋夜想 ʐʅ²¹mu²⁴ie⁴⁴ɕiaŋ⁵³
入七溜八 ʐʅ²¹tɕʰi²¹liəu⁴²pa⁰ 使用不正当的行为或手段
入急慌忙 ʐʅ²¹tɕi²¹xuaŋ²¹maŋ²⁴³ 因着急而慌里慌张的样子
　急打慌忙 tɕi²⁴ta⁵³xuaŋ²¹maŋ²⁴³
入神捣鬼 ʐʅ²¹ʂəŋ²⁴tɔ²⁴kuei⁵³ 撒谎搞鬼不干正事
擩事根子 ʐu⁴²sʅ⁴²kən²⁴tsʅ⁰ 喻指挑拨离间及搬弄是非的人
黏么圪咚 zɤ̃²⁴ma²¹kəʔ⁵tuəŋ⁰ ①黏糊糊的感觉：吃西瓜吃得手上～地。②比喻说话做事不利索不干脆
　黏叽圪囊 zɤ̃²⁴tɕi²¹kəʔ⁵naŋ⁰
　黏哇卜叽 zɤ̃²⁴ua²¹pəʔ⁵tɕi⁰
人老三辈儿 zəŋ²⁴lɔ⁵³sɛ̃²¹pər⁴⁴² 祖祖辈辈

人老几辈儿 zəŋ²⁴lɔ⁵³tɕi⁵³pər⁰
　祖宗八辈儿 tsu⁵³tsuəŋ²¹pa²⁴pər⁴⁴²
仁风儿礼至 zəŋ²⁴fr̃²¹li⁵³tsʅ⁴⁴² 十分讲究礼仪道德的样子
人前面后 zəŋ²⁴tɕʰiɛ̃²⁴miɛ̃⁴²xəu⁴⁴² 不论当面背后
人死待活 zəŋ²⁴sʅ⁵³tɕɛ⁴²xuɤ²⁴³ 形容现场气氛紧张，不可调和
人五人六 zəŋ²⁴u⁵³zəŋ²⁴liəu⁴⁴² 装模作样，装作正人君子
软囊圪叽 zuɛ̃⁵³naŋ²¹kəʔ⁵tɕi²¹ ①东西太软。②性格懦弱
　软叽八塌 zuɛ̃⁵³tɕi⁰pa²¹tʰa⁰
入死没活 zəʔ⁵sʅ⁵³muɤ²¹xuɤ²⁴³ 没日没夜
急肚远念 tɕi²¹tu⁴²yɛ̃⁵³ȵiɛ̃⁴⁴² 一时没有好办法而非常着急
结颏绊丝 tɕi²¹kʰuɤ⁰pɛ̃⁴²sʅ⁰ 结结巴巴
鸡鹋狗斗 tɕi²¹tɕʰiɛ̃²¹kəu⁵³təu⁴⁴² 像鸡互啄狗互斗一样的小纠纷或小摩擦
叽吱嘹哇 tɕi²¹tsʅ⁰liɤ²⁴ua⁰ 惊恐或争吵交织的喊叫声
急屁火烧 tɕi²¹pʰi⁴²xuɤ⁵³ʂɔ²¹ 匆忙去干某事
　急火缭乱 tɕi²⁴xuɤ⁵³liɔ²⁴luɛ̃⁴⁴²
家里门外 tɕia²¹li⁵³məŋ²⁴uɛɛ⁴⁴² 家庭里外的各个方面
　家里二外 tɕia²¹li⁵³ər⁴²uɛɛ⁴⁴²
假眉二道 tɕia⁵³mi²⁴ər⁴²tɔ⁴⁴² 虚情假意，故作殷勤
撅筋拜带 tɕyɤ²¹tɕiən⁰pɛɛ⁴²tɛɛ⁴⁴² 办事不得要领，很费力气的诸多行为
噘气马扎 tɕyɤ²¹tɕʰi⁴²ma⁵³tsa⁰ ①呼吸困难的样子。②生闷气的样子

焦毛骨圝 tɕiɔ²¹mɔ²⁴ku²¹luẽ⁰ 毛发被烧焦后的样子

焦赞孟良 tɕiɔ²¹tsɛ̃⁴²mən⁴²liaŋ²⁴³ 焦赞孟良为北宋时抵抗契丹的将军，戏曲中为杨延昭的左膀右臂，泛指可信且能干的部属

焦糊弒浪 tɕiɔ²¹xu²⁴tʰəʔ⁵laŋ⁴⁴² 物品被烤焦的样子

尖声圪哇 tɕiɛ̃²⁴ʂəŋ⁰kəʔ⁵ua⁰ 说话声音尖细刺耳
　尖声吱唠 tɕiɛ̃²⁴ʂəŋ⁰tsɿ²¹lɔ⁰

减口待客 tɕiɛ̃²⁴kʰəu⁵³tɛɛ⁴²kʰei²¹ 节省下自己的饭食招待客人
　减嘴待客 tɕiɛ̃²⁴tsuei⁰tɛɛ⁴²kʰei⁰

紧接二待 tɕiəŋ⁵³tɕie²¹ər⁴²tɛɛ⁴⁴² 对客人十分重视，非常热情

惊惊乍乍 tɕiəŋ²²tɕiəŋ³¹tsa⁴²tsa⁰ 大惊小怪

净打溜光 tɕiəŋ⁴²ta⁰liəu⁴²kuaŋ²¹ 身无旁物，一无所有

脚爬手揌 tɕyɤ²¹pʰa²⁴ʂəu⁵³ua²¹ 四肢并用，比喻使尽浑身本事

七事八事 tɕʰi²¹sɿ⁴²pa²¹sɿ⁴⁴² 繁杂琐碎的日常事务

七狼八虎 tɕʰi²¹laŋ²⁴pa²⁴xu⁵³ ①比喻一个个健壮魁梧富有生气的群体。②比喻一个比一个狠且难于应付的群体

七扭八捩 tɕʰi²⁴ȵiəu⁵³pa²⁴lie²¹ 比喻意见不一，难以形成共识

欺男霸女 tɕʰi²¹nɛ̃²⁴pa⁴⁴ȵy⁵³ 横行霸道，无恶不作

欺心敢大 tɕʰi²⁴ɕiəŋ²¹kɛ̃⁵³ta⁴⁴² 胆大包天

齐河两岸 tɕʰi²⁴xuɤ²⁴liaŋ⁵³ŋɛ̃⁴⁴² 河岸街道两边

祈祷二告 tɕʰi²⁴tɔ⁵³ər⁴²kɔ⁴⁴² 不顾颜面苦求
　祈死祷告 tɕʰi²⁴sɿ⁵³tɔ⁵³kɔ⁰

喊喊楚楚 tɕʰi⁵³tɕʰi⁰tʂʰu⁵³tʂʰu⁰ 拟声词，表示小声议论或背后议论

起火放炮 tɕʰi²⁴xuɤ⁵³faŋ⁴²pʰɔ⁴⁴² 脾气火爆，生气发火

气呼嗨也 tɕʰi⁴²xu²¹tʰɔ²⁴ie⁰ 气喘吁吁

趋紧慌忙 tɕʰy²⁴tɕiəŋ⁰xuaŋ²¹maŋ²⁴³ 因时间紧张，毫无准备匆匆忙忙

尿卜兰蛋 tɕʰiəu²⁴pəʔ⁵lɛ̃²⁴tɛ̃⁴⁴² 比喻某人无能，成不了事
　尿也不蛋 tɕʰiəu²⁴ie²¹pəʔ⁵tɛ̃⁴⁴²

尿眉竖眼 tɕʰiəu²⁴mi²⁴ʂu⁴⁴ȵiɛ̃⁰ 形容沮丧的样子

尿毛鬼胎 tɕʰiəu²⁴mɔ²⁴kuei⁵³tʰɛɛ⁰ 形容吝啬

尿夵二舞 tɕʰiəu²⁴tsa⁴²ər⁴²u⁰ 仰面躺着姿势不雅的样子

尿长毛短 tɕʰiəu²⁴tʂaŋ²⁴mɔ²⁴tuɛ⁵³ 比喻胡乱挑刺儿

尿尽毛干 tɕʰiəu²⁴tɕiəŋ⁴²mɔ²⁴kɛ̃²¹ 喻指一无所有或所剩无几

敲明叫响 tɕʰiɔ²¹miəŋ²⁴tɕiɔ⁴²ɕiaŋ⁰ 当众说明白

前家后妻 tɕʰiɛ̃²⁴tɕia²¹xəu⁴²tɕʰi²¹ 再婚家庭

浅皮弒擞 tɕʰiɛ̃⁵³pʰi²⁴tʰəʔ⁵səu⁰ 表现轻浮的样子

浅溜忽骚 tɕʰiɛ̃⁵³liəu²⁴xu²¹sɔ⁰ 过分讨好的样子
　浅溜忽斯 tɕʰiɛ̃⁵³liəu²⁴xu²¹sɿ⁰
　浅屄溜也 tɕʰiɛ̃⁵³pi²¹liəu⁴²ie⁰
　浅溜忽舔 tɕʰiɛ̃⁵³liəu²⁴xu²¹tʰiɛ̃⁰
　浅忽溜斯 tɕʰiɛ̃⁵³xu²¹liəu²⁴sɿ⁰
　浅忽舔舔 tɕʰiɛ̃⁵³xu⁰tʰiɛ̃⁵³tʰiɛ̃⁰

抢淘害斯 tɕʰiaŋ⁵³tʰɔ²⁴xɛɛ⁴²sɿ⁰ 为了自己的利益抢先做事的样子

清汤利水 tɕʰiəŋ²¹tʰaŋ⁰li⁴²ʂuei⁰ 事情或账目等清清楚楚的样子

清汤二水 tɕʰiəŋ²¹tʰaŋ⁰ɚr⁴²ṣuei⁰ 汤或粥稀而无味

亲戚六人 tɕʰiəŋ²²tɕʰi³¹liəu⁴²zəŋ²⁴³ 泛指有血缘关系的亲属

穷吃二喝 tɕʰyəŋ²⁴tʂʰʅ²¹ər⁴²xuɤ⁰ 不顾经济状况尽情吃喝

穷家薄业 tɕʰyəŋ²⁴tɕia²¹pʰuɤ²⁴ie⁰ 家穷资产少

穷家富路 tɕʰyəŋ²⁴tɕia²¹fu²⁴ləu⁴⁴² 在家要节省，出门要舍得花钱

泥糊盖垄 ȵi²⁴xu²⁴kɛe⁴²tsʰʅ⁰ 到处是泥浆灰渍，一片狼藉的样子

泥糊忒浪 ȵi²⁴xu²⁴tʰəʔ²¹laŋ⁴⁴² 满身泥点的样子

拈拈丑丑 ȵiẽ²⁴ȵiẽ⁰tuɤ²¹tuɤ⁰ 小偷小摸

牛皮灯篓 ȵiəu²⁴pʰi²⁴təŋ²¹ləu⁰ 牛皮做的灯笼，喻指固执己见或屡教不改的人

呦嘴算卦 ȵiəu²⁴tsuei⁵³suɛ̃⁴⁴kua⁴⁴² 噘着嘴不愿意的样子

扭七㧅八 ȵiəu⁵³tɕʰi²¹lie²¹pa⁰ ①（事情）不顺当。②（人员）不和睦

眼头见识 ȵiẽ⁵³tʰəu²⁴tɕiẽ⁴²ʂʅ⁰ 有~：有见识有远见

仰面八叉 ȵiaŋ⁵³miẽ⁴²pa²¹tsʰa⁴⁴² 仰面倒地的样子

哝哝囔囔 ȵiəŋ²¹ȵiəŋ²⁴naŋ²¹naŋ⁰ 说话唠叨，吞吞吐吐，表达不清

稀里忽噜 ɕi²⁴li⁵³xu²¹lu⁴⁴² 糊里糊涂
  糊里打洞 xu²⁴li²¹ta⁵³tuəŋ⁴⁴²

稀流忽拉 ɕi²¹liəu²⁴xuəʔ²⁵la⁰ ①（汤水）稀。②三三两两稀疏散落的情景

稀流忽斯 ɕi²¹liəu²⁴xuəʔ²⁵sʅ⁰ 排列稀疏的样子

稀汤卜衍 ɕi²⁴tʰaŋ²¹pəʔ²⁵iẽ⁰ 饭特别稀的样子
  清汤卜衍 tɕʰiəŋ²⁴tʰaŋ²¹pəʔ²⁵iẽ⁰

虚说六道 ɕy²⁴ṣuɤ²¹liəu⁴²tɔ⁴⁴² 胡编乱造

横说横对，顺说顺对 ɕyɤ²⁴ṣuɤ²¹ɕyɤ²⁴tuei⁴⁴²，ṣuaŋ⁴²ṣuɤ²¹ṣuaŋ⁴²tuei⁴⁴² 犯上顶嘴，找各种借口为自己开脱

逍遥散停 ɕiɔ²¹iɔ²⁴sɛ̃⁴²tʰiəŋ⁰ 悠闲地到处闲逛

小吹细打 ɕiɔ⁵³tʂʰuei²¹ɕi⁴⁴ta⁵³ 描绘鼓乐齐奏的热闹场面

斜溜马叉 ɕie²⁴liəu⁰ma⁵³tsʰa⁴⁴² 斜得厉害的样子

谑谎贸摆 ɕyɤ²⁴xuaŋ⁵³mɔ⁴⁴liɔ⁴⁴² 自吹自擂，谎话连篇

香三臭四 ɕiaŋ²⁴sɛ̃²¹tʂʰəu⁴⁴sʅ⁴⁴² 厚此薄彼

心焦火燎 ɕiəŋ²⁴tɕiɔ²¹xuɤ²⁴liɔ⁵³ 心情焦灼

新正上月 ɕiəŋ²⁴tʂəŋ²¹ṣaŋ⁴²yuɤ⁰ 大正月

寻死上吊 ɕiəŋ²¹sʅ⁵³ṣaŋ⁴²tiɔ⁴⁴² 自杀上吊

寻长递短 ɕiəŋ²⁴tʂʰaŋ²⁴ti⁴⁴tuẽ⁵³ 配合做一些辅助工作

行言举动 ɕiəŋ²⁴iɛ²⁴tɕy⁵³tuəŋ⁴⁴² 言行举止

醒头晃脑 ɕiəŋ²³tʰəu²⁴xuaŋ⁴²nɔ⁰ ①自得其乐，得意忘形的样子。②心不在焉，大大咧咧的样子

兴兴唆唆 ɕiəŋ²²ɕiəŋ³¹sua²¹sua⁰ 在背地嘀咕乱发议论的样子

兴兴晃晃 ɕiəŋ²²ɕiəŋ³¹xuaŋ⁴⁴xuaŋ⁰ 走路不稳重，大大咧咧的样子

相挤相靠 ɕiɔʔ²⁵tɕiɔʔ²⁵kʰɔ⁴⁴² 互相推诿

相尽相让 ɕiɔʔ²⁵tɕiəŋ²¹ɕiɔʔ²⁵zaŋ⁴⁴² 互相关照并礼让

相打斗阵 ɕiɔʔ²⁵ta⁵³təu⁴⁴tʂəŋ⁴⁴² 打架

细嚼细咽 ɕi⁴²tɕyɤ²⁴ɕi⁴²iẽ⁴⁴² 细嚼慢咽：男人吃饭狼吞虎咽，女人吃饭~

细麻圪列 ⁼ɕi⁴²ma²¹kəʔ²⁵lie²¹ ①形容东西非常细。②形容人非常瘦

血糊忒浪 ɕie²¹xu²⁴tʰə⁵laŋ⁴⁴² 到处是血的样子：满身～地，保准是跟人打架了

古式二样 ku⁵³ʂʅ²¹ər⁴²iaŋ⁴⁴² 古里古怪，不常见

古式怪样 ku⁵³ʂʅ²¹kuɛɛ⁴²iaŋ⁴⁴²

百式怪样 pei²¹ʂʅ⁰kuɛɛ⁴²iaŋ⁴⁴²

呱呱流也 kua²²kua³¹liəu²⁴ie⁰ 形容众人畅谈的热烈场面

过来二三 kuɤ⁴²lɛɛ²⁴ər⁴²sɛ̃²¹ 反反复复，来来回回

过来过去 kuɤ⁴²lɛɛ²⁴kuɤ⁴⁴tɕʰi⁰

狗敲羊皮 kəu⁵³təu⁴²iaŋ²⁴pʰi²⁴³ 狗啃羊皮满嘴毛，比喻头绪繁杂，一时难以理清

狗尿猫屎 kəu⁵³tɕʰiəu²⁴mɔ²⁴tiəu⁰ 比喻不上档次的多且杂乱的东西

狗脸亲家 kəu²⁴liɛ̃⁰tɕʰiəŋ⁴²tɕia⁰ 两人相处像狗脸一样变化快，一会儿亲密一会儿翻脸

拐七溜八 kuɛɛ⁵³tɕʰi²¹liəu⁴²pa⁰ ①道路拐弯多。②说话转弯抹角

怪流四也 kuɛɛ⁴²liəu²⁴sʅ²¹ie⁰ 怪异不美观的样子

隔山架梁 kei²⁴sɛ̃²¹tɕia⁴²liaŋ²⁴³ （两地间）隔着山梁交通不便

隔三差五 kei²⁴sɛ̃²¹tsʰa²⁴u⁰ 每隔不久，时常：娃娃两岁以前，～就感冒

三不六五 sɛ̃²¹pəʔ⁵liəu⁴⁴tɕiəu⁵³

鬼溜乞势 kuei⁵³liəu²⁴tɕʰi²¹ʂʅ⁴⁴² 鬼鬼祟祟

鬼溜势乞 kuei⁵³liəu⁵³ʂʅ⁴²tɕʰi⁰

鬼七溜八 kuei⁵³tɕʰi²¹liəu⁴²pa⁰

鬼眉溜眼 kuei⁵³mi²⁴liəu⁴⁴n̪iɛ̃⁵³ 神情鬼祟怪异的样子

鬼眊哨道 kuei⁵³mɔ²⁴sɔ⁴²tɔ⁴⁴² 鬼鬼祟祟地到处查看

鬼命魍魉 kuei⁵³miəŋ⁴²uaŋ²¹liaŋ²⁴³ 无赖之徒勾结在一起

鬼噘乱骂 kuei⁵³tɕyɤ²⁴luɛ̃⁴⁴ma⁴⁴² 胡乱咒骂

鬼声二气 kuei⁵³ʂəŋ²¹ər⁴⁴tɕʰi⁴⁴² 怪声怪气

鬼骨圙𦙶 kuei⁵³ku⁵³luɛ̃²⁴tʰɛ̃⁰ 胡说八道

鬼骨兰⁼𦙶 kuei⁵³ku⁵³lɛ̃²⁴tʰɛ̃⁰

鬼火端扬 kuei²⁴xuɤ⁰tuɛ̃²¹iaŋ²⁴³ 心绪不佳，着急上火

干尿硬犟 kɛ̃²¹tɕʰiəu²⁴n̪iəŋ⁴⁴tɕiaŋ⁴⁴² 明知理亏依然强词夺理

干屎硬犟 kɛ̃²⁴pi²¹n̪iəŋ⁴⁴tɕiaŋ⁴⁴²

干吃尽落 kɛ̃²⁴tʂʅ²¹tɕiəŋ⁴²lɔ⁴⁴² 指获得的纯利润：这个月～三千块

干眼洁净 kɛ̃²⁴n̪iɛ̃⁰tɕie²⁴tɕiaŋ⁴⁴² 整洁的样子

灵灵洁洁 liəŋ²⁴liəŋ⁰tɕie²⁴tɕie⁰

官官样样 kuɛ̃²²kuɛ̃³¹iaŋ⁴²iaŋ⁰ 光明磊落仪态大方的样子

官明二样 kuɛ̃²¹miəŋ²⁴ər⁴²iaŋ⁴⁴² 行为正当，不加掩饰的样子

刚巴硬正 kaŋ²¹paʔ⁰n̪iəŋ⁴²tʂəŋ⁴⁴² ①（老年人）身体硬朗。②说话硬气

光卜溜秋 kuaŋ²¹pəʔ⁵liəu²¹tɕʰiəu⁰ ①光秃秃。②（物体）光滑难以控制

圪低圪泊 kəʔ⁵ti²⁴kəʔ⁵puɤ⁰ 坑坑洼洼的样子

圪颠圪倒 kəʔ⁵tiɛ̃⁰kəʔ⁵tɔ⁰ 说话做事没有条理

圪丁炮锤 kəʔ⁵tiəŋ²¹pʰɔ⁴²tʂʰuei⁰ 物体或皮肤表面鼓起许多小疙瘩的样子

圪丁圪瘩 kəʔ⁵tiəŋ²¹kəʔ⁵ta⁰ 皮肤上起了许多小疙瘩的样子

圪丁圪蛋 kəʔ⁵tiəŋ²¹kəʔ⁵tɛ̃⁴⁴² 球状物品大小不一的样子

圪里圪崂 kəʔ⁵li²¹kəʔ⁵lɔ⁰ 不引人注意的角落

圪里圪拉 kəʔ⁵li²¹kəʔ⁵la⁰

圪榄晃趄 kəʔ⁵lẽ⁰xuaŋ⁴²tɕʰie⁰ 人因太高而走路晃晃悠悠的样子

 晃趄圪榄 xuaŋ⁴²tɕʰie⁰kəʔ⁵lẽ⁰

圪塄绊趄 kəʔ⁵ləŋ²⁴pẽ⁴²tɕʰie⁰ ①地势高低不一形成的断层。②比喻事情摆不平或办事不公

圪清害咪 kəʔ⁵tɕʰiəŋ²⁴xɛe⁴²tsʰɛe⁰ 形容动作麻利

 圪清马嚓 kəʔ⁵tɕʰiəŋ²¹ma²¹tsʰa⁴⁴²

 克清马嚓 kʰəʔ⁵tɕʰiəŋ²¹ma²¹tsʰa⁴⁴²

 黑里倒阵 xei²⁴li⁵³tɔ²¹tʂəŋ⁴⁴²

圪叽囔葬⁼ kəʔ⁵tɕi²¹naŋ⁵³tsaŋ⁴⁴² 形容说话不着边际，废话连篇

圪尖戴帽 kəʔ⁵tɕiẽ²¹tɛe⁴²mɔ⁴⁴² 东西堆得很满的样子

圪稀⁼頢摇 kəʔ⁵ɕi²¹sẽ⁴²iɔ⁰ 形容（物或人）摇晃不稳的样子

圪俗□气 kəʔ⁵suaŋ²⁴ʂuaŋ⁵³tɕʰi⁴⁴² 吝啬小气

 克俗小气 kʰəʔ⁵suaŋ⁰ɕiɔ⁵³tɕʰi⁴⁴²

圪嘤吆哇 kəʔ⁵iəŋ²¹iɔ⁴²ua⁰ 说话态度不好，大声喝叫

过路财神 kuɤ⁴²ləu⁴²tsʰɛe²⁴ʂəŋ⁰ 暂时经手大量钱财的人

光眉化眼 kuaŋ²¹mi²⁴xua⁴⁴n̠iẽ⁵³ 眉毛稀少眼皮薄，不好看的样子

哭鼻流水 kʰu²¹pi²⁴liəu²⁴ʂuei⁰ 痛哭流涕

哭鼻囔脏 kʰu²¹pi²⁴naŋ⁵³tsaŋ²¹ 动不动就哭的样子

哭声挠哇 kʰu²⁴ʂəŋ⁴⁴nɔ²⁴ua²¹ 带着哭腔说话

窟窿眼窝 kʰu²¹luəŋ⁰n̠iẽ⁵³uɤ⁰ ①眼窝深陷憔悴的样子。②比喻到处欠债

嗑牙拌嘴 kʰuɤ²¹n̠ia²⁴pẽ⁴⁴tsuei⁵³ 拌嘴

 嗑牙拌齿 kʰuɤ²¹n̠ia²⁴pẽ⁴⁴tsʰɿ⁰

块数八毛 kʰuɛe⁴²su⁴²pa²¹mɔ²⁴³ 一元钱左右，指不足挂齿的小钱

口干舌焦 kʰəu⁵³kẽ²¹ʂɤ²⁴tɕiɔ⁰ 口干舌燥

克穗打马 kʰəʔ⁵suei⁰ta²⁴ma⁰ 衣衫褴褛的样子

克喊克楚 kʰəʔ⁵tɕʰi⁰kʰəʔ⁵tʂʰu⁰ ①拘谨小气的样子。②指背后偷偷议论人

克稀⁼克□ kʰəʔ⁵ɕi²⁴kʰəʔ⁵ʂuaŋ⁵³ 畏畏缩缩的样子

克兴打晃 kʰəʔ⁵ɕiəŋ²¹ta⁵³xuaŋ⁰ 说话办事不稳重的样子

恶水罐子 ŋɤ²⁴suei⁵³kuẽ⁴²tsʅ⁰ 比喻出力不讨好的差事

恶心卜叽 ŋɤ²¹ɕiəŋ⁰pu²⁴tɕi⁰ 恶心

 恶心圪叽 ŋɤ²⁴ɕiəŋ⁰kəʔ⁵tɕi⁰

碍情夯口 ŋee⁵³tɕʰiəŋ²⁴xaŋ²⁴kʰəu⁰ 碍于情面该说的话说不出口

瞎跑二逛 xa²⁴pʰɔ⁵³ər⁴²kaŋ⁴⁴² 到处乱跑

 瞎跑乱逛 xa²⁴pʰɔ⁰luẽ⁴²kaŋ⁴⁴²

瞎拉二扯 xa²¹la²⁴ər⁴⁴tʂʰɤ⁵³ ①胡乱挪用东西。②说话东拉西扯

 胡拉二扯 xu²⁴la²¹ər⁴⁴tʂʰɤ⁵³

瞎七溜八 xa²¹tɕʰi⁰liəu⁴²pa⁰ 品行不正，不务正业

瞎吃二喝 xa²¹tʂʰʅ⁰ər⁴²xuɤ⁰ 胡吃乱喝

瞎说二道 xa²¹ʂuɤ⁰ər⁴²tɔ⁴⁴² 胡说八道

 瞎说六道 xa²¹ʂuɤ⁰liəu⁴⁴tɔ⁴⁴²

 胡说了道 xu²⁴ʂuɤ²¹liɔ⁵³tɔ⁴⁴²

瞎糊卜烂 xa²⁴xu²⁴pu²¹lẽ⁴⁴² 形容饮食粗糙，食材胡乱搭配

花卜楞腾 xua²¹pu⁰ləŋ⁴²tʰəŋ⁰ 颜色艳丽花哨的样子

花溜卜哨 xua²¹liəu²⁴pəʔ⁵sɔ⁰

花麻溜嘴 xua²¹ma²⁴liəu⁴⁴tsuei⁰ 花言巧语

 花麻油嘴 xua²¹ma²⁴iəu²⁴tsuei⁰

话不打人 xua⁴²pə⁺⁵taʰ⁵³zəŋ²⁴³ 说话温和不伤人
话言话语 xua⁴²iɛ̃²⁴xua⁴⁴y⁰ 话中有话
　话里话外 xua⁴²li⁰xua⁴⁴uɛe⁴⁴²
忽绺打扇 xu²¹liəu⁰taʰ⁵³ʂɛ̃⁴⁴² 挂满各种长短不一的物件的样子
　忽兴打扇 xu²¹ɕiəŋ⁰taʰ⁵³ʂɛ̃⁴⁴²
撧撒流也 xu²⁴sa⁵³liəu²⁴ie⁰ 描绘碎物撒落一地的情形
糊么古咚 xu⁴²ma⁰ku²⁴tuəŋ⁰ 视野不清，模模糊糊
糊儿八沓 xu⁴²ər⁰pa²¹tʰa⁰ 昏昏沉沉的样子
胡尿马搭 xu²⁴tɕʰiəu⁰ma²¹ta⁰ 随便，不细致
胡尿马扎 xu²⁴tɕʰiəu⁰ma⁵³tsa⁰ 柱形物体粗细长短不一，堆放无序的样子
胡子拉茬 xu²⁴tsəʔ⁰la²²tsʰa³¹ 胡子凌乱的样子
胡吹贸撂 xu²⁴tʂʰuei²¹mɔ⁴⁴liɔ⁴⁴² 胡乱吹嘘
胡场八九 xu²⁴tʂʰaŋ⁰pa²⁴tɕiəu⁵³ ①形容说话没准，强词夺理。②形容说话缺乏条理
胡三马四 xu²⁴sɛ̃²¹ma⁵³sʅ⁴⁴² ①形容（人）来路不明，不务正业。②形容（物）乱七八糟
囫囵半片 xu²¹luəŋ²⁴pɛ̃⁴²pʰiɛ̃⁰ 形容大块吞咽食物
囫囵马趴 xu²¹luəŋ⁰ma⁵³pʰa⁰ 形容事情分析或交代得含糊不清
豁牙二齿 xuɤ²¹ȵia²⁴ər⁴⁴tsʰʅ⁰ 牙齿脱落不齐的样子
活叼二抢 xuɤ²⁴tiɔ²¹ər⁴⁴tɕʰiɔ⁰ 一哄而上迅速争抢
好平无故 xɔ⁵³pʰiəŋ²⁴u²⁴ku⁴⁴² 毫无理由地
好吃二喝 xɔ⁵³tʂʰʅ⁰ər⁴²xuɤ²¹ 吃得好喝得好，借指衣食无忧
嚎哇哭叫 xɔ²⁴ua²¹kʰu²¹tɕiɔ⁴⁴² 捶胸顿足放声大哭的样子

黑卜溜秋 xei²¹pəʔ⁰liəu²¹tɕʰiəu⁰ 黑乎乎的样子，暗含说话人不喜欢之义
黑打马虎 xei²¹ta⁵³ma²¹xu⁰ 光线昏暗的情形
　黑马古咚 xei²¹ma⁵³ku²¹tuəŋ⁰
　黑马圪咚 xei²¹ma⁵³kəʔ⁵tuəŋ⁰
黑天半夜 xei²¹tʰiɛ̃²¹pɛ̃⁴²ie⁴⁴²
　半夜三更 pɛ̃⁴²ie⁴²sɛ̃²⁴kəŋ²¹
　更深夜半 kəŋ²⁴ʂəŋ²¹ie⁴²pɛ̃⁴⁴²
黑天打洞 xei²⁴tʰiɛ̃⁰ta²¹tuəŋ⁴⁴² 夜晚光线暗，能见度低的情形
黑天洞地 xei²⁴tʰiɛ̃⁰tuəŋ⁴²tʰi⁴⁴² 黑云密布山雨欲来的情形
黑摸不知 xei²¹muɤ⁰pu²¹tʂʅ⁰ 对情况一无所知
黑七溜八 xei²¹tɕʰi⁰liəu⁴²pa⁰ 皮肤脏、形象不雅的样子
黑死夜静 xei²¹sʅ⁵³ie⁴⁴tɕiəŋ⁴⁴² 夜深人静
黑胡马扎 xei²¹xu²⁴ma⁵³tsa⁰ 胡须疯长的样子
黑糊忒浪 xei²¹xu²⁴tʰəʔ⁵laŋ⁴⁴² 黑乎乎的样子
黑汗水淋 xei²¹xɛ̃⁴²suei⁵³liəŋ²⁴³ 浑身大汗的样子
　黑水汗淋 xei²¹suei⁵³xɛ̃⁴²liəŋ²⁴³
灰卜溜尿 xuei²¹pu⁰liəu²⁴tɕʰiəu⁰ 形容颜色暗淡
灰溜忽塌 xuei²¹liəu²⁴xu²¹tʰa⁰ 反应迟钝，傻里傻气的样子
灰眉杵眼 xuei²¹mi²⁴tʂʰu⁴⁴ȵiɛ̃⁵³ ①头上脸上沾满灰尘的样子。②灰溜溜的样子
海吃二喝 xɛɛ⁵³tʂʰʅ⁰ər⁴²xuɤ²¹ 大吃大喝
怀身带肚 xuɛɛ²⁴ʂəŋ²¹tɛɛ⁴²tu⁴⁴² 有孕在身
猴里忒搠 xəu²⁴li²¹tʰəʔ⁵sɔu⁰ 这捏捏那动动，举止不庄重的样子
猴声鬼气 xəu²⁴ʂəŋ²¹kuei⁵³tɕʰi⁴⁴² 小声说话故弄玄虚的样子

猴星鬼气 xəu²⁴ɕiəŋ²¹kuei⁵³tɕʰi⁴⁴² 形容（东西）太小，不够大方

喉痨气瘗 xəu²⁴lɔ²¹tɕʰi⁴²tɕyɤ⁰ 呼吸困难的样子

吼雷炮仗 xəu⁵³luei²¹pʰɔ⁴²tʂaŋ⁴⁴² 电闪雷鸣

憨溜卜叽 xɛ̃²¹liəu²⁴puʔ⁵tɕi⁰ 弱智的傻样子

　　憨溜滴水 xɛ̃²⁴liəu²⁴tie²¹ʂuei⁵³

憨溜少势 xɛ̃²¹liəu²⁴ʂɔ⁵³ʂʅ⁴⁴² 不精明导致言行失态的样子

颔水卜溻 xɛ̃²⁴ʂuei⁵³pəʔ⁵tʰa⁰ 不自觉地流口水或口水四溅的样子

　　颔水卜叽 xɛ̃²⁴ʂuei⁵³pəʔ⁵tɕi⁰

欢马虱跳 xuɛ̃²¹ma⁵³tuɤ²¹tʰiɔ⁴⁴² 生龙活虎，活蹦乱跳的样子

夯口失羞 xaŋ²⁴kʰəu⁵³ʂʅ²¹ɕiəu²¹ 因害羞不好意思开口或词不达意

黄风斗阵 xuaŋ²⁴fəŋ²¹təu⁴²tʂəŋ⁴⁴² 沙尘天气里尘土飞扬的情景

慌撩失砍 xuaŋ²¹liɔ²⁴ʂʅ²¹kʰɛ̃⁰ 慌慌张张

　　慌天失地 xuaŋ²⁴tʰiɛ̃²¹ʂʅ²¹ti⁴⁴²

　　慌里失张 xuaŋ²⁴li⁰ʂʅ²¹tʂaŋ⁰

恨死马趴 xəŋ⁴⁴ʂʅ⁰ma⁵³pʰa⁰ 因贪心而竭力为之

昏三忽噜 xuəŋ²¹sɛ̃⁰xu²¹lu⁴⁴² 时而清醒时而昏迷

红汤二水 xuaŋ²⁴tʰaŋ²¹ər⁴²ʂuei⁰ 流血的样子

浑麻圪溜 xuaŋ²⁴ma²¹kəʔ⁵liəu²⁴³ 赤身裸体的样子

红口白牙 xuaŋ²⁴kʰəu⁵³pʰei²¹n̠ia²⁴³ 比喻亲口承诺过

红火热闹 xuaŋ²⁴xuɤ⁰zɤ²¹nɔ⁴⁴² 非常热闹

红黑烂青 xuaŋ²⁴xei²¹~xəʔ⁵lɛ̃⁴²tɕʰiəŋ⁰ 皮肤淤青，青一块紫一块的样子

　　黑青五烂 xei²⁴tɕʰiəŋ²¹u⁵³lɛ̃⁴⁴²

赫⁼里赫⁼啦 xəʔ⁵li⁰xəʔ⁵la⁰ 拟声词，物品晃动时零件松动的声响

赫⁼零掼啦 xəʔ⁵liəŋ⁰kuɛ⁴²la⁰ 拟声词，物件零部件松动的样子

一连二串 i²¹liɛ̃²⁴ər⁴²tʂʰuɛ⁴⁴² 接二连三

一刷两打 i²¹ʂua⁰liaŋ²⁴ta⁰ 一下两下地随手打人

一惊二乍 i²¹tɕiəŋ⁰ər⁴²tsa⁴⁴² 小题大做，表现出过分惊讶的样子

　　一惊一乍 i²¹tɕiəŋ⁰i²¹tsa⁴⁴²

倚老结实 i²⁴lɔ⁵³tɕie²¹ʂʅ⁰ 老老实实

一拨就转 i²¹~iəʔ⁵puɤ²¹tɕiəu⁴²tʂuɛ⁴⁴² 一提醒马上就明白，形容人非常机敏

　　点眼就转 tiɛ̃²⁴n̠iɛ̃⁰tɕiəu⁴²tʂuɛ⁴⁴²

一道针线 i²¹~iəʔ⁵tɔ⁴²tʂəŋ²¹ɕiɛ̃⁴⁴² 比喻总是使用一个办法或只有一个想法

一时半会儿 i²¹~iəʔ⁵ʂʅ²⁴pɛ̃⁴²xuər⁰ 短期内

一出三阵 i²¹~iəʔ⁵tʂʰuʔ⁵sɛ̃²¹tʂəŋ⁴⁴² 形容环环相扣，接连出招的阵势

一交两年 i²¹~iəʔ⁵tɕiɔ²¹liaŋ⁵³n̠iɛ̃²⁴³ 一年多的时间，言下之意是时间较长

一哇二声 i²¹~iəʔ⁵ua⁴²ər⁴²ʂəŋ²¹ ①议论纷纷，舆论沸沸扬扬。②众口一词，交口称赞

一堆二楞 i²⁴tuei²¹ər⁴²ləŋ⁴⁴² 东西体积很大的样子

咿咿吟吟 i⁵³i⁰zəŋ²¹zəŋ⁰ 说话吞吞吐吐，不利索的样子

兀里兀拉 u²¹li⁵³u²¹la⁰ 形容外地口音难懂

呜吚呐喊 u²⁴iɔ²¹na²¹xɛ̃⁵³ 乱喊乱叫

无消打息 u²⁴ɕiɔ²¹ta⁵³ɕi⁰ 没有一点儿消息

五眉六道 u⁵³mi²⁴liəu⁴⁴tɔ⁴⁴² ①面容脏污，怪异。②引申指人乖戾，行为猥琐诡异

五麻六道 u⁵³ma²⁴liəu⁴²tɔ⁴⁴² 胡说八道

五零二落 u⁵³liəŋ²⁴ər⁴²la⁰ ①（东西）乱七八糟到处散落的情形。②（器物的部件）松

动，随时可能脱落的情形
五毒俱全 u⁵³tʰu²⁴tɕy⁴²tɕʰyẽ²⁴³ 指一个人吃喝嫖赌各种恶习都有
五黄六月 u⁵³xuaŋ²⁴liəu⁴²yɤ⁰ 大热的伏天
儿成女就 ər²⁴tʂʰəŋ²⁴n̥y⁵³tɕʰiəu⁴⁴² 儿子和女儿都成家了
二打不流 ər⁴²ta²¹pəʔ⁵liəu⁰ 做事粗心不认真的样子
二流打挂 ər⁴²liəu²⁴ta⁵³kua⁴⁴²
二打马虎 ər⁴²ta²¹ma⁵³xu⁰ 神志恍惚的样子
二雾八踏 ər⁴²u⁰pa²¹tʰa²¹
二二伺伺 ər⁴²ər⁰tsʰɿ²¹tsʰɿ⁰ 犹犹豫豫，拿不定主意
二心不定 ər⁴²ɕiəŋ²¹pu²¹tiəŋ⁴⁴²
哑无静悄 ia⁵³u²⁴tɕiəŋ⁴²tɕʰiɔ⁰ 异常安静，没有一点儿声息
揢眉二道 ua²¹mi²⁴ər⁴²tɔ⁴⁴² 脸上有一道道的脏印子，脏兮兮的样子
娃娃圪蛋 ua²⁴ua⁰kəʔ⁵tẽ⁴⁴² 形容孩子多且年幼
娃娃儿子 ua²⁴ua⁰ər²⁴tsɿ⁰ 年幼的儿女
窝囔卜叽 uɤ²¹naŋ⁵³pəʔ⁵tɕi⁰ 形容人没本事又胆小怕事
窝叽圪囔 uɤ²¹tɕi⁰kəʔ⁵naŋ⁰
妖毛鼠怪 iɔ²¹mɔ²⁴ʂu⁵³kuɛ⁴⁴² 妇女说话或打扮妖里妖气的样子
吆二慢三 iɔ²¹ər⁴²mẽ⁴²sẽ⁰ 拖拖拉拉，总是慢半拍的样子
要命三关 iɔ⁴²miəŋ⁴²sẽ³⁵kuẽ⁰ 比喻事情危机万分
夜不观色 ie⁴²pəʔ⁵kuẽ²¹sei⁰ 晚上灯光下看颜色不准确
歪来好去 uɛɛ²¹lɛɛ²⁴xɔ⁵³tɕʰi⁰ 不论好坏
硒身不动 uei²¹ʂəŋ²¹pəʔ⁵tuəŋ⁴⁴² 对外界发生的变化置之不理，懒得动弹
恒硒不动 xəŋ²⁴uei²¹pəʔ⁵tuəŋ⁴⁴²
油脂搁捻 iəu²⁴tsɿ²¹kuɤ²⁴n̥iẽ⁰ 非常油腻的样子
有理霸份 iəu²⁴li⁵³pa⁴⁴fəŋ⁴⁴² 理所当然，理直气壮
烟熏气打 iẽ²¹ɕyəŋ²¹tɕʰi⁴⁴ta⁵³ （屋内因做饭）烟熏又蒸气濡湿
远路风尘 yẽ⁵³ləu⁴²fəŋ²¹tʂʰəŋ⁰ 相隔遥远，一路风尘而来
佯尼急尿 iaŋ²⁴pa⁵³tɕi²¹n̥iɔ⁴⁴² 以各种借口消极怠工，消磨时间
佯佯舞舞 iaŋ²⁴iaŋ⁰u⁵³u⁰ 漫不经心，粗心大意
佯打二舞 iaŋ²⁴ta⁵³ər⁴⁴u⁰
扬长二舞 iaŋ²⁴tʂʰaŋ⁰ər⁴²u⁰
扬名失地 iaŋ²⁴miəŋ²⁴ʂəʔ⁵ti⁴⁴² 负面消息传播得沸沸扬扬，众人皆知
扬长散淡 iaŋ²⁴tʂʰaŋ⁰sẽ²¹tẽ⁴⁴² 逍遥自在的样子
扬长武道 iaŋ²⁴tʂʰaŋ⁰u⁵³tɔ⁴⁴² 大大咧咧，动作粗鲁的样子
漾脚打手 iaŋ⁴²tɕyɤ²¹ta²⁴ʂəu⁰ 走路大摇大摆，四肢乱动
王皮照旧 uaŋ²⁴pʰi²⁴tʂɔ⁴²tɕiəu⁴⁴² 不听劝也不吸取教训
阴麻圪董 iəŋ²²ma³¹kəʔ⁵tuəŋ⁰ 天空阴沉沉的样子
嚶嚶哇哇 iəŋ²²iəŋ³¹ua²¹ua⁰ 拟声词，指不和谐的声音
因耍带笑 iəŋ²⁴ʂua⁵³tɛɛ⁴²ɕiɔ⁴⁴² 表面开玩笑，实则指桑骂槐或借题发挥
文斯卜沓 uəŋ²⁴sɿ²¹pəʔ⁵tʰa⁰ 做事慢慢吞吞不慌不忙的样子
文三武四 uəŋ²⁴sẽ²¹u⁵³sɿ⁴⁴² 形容咬文嚼字，讲究陈腐的礼俗或理论

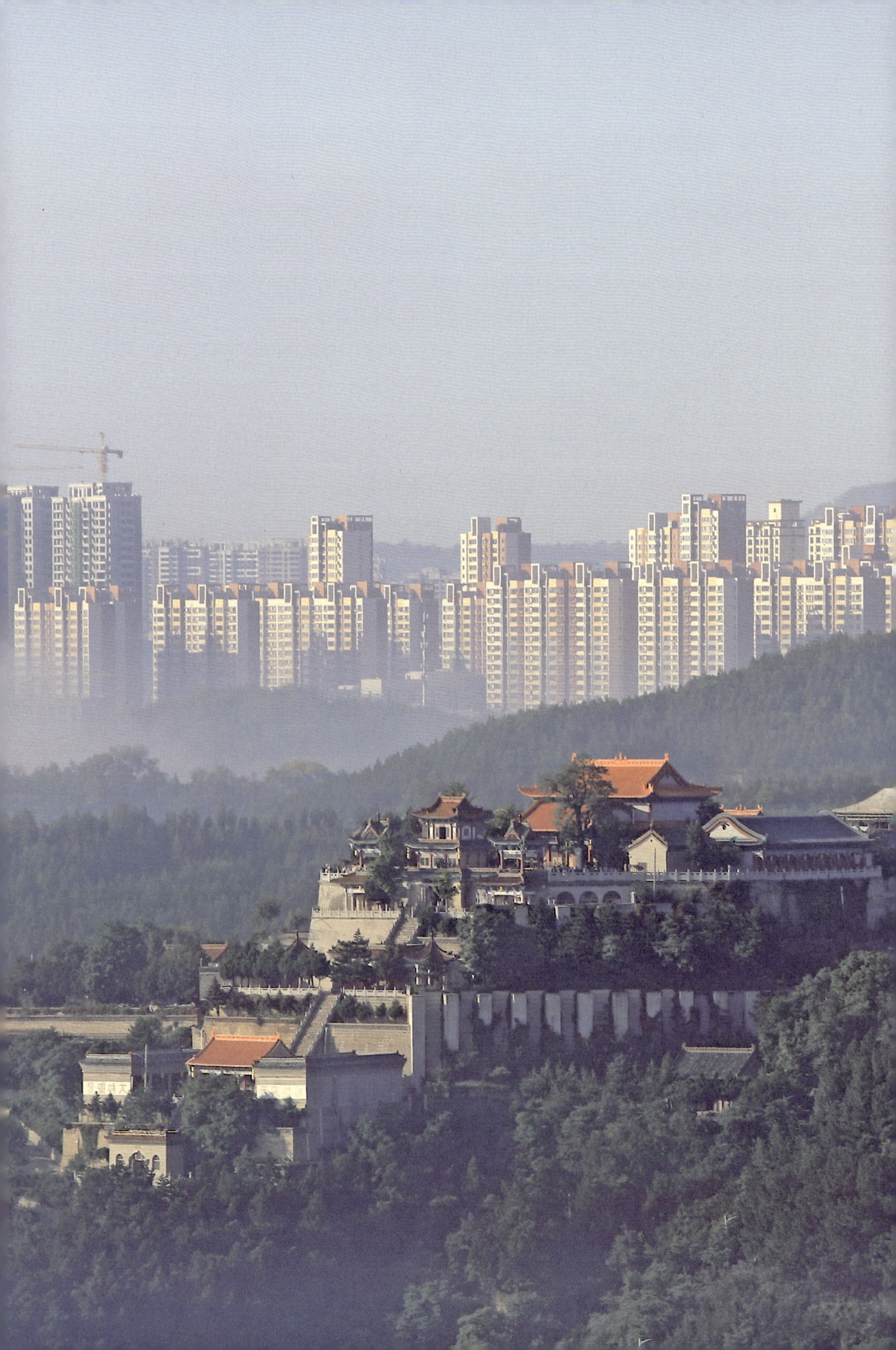

第六章 语法

第一节

词法

一 构词法

本书主要对特点比较明显的词缀及其构词能力进行描写分析。延安老户话的常用词缀普遍见于陕北晋语,体现了陕北晋语在词汇上的一致性。

(一)表音前缀

1. 圪 [kəʔ⁵~kɤ²⁴³],克 [kʰəʔ⁵]

"圪"多读不送气声母入声韵 [kəʔ⁵],个别又读舒声韵 [kɤ²⁴³]。当后字为送气音或擦音声母时,有时读送气声母 [kʰəʔ⁵],体现了这类词前后音节的协同要求,记为"克"。"圪"可做名词、动词、形容词、量词、四字格的前缀,构成的名词数量最多。

A1	圪泡 水泡儿	圪蚤 跳蚤	圪堆 堆儿	圪瘩 块状东西、块儿
A2	圪坨坨 块儿	圪糁糁 小颗粒	圪瘩瘩 小圪瘩	圪鬏鬏 短马尾辫
A3	冰圪锥 冰锥	山圪梁 山梁	树圪桩 树桩	蛤蟆圪蚪儿 蝌蚪
B1	圪跮 跮	圪搅 小幅度搅	圪挤 挤	圪蹴 蹲
B2	克碜 受惊			
C1	圪搐 皱	圪影 ⸗使恶心	圪颠 被宠得撒娇的样子	
C2	圪蒙蒙 眯眼的样子	圪铮铮 挺括的样子	圪晃晃 轻晃的样子	圪堆堆儿 堆得很高的样子
D	圪抓 串	圪卷儿 小卷儿		
E	一圪抿儿 一下子			
F	圪嚓	圪咚	克嚓	
G	圪低圪泊 坑坑洼洼的样子		圪丁炮锤 物体表面鼓起许多小圪瘩的样子	

克兴打晃_{说话办事不稳重的样子}　　　克清马嚓_{形容动作麻利}

A类是名词。其中A1圪头名词的小称意义不明显，如"圪堆"指堆儿，可大可小。有的词可以兼做量词，如"圪瘩"："脸上起了颗圪瘩""一圪瘩手巾_{一块儿毛巾或手帕}"。再如"圪都"，本义是拳头，也可做量词，如"一圪都蒜_{一头蒜}""一圪都桌子_{一大堆桌子}"。A2"圪XX"式名词通常是"圪X"的重叠式，也有部分没有相应的"圪X"式，如不能说"圪鬏、圪坨、圪糁"等。A2词根重叠后其小称意义明显，如"圪鬏鬏"指短的马尾辫，"圪瘩瘩"指小圪瘩。A3的部分"圪X"（如"圪锥、圪桩"）在陕北晋语其他方言中是单独的圪头名词，但在延安老户话中不单说，总是和其他语素组合成词。

B类是动词。B1圪头词没有重叠式。大多数词根可以单用，个别不单用，如"圪蹴"。与词根单用时相比，圪头动词通常带有指小意味，指称幅度较小、持续时间较短的动作。例如，"圪搅"指小幅度地搅动，"圪凑"指稍微移动以聚集，"圪乘"指略微移动。在晋语其他方言（如山西陵川、忻州，河南获嘉）中，有圪头动词表示反复或连续动作的现象，陕北晋语（包括延安老户话）的圪头动词都没有此类附加意义。

C类是圪头形容词，构成形式为"圪+X""圪+XX（儿）"，C2除个别可单说为"圪X"外（如"圪都、圪堆"），其他都不能单说。

D类圪头量词由"圪"加动词语素构成，数量少。与A1"圪瘩"类词可兼做名词、量词不同，D类是专职量词，不能做名词。"圪抓"没有小称色彩，也没有儿化形式，如"一圪抓葡糖"。"圪卷儿"有小称义，只有儿化形式，如"一圪卷儿纸、一圪卷儿铺盖"。

E类圪头副词目前只发现一个："一圪抿儿_{一下子}"，如"~倒睡着了_{一下子就睡着了}"。

F类拟声词也较少。

G类圪头四字格，大都是形容词性的，"圪"没有明显的小称义。有的是两个带"圪"的词叠合在一起，如"圪颠圪倒、圪丁圪蛋"。

"克"头词数量较少。四字格里"克"略多。

总的看来，延安老户话的各类圪头词的数量少于神木、绥德等典型晋语。从晋语的大势来看，圪头词（还有分音词）的数量大致以并州片、吕梁片、五台片、张呼片（部分）、大包片最多，处于晋语与官话过渡地带的上党片（部分）、邯新片（部分）、志延片数量逐渐减少，显示出过渡性方言的特点。

2. 卜[pəʔ⁵]，扑[pʰu²¹]

名词：卜鬏儿_{短马尾辫}　　动词：卜拉_摸　扑娑_摸　　量词：扑蕻_丛　扑滩_滩

"卜、扑"做前缀的词数量有限，远远少于圪头词，可构成名词、动词、量词。延安老户话中暂未发现晋语常见的"忽"缀词，只有"忽"构成的分音词，如：忽咙_{喉咙}、忽噜_{糊涂}。

（二）名词后缀

名词后缀主要有"子、家、的、头、儿"，此外还有"痞、脑、俅、鬼、货、包、棒""起""岸儿"。其中"头"与普通话相同，不赘。"儿"缀词详见本节"小称形式：重叠与儿化"部分。

1. 子 [tsʅ⁰~tsəʔ⁵]

"子"做后缀有舒入两读，其中 [tsəʔ⁰] 是促化形成的入声读法，在陕北晋语中比较常见。当地人不知其因，写作"则"。本书所调查的方言点"高家园则"，实为"高家园子"。

"子"尾词的构成类型多样，包括"单音节词+子"：裤子，礤子，锥子；"分音词+子"：骨碌子 圆柱状物体；"圪头词+子"：圪泊子 坑；"复合词+子"：围脖子，水池子，野鹊子。"子"尾词还可以作为构词成分，进一步组成新的词，如：牌子货 品牌商品，架子车，洋柿子，褥单子。

"子"尾词基本上都是名词，多是中性词，当指称某一类人时则带有厌恶色彩。例如：二楞子 二百五，半蹩子 身体残疾或不健康的人，嫖脑子 不正经的男人，贱痞子 贱骨头。"子"过去不用于人的姓名，近几年开始用于称呼年轻人，如"亮子、祥子"，带有亲切、喜爱的附加义。

2. 家 [tɕia²¹~tɕi²¹]

"家"读 [tɕi²¹] 是语音弱化的结果。"家"做词缀的用法如下：

（1）附加在地名、单位名称等之后，指称某地方的人或某类人。如：绥德家，法院家，后沟家，二中家。这类词常用于表示某地人有某种特点。

子洲家可厉害哩 子洲人可有本事呢。tsʅ⁵³tʂəu⁰tɕia²¹kʰəʔ⁵li⁴²xɛe⁰li⁰.

王庄家秧歌儿闹得好 王庄的人秧歌表演得好。uaŋ²⁴tʂuaŋ²¹tɕi⁰iaŋ²⁴kuər⁰nɔ⁴²ti⁰xɔ⁵³.

（2）附加在动词（单音节居多）后，构成名词，通常必须儿化，表示做动作的人。相当于普通话的"者"。如"卖家儿、唱家儿、教家儿"，分别指卖东西的人、唱歌的人、教的人。

3. 的 [ti²¹~təʔ⁵]

"称谓名词+的"是一种特殊的名词性结构，其含义等于"XX+的+称谓"，表示说话者、听话者之外的第三者的领属对象。这种构成方式在晋语中比较常见，在近代汉语中也有相似的用例。邢向东（2020：526—529）、黑维强（2016：560—562）做过详细讨论。延安老户话与神木话、绥德话基本一致。如：娘娘的 XX的奶奶，娘的 XX的妈，姑舅的 XX的表亲，大儿的 XX的大儿子，孙子的 XX的孙子，亲家的 XX的亲家，师傅的 XX的师傅。

所有的亲属称谓词都可以进入"称谓名词+的"这个构式，但可进入的非亲属称谓词数量有限。可以说"师傅的、同学的、掌柜的"，却不能说"老师的、学生的、局长的"之类。邢向东（2020：527）认为，少数普通称谓词能进入这个形式，大概是在心理上比较接近亲属称谓的缘故。

"称谓名词+的"，多用于背称，也可用于面称。称谓词前面可以加定语，定语通常是人名、第三人称代词等；也可以不加定语，但听话者能够根据语境判断出领属对象。

4. 詈词后缀

詈词后缀均为准后缀，其意义和词义有一定的联系，通常表示某种叫人憎恶的人。这类词缀构词能力有限，不能产。

痞 pʰi²⁴³	黑痞/死痞/赖痞/脏痞 无赖			
脑 nɔ²⁴³	憨脑 傻瓜	晃脑 轻浮的人	滑脑 奸滑的人	肉脑 容易上当受骗的人
㞞 suəŋ²⁴³	爬㞞 无赖	糊脑㞞 糊涂蛋	灰㞞 极其莽撞的人	坏㞞/瞎㞞 坏蛋
鬼 kuei⁵³	酒鬼	倒糟鬼 倒霉鬼	洋药鬼儿 大烟鬼	细尿鬼儿 吝啬鬼
货 xuɤ⁴⁴²	儿货 坏人	吹牛屄货 吹牛的人	塌底货 不成事的人	八成儿货 不精明的人
包 pɔ²¹	脓包 无用的人	㞞包 没胆量的人	烧包 好色的男人	草包 无真才实学的人
棒 paŋ⁴⁴²	㞞儾棒 没胆量没本事的人			

5. 起 [tɕʰi⁰]

"起"是处所词及时间词后缀，表示具体的地点或时间，在陕北晋语中普遍使用。构成能力有限，不能产。例如：外起 院子里，浮起 上面，沿沿儿起 靠近边沿处，半起儿 旁边。

6. 岸儿 [ŋər⁴⁴²]

"岸儿"是方位词后缀，表示方位。它是从关中话借入的成分，核心的陕北晋语中不用。关中话中有"岸儿"，也有"岸子"，延安老户话只借入了"岸儿"。

（三）形容词后缀

形容词的主要后缀形式是叠音后缀，构成ABB式、A+中缀+BB式；也有非叠音后缀，构成A+中缀+BC式。

1. ABB式形容词

带叠音后缀的形容词从不同角度出发描绘对象的各种状貌。叠音后缀BB（个别有儿尾），部分有模糊的意义，可以找到本字，一部分没有意义，找不到本字。它们一般不影响词的基本意义，但是增加了程度高的附加意义，给所在词带来了丰富的形象色彩和鲜明的感情色彩，同时改变了其句法功能。因此，ABB式形容词的形象色彩、感情色彩非常鲜明，具有强烈的口语色彩。根据描绘的状貌，分为颜色、味道、感觉、物体形貌、人的外貌五类。

①白汪汪	黑杵杵	黄拉拉	灰囊囊	灰杵杵
②酸固固	甜囊囊	甜丝丝	臭胖胖	苦拉拉
③臊拉拉	烧烘烘	麻丝丝	紧唔唔	干怪怪
④扁哚哚	端䞾䞾	顺溜溜	明光光	亮湛湛
⑤俊丹丹	俊也也	胖杵杵	凶哼哼	瘦绫绫儿

ABB式的后缀BB，有的适用范围较广，可以和多个词根结合，构词能力很强，如"溜溜、咚咚、也也、杵杵"。大多数后缀只能固定地跟一个或几个词根结合，如"汪汪、湛湛、丝丝、光光"。

2. A+中缀+BB式形容词

A+中缀+BB式，嵌入的中缀通常是"圪、卜、忽"。其中，"圪"的适用范围最广，能产性最强，"卜"次之，"忽"的构词能力最弱。ABB式形容词大多可以插入"圪"等中缀。

从修辞意义来看，A+中缀+BB式的形象色彩同ABB式一样鲜明。感情色彩则因具体中缀的不同而有差异，带"圪"的除个别之外都是褒义词，带"卜"的除个别（如"干卜楞楞"）之外都是贬义词，带"忽"的则全都是贬义词。可见，"圪""卜""忽"属于感情色彩已经固化的中缀。

圪：凉圪也也　　宽圪也也　　顺圪溜溜　　胖圪杵杵

卜：赖卜叽叽　　碎卜落落　　浅卜舔舔　　灰卜塌塌

忽：薄忽缭缭　　薄忽扇扇　　浅忽舔舔　　筛忽沓沓

3. 其他形容词后缀

"酸卜拉叽、酸溜卜叽、瓷卜楞登、慢卜楞腾、浅溜忽斯"中的"卜、溜"可看作中缀，"拉叽、卜叽、楞登、楞腾、忽斯"都可看作后缀。这类格式可以看作一种特殊的四字格。

（四）动词、形容词前缀"入[ʐʅ²¹~ʐəʔ⁵]"

此前缀晋语研究中通常写作"日"，本字为"入"，是不能产的词缀。延安老户话入头词的感情色彩、语法功能与晋语其他方言基本一样。带前缀"入"的有动词、形容词两类，均含有表粗鲁、厌恶的色彩。从句法功能看，入头动词都是及物的，可以带受事宾语；形容词都是表性质的，可以受程度副词的修饰，充当谓语。

动词：入鬼乱搞　　入哄哄骗　　入蹋糟蹋　　入弄瞎弄, 作弄

形容词：入怪奇怪　　入赖　　入脏　　入急慌忙因着急而慌里慌张的样子

从构成成分看，有的词根能单用，跟派生词意义相差不大，感情色彩也基本相同，不过带"入"后更加强烈。陈庆延（1996）、邢向东（2020：480）认为，前缀"入"就来自表性交的字眼。从感情色彩来判断，这是极有可能的。

二　小称形式：重叠与儿化

晋语表示小称的基本形式有四种：一、重叠；二、前缀"圪"；三、儿缀；四、小称音。（沈明 2003：36）陕北晋语有三种：一、重叠；二、儿缀（儿尾或儿化）；三、前缀"圪"。而延安老户话表示小称的基本方式只有两种：重叠和儿化。延安老户话虽然有圪头词，但既不儿化也不重叠的名词性圪头词，并不具有小称义，如"冰圪锥冰锥、树圪桩树桩"。具有

小称义的都是儿化或重叠形式，如"蛤蟆圪蚪儿_{蝌蚪}、肉圪瘩瘩_{肉丁}"。因此不能将前缀"圪"看作一种小称形式。

重叠词是延安老户话中表达小称义的较早形式，儿化词则为后来进入的形式。儿化词的表小功能一度强于重叠词，而近几十年来又逐步让位给重叠词。延安老户话的两种小称形式在数量、范围、功能上均存在差异。

（一）重叠式名词及其表义特点

延安老户话中，名词性、动词性、形容词性、量词性语素都可以通过重叠构成名词，一般具有比较明显的小称义。重叠式名词有AA式、ABB式、AAB式、ABCC式、AABB式五种形式。这些形式具有一定的能产性和开放性，其中AA式、ABB式的能产性最强。

以上五种重叠形式中的AA、BB、CC，连读变调情况相同。通常都是前字不变调，后字读轻声，即：阴平[21＋0]，阳平[24＋0]，上声[53＋0]，去声[42＋0]。如：尖尖[tɕiɛ̃²¹tɕiɛ̃⁰]，毛毛钱[mɔ²⁴mɔ⁰tɕʰiɛ²⁴³]，嘴嘴[tsuei⁵³tsuei⁰]，顺顺[ʂuəŋ⁴²ʂuəŋ⁰]。只有阴平字重叠后，有时也读词调[22＋31]，如：车车[tʂʰɤ²²tʂʰɤ³¹]，门关关[məŋ²⁴kuɛ̃²²kuɛ̃³¹]。

1. AA式

① 馅馅　　篮篮　　渣渣　　馍馍　　　　网网
② 嘴嘴　　茬茬_{机会}　台台_{台阶}　蝉蝉_{蝴蝶}　坨坨_{单位的印章}　牌牌_{小孩子胸前的围嘴儿}
③ 铲铲　　垫垫_{坐垫}　盖盖_{盖子}　礤礤礤_{土豆的工具}
④ 尖尖　　单单　　双双　　顺顺_{肩扛的细长褡裢}　豁豁_{长兔唇的人}
⑤ 条条　　本本　　颗颗

①②组由名词性语素构成，①组语素义和词义相同，②组语素义和词义不同。③组由动词性语素重叠构成。④组由形容词性语素重叠构成。⑤组由量词性语素重叠构成。③④⑤组词数量少。AA式小称义鲜明，只有个别词例外，如"顺顺、茬茬"。这两个词的语素义与词义所指之间的联系不明显。"顺顺"是褡裢的一种，形状细长。乍看之下，语素义和词义之间几乎难以找到联系，如果从"顺顺"细长的形状和顺着搭在肩上看，词义可能与"顺"的"趋向同一方向"的语素义有点儿联系，但这种联系并不明确。同样，"茬"义为"庄稼收割后余留在地上的部分或短而硬的头发、胡子"，"茬茬"义为"机会"，"好茬茬"义为"好机会、好对象"，语素义和词义之间的联系也比较模糊。

2. ABB式

① 山圪垯_{山坡}　　门洞洞　　门闩闩　　稀汤汤　　雨点点
② 圪拉拉_{缝儿}　　　圪卷卷_{卷儿}　　　黑浪浪_巷
③ 毛爹爹_{蚰蜒}　　　结颏颏_{结巴的人}　　头首首_{第一个出生的孩子}
　 垫窝窝_{家中最小的孩子}　老生生_{老年时生的孩子}　豁唇唇_{兔唇/长兔唇的人}

①组是A+BB的结构，即名词性语素A修饰重叠式名词性语素BB，属于偏正式复合词。AB大都能单说，ABB与AB的基本意义相同。BB本身也可以单用，构词能力较强，所以结构比较松散。如："点点"还可以构成"泥点点、油点点、水点点"。

②组例子相对较少，结构是AB+B的结构，AB是分音词或圪头词，后字重叠。ABB和AB的基本义相同，重叠后增加了小称色彩。如："圪拉"是"罅"的分音词，指略大的缝隙，"圪拉拉"指小缝儿。

③组也是AB+B的结构，BB不能单用，AB大多不是词（如：毛爹、头首、豁唇），个别是词，但不是名词（如：结颏口吃）。这一类常用来指称某一类人，个别词指称软体动物，其词义不是A、B意义的简单加合，而是产生了特定的意义。如"头首首"指第一个出生的孩子，"结颏颏"指结巴的人。该类词一般都有小称义，比如，说话人对"结颏颏、豁唇唇、病罐罐"等有爱怜之意。"毛爹爹"指蚰蜒，是一种软体小动物（昆虫），身上多细碎的毛，也具有小称义。从形成过程看，它们应当是通过类推形成的。这时ABB已经成为一种构词形态，而不仅仅是一种小称义的表达手段。由此看来，重叠式其实是一种处于构词层面的特殊构式，具有较强的类推能力，其中的内部结构，不一定都能从构词法的角度进行明晰的分析。

3. AAB式

①窝窝头　　颗颗药药粒　　面面药粉状药　　分分钱　　蹦蹦钱硬币

②温温水温水　花花书连环画　辣辣苗儿独行草

AAB式名词数量很少。它是偏正式合成词，内部结构为"修饰语AA+中心语素B"，即一个单音节名词性语素前加一个重叠的修饰性语素，B表示种类，AA表示特点。如"颗颗药"，"药"是种类，"颗颗"表示药的外形特点，相对的是"面面药"。①组的A是名词性的，②组的A是形容词性的，它们都具有指小表爱的小称义。

4. ABCC式

AB是复合词，修饰名词性语素C的重叠式，实质上是一个"双音节词语+AA式"构成新的词语。ABCC式与ABB式①组的结构相同，都是AB/A修饰重叠成分，属于偏正结构。而且同样结构松散、构词能力强。如：羊粪珠珠，黑板擦擦，花生皮皮。

5. AABB式

AABB式是并列式重叠语素构成的，和前面几种重叠式的构成方式不同，语义色彩、句法功能也不同。该式的数量很少，不表示小称义，而具有列举义。如：瓶瓶罐罐，汤汤水水，样样项项。

（二）儿化名词及其表义特点

延安老户话儿化形式丰富，儿化词数量较多，指称范围广泛，涵盖天文地理、日常用品、人体部位、动植物、人物、食品、时间、处所、地名，等等。如：

① 巷儿　　　桃儿　　　毛娃儿　　　人样儿　　　羊蹄儿
② 方口儿鞋　　撅片儿面_{面片儿}　　水泡泡儿眼　　蹄儿筋_{蹄筋}
③ 八成儿_{不精明的人}　　半糖=儿_{半傻子}　　六指儿_{长六个指头的人}
④ 宜=根儿_{现在}　　月头儿_{月初}　　这阵儿　　（一）下儿
⑤ 白儿_{白天}　　前儿　　夜儿_{昨天}　　后儿_{后天}　　这搭儿_{这儿}

①②组都是普通名词，①组是词语本身的儿化，②组是儿化词做修饰成分，修饰后一名词性语素。③组表示某类人，带有贬义。④组是时间名词和表时间的代词、动量词的儿化。⑤组是时间名词和表处所的指示代词，其儿化成分来自"日、里"，如"今儿"是"今日"的音变，"这搭儿"是"这搭里"的音变。该组词一律没有表小作用，下文不再提及。

从形式上看，儿化名词是"儿"尾融入前一音节所构成。词语的连调不受儿化的影响。

从语义上看，部分儿化词具有小称义。有的可以通过比较凸显儿化词的表小义，如"绳"指粗的绳子，"绳儿"指细的绳子。第③组带贬义，表示对指称对象的蔑视与不尊重。"蔑视"在口语中说"小看"，是小称义的变体。延安话中，"儿""子"与人相关时，几乎都是蔑称，带有贬义色彩。还有一部分儿化词的小称义不明显，如：④组表时间、动量的儿化词以及"影剧院儿、十号儿_{第十个号}、偏旁儿、八成儿、当花儿_{出天花}、霍乱儿"等。

从功能上看，除了小称功能，延安老户话的儿化还具有类称和分称的功能，又分为两种情况：(1) 类称、分称都用儿化词。如：锅儿——铁锅儿、扁锅儿、砂锅儿，枣儿——红枣儿、酸枣儿，裤儿——单裤儿、棉裤儿、长裤儿。(2) "子"尾词表示类称，儿化词表示分称，如：盖子——瓶盖儿、茶壶儿盖儿、锅盖儿，绳子——线绳儿、麻绳儿、细绳儿。

总的看来，延安老户话大多数儿化词的表小色彩不强烈。具体表现在：(1) 有些儿化词表示动植物、衣物、家居用品、农具等的类称，如"兔儿、杏儿、锄儿、袄儿"等，这些类称并不是严格意义上的小称。(2) 有的同一个词可以儿化也可以不儿化，无论儿化与否意思相同，如"大锅＝大锅儿、立柜＝立柜儿"。(3) 同属一类的词语，有的必须儿化，有的不可儿化，有的可儿化也可不儿化，儿化与否与指称对象的大小无关，如"条柜儿、铺盖柜儿、碗柜"。区分或强调对象的大小时需要前加"大、小"，如"大板凳儿、小板凳儿、大锅儿、小锅儿"。(4) 延安老户话的"子"尾词并不表小指爱，有些儿化词与对应的"子"尾词词义色彩相同，如"羊肠儿＝羊肠子、猪蹄儿＝猪蹄子"。以上皆表明延安老户话儿化的小称义淡化，表义功能泛化。

（三）两种小称形式的比较

1. 儿化名词和重叠名词数量悬殊

我们对延安老户话"分类词表"中的儿化名词和重叠名词进行了全面统计。"分类词表"

共计30类，其中有13类是非名词或名词较少，其余17类的统计结果显示：两者数量悬殊，儿化名词的数量大约是重叠名词的三倍。其中14类都是儿化词数量多于重叠词，只有3类是重叠词多于儿化词，分别是地理、亲属、疾病医疗类。亲属类的重叠词优势明显，这也是现代汉语普通话及方言的共性。

2. 重叠名词和儿化名词的分布大致互补

延安老户话中，重叠名词和儿化名词的分布大致互补。绝大多数重叠名词没有对应的儿化形式，反过来，大多数儿化名词也没有对应的重叠形式。少数词同时具有两种形式。有的两种形式都有小称义，没有强弱之分，如"绳绳＝绳儿、窗台台＝窗台儿"；有的重叠式有小称义，儿化形式没有，如"盖盖、裤裤"表小，"盖儿、裤儿"不表小。

3. 重叠式的小称色彩浓于儿化

延安老户话的重叠式小称义鲜明，儿化形式的小称义淡化。重叠式比儿化形式的小称功能强大、稳固。如亲属类，有24个重叠词，优势明显（如：爷爷、娘娘奶奶、公公、婆婆、伢伢/姨姨姨妈、姑姑、舅舅、妻姐姐等），有9个儿化词（如：长辈儿/大辈儿、媳妇儿、孙女儿等）。指称或称呼亲属时，说话人往往带有喜爱、亲近的感情，因而小称义强烈而突出的重叠式成为首选。

4. 小称形式的叠加形式

由于延安老户话儿化词小称功能泛化，重叠式词语数量有限，于是出现了两种补偿形式：一种是在儿化形式前再加"小、碎"强化其小称义，如"小板凳儿、碎手巾儿"。这是用句法手段表示对象之小，不能算作小称形式。另一种是重叠和儿化的叠加形式，有以下两类。不过从数量上看，尚未形成与儿化、重叠并列的局面。

① "重叠＋儿化"

蜗蜗牛儿蜗牛　包包儿　刀刀儿　棍棍儿　雀雀儿鸟　膀膀儿翅膀　巷巷儿

② "儿化＋重叠"

棒儿棒儿糖棒棒糖　包儿包儿菜卷心菜　柳树毛儿毛儿柳絮　袋儿袋儿盐袋装盐

和儿和儿饭小米粥里烩面条、土豆丁儿和蔬菜叶　坨儿坨儿肉猪灌肠　门口儿口儿起门口处

以上两种叠加形式中，"重叠＋儿化"比"儿化＋重叠"的词语数量略多。其中个别词的"重叠＋儿化"叠加式和单纯重叠式并存，小称义也相同，儿化成为羡余形式，如：棍棍儿＝棍棍、刀刀儿＝刀刀。"重叠＋儿化"形式在西安等关中核心地带方言中比较常见。

三　数量方所

（一）数量词

延安老户话的数量词与典型的陕北晋语类似。

1. 数词

延安老户话的系数词是：零、一、二、三、四、五、六、七、八、九。常用的位数词是：十、百、千、万。数量的表示法与周边方言一致。

概数的表示方法主要有四种：

①借助"来""多"表示。如：一百来个、一千来个、一万来块，二里多（路）、二十多。

②相邻的数字相连表示概数，如果数字是个位数，其后必须加量词，如果数字是十位数及以上，则量词可加可不加。如：一两个、三四亩、五六十（个）、一二百（里）。

③表示"不到一"，是"一+半+量词"。如：一半个、一半里、一半亩。

④表示"一百左右、一千左右、一万左右"，常用"百二八十、千二八百、万二八千"。

2. "两"的特殊用法

用"XX两个"表示"XX俩"。如：姊妹两个，我们两个，婆姨汉两个_{夫妻俩}，子父老子两个_{爷儿俩}。用"两+亲属称谓词"表示亲属关系，或指称具有该亲属关系的两个人。数量少，只有以下四种：两先后_{妯娌俩}，两挑担_{连襟俩}，两弟兄_{兄弟俩}，两姊妹_{姐妹俩}。"先后"一词比较特殊，除了"两"，还可以前加其他数字，如：三先后，五先后。

3. 量词

①重叠式量词

与晋语大多数方言相比，延安老户话的重叠式量词相对较少，词根多是单音节量词。词根表物量，重叠前后的语义色彩相同，增加了罗列义；词根表动量，重叠后增加了时间短、幅度小的附加义。如：一段段文章=一段文章，一匣匣火柴=一匣火柴。"拉一阵阵话"比"拉一阵儿话"的聊天时间短，"一下儿下儿"比"一下"表示的时间短。

②带表音前缀的量词

延安老户话中带表音前缀的量词有：圪瘩、圪抓、圪都、扑蕨、扑滩，前缀分别是"圪"和"扑"，普遍见于晋语其他方言。

圪瘩 kəʔ⁵taº 用于表块状物的名词前。如：一～墨_{一锭墨}，一～被子_{一块被子}。

圪抓 kəʔ⁵tʂuaº 用于表成串事物的名词前。如：一～葡萄，一～香蕉。

圪都 kəʔ⁵tuº 可以用于表拳头状物品的名词前，或表"一堆"义。如：一～蒜_{一头蒜}，一～婆姨_{一堆女人}。

扑蕨 pʰu²¹xuaŋ⁴⁴² 义为"丛"，含有繁杂、胡乱生长的意思。如：一～草，一～头发。

扑滩 pʰu²¹tʰɛ̃º 义为"滩"，含有数量多、平铺乱放的意思。如：一～衣裳_{一大摊衣服}，一～玉麦_{一大摊玉米}。

③来自古汉语的量词

芨 puɣ²¹ 义为"棵",与"花、树"等植物搭配。如:一~树/花/菊花。《说文》:"芨,草根也。"《广韵》末韵蒲拨切。

潲 sɔ⁴⁴² 义为"道儿",如:纸上画咾一~纸上画了一道儿。《广韵》效韵所教切。

脬 pʰɔ²⁴³ 只与尿搭配,如:一~尿一泡尿。《说文》:"脬,膀光也。"《广韵》肴韵匹交切:"脬,腹中水府。"《集韵》爻韵:"脬,通作泡。"

掬 tɕy²¹ 原义是"捧起",借用为量词,"一掬"就是"一捧"。《说文》作"匊":"在手曰匊。"《广韵》屋韵居六切。唐段成式《酉阳杂俎·贝编》:"上令左右掬庭水嗅之,果有檀香气。"

(二)方位词

方位词属于封闭类,既有单纯方位词,也有合成方位词。

1. 单纯方位词

上　　起(儿)　　底　　伙⁼里　　当正中央

里　　外　　前　　后　　东　　西　　南　　北　　出　　回

2. 合成方位词

①方位词或语素 + 后缀"头/面儿/岸儿"

上头　　下头　　前头　　后头　　里头　　外头

上面儿　后面儿　东面儿　北面儿　左面儿　对面儿

左岸儿　右岸儿　前岸儿　后岸儿　旁岸儿/半岸儿旁边儿

②"以" + 方位词或语素

以前　　以后　　以上　　以下　　以回　　以外　　以里

其中"以回、以里"都是"以内"的意思。如:三十里铺以回,城墙以里。

③方位词或语素对举

前后　　东南　　东北　　西南　　西北

④其他

浮起上面　底下　周围儿　当中　背后　后来

3. 方位词的用法

①单纯方位词不能单独做句子成分,一般置于名词之后构成方位短语,如:地上,手伙⁼手里,边边儿起边上,缸底。"当"表示"正中央",用法比较特殊,置于名词前构成方位短语,如:当院子院子正中间,当脚地窑洞地面的正中间。

②介词"往" + 单纯方位词:可以表示"范围",置于名词后构成方位短语,如:这堵墙往里,大门往外,公路往东;也可以表示"朝某个方向运动",做状语,如:往里走,往东走,往前开。

③合成方位词可以置于名词之后构成方位短语，如：门外头，脚底下，房子背后，延安以下。也可以单用，做主语、状语、宾语等。

浮起没，耍翻了上面没有，别翻了。fu²⁴tɕʰi⁰muɤ²¹, piɔ⁴²fɛ̃²²lɛ̃³¹.

我前岸儿走也，你后岸儿来也行我先走，你后面来也行。ŋuɤ⁵³tɕʰiɛ̃²⁴ŋer⁰tsəu⁵³ia⁰, ɲi⁵³xəu⁴⁴ŋer⁰lee²⁴ie⁵³ɕiəŋ²⁴³.

四 指代

（一）人称代词

延安老户话的人称代词有单复数之分，另外还有表示自指、旁称和统称的三种人称代词。有以下特点：（1）第一人称有包括式和排除式。（2）第二人称没有专用的尊称。（3）第三人称单复数借用远指代词。这是陕北晋语的典型特点。第三人称单数也说"他"，与"那、那个"形成叠置，但使用频率较低。（4）和其他陕北晋语一样，统称代词常用"众人"。其用法性质介于代词和名词之间。"众人"可用于陈述句，但不能用于祈使句。不能说：*众人都来吧。"众人"与"咱们"等连用，有复指意义，可用于任何句类。

我听众人说的我听大家说的。ŋuɤ⁵³tʰiəŋ²¹tʂuaŋ⁴²ʐəŋ²⁴ʂuɤ²¹ti⁰.

咱们众人一起上咱们大家一齐上！tsʰa²⁴məŋ⁰tʂuaŋ⁴²ʐəŋ²⁴iəʔ⁵tɕʰi⁵³ʂaŋ⁴⁴²!

表6-1 人称代词表

	单数	复数
第一人称	我 ŋuɤ⁵³	我们 ŋuɤ⁵³məŋ⁰
	咱 tsʰa²⁴³	咱们 tsʰa²⁴məŋ⁰
第二人称	你 ɲi⁵³ 你佬儿 ɲi²⁴lɔr⁰	你们 ɲi⁵³məŋ⁰
第三人称	那 nəʔ⁵ 那个 nei²⁴~nəʔ⁵kɤ⁰ 他 tʰa²¹	那些 nəʔ⁵ɕi⁰ 他们 tʰa²¹məŋ⁰
自指代词	各儿家 kuər²⁴tɕi⁰	
统称代词	众人 tʂuaŋ⁴²ʐəŋ²⁴³	
旁称代词	人家 ʐəŋ²⁴tɕi⁰ 外人 uɛɛ⁴²ʐəŋ⁰ 别人 pʰie²⁴ʐəŋ⁰ 旁人 pʰaŋ²⁴ʐəŋ⁰	

（二）指示代词

指示代词只有近指和远指之分。

表6-2　指示代词表

指示内容		近指	远指
人或事物	单数	这个 tsʅ⁴⁴~tsei²⁴kɤ⁰	那个 nei²⁴~nəʔ⁵kɤ⁰
	复数	这些 tsʅ²¹~tʂəʔ⁵ɕi⁰	那些 nəʔ⁵ɕi⁰
处所		这搭儿 tsʅ⁴⁴tɐr⁰	那搭儿 nəʔ⁵tɐr⁰
性状		这们 tsʅ⁴⁴məŋ⁰	那们 nəʔ⁵məŋ⁰
		这么 tsəʔ⁵mɤ⁰	那么 nəʔ⁵mɤ⁰
		这们价 tsʅ⁴⁴məŋ²¹tɕi⁰	那们价 nəʔ⁵məŋ²¹tɕi⁰
		这么价 tsəʔ⁵mɤ²¹tɕi⁰	那么价 nəʔ⁵mɤ⁰tɕi⁰
		这们个 tsʅ⁴⁴məŋ²¹kɤ⁰	那们个 nəʔ⁵məŋ⁰kɤ⁰
		这么个 tsəʔ⁵mɤ²¹kɤ⁰	那么个 nəʔ⁵mɤ⁰kɤ⁰
时间		这阵儿 tsʅ⁴⁴~tsei²⁴tʂʰɚr⁰	那阵儿 nei⁴²tʂʰɚr⁰
		这向儿 tsʅ⁴⁴~tsei²⁴ɕiɑ̃r⁴⁴²	那向儿 nei⁴²ɕiɑ̃r⁴⁴²

注："这"除了表中的读音外，还有一个读音[tsa⁴⁴²]。

（三）疑问代词

表6-3　疑问代词表

疑问内容	单数	复数
人	谁 ʂuei²⁴³ 谁个 ʂuei²⁴kɤ⁰	谁们些 ʂuei²⁴məŋ⁰ɕi²¹
人或事物	哪个 la²⁴kɤ⁰	哪些 la²⁴ɕi⁰
	什么 ʂəʔ⁵ma⁰ 啥 sa⁴⁴²	
事物的类属	哪种 la²⁴tʂuaŋ⁰	
处所	哪 la²⁴³	
性质、状态、方式	怎么 tsəʔ⁵ma⁰ 咋 tsa⁵³ 咋相儿 tsa⁵³ɕiɑ̃r⁴⁴² 怎么样 怎么价 tsəʔ⁵ma⁰tɕi⁰/怎么个 tsəʔ⁵ma⁰kɤ⁰ 怎么	

续表

疑问内容	单数	复数
程度	多 tuɤ²¹ 怎么 tsəʔ⁵ma⁰	
数量	多少 tuɤ²⁴ʂɔ⁰	
原因、目的	为啥 uei⁴²sa⁴⁴² 为什么 uei⁴²ʂəʔ⁵ma⁰	

（四）代词例解

1. "咱"

"咱"是"自家"的合音。（吕叔湘、江蓝生 1985）合音时前字取声，后字取韵、调。延安老户话的"咱"读送气声母阳平调[tsʰa²⁴³]。与陕北的绥德、米脂、榆林、横山，关中的宝鸡、凤翔、岐山、合阳，山西的离石、万荣、运城、永济等方言相同。

延安老户话"咱"单复数同形，凡是可以用"咱们"的地方都可以用"咱"。"咱"还可以同"我、你"连用，构成短语"我咱""你咱"，用于商请句，表示商量、请求。"我咱""你咱"分别是"我给咱""你给咱"的简略形式。（邢向东 2020：504）延安老户话中，"我咱/我给咱""你咱/你给咱"并用，加上"给"有加强语气的作用。"咱"的这种用法普遍见于晋语。

咱/咱们一家人要说见外话。tsʰa²⁴/tsʰa²⁴məŋ⁰i²⁴tɕia²¹zəŋ²⁴piɔ⁴²ʂuɤ²¹tɕiẽ⁴⁴ueɛ⁴²xua⁴⁴².

我（给）咱和面，你（给）咱炒菜。ŋuɤ⁵³(kei⁴²)tsʰa²⁴xuɤ²⁴miẽ⁴⁴², ȵi⁵³(kei⁴²)tsʰa²⁴tsʰɔ⁵³tsʰɛ̃⁴⁴².

2. 各儿家

"各儿家"是表自指的代词。陕北晋语绥德、佳县、神木、府谷、横山、吴堡等方言说"各儿"。"各儿家"指代说话者自身和前面提到的人，可以做主语、宾语、定语，还可以充当主语的同位语。这种自指代词做人称代词主语的同位语的用法，在陕北晋语中非常普遍。

各儿家说各儿家占理，谁晓得谁对_各自说各自有理，谁知道哪个对_。kuər²⁴tɕi⁰ʂuɤ²¹kuər²⁴tɕi⁰tʂẽ⁴⁴li⁵³, ʂuei²⁴ɕiɔ⁵³tei⁰ʂuei²⁴tuei⁴⁴².

我各儿家去西安也，你要管_我自己去西安，你别管了_。ŋuɤ⁵³kuər²⁴tɕi⁰tɕʰi⁴²ɕi²⁴ŋẽ⁰ia⁰, ȵi⁵³piɔ⁴⁴kuẽ⁵³.

3. 这、那

"这"有四个读音：这₁[tsʅ⁴⁴²]、这₂[tsəʔ⁵]、这₃[tsei⁴⁴²]、这₄[tsa⁴⁴²]。"这₁"最常用，搭配对象和使用范围没有限制，如：～人、～东西、～搭儿。读入声韵的"这₂"常用于"～个、～么（个/价）"。"这₃"常用于指量短语，应当是"这一"的合音形式。最常见的用法是后接量词，有时"这₃"变读阳平调，如：这种 [tsei²⁴tʂuaŋ⁰]、这个 [tsei²⁴kɤ⁰]；也可后接名词，"这₃"仍读去声调。如：

这碗饭吃不完。tsei²⁴uɛ̃⁰ fɛ̃⁴⁴²tʂʰʅ²¹pəʔ⁰uɛ̃²⁴³.

这碗质量不好。tsei⁴²uɛ̃⁰tʂʅ²¹liaŋ⁴²pəʔ⁵xɔ⁵³.

"这₄"用于当面交给对方东西的语境，同时伴随递交东西的动作。

a.你把包儿包儿给我 你把包儿给我。ȵi²⁴pa²¹pɔr²²pɔr³¹kei⁴⁴ŋuɤ⁵³.

b.这！tsa⁴⁴²!

"那"有两个读音：那₁[nəʔ⁵]、那₂[nei⁴⁴²]。"那₁"搭配对象较宽，如：～个、～搭儿、～人。那儿[nər⁴⁴²]是"那₁"的儿化形式。"那₁"可做第三人称代词，也说"那个、那些"。其中"那、那个"指单数，"那些"指复数。用远指代词表第三人称是陕北晋语的共同特点。

那个明儿上吴起也 他明天去吴起县。nəʔ⁵kəʔ⁰miʳr²⁴ʂaŋ⁴²u²⁴tɕʰi⁰iaʔ⁰.

那些回老家烧纸去来了 他们回故乡上过坟了。nəʔ⁵ɕi⁰xuei²⁴lɔ⁵³tɕia⁰ʂɔ²⁴tʂʅ⁰tɕʰi⁴²lɛe²⁴lɛ̃⁰.

"那₂"当是"那一"的合音形式，与"这₃"平行对应。二者语音上韵母、声调相同，变调规律相同，用法也相同。后接量词时，"那₂"变读阳平调，如：那种 [nei²⁴tʂuaŋ⁰]、那个 [nei²⁴kɤ⁰]；后接名词时，"那₂"仍读去声调。如：

那碗饭吃不完。nei²⁴uɛ̃⁰fɛ̃⁴⁴²tʂʰʅ²¹pəʔ⁰uɛ̃²⁴³.

那碗质量不好。nei⁴²uɛ̃⁰tʂʅ²¹liaŋ⁴²pəʔ⁵xɔ⁵³.

五　性状

延安老户话描写事物的状态的方法，主要是形容词的重叠形式、形容词加叠音词缀以及四字格。前文已详细描写了形容词的重叠式、形容词加叠音词缀，故本部分只讨论四字格。

延安老户话四字格的语义构成方式、句法功能、构成形式与其他晋语基本一致。（参看邢向东 2019）其词性以形容词性为主，部分为名词性、动词性，有少量是副词性的。可以充当主语、谓语、宾语、定语、状语、补语。

从四字格中构成成分的意义与整体意义的关系看，有下面几种情形：（1）一部分四字格理据性较强，有些字面语义与整体语义相近。如"前家后妻 再婚家庭""穿山架梁 翻山越岭，长途跋涉"。有些尽管组成成分的意义是明确的，但字面语义与整体语义有差异，甚至难以理解。如"冬无暑夏 一年四季从不间断"。（2）一部分四字格只有部分组成成分有理据，如"凉瓦卜叽""粗糊忒浪""斯文八沓"。"凉、粗、斯文"意义明确且与四字格语义相关，体现了其理据性，但"卜叽、忒浪、八沓"是纯表音的成分，意义不明确，无理据可寻。（3）少数四字格组成成分是拟声词，与整体语义关联不明确。如"嘤嘤哇哇 不和谐的声音"。

（一）语义构成方式

延安老户话的四字格具有丰富的形象色彩。其语义构成方式最常用的是描摹，如"跳弹卜㧟"；其次是采用隐喻、转喻等手法，赋予四字格形象生动的意义，暂未发现四字格有明喻的例子。隐喻如"乱石花墙"，即用不规则石块所砌的墙，比喻不同身份的人怀着不同的目的临时凑在一起，缺乏凝聚力；"猫递爪爪"比喻眉来眼去、拉拉扯扯的亲密举动。转喻如"焦赞孟良"，泛指可信且能干的部属；"七事八事"借指繁杂琐碎的日常事务。另外，四字格偶见几个成分共用一个动词的手法，类似于修辞中的"互文"，如"仁风儿礼至"，"仁风儿、礼"共用动词"至"。

延安老户话有不少意义相同、形式相近的四字格，最常见的是其中某个成分在同义词之间互相替换。如"鼻溻颔水/鼻淋颔水"，"溻、淋"都是动词，发生替换。再如"疯抓二㧟/瞎㧟二抓/胡抓二㧟"，"疯、瞎、胡"替换，"㧟、抓"替换。

（二）几种常用的四字格构式

邢向东（2019）首次从构式的角度解析晋语四字格，提炼出多种四字格构式及构式义。延安老户话的某些四字格也有固定的构成成分和语素序列，形成了一些具有特定意义的构式。

1."A眉B眼"式

"A眉B眼"式是晋语四字格中最能产、表现力最强的一种构式，构式意义是：［描写人的面部特征、表情和心理状态］。"A眉B眼"式中的A、B，可以大致分以下四小类。（1）AB是现成的双音复合词，多数是动词，少数是形容词。这类四字格数量较少。如：低眉下眼_{态度谦卑的样子}、喜眉笑眼_{满面笑容的样子}。（2）A、B是同义词、类义词。如：瓷眉楞眼_{痴痴呆呆的样子}、瞅眉睕眼_{斜眼看人的样子}。（3）A是独立的词，B的意义不明，有的明显起凑足音节的作用。这一类数量最多。如：呆眉溜眼、贼眉溜眼、灰眉杵眼_{满面尘土、污垢的样子}。（4）A是独立的词，B和"眼"是一个词。如：麻眉睁眼_{睡眼惺忪的样子}、辱眉现眼_{丢人现眼}。

2."A来B去"式

这种四字格中，A和B是一对反义词，通常是形容词性的，如"长、短""歪、好""多、少""穷、富""反、正"等。其构式义是［无论AB/不管AB］+［不计较］，即不计较A或B的语义。

长来短去你把钱还咾_{不管如何你把钱还了}。tʂʰaŋ²⁴lɛe²⁴tuɛ̃⁵³tɕʰiº ȵi²⁴pa²¹tɕʰiɛ̃²⁴xuɛ̃²⁴lɔ⁰.

穷来富去咱不做亏人事_{不论贫富咱不做亏人的事}。tɕʰyəŋ²⁴lɛe²⁴fu⁴²tɕʰiºtsʰa²⁴pəʔ⁵tsuɤ²¹kʰuei²¹zəŋ²⁴sʅ⁴⁴².

3."没A没B"式

当A和B意义相近时，其构式义是［没有A也没有B］。如：没名没姓_{小人物不出名}、没根没靠没有根基和依靠。当A和B意义相反时，此式的构式义是［无论A和B，动作行为或状态不变］。如：没忙没闲无论忙闲、没紧没慢无论事情是否紧急。

4."NANB/ANBN"式

该构式是通过填加数字形成的四字格，其中两个N为不同的数字。"在四字格中，数字成为一种用途广泛的'添加剂'，'哪里需要哪里去'。从一到十，填入一定的格式中，构成大量生动活泼的四字格。"（邢向东 2019）包含数字的四字格，大多是两个数字对举。

"七A八B"式与"A七B八"式、"五A六B"式是同义构式，三者的构式义都是［繁杂、令人不悦］。前一种构成的四字格数量多，后两种数量较少。"七"和"八"、"五"和"六"，很难说是某一性状、动作的具体数量或频次的反映，大致是用它们的交叠出现来形容零碎、繁杂的意思。如：七打八误、五麻六道胡说八道。

5."A七溜八"式

该式的构式义是：［形容不正当、令人不悦的行为］。A以动词居多，也有形容词。"溜"属于添加成分，没有实在意义，但四字格带上"溜"就有了"令人不悦"的语义色彩。如：躲七溜八躲藏的样子，拐七溜八道路拐弯多、说话转弯抹角。

6."一A二（两）B"式

该式的构式义是：［强调程度、增加表达气势］。

少数AB原本是合成词，大多数则是同义、反义、类义语素，其中有的是动词性的，有的是名词性的。"一、二"数字的交叠表达出一定的描绘意义。如：一连二串接二连三、一刷两打一下两下地随手打人。

除了以上固定格式，四字格也有"一、三""三、五""四、五""三、六""八、二"搭配的。如：一出三阵、排三论五、三进五出、三不六九、八参二舞。

7. 填加成分式

大量的四字格构式中带有某些填加成分，以凑成四字格，获得描绘性和述谓性。填加成分一般是数字，中缀"溜、叽、里""圪、不、忽"，后缀"马也"等。其中"圪、不、忽"是晋语的常用词缀，可以灵活地嵌入词语中，构成不同类型的四字格。

具体来看，填加成分的方式主要有以下几种。

① "AXYB"式

A、B有的是双音节词语，有的是两个不同的词。该式是在A、B中间填入两个音节XY，填入的音节有的是中缀，有的是一些与AB及四字格的意义有模糊联系的音节，有的是联系很小的无意义音节。"A里AB"式可看作此构式的特殊形式。如：

花哨——花溜卜哨_{颜色艳丽花哨的样子}　　麻烦——麻里十烦_{非常麻烦}

麻达——麻里麻达_{非常麻烦}　　窟窿——窟里窟窿_{形容孔洞遍布的样子}

② "ABXC" 式

该式是在三音节词语的基础上填入一个字，填入的字使四字格结构变得对称。也有的填入数字"二"，凑成四字格。如：

出消息——出消撂息_{泄露消息}　　亲弟兄——亲哥弟兄_{亲兄弟}

戳是非——戳是弄非_{搬弄是非}　　满山圪——满山二圪_{漫山遍野}

③后缀式

该式是通过填加后缀构成四字格，大多数后缀的来源不明。延安老户话常用的后缀有"卜叽、乞势、拜带、马也、打马儿、马趴、忽斯、害斯、拉嚓、拉叽、圪咚、八沓、卜溜秋、卜楞腾"等。多数具有开放性，组合能力较强。这些后缀理据性差，本字不明，用同音字记录，但是为四字格增加了附加义。列举如下：

卜叽 pu²¹tɕi⁰ 附加义是令人不满意的感觉。如：凉哇卜叽_{冰凉的感觉}，酸溜卜叽_{酸而不美}。

乞势 tɕʰi²¹ʂʅ⁴⁴² 附加义是行为不光彩。如：搞鬼乞势_{撒谎蒙骗他人}，鬼溜乞势_{鬼鬼祟祟、偷偷摸摸的样子}。

拜带 pɛɛ⁴²tɛɛ⁴⁴² 附加义是令人不悦的一系列行为。如：骚情拜带_{献殷勤的诸多行为}，惹人拜带_{得罪人的诸多行为}。

马也 ma²⁴ie⁰ 表示列举或描述某种情形。如：赤肚马也_{光着肚子的样子}，灰土马也_{布满灰尘的样子}。

打马儿 ta²⁴mɐr⁰ 表示列举，与"马也"相近，但不如"马也"能产。如：黑痞打马儿/赖痞打马儿/死痞打马儿_{那些无赖}。

马趴 ma⁵³pʰa²⁴³ 附加义是行为令人不满。如：跌倒马趴（人）_{扑面摔倒在地的窘状}，囫囵马趴_{形容事情分析或交代得含糊不清}。

（三）延安老户话四字格的特点

1. 延安老户话四字格属于固定短语，完全靠口耳相传，人们对其读音的变异往往持包容态度，导致有些词形很不稳定，主要表现为四字格内部语素换位、构成成分可变。前者如：鬼溜乞势=鬼溜势乞，毛叽圪软=毛软圪叽，眉胖眼肿=胖眉肿眼=肿眉胖眼。后者如：减嘴待客=减口待客，三劈二马=三平二马。下面的例子兼有语素换位和构成成分的替换：浅溜忽稍=浅溜忽斯=浅溜忽天=浅忽溜斯，淡哇卜叽=淡卜拉叽，疯揃二抓=疯抓二揃=瞎揃滥抓=瞎揃二抓=胡抓二揃。

2. 在一般情况下不能搭配的成分，在四字格里能够组合搭配。如"疼、贵"可以被"生"修饰，义为"非常疼、非常贵"，但不能被"死、烂、生死、死烂"修饰。在四字格里，

"生死烂"可以一起修饰"疼、贵",程度叠加,表示"异常疼、异常贵"。"连天"不能单独说,但四字格中可以说"病死连天、屁滋连天、忙死连天"。"连天"在四字格中都有"一天又一天、时间久"之义,四字格的意义与之有一定的联系。

3. 大多数的四字格构式基本上是封闭的,曾经具有的创新和类推的功能,已经处于停滞状态。例如"A眉B眼"式、数字填加式的四字格数量都不少,说明这两个构式曾经具有较强的能产性,但现在都不能临时创造或类推出新的四字格。只有少数构式呈现出开放性。如"A来B去"式,只要符合"A、B是一对反义词"的要求就可以形成新的四字格。再如后缀式,当后缀是"马也、打马儿、卜楞腾"等时,该类四字格也具有一定的能产性。

六　程度

延安老户话表示性状的程度一般有以下三种方式。

(一) 状语表程度

有点儿 iəu⁵³tiɐr⁰ 表示程度较轻。

可 kʰəʔ⁵ 语义为"很、非常"。"可"是晋语中使用频率极高的程度副词。

最 tsuei⁴⁴² 表示最高级的程度副词。常用于"最……(形容词)不过"结构。

我妈可想回家哩。ŋuɤ⁵³ma²¹kʰəʔ⁵ɕiaŋ⁵³xuei²⁴tɕia⁰li⁰.

你能各儿家去最好(不过)了你能自己去最好了。n̠i⁵³nəŋ²⁴kuər²⁴tɕi⁰tɕʰi⁴⁴tsuei⁴⁴xɔ⁵³(pəʔ⁵kuɤ⁴⁴)lẽ⁰.

(二) 补语表程度

程度补语是表示动作所达到的程度或状态。延安老户话表示程度的补语主要有三种。

1. 由程度副词或形容词充当

这类副词、形容词常见的有"扎、死、绝、尽、美、结实、(可)厉害"等,主要用于表达不如意、遭受、被动的状态。补语与中心语之间,大多不出现助词"得",只有个别如"厉害"等必须出现"得"。

今儿气扎了今天气死了。tɕiĩr²¹tɕʰi⁴²tsa²⁴lẽ⁰.

那把事做绝了他把事情做得没有回旋余地了。nəʔ⁵pa²¹sʅ⁴²tsuəʔ⁵tɕyɤ²⁴lẽ⁰.

2. 由动词性词语充当

常用的动词性词语有:要命、倒、过、屄下、到家、入蹋、踏底、马趴,等等。

那家人儿得屄下/到家了那家人非常坏。nei⁴²tɕia²¹zəŋ²⁴ər²⁴ti⁰paʔ⁵xɔ⁵³/tɔ⁴²tɕia²¹lẽ⁰.

下地熬入蹋了到地里干活累坏了。xa⁴⁴ti⁴²ŋɔ²⁴zəʔ⁵tʰa²¹lẽ⁰.

3. 由否定性短语充当

常见的否定性短语有:没敢看、死不下、不能听、不能提、说不成、没方子没办法、不行，等等。它们用于说明行为、性状的发展变化到了极点，借此表示程度。这类否定性短语做补语，常用于两种固定结构："A/V + 得 + C"和"A/V + 咾 + 个 + C"。

二娃教婆姨欺负得说不成_{二娃被妻子欺负得没法说}。ər⁴²ua⁰tɕiɔ²⁴pʰuɤ²⁴i⁴²tɕʰi²¹fu⁴⁴²ti⁰ʂuɤ²¹pəʔ⁵tʂʰəŋ²⁴³.

教老大训咾个没敢看_{被老大狠狠训了一顿}。tɕiɔ²⁴lɔ⁵³ta⁴⁴²ɕyəŋ⁴²lɔ⁰kɤ⁰muɤ²⁴kɛ̃⁵³kʰɛ̃⁴⁴².

（三）"形容词 + 得"表程度

这种结构是通过省略补语形成的，故有"此时无声胜有声"之效。

老二老实得，一句瞎话也不会说。lɔ⁵³ər⁴⁴lɔ⁵³ʂʅ⁰tiº, i²¹tɕy⁴²xa²¹xua⁴²ie²¹pəʔ⁵xuei⁴²ʂuɤ²¹.

穿少了，把我冷得。tʂʰuɛ̃²⁴ʂɔ⁵³lɛ̃⁰, pa²⁴ŋuɤ²¹ləŋ⁵³tiº.

七 介引与关联

（一）介引

表6-4 介词系统

分类		延安老户话的介词	与普通话共有的介词
时间处所	1. 所在	在 tsʰɛe⁴⁴² 带 tɛe⁴⁴²	在
	2. 起点	从 tsʰuəŋ²⁴³ 自打 tsʅ⁴²ta⁰ 自 tsʅ⁴⁴² 打 ta⁵³	从
	3. 终点	到 tɔ⁴⁴² 离 li⁴⁴² 投到 tʰəu²⁴tɔ⁴⁴² 等到 təŋ⁵³tɔ⁰ 赶 kɛ̃⁵³ 撵 niɛ̃⁵³	到 等到
	4. 方向	往 uɤ²¹~uaŋ⁵³ 朝 tʂʰɔ²⁴³	朝
	5. 经由	从 tsʰuəŋ²⁴³ 顺着 ʂuəŋ⁴²tʂɤ⁰	从
施受关系	6. 被动	教 tɕiɔ²⁴³ 给 kei⁴⁴²	
	7. 处置	把 pa²¹	把
与事关系	8. 对象	对 tuei⁴⁴² 对着 tuei⁴²tʂɤ⁰ 给 kei⁴⁴² 问 uəŋ⁴⁴² 向 ɕiaŋ⁴⁴² 和 xuɤ²⁴³ 带 tɛe⁴⁴²	给 向 对 和
	9. 替代	替 tʰi⁴⁴² 代 tɛ̃e⁴⁴²	替
	10. 共同	和 xuɤ²⁴³ 跟 kəŋ²¹ 带 tɛe⁴⁴²	和 跟

续 表

分类		延安老户话的介词	与普通话共有的介词
与事关系	11. 比较	和 xuɤ²⁴³　跟 kəŋ²¹　带 tɛɛ⁴⁴² 比 pi⁵³　赶 kɛ̃⁵³　顶 tiəŋ⁵³ 不如 pə⁷⁵zu²⁴³	和　跟 比
	12. 除外	除过 tʂʰu²⁴kuɤ⁴⁴²　除咾 tʂʰu²⁴lɔ⁰	
	13. 包括强调	连 liẽ²⁴³	连
方式手段	14. 材料工具	撼 xẽ⁵³　拿 na²⁴³　用 yəŋ⁴⁴²	用
	15. 方式依据	按 ŋẽ⁴⁴²　照 tʂɔ⁴⁴²　依 i²¹	照
原因	16. 原因	因为 iəŋ²¹uei⁴⁴²	因为
目的	17. 目的	为 uei⁴⁴²	为

下面描写延安老户话中几个最常用的介词，也是陕北晋语常用的介词。

撵 ņiẽ⁵³ 来源于动词，本义是"追赶"。做介词时引进时间终点，义为"赶……时候"。

老师说撵开学前写完作业就行_{老师说赶开学前写完作业就可以。}lɔ⁵³sŋ⁰ʂuɤ²¹ņiẽ⁵³kʰɛɛ²¹ɕyɤ²⁴tɕʰiẽ²⁴ɕie⁵³uẽ²⁴tsuɤ²⁴ie⁰tɕiəu⁴²ɕiəŋ²⁴³.

老二撵过年起该回来也_{老二赶过年的时候总要回来的。}lɔ⁵³ər²⁴ņiẽ⁵³kuɤ⁴²ņiẽ²⁴tɕʰi⁰kɛɛ²¹xuei²⁴lɛɛ²⁴ia⁰.

问 uəŋ⁴⁴² 引进行为对象，不同于一般的表示行为对象的介词，其后的动词往往是具有索取义的"要、借、拿、打听、贷"等。"问"的介词用法是动词用法语法化的结果。索要东西需询问对方的意见，由此引申出介词用法。冯春田（2000）、兰宾汉（2011：200—201）指出：唐五代时期"问"的介词用法就已形成，宋元时期已非常普遍，明清时期仍然广泛使用。

我问银行贷咾些钱_{我向银行贷了些钱。}ŋɤ⁵³uəŋ⁴²iəŋ²⁴xaŋ²⁴tɛɛ⁴²lɔ⁰ɕi⁰tɕʰiẽ²⁴³.

带 tɛɛ⁴⁴² 多功能介词。①表示所在，与"在"同义。②引进相关对象。③引进比较、比喻的对象。当表示"像"义时，也可以是动词。

我带他说，你要管了_{我跟他说，你别管了。}ŋɤ⁵³tɛɛ⁴²tʰa²¹ʂuɤ²¹, ņi⁵³piɔ⁴⁴kuẽ⁵³lẽ⁰.

怎么价娃娃们穿的牛仔裤带旧的一样_{怎么孩子们的牛仔裤像旧的一样？} tsə⁷⁵ma⁰tɕi⁰ua²⁴ua⁰məŋ⁰tʂʰuẽ²¹ti⁰ņiəu²⁴tsɛɛ²¹kʰu⁴²tɛɛ⁴²tɕiəu⁴²ti⁰iə⁷⁵iaŋ⁴⁴²?

就带跪下那种_{就像跪下那样。}tɕiəu⁴²tɛɛ⁴²kʰuei⁴²xa⁰nei⁴²tʂuəŋ⁰.（动词）

"带"也可以做连词，引进共同关系，与"和"同义。如：你带你妈两个先走；那家儿的带娘的人都好_{那家儿子和妈妈人都好}。"带"的这几种用法也见于陕北绥德话、西宁回民话。（黑维强 2016；张安生 2013；吴福祥、金小栋 2021）

撼⁼xẽ⁵³ 本字不明。来源于动词，本义为"拿"，做介词表工具。和"拿"同义，同样从动词演变为介词。如：

走价把那圪都豆角儿撼⁼上走的时候把那堆豆角拿上。tsəu⁵³tɕie⁰pa²¹nei⁴⁴kəʔ⁵tu⁰təu⁴⁴tɕyər⁰xẽ⁵³ʂɤ⁰.

你撼⁼这个笔写。ȵi²⁴xẽ⁵³tsei²⁴kəʔ⁰pi²¹ɕie⁵³.

往 uɣ²¹~uaŋ⁵³ 可以引导方位词、趋向动词、形容词、表结果的不及物动词等做状语，放在位移动词、致移动词和其他动作动词前面，构成"往＋X＋V"，表示动作的方向、目的。该结构一般用于表达未然的事件。如：

往＋方位词＋V：往里搬，往前岸儿走

往＋趋向动词＋V：往回走，往出搊推，往起坐，往转翻

往＋形容词＋V：往高抬，往胖吃，往热烧，往贵卖，往慢跑，往烂搅和搅黄，往好说合

往＋不及物动词（结果）＋V：往倒推，往完吃，往会学，往醒叫，往成说，往死饿

"往＋X＋V"，X位置的形容词、动词，部分方位词和趋向动词，可以移到动词后做补语，如"往起抬→抬起""往细搓→搓细""往完吃→吃完"，两者的区别在动作和"往"X的关系上。"往＋X＋V"结构的核心意义是表达动作的主观目的（包括方向、方位、趋向、状态、结果），而"动词＋X（方位词/趋向动词/形容词/不及物动词）"等则是表示动作的结果。

"往"后面的X后可以加"里"，实现"方位词化"。如：往头里走、往高里抬、往贵里卖、往会里学、往死里饿。这类的X包括个别方位词、趋向动词，部分不及物动词，全部形容词。我们推测，这种用法的起点是"往＋方位词＋位移/致移动词"。

（二）关联

1. 并列关系

"旋ɕyẽ⁴⁴²……旋ɕyẽ⁴⁴²……" 表示"做甲事的同时临时做乙事"，相当于"随……随……"，通常后接单音节动词，构成"旋A旋B"。

"一头儿i²¹tʰəur²⁴³……一头儿i²¹tʰəur²⁴³……" 表示动作同时进行，相当于"一边……一边……"。其后接动词短语，不接单音节动词。

"一阵儿i²¹tʂʰɤ̃r⁴⁴²……一阵儿i²¹tʂʰɤ̃r⁴⁴²……" 相当于"一会儿……一会儿……"。

覅做得多咾，旋吃旋做不要多做，随时吃随时做。piɔ⁴²tsuɤ²¹tiᵒtuɤ²⁴lɔ⁰, ɕyẽ⁴²tʂʰʅ²¹ɕyẽ⁴²tsu²¹.

你最好一头儿准备考研，一头儿准备考教师，两不误。ȵi⁵³tsuei⁴⁴xɔ⁵³i²¹tʰəur²⁴tʂuaŋ⁵³piᵒkʰɔ⁵³iẽ²⁴³, i²¹tʰəur²⁴tʂuaŋ⁵³piᵒkʰɔ⁵³tɕiɔ⁴²sʅ⁰, liaŋ⁵³pəʔ⁵u⁴⁴².

我妈一阵儿这么价一阵儿那么价，一满没主意我妈一会儿这样一会儿那样，没有一点儿主意。ŋɤ⁵³ma²¹i²¹tʂʰɤ̃r⁴²tʂəʔ⁵mɤ²¹tɕiᵒi²¹tʂʰɤ̃r⁴²nəʔ⁵mɤ⁰tɕiᵒ, iəʔ⁵mẽ⁰muɤ²⁴tʂu⁵³i⁰.

2. 连贯关系

完咾 uẽ²⁴lɔ⁰，罢咾 pa⁴²lɔ⁰ 表示前面的动作结束以后，后面的动作接着发生。

才 tsʰɛe²⁴³，则 tsa⁴⁴²，则才 tsa⁴²tsʰɛe²⁴³ 表示承接关系蕴涵条件关系，即以前面的动作为条件，然后发生后面的动作。"则才"是"则""才"的叠加，比单用时语气重。

倒 tɔ⁴⁴² 表示承接关系，强调先后动作的间隔时间很短。

咱先把礼行咾，罢咾/完咾再商量后头的事儿_{咱们先上礼，完了再商量后面的事}。tsʰa²⁴ɕiɛ̃²¹pa²¹li⁵³ɕiəŋ²⁴lɔ⁰, pa⁴²lɔ⁰/uɛ̃²⁴lɔ⁰tsɛe⁴²ʂaŋ²¹liaŋ²⁴xəu⁴⁴tʰəu⁰ti⁰sər⁴⁴².

不晓得说咾多少好话，人家则才应承下_{不知道说了多少好话，他才答应了}。pəʔ⁵ɕiɔ⁵³tei⁰ʂuɤ²¹lɔ⁵³tuɤ²⁴sɔ⁵³xɔ⁵³xua⁴⁴², zəŋ²⁴tɕi⁰tsa⁴²tsʰɛe²⁴iəŋ⁴²tʂʰəŋ⁰xa⁴⁴².

刚出去送咾下人，倒着凉了_{刚出去送了一下客人，就着凉了}。tɕiaŋ²¹tʂʰuəʔ⁵tɕʰi⁴²suəŋ⁴²lɔ⁰xa⁴²zəŋ²⁴³, tɔ⁵³tʂʰuɤ²⁴liaŋ²⁴lɛ̃⁰.

3. 递进关系

表示递进关系的词有以下三类。

不光 pəʔ⁵kuaŋ²¹ 相当于"不仅"，下一分句不用"而且"类连词。

"夒说 piɔ⁴²ʂuɤ²¹……都 təu²¹/就是 tɕiəu⁴²sʅ⁰/也 ie²¹……" 义为"别说……都/就是/也……"。"夒说"引导的分句位置灵活，可以在前，也可以在后。

"除 tʂʰu²⁴³……还 xɛ̃²⁴³" 相当于"不仅……还……"。

不光我们怕他哩，可街满街人没一个不怕的。pəʔ⁵kuaŋ²¹ŋuɤ⁵³məŋ⁰pʰa⁴²tʰa²¹li⁰, kʰuɤ⁵³kɛe²¹zəŋ²⁴muɤ²⁴ieʔ⁵kɤ⁰pəʔ⁵pʰa⁴²ti⁰.

什么瞎俅我也见过，夒说你这种黑痞了_{什么坏人我都见过，别说你这种逞强耍赖的人了}。ʂəʔ⁵ma⁰xa²¹suaŋ²⁴ŋuɤ²⁴ie²¹tɕiɛ̃⁴²kuɤ⁰, piɔ⁴²ʂuɤ²¹ɲi²¹tsei²tʂuəŋ⁰xei²¹pʰi²⁴lɛ̃⁰.

除没挣下钱还把本儿折了_{不仅没赚钱，还亏本儿了}。tʂʰu²⁴muɤ²⁴tsəŋ⁴²xa⁰tɕʰiɛ̃²⁴xɛ̃²¹pa²¹pr̃⁵³ʂɤ²⁴lɛ̃⁰.

4. 选择关系

表示在两种以上的情况中随意选择其中之一。

"要咾 iɔ⁴⁴lɔ⁰……要咾 iɔ⁴⁴lɔ⁰……" 相当于"要么……要么……"。

随管 tsʰuei²⁴kuɛ̃⁰ 相当于"或者"。

要咾听我的，要咾听他的_{要么听我的，要么听他的}。iɔ⁴²lɔ⁰tʰiəŋ²⁴ŋuɤ⁵³ti⁰, iɔ⁴²lɔ⁰tʰiəŋ²¹tʰa²¹ti⁰.

毕业咾，随管到吴起到延安，都行哩_{毕业了，或者到吴起或者到延安，都行呢}。pi⁴²ȵie⁰lɔ⁰, tsʰuei²⁴kuɛ̃⁰tɔ⁴²u²⁴tɕʰi⁰tɔ⁴²iɛ̃²⁴ŋɛ̃⁰, təu²¹ɕiəŋ²⁴li⁰.

5. 择优关系

也叫"取舍关系"，表示在一定的条件下，放弃一种选择，做出另一种选择。多数情况下表示对以前的某种做法感到后悔，因此带有一定的假设意义。

（还）不顶（xɛ̃²⁴）pəʔ⁵tiəŋ⁵³,（还）不如（xɛ̃²⁴）pəʔ⁵ʐu²⁴³，得如 tei²¹ʐu²⁴³ 义为"与其……不如……"，几种表达方式可以互换。

将 tɕiaŋ²¹……咾 lɔ⁰ 义为"与其……"。

早知道这么费钱嗲，不顶不来西安。tsɔ⁵³tʂʅ²¹tɔ⁴²tʂəʔ⁵mɤ²¹feɪ⁴²tɕʰiɛ̃²⁴sɛe⁰, pəʔ⁵tiəŋ²¹pəʔ⁵lɛe²⁴ɕi²⁴ŋɛ̃⁰.

吃药，得如打针哩与其吃药还不如打针。tʂʰɔʔ⁵yɤ²¹, tei²¹zu²⁴ta⁵³tʂəŋ²¹li⁰.

将花这么多钱咾，谁吧闹不成这么个事与其花这么多钱的话，谁办不成这个事儿？ tɕiaŋ²⁴xua²¹tʂəʔ⁵mɤ⁰tuɤ²¹tɕʰiɛ̃²⁴lɔ⁰, ʂei²⁴paʰnɔ⁴²pəʔ⁵tʂʰəŋ²⁴tʂəʔ⁵mɤ⁰kɤ⁰sʅ⁴⁴²?

6. 因果关系

延安老户话的一般因果句，通常不用关联词语。推断因果句则有三种形式。第一种，用"既然tɕi⁴²zɛ̃⁰……咾lɔ⁰，就tɕiəu⁴⁴²……"来关联。句中的"咾"表示假设类虚拟语气，一般不能省略，此处表提顿的作用大于假设，并有强调分句所说事实的意味。第二种，在表原因的上句句末用"还xɛ̃²⁴³"或"么muɤ⁰"。"还"本来是语气副词，由于后面总是停顿，经过重新分析，语法化为表示认定事实的准语气词。"还"与语气词"么"可互换。第三种，上句陈述作为理由的事实，下句用反问语气配合，表达推断关系。

我去得迟了，没赶上看秧歌儿。ŋɤ²¹tɕʰi⁴²tiºtsʰʅ²⁴lɛ̃⁰, muɤ²⁴kɛ̃⁵³saŋ⁰kʰɛ̃⁴²iaŋ²⁴kuər⁰.

既然老张说咾，这个事儿咱就不说了。tɕi⁴²zɛ̃²⁴lɔ⁵³tʂaŋ²¹ʂuɤ²¹tɕʰiəŋ²⁴lɔ⁰, tsei²⁴kɤ⁰sər⁴²tsʰa²⁴tɕiəu⁴²pəʔ⁵ʂuɤ²¹lɛ̃⁰.

就买半斤肉么/还，还跟人家搞价哩？ tɕiəu⁴⁴mɛe⁵³pɛ̃⁴²tɕiəŋ²¹zou⁴²muɤ⁰/xɛ̃²⁴³, xɛ̃²⁴kəŋ²¹zəŋ²⁴tɕiºkɔ⁵³tɕia⁴²liº?

早起还见老二来了，咋可能在西安哩早上还见老二了，怎么可能在西安呢？ tsɔ²⁴tɕʰiºxɛ̃²⁴tɕiɛ̃⁴²lɔ⁵³ər⁴²lɛe²⁴lɛ̃⁰, tsa²⁴kʰuɤ⁵³nəŋ²⁴tsɛe⁴²ɕi²⁴ŋɛ̃⁰liº?

7. 假设关系

前分句末尾用语气词"咾lɔ²¹"或"的话ti²¹xua⁰"表假设，二者用法一致，可以互换。"咾"是地道的方言说法，"的话"是新的说法。

憂我咾/的话，你今儿打揵定了要不是我的话，你今天一定挨打。piɔ⁴²ŋɤ²⁴lɔ⁰/ti²¹xua⁰, n̩i⁵³tɕiɤ̃r²¹ta⁵³nɛe²⁴tiəŋ⁴²lɛ̃⁰.

8. 目的关系

该 kɛe²¹ 语气副词。位于复句的后一分句前，在表达确认语气的同时表示目的关系。陕北绥德、神木、榆林等方言对应的是语气副词"敢"。

我叫人给你捎过去，该省下你专门来寻来我让别人捎给你，省得你专门来取。ŋɤ⁵³tɕiɔ⁴²zəŋ²⁴kei⁴⁴n̩i⁵³sɔ²¹kuɤ⁴⁴tɕʰiº, kɛe²¹səŋ⁵³xaºn̩i²¹tʂuɛ̃²¹məŋ²⁴lɛe²⁴ɕiəŋ²⁴lɛe⁰.

9. 转折关系

一般在后一分句用副词"还xɛ̃²⁴³"，或用副词性短语"就不说tɕiəu⁴²pəʔ⁵ʂuɤ²¹""也不说ie²¹pəʔ⁵ʂuɤ²¹"来表示，带有不满的意味。

你什么也不做，还打人哩！ȵi⁵³ʂəʔ⁵maº ie²¹pəʔ⁵tsuɤ²¹, xɛ̃²⁴ta⁵³zəŋ²⁴liº!

我忙成这个，你就不说帮一把。ŋuɤ²¹maŋ²⁴tʂʰəŋ²⁴tʂəʔ⁵mɤ²¹kɤº, ȵi²¹tɕiəu⁴²pəʔ⁵ʂuɤ²¹paŋ²¹iəʔ⁵paº.

10. 让步关系

前分句用"说是ʂuɤ²¹səʔ⁵、只说tsəʔ⁵ʂuɤ²¹"等表让步，后分句用"结果""没想到"等表转折；或者前分句用"再、就、就是"或熟语性的"说是说、VP该VP"表让步，后分句用"也"或反问形式表转折。

说是你来也，结果连个影子也没见。ʂuɤ²¹səʔ⁵ȵi⁵³lɛe²⁴iaº, tɕie²⁴kuɤº liɛ̃²⁴kɤºiəŋ⁵³tʂɿºie⁵³muɤ²⁴tɕiɛ̃⁴⁴².

你再劝吧/吧么，那心里能不难活哩即使你再怎么劝，他心里能不难过吗？ ȵi⁵³tsɛɛ⁴²tɕʰyɛ̃⁴⁴paº/paºmɤº, nəʔ⁵ɕiəŋ²⁴liºnəŋ²⁴pəʔ⁵nɛ̃²⁴xuɤºliº?

说是说哩，你当真个儿怕你哩说是说呢，你以为真怕你吗？ ʂuɤ²¹səʔ⁵ʂuɤ²¹liº, ȵi⁵³taŋ⁴²tʂəŋ²⁴kərº pʰa⁴⁴ȵi⁵³liº?

11. 让转关系

前分句先说一个事实，中间用专门的否定性关联词语"不咾pəʔ⁵lɔº、不的话pəʔ⁵təʔ⁵xua⁴⁴²"表示"不然的话，就……"，是一种包含让步意义的转折关系。

该就是丑么，不咾/不的话早寻下人家了就是因为丑嘛，要不然早找到人家了。kɛɛ²¹tɕiəu⁴²səʔ⁵tʂʰəu⁵³muɤº, pəʔ⁵lɔº/pəʔ⁵təʔ⁵xua⁴²tsɔ⁵³ɕiəŋ²⁴xaºzəŋ²⁴tɕia²¹lɛ̃º.

多亏提前准备了，不咾/不的话根本应付不了。tuɤ²⁴kʰuei²¹tʰi²⁴tɕʰiɛ̃²⁴tʂuaŋ⁵³pi⁴²lɛ̃º, pəʔ⁵lɔº/pəʔ⁵təʔ⁵xua⁴²kəŋ²⁴pəŋ⁵³iəŋ⁴⁴fuºpəʔ⁵liɔ⁵³.

八 体貌系统

邢向东（2006：81）指出："体"反映动作、事件在一定时间进程中的状态，着重在对事件构成方式的客观观察；"貌"在对事件的构成方式进行观察的同时，还包含着事件主体或说话人的主观意愿或情绪。下面从表达体貌的助词入手，描写延安老户话的体和貌。

（一）动词的体

1. 完成体：延安老户话表达完成体的手段主要是"咾""了"，也有"下""得"。

①咾lɔ⁵³、了liɔ⁵³

作为完成体标记，"咾""了"的语法义和用法相同，即动态性很强，放在动词之后、动宾或动补之间或前分句末尾，用来叙述一个已经成为现实的完整事件。"咾"比"了"使用频率高。"咾"在陕北晋语中也见于沿河的清涧、延川方言以及志延片吴起、志丹方言。

他说咾/了半天还没说清楚。tʰa²¹ʂuɤ²¹lɔº/liɔºpɛ̃⁴²tʰiɛ̃²¹xɛ̃²⁴muɤ²⁴ʂuɤ²¹tɕʰiəŋ²¹tʂʰu⁵³.

门口儿口儿起挤咾可多人门口挤了很多人。məŋ²⁴kʰəur⁵³kʰəurºtɕʰiºtɕi²⁴lɔºkʰəʔ⁵tuɤ²¹zəŋ²⁴³.

②下 xa⁴⁴²

"下"是由趋向动词表结果的用法语法化为体助词，表示动作已经完成，结果已经出现。通常放在动宾之间或形容词谓语之后。在动词谓语句中，如果动词的动态义强，则"下""咾"可以互相替换；如果动态义弱，强调状态义，则只能用"下"。

我担下/咾满满儿一缸水。ŋɤ⁵³tẽ²¹xa⁴²/lɔ⁵³mẽ⁵³mɐr²⁴iə⁰⁵kaŋ²¹ʂuei⁵³.

我大比我妈大下十岁了 我爸比我妈大了十岁了。ŋɤ⁵³ta²⁴pi²⁴ŋɤ⁵³ma²¹ta⁴²xa⁰ʂə⁰⁵suei⁴²lẽ⁰.

③得 tɤ²¹

表示动作已经完成，结果已经实现。这种用法也普遍见于陕北晋语。如"借得钱了"意思是"借到钱了"，"买得菜了"意思是"菜买了"。再如：要得账了、买得来了、寻得了。

2. 经历体：经历体助词只有"过 kuɤ⁴⁴²"。"过"放在动词、形容词后，表示某件事曾经发生过，某种状态曾经存在过。

我寻过李书记可多回了 我找过李书记好多次了。ŋɤ⁵³ɕiəŋ²⁴kuɤ⁰li⁵³ʂu²¹tɕi⁴²kʰə⁰⁵tuɤ²¹xuei²⁴lẽ⁰.

前几天冷过，今儿又热了。tɕʰiẽ²⁴tɕi⁵³tʰiẽ²¹ləŋ⁵³kuɤ⁰, tɕiʐr²¹iəu⁴²zɤ²¹lẽ⁰.

3. 起始体：表示动作、事件、状态的开始。起始体主要由助词"开 kʰɛɛ²¹""起 tɕʰi⁵³""脱 tʰuɤ²¹"表达。"开"是最本土的助词，从"开始"义虚化而来。"起"表起始的用法由表趋向的用法虚化而来。"脱"用来表示突然发出的动作。

"开"和"起"语法化程度不同。"开"语法化程度高，选择面宽，在动词、形容词后，动宾之间均可使用。"起"的语法化程度略低，通常在动词、形容词后使用，在动宾之间有时可以使用，有时不可以。表示动作突然发生时，"开""起""脱"可以互换。

鸡下开蛋了 鸡开始下蛋了。tɕi²¹xa⁴²kʰɛɛ²¹tʰẽ⁴²lẽ⁰.

隔墙儿打起/开/脱了，你劝给下 隔壁邻居打起来了，你劝劝。kei²¹tɕʰiãr²⁴ta²⁴tɕʰi⁵³/kʰɛɛ²¹/tʰuɤ²¹lẽ⁰, ȵi⁵³tɕʰyẽ⁴²kei²¹xa⁴⁴².

4. 实现体：表示动作、事件和状态成为现实的存在。表达手段是"上 ʂaŋ⁴⁴²"。

我们做上饭了。ŋɤ⁵³məŋ⁰tsu²¹ʂaŋ⁴²fẽ⁴²lẽ⁰.

你给上他一百块钱 你给他一百元。ȵi⁵³kei⁴²ʂaŋ⁰tʰa²¹i²⁴pei⁰kʰuɛɛ⁴²tɕʰiẽ²⁴³.

5. 持续体：表示动作行为、状态的持续或事件的进行。主要手段是使用助词"着 tʂuɤ²¹"。如果动词带宾语，"着"在谓语宾语之后；用于否定句时，要用"不＋VP＋着"结构。

门开着哩，里头没人。məŋ²⁴kʰɛɛ²¹tʂuɤ⁰li⁰, li⁵³tʰəu⁰muɤ²⁴zəŋ²⁴³.

我不吃饭着，串着哩 我没在吃饭，逛着呢。ŋɤ²¹pə⁰⁵tʂʰʅ²¹fẽ⁴²tʂuɤ⁰, tʂʰuẽ⁴²tʂuɤ⁰li⁰.

延安老户话跟其他晋语一样，没有专表进行体的助词，通常用"VP着哩""VP的VP的/VP着VP着"表示动作正在进行。

a. 这阵儿那做什么着哩这会儿他在干什么？ tsei²⁴tʂʰɤ̃r⁰nəʔ⁵tsu²¹ʂəʔ⁵ma⁰tʂuɤ²¹li⁰？

b. 那仰床上看书着哩他躺在床上看书呢。nəʔ⁵ȵiaŋ⁵³tʂʰuaŋ²⁴ʂɤ⁰kʰɛ̃⁴²ʂu²¹tʂuɤ²¹li⁰.

我爷爷看电视，看的看的/看着看着倒就睡着了。ŋuɤ⁵³ie²⁴ie⁰kʰɛ̃⁴⁴tiɛ̃⁴²sɿ⁴⁴², kʰɛ̃⁴²ti⁰kʰɛ̃⁴²ti⁰/kʰɛ̃⁴²tʂuɤ⁰kʰɛ̃⁴²tʂuɤ⁰tɔ⁴²ʂuei⁴²tʂʰuɤ²⁴lɛ̃⁰.

某些语境下也用"的 ti⁰"或趋向动词"下""上"兼表持续，或用持续性动词、存在句，表示动作行为状态持续的意义。

那靠的墙上吃烟哩他靠着墙抽烟呢。nəʔ⁵kʰɔ⁴²ti⁰tɕʰiaŋ²⁴ʂɤ⁰tʂʰɿ²⁴iɛ̃²¹li⁰.

站下站着说话不腰疼。tsɛ̃⁴²xa⁰ʂuɤ²¹xua⁴²pəʔ⁵iɔ²¹tʰə̃⁴³.

骑上驴寻驴哩骑着驴找驴呢。tɕʰi²⁴ʂaŋ⁴²ly²⁴ɕiəŋ²⁴ly²⁴li⁰.

门口儿站三个人。məŋ²⁴kʰəur⁵³tsɛ̃⁴²sɛ̃²⁴kɤ⁰zəŋ²⁴³.

（二）动词的貌

延安老户话有动量减小貌和随意貌范畴。

1. 动量减小貌：表示动作行为的幅度较小、用力较小，或延续的时间较短，或反复次数较少，有时具有尝试意味。常用"V一V""V一下/V给下""V（一）阵儿/V给阵儿"表示动量减少。

你猜一下/猜给下，这是什么。ȵi⁵³tsʰɛɛ²¹iəʔ⁵xa⁰/tsʰɛɛ²¹kei⁴²xa⁰, tʂəʔ⁵səʔ²¹ʂəʔ⁵ma⁰.

饭烧烫哩，晾给阵儿吃。fɛ̃⁴²sɔ²¹li⁰, liaŋ⁴²kei⁴²tʂʰɤ̃r⁰tʂʰɿ²¹.

2. 随意貌：表示动作行为的不经意、随便。延安老户话用助词"打 ta²¹"表随意貌，常用在动词后面或动宾之间，如：尝打、问打、唱打、跳打。

我咸下没事，才到街上串打咾一阵儿我待着没事，刚才到街上随便逛了一阵儿。ŋuɤ⁵³ʂəŋ²⁴xa⁴²muɤ²⁴sɿ⁴⁴², tsʰɛɛ²⁴tɔ⁴²kɛɛ²¹ʂɤ⁰tʂʰuɛ̃⁴⁴ta⁰lɔ⁰iəʔ⁵tʂʰɤ̃r⁴⁴².

那吃打咾几口就出门了他随便吃了几口就出门了。nəʔ⁵tʂʰɿ²¹ta⁰lɔ⁰tɕi²⁴kʰəu⁵³tɕiəu⁴²tʂʰu⁴¹məŋ²⁴lɛ̃⁰.

陕北晋语常见的表随意貌的助词还有"掐"，搭配的动词非常有限。延安老户话常见的有"啃掐、剥掐"，后接表短时的时量补语。

这娃娃不像话，玉麦棒子啃掐咾顿就撂了把玉米棒子啃了一些就扔了。tsɿ⁴⁴ua²⁴ua⁰pəʔ⁵ɕiaŋ⁴²xua⁴⁴², y⁴⁴mei⁰paŋ⁴²tsɿ⁰kʰuəŋ⁵³tɕʰia²¹lɔ⁰tuəŋ⁰tɕiəu⁴²liɔ⁵lɛ̃⁰.

九 语气与语气词

延安老户话的语气表达系统有自己的特点，语气词不太丰富，与陕北晋语大多数方言不同。本节描写表达陈述、疑问、祈使、感叹四类语气的语气词。

（一）陈述语气

延安老户话表示陈述语气的语气词主要有：了、哩、么。有的词不只有表陈述一种用法，均列于后。

1. 了 lɛ⁰

"了"常见于现在时已然态的句子中，位于句末表陈述语气。另外当句子表达过去时的时候，"了"有时与完成体助词"咾"、实现体助词"上"或过去时助词"来"同现。"来、了"连用出现在两种句子里：一是表"动作或状态已经发生"的肯定句；二是表"到现在动作或状态还没发生、出现"的否定句。

我前儿去吴起来了。ŋuɤ⁵³tɕʰieɹ²⁴kʰəʔ⁵u²⁴tɕʰi⁰lee²⁴lɛ̃⁰.（过去时、肯定句）

我还没做年茶饭来了。ŋuɤ⁵³xɛ̃²⁴muɤ²⁴tsuɤ²¹n̩iɛ̃²⁴tsʰa²⁴fɛ²⁴lee²⁴lɛ̃⁰.（现在时、否定句）

2. 哩 li⁰

"哩"可表陈述语气。也可表疑问语气，可用于是非问、特指问、选择问。

华山可高哩。xua⁴²sɛ̃²¹kʰəʔ⁵kɔ²¹li⁰.

要多少才够哩？iɔ⁴²tuɤ²⁴ʂɔ⁰tsʰɛe²⁴kəu⁴²li⁰?

你吃米饭哩吃馍馍哩？n̩i⁵³tʂʰəʔ⁵mi⁵³fɛ̃⁰li⁰tʂʰəʔ⁵muɤ²⁴muɤ⁰li⁰?

3. 么 muɤ⁰

"么"有两种用法。①用于陈述句句末或分句句末，表示略带夸张的肯定语气，相当于普通话的"嘛"。②用于祈使句中，表示请求、允许等。经常与"就、该"搭配，强化句子语气。

那他就是那么个人么。nəʔ⁵⁴tɕiəu⁴²sʅ⁰nəʔ⁵mɤ⁰kɤ⁰zəŋ²⁴muɤ⁰.

做事该不能这么个么做事情不能这样嘛。tsu²¹sʅ⁴²kɛe²¹pəʔ⁵nəŋ²⁴tsʅ⁴²mɤ⁰kɤ⁰muɤ⁰.

（二）疑问语气

延安老户话表示疑问语气的词主要有：哩、咋、吧。

1."哩"可用于是非问、特指问、选择问，已见上文。

2. 咋 tsa⁰

"咋"用于反问句句末，表示强烈的反诘语气。

不会你不问咋你不会为什么不问？ pu²¹xuei⁴²n̩i⁵³pu²¹uəŋ⁴²tsa⁰?

"咋"是"怎么"的合音，本为疑问代词。反问句末的"咋"，当为表疑问的状语后移，成为表示反诘语气的准语气词。如："不会你咋不问？ = 不会你不问咋？"不过，有的句子不能还原，如"直那么俅咋干吗那么不中用？"不能还原为"咋直那么俅？"延安老户话中状语后移表语气的还有"是、还（见下文）"。

那两个为啥吵是他们两个为什么吵架？ nəʔ⁵liaŋ²⁴kɤ⁰uei⁴²sa⁴⁴²tsʰɔ⁵³səʔ⁰?

3. 吧 pa⁰

"吧"是受到普通话影响进入延安老户话的新词。一般用于疑问句句末，表示对已然事件的推测。偶尔也用于祈使句句末，使语气变得舒缓。

这个事儿是你说的吧？tsei²⁴kɤ⁰sər⁴²sʅ⁴²n̩i²¹ʂuɤ²¹ti⁰pa⁰?

钱少咾怕买不下吧？tɕʰiẽ²⁴ʂɔ²¹lɔ⁰pʰa⁴²mee⁵³pu²¹xa⁴²pa⁰?

（三）祈使语气

延安老户话表示祈使语气的词主要有：么、来、走。

1. "么"见上文。

2. 来 lɛe²⁴³，走 tsəu⁵³

这两个语气词用于祈使句句末，表示提议、商量、请求的语气。只用于肯定句，不用于否定句。

咱今儿收拾柜子来。tsʰa²⁴tɕiɻ̃r²¹ʂəu²¹sʅ⁰kʰuei⁴²tsʅ⁰lɛe²⁴³.

咱吃火锅走。tsʰa²⁴tʂʰʅ²¹xuɤ⁵³kuɤ⁰tsəu⁵³.

陕北晋语普遍用"去来""来""走"表示商请语气，延安老户话不用"去来"。晋语并州片娄烦、介休、灵石等方言用"走"，不用"来"。"来""走"做祈使语气词是由趋向动词虚化而来。比较而言，"来"的虚化程度略高，趋向动词本身的位移意义不明显，如"咱耍麻将来"，"耍麻将"可以是在说话者所在的地方，也可以是在别的地方。"走"仍然带有明显的位移的语义，如"咱耍麻将走"，一定是离开说话者所在的场所去别的地方。

"来"表商请语气的用法从汉译佛典时代即已出现，到元白话中到达高峰。明代逐渐萎缩，清代绝迹。（朱庆之 1990；邢向东 2015）我们认为：延安老户话"来"表商量、请求的用法继承自元代白话。邢向东（2018）指出："晋语中存在元白话（有些甚至更早）的语法特点，不是零星的，而是系统的，具有相当的深度和广度。""走"表商请语气的用法暂未做历史考察。

（四）感叹语气

延安老户话表示感叹语气的词主要有：来、还。

1. 来 lɛe²⁴³

"来"用在补语标记词"得"后，表示感叹语气。大多数陕北方言可用"V得来""V得来了"表示感叹，其后隐含着一个状态补语，这个补语既可以省略也可以出现。但延安老户话不同，"来"后面不能带补语，"来"成为表感叹的准语气词；"来了"后面则必须带补语，因此还没有变成表感叹的语气成分，仍然是在谓语中心词与状态补语之间的补语标记。

那娃娃丑得来那孩子太丑了！nəʔ⁵ua²⁴ua⁰tʂʰəu⁵³ti⁰lɛe²⁴³!

大儿胖得来了跑也跑不动大儿子胖得跑不动。ta⁴²ər²⁴pʰaŋ⁴⁴ti²⁴lɛe²⁴lẽ⁰pʰɔ²ie²¹pʰɔ²⁴pu²¹tuəŋ⁴⁴².

2. 还 xẽ²⁴³

"还"用在分句句末或句末，表示对已经如此的某人或某事表示不满、埋怨、责备、无奈等方面的感叹。用于句中表示提顿，多做话题标记。"还"可以跟语气副词"该"连用，"还该"等于"该还"，陈述未然的事情。

人家开公司的还，又不靠死工资_{人家是开公司的嘛，又不靠固定工资}。zəŋ²⁴tɕi⁰kʰɛe²¹kuəŋ²⁴sʅ⁰ti⁰xɛ̃⁰, iəu⁴²pəʔ⁵kʰɔ⁴⁴sʅ⁵³kuəŋ²⁴tsʅ⁰.

那连个床也下不了还_{他连床都下不了（还能做什么）}！ nəʔ⁵liɛ̃²⁴kɤ⁰tʂʰuaŋ²⁴ie²¹xa⁴⁴pəʔ⁵liɔ⁰xɛ̃²⁴³!

咱完咾算，你还该/该还来也_{咱们以后算账，你还要来呢}。tsʰa²⁴uɛ̃²⁴lɔ⁰suɛ̃⁴⁴², n̩i⁵³xɛ̃²⁴kɛe²¹/kɛe²¹xɛ̃²⁴lɛe²⁴ia⁰.

第二节

句法

本节主要讨论延安老户话的一些特殊句式和句类。

一 处置句、被动句和使令句

（一）处置句

延安老户话的处置句用"把"引进处置对象，谓语动词为自主动词。如：我把碗打烂了。除此之外，延安老户话还有三种特殊的"把"字句。

1. 无补语处置句

无补语的处置句，由"把"字结构加上形容词或心理动词构成，保留了补语标记，但没有补语和主语，句末用"的"煞尾。句子隐含了表程度之深的情态补语。句末的"的"来源于结构助词"得"，此处已经具有语气词的性质，读音从[tɤ⁰]弱化为[ti⁰]，因此记为"的"。句末可以加上语气词"来"，增加感慨意味。

常见的格式是"（看）+ 把 + 宾语 + 谓语 + 的 +（来）"，"看"可以省略。句中的"看"是话语标记，起提醒、强调作用，去掉后基本意思不变，但同时失去了强调、提醒的意义。

看把你入能的瞧把你得意的！ kʰɛ⁴²pa²⁴ni⁵³zɿʔ⁵nəŋ²⁴ti⁰！

把你规矩的来瞧把你规矩的！ pa²⁴ni⁵³kuei²¹tɕy⁴²ti⁰lɛɛ⁰！

2. "把 + 你个 + 名词性词语"句

通常用来指斥"把"后的人物。还可加上主语"我"，通过增强处置意义来强化指斥的意味。该格式当是动词谓语句隐去"把"后的动词及其补语形成的，隐去之后，那个不出现的成分就可以代表任何一种说者想要采取的处置手段，从而使句子的语气变得更加强烈，"语力"极强。关系亲近的人之间开玩笑也常用此句式。这种句式在元代口语中就大量出现

了，明清文献中使用频率也不低。（邢向东 2020：608）

我把你个驴入的你个驴日的！ ŋuɤ²¹pa²⁴n̠i²¹kɤ⁰ly²⁴zəʔ⁵tiº!

把你个不成器的东西你个不成器的东西！ pa²⁴n̠i²¹kɤ⁰pəʔ⁵tʂʰəŋ²⁴tɕʰi⁴²ti⁰tuəŋ²⁴ɕi⁰!

3. 处置句构成的祈使句

用"你/你们+（也）+把那+VP+些"的特殊格式表命令、劝告等，带有浓烈的主观感情色彩，是一种强烈的要求。去掉"把那"后，祈使语气减弱，没有了命令语气。

你们则把那操心些你们操点儿心！ n̠i⁵³məŋ⁰tsa⁴²pa²¹nəʔ⁵tsʰɔ²⁴ɕiəŋ⁰ɕi⁰!

你也把那差不多些你差不多就行了！ n̠i²⁴ie²¹pa²¹nəʔ⁵tsʰa²¹pəʔ⁵tuɤ⁰ɕi⁰!

（二）被动句

延安老户话常借助介词"教"[tɕiɔ²⁴³]或助词"给"[kei⁴⁴²]构成被动句，偶尔也用"叫"[tɕiɔ⁴⁴²]。"教"引进施事，相当于"被"，其后的施事成分可以省略。"给"不能引进施事，而是直接用在谓语动词前面，以加强语气。如果施事出现，习惯上用"教+施事+（给）VP"，"给"可有可无。施事不出现时，常用"受事+教/给/教给+VP"。"教""给""教给"可以分别表示被动义，不同的是："教"可以补出宾语，因而是介词，"教给""给"不能补出宾语，只能分析为被动标记。比较而言，"教"的使用范围大，适用于所有的被动句；"给"的使用范围小。有"教"出现的被动句中，"给"可有可无。

碗教那（给）打烂了碗被他打破了。 uɛ̃⁵³tɕiɔ²⁴nəʔ⁵(kei⁴²)ta⁵³lɛ̃⁴²lɛ̃⁰.

碗教/给/教给打烂了碗被打破了。 uɛ̃⁵³tɕiɔ²⁴/kei⁴²/tɕiɔ²⁴kei⁴²ta⁵³lɛ̃⁴²lɛ̃⁰.

但是不能说：*碗给那打烂了。*碗教给那打烂了。

（三）使令句

"教"也可以构成使令句，其后的兼语可以省略。使令句中不出现兼语，是陕北晋语中比较独特的一种句式。

教看让我看！ tɕiɔ²⁴kʰɛ̃⁴⁴²!＝教我看！ tɕiɔ²⁴ŋuɤ²¹kʰɛ̃⁴⁴²!

教（娃娃）听完咯再走。 tɕiɔ²⁴(ua²⁴ua⁰)tʰiəŋ²¹uɛ̃²⁴lɔ⁰tsɛɛ⁴⁴tsəu⁵³.

二 比较句

比较句分差比句和平比句。常见的结构完整的比较句一般要具备四个要素，即比较主体（X），比较基准（Y），比较结果（Z），比较词（如"比"）。

（一）差比句

延安老户话的差比句可以分为肯定和否定两类，二者的句子结构、比较词不同。常用比较词分别是"赶[kɛ̃⁵³]、比[pi⁵³]、过[kuɤ⁴⁴²]""不如[pəʔ⁵zu²⁴³]、不顶[pəʔ⁵tiəŋ⁵³]"。

1. X＋赶/比＋Y＋Z

这个结构是最常用的，两个比较项没有范围限制，可以是名词性成分或谓词性成分。"赶"是更为地道的说法，"比"是相对较新的说法，现在普遍使用。没有否定式"不赶"的用法。

人家王大赶/比咱有本事。zəŋ²⁴tɕi⁰uaŋ²⁴ta⁴²kɛ̃⁵³/pi⁵³tsʰa²⁴iəu²⁴pəŋ⁵³sʅ⁰.

随管做个什么也赶/比闲咸下强不管做什么也比闲待着强。tsʰuei²⁴kuɛ̃⁰tsu²¹kɤ⁰şəʔ⁵ma⁰ie²⁴kɛ̃⁵³/pi⁵³xɛ̃²⁴şəŋ²⁴xa⁰tɕʰiaŋ²⁴³.

2. X + 顶 + Y

"顶"既做比较词，又表比较结果，意思是"X 比 Y 强"。"顶"也可以加补语，说成"顶上比得上、顶住差不多能比得上"。两个比较项往往是名词性成分。

憨汉也顶你傻子也比得上你。xɛ̃²¹xɛ̃⁴²ie²⁴tiəŋ²⁴n̡i⁵³.

你的光景顶我是顶住哩你的生活比我是比得上呢。n̡i⁵³ti⁰kuaŋ²⁴tɕiəŋ⁰tiəŋ²⁴ŋuɤ²¹səʔ⁵tiəŋ⁵³tsu⁴²li⁰.

3. X + Z + 过 + Y

两个比较项 X、Y 往往是表人的名词性词语。Z 是谓词性词语。助词"过"是比较词，置于动词或形容词后表示差异。此结构隐含的语法意义是"X 比 Y 能 Z"。可用于陈述语气，也可用于反问语气。

老王是黑痞，谁能厉害过那哩老王是无赖，谁能比他厉害呢？ lɔ⁵³uaŋ²⁴sʅ⁴²xei²¹pʰi²⁴³, şuei²⁴nəŋ²⁴li⁴²xɛe⁰kuɤ⁰nəʔ⁵li⁰?

那是酒熟出来的，你能喝过那哩他是酒里泡出来的，你能喝过他吗？ nəʔ⁵sʅ⁴²tɕiəu⁵³şu²⁴tşʰu²¹lɛe²⁴ti⁰, n̡i⁵³nəŋ²⁴xuɤ²¹kuɤ⁴²nəʔ⁵li⁰?

4. X + Z₁（+ Y）+ Z₂

这一结构不用比较词。Z₁ 限于形容词"大、小、长、短、高、低、轻、重、多、少"等，Z₂ 主要是数量短语，是 Z₁ 的具体体现。被比较的对象 Y 往往是隐含的，需要时也可以出现。

我姐大两岁。ŋuɤ²⁴tɕie⁵³ta⁴⁴liaŋ⁵³suei⁴⁴².

这个楼低那个楼两层这栋楼比那栋楼低两层。tsei²⁴kɤ⁰ləu²⁴ti²¹nei²⁴kɤ⁰ləu²⁴liaŋ⁵³tsʰəŋ²⁴³.

5. X + 没 + Y + Z

延安老户话差比句的否定式中，这一结构最常用，不用比较词，只用否定词"没"。也可以认为"没"就是比较词。

女子的没娘的俊女儿不如她妈妈漂亮。n̡y⁵³tsʅ⁰ti⁰muɤ²⁴n̡iaŋ²⁴ti⁰tɕyəŋ⁴⁴².

西安没延安冷，延安没西安人多。ɕi²⁴ŋɛ̃⁰muɤ²⁴iɛ̃²⁴ŋɛ̃⁰ləŋ⁵³, iɛ̃²⁴ŋɛ̃⁰muɤ²⁴ɕi²⁴ŋɛ̃⁰zəŋ²⁴tuɤ²¹.

6. X + 否定比较词 + Y（+Z）

这个结构可以用于陈述句，也可以用于反问句。也可以变形成"X + 连 + Y + 也 + 否定比较词"。句子中用介词"连"或"连"与"也"的搭配，表示对某人或事物、动作行为等的强调，含有"甚而至于"的意思，表示比较的结果差别更大。

楼不如/不顶独院儿好戌楼房不如独院好住。ləu²⁴pəʔ⁵ʐu²⁴/pəʔ⁵tiəŋ⁵³tu²⁴yɐr⁴²xɔ⁵³ʂəŋ²⁴³.

你光景能顶不住我哩你的日子怎么会不如我呢？ȵi⁵³kuaŋ²⁴tɕiəŋ⁰nəŋ²⁴tiəŋ⁵³pəʔ⁵tʂu⁴²ŋuɤ⁵³li⁰?

大咾连小着也不如长大了连小的时候也不如了。ta⁴²lɔ⁰liɛ̃²⁴ɕiɔ⁵³tʂuɤ⁰ie⁵³pəʔ⁵ʐu²⁴³.

（二）平比句

平比句表示"比较两者，结果一样"。延安老户话平比句的比较词带有明显的褒贬色彩。常见的带有褒义和中性色彩的比较词有"一样、一样样儿、一个样样儿、像儿、差不多"；带贬义色彩的有"一屎样儿、一屎个样样儿、一屎个般般儿"等。这些词语经常与介词"和、跟、带≒跟"搭配使用。"带"与"和、跟"及"连"一样，是西北地区方言常用的表并列、连类而及的连词。

平比句分肯定式和否定式。否定式通过比较词加否定词的方式构成。下面只讨论平比句的肯定式。

1. X+ 和/带/跟 +Y+ 比较词 +Z

这是最常见的平比句结构。结果项Z主要是由形容词充当。如果强调两者非常一致，则使用重叠式"一样样儿"。

老张和老王一样样儿高。lɔ⁵³tʂaŋ²¹xuɤ²⁴lɔ⁵³uaŋ²⁴iəʔ⁵iaŋ⁴²iãr⁰kɔ²¹.

我跑得跟那一样快。ŋuɤ⁵³pʰɔ²⁴ti⁰kəŋ²¹nəʔ⁵iəʔ⁵iaŋ⁴²kʰuɛɛ⁴⁴².

他带病人一样靠到沙发上。tʰa²¹tɛɛ⁴²pʰiəŋ⁴²ʐəŋ²⁴iəʔ⁵iaŋ⁰kʰɔ⁴²tɔ⁰sa²⁴fa⁰ʂɤ⁰.

2. X+ 和/带/跟 +Y+ 比较词

这一结构是由"一样、一样样、像儿"充当比较词。"像儿"做比较词，其词性似乎已由名词变为形容词。

新手机跟旧的一样样地。ɕiəŋ²⁴ʂəu⁵³tɕi⁰kəŋ²¹tɕiəu⁴²ti⁰iəʔ⁵iaŋ⁴²iãr⁰ti⁰.

儿的带老子的像儿儿子和他爸长得像。ər²⁴ti⁰tɛɛ⁴⁴lɔ⁵³tsɿ⁰ti⁰ɕiãr⁴⁴².

那脾气还跟小着像儿他脾气还跟小时候一样。nəʔ⁵pʰi²⁴tɕʰi⁴⁴²xɛ̃²⁴kəŋ²¹ɕiɔ⁵³tʂuɤ⁰ɕiãr⁴⁴².

3. X+Y+ 比较词

比较项之间省略连词。

老大、老二学习差不多。lɔ⁵³ta⁴⁴²lɔ⁵³ər⁴⁴²ɕyɤ²⁴ɕi²⁴tsʰa²¹pəʔ⁵tuɤ²¹.

那几个做事一屎个样样儿地他们几个做事一样样的（不行）。nəʔ⁵tɕi²⁴kɤ⁰tsu²¹sɿ⁴²iəʔ⁵tɕʰiəu²⁴kɤ⁰iaŋ⁴²iãr⁰ti⁰.

三 疑问句

本节把疑问句分为是非问、特指问、选择问、反复问四种。表疑问的语气词是"哩"和"吧"。

（一）是非问

陕北晋语的是非问有个共同特点，即都没有专职的疑问语气词，依赖上升语调和"是不……"结构来表达。句调上升，"是不"用于主语前或主语后。邢向东（2020：592）认为，从来源上讲，"是不"当为"是不是"的省略。这种句式应当是典型的是非问格式，问句本身没有明显的倾向性，回答可以是肯定的，也可以是否定的。"是不"的存在正是对缺乏专职语气词的一种补偿。

这是咱延安的新书记？ tsʅ⁴²səʔ⁵tsʰa²⁴iɛ̃²⁴ŋɛ̃⁰ti⁰ɕiəŋ²⁴ʂuei²¹tɕi⁴⁴²?

a.是不你也没请假？ sʅ⁴²pəʔ⁵ȵi²⁴ie²¹muɤ²⁴tɕʰiəŋ⁵³tɕia⁴⁴²?

b.是哩。／不是，我请假来了。sʅ⁴²li⁰. ／ pəʔ⁵sʅ⁴², ŋuɤ²⁴tɕʰiəŋ⁵³tɕia⁴²lɛɛ²⁴lɛ̃⁰.

延安老户话是非问中还有一种表揣测义的问句，常用语气词"吧"[pa⁰]表达揣测语气。问话者提问的目的，是征询对方的意见以确定自己心中已有的不很确定的判断。揣测问形式还可以构成反问句。与普通反问句不同的是，这种反问句的字面意义和实际含义一致，提问的目的是印证、强调自己的正确性。因此前面常有叹词或表提醒的独立语"看"。

一个月挣两千，不够花吧？ iəʔ⁵kɤ⁰yɤ²¹tʂəŋ⁴²liaŋ⁵³tɕʰiɛ̃²¹, pəʔ⁵kəu⁴²xua²¹pa⁰?

则看，闹下瞎瞎事糊涂事了吧？ tsa⁴²kʰɛ̃⁴⁴², nɔ⁴²xa⁰xa²²xa³¹sʅ⁴²lɛ̃⁰pa⁰?

（二）特指问

特指问主要凭借疑问代词表疑问，也可以在句尾加"哩"。

姊妹两个谁大？ tsʅ⁵³mei⁰liaŋ²⁴kɤ⁰ʂuei²⁴ta⁴⁴²?

这种苹果口味儿咋相儿这种苹果味道怎么样？ tsei²⁴tʂuəŋ⁰pʰiəŋ²⁴kuɤ⁰kʰəu⁵³uər⁰tsa⁵³ɕiãr⁴⁴²?

你说的车哩？ ȵi⁵³ʂuɤ²¹ti⁰tʂʰɤ²¹li⁰?

（三）选择问

延安老户话选择问的常见格式是将选择项并列起来，供对方选择回答，选择项后可带"也"（表将来）和"哩"，也可以不带，带上语气词后语气相对舒缓。表选择关系的连词"是……还是……"，可以成对出现，也可以单独出现或都不出现。

小张养的个小子女子小张生的是男孩还是女孩？ ɕiɔ⁵³tʂaŋ²¹iaŋ⁵³ti⁰kɤ⁰ɕiɔ⁵³tsʅ⁰ȵy⁵³tsʅ⁰?

你走天津哩走上海哩？ ȵi²⁴tsəu⁵³tʰiɛ̃²⁴tɕiəŋ⁰li⁰tsəu⁵³ʂaŋ⁴⁴xɛɛ⁵³li⁰?

你是走天津也还是走上海也？ ȵi⁵³sʅ⁴²tsəu⁵³tʰiɛ̃²⁴tɕiəŋ⁰ia⁰xɛ̃²⁴sʅ⁰tsəu⁵³ʂaŋ⁴⁴xɛɛ⁵³ia⁰?

（四）反复问

延安老户话的反复问句使用频率较高，通常是以反复问对应普通话的是非问。

1. AP/VP＋不/没/没有，否定副词置于句末。

香菇面好吃不_{香菇面好吃吗}？ɕiaŋ²⁴ku⁰miẽ⁴⁴²xɔ⁵³tʂʰɿ²¹puº?

你去了没_{你去了吗}？n̠i⁵³tɕʰi⁴²lẽ⁰muɤ⁰?

2. V＋不/没＋V（O）。谓语是动宾短语，反复问形式是动词的肯定否定形式相连，宾语在后。

你今儿黑咑回不回家_{你今天晚上回不回家}？n̠i⁵³tɕir̃²¹xei²²lɔ³¹xuei²⁴pəʔ⁵xuei²⁴tɕia²¹?

3. V＋〈补〉＋V＋不/没〈补〉。谓语是动补短语，反复问形式是动补短语的肯定否定形式相连。

蒸的洋芋卜拉吃完吃不完？tʂəŋ²¹ti⁰iaŋ²⁴y⁴⁴pu²¹laºtʂʰəʔ⁵uẽ²⁴tʂʰəʔ⁵pəʔ⁵uẽ²⁴³?

4. AUX＋不＋AUX＋VP，AUX＋VP＋不＋AUX＋VP。有助动词的反复问句，一般是助动词肯否形式相连，谓语动词紧跟其后。当谓语动词不带宾语时，为了强调，也可以是整个谓语的肯定否定形式相连。

你会不会做饭？n̠i⁵³xuei⁴²pəʔ⁵xuei⁴²tsu²¹fẽ⁴⁴²?

你能来不能来_{你能不能来}？n̠i⁵³nəŋ²⁴lee²⁴pəʔ⁵nəŋ²⁴lee²⁴³?

5. VP不VP，是整个谓语的肯定否定形式相连，VP通常为双音节。

你吃烟不吃烟？n̠i⁵tʂʰɿ²⁴iẽ²¹pəʔ⁵tʂʰɿ²⁴iẽ²¹?

以上格式中，第一种是最常用、最普通的反复问句式，第二、三、四种次之，最后一种不占优势，是一种强调问法。

四 可能句

可能句表示"能怎么样"或"不能怎么样"。延安老户话的可能句主要有以下几种结构类型。

1. 得＋V/A＋哩——不＋得＋V/A。这是最常见的可能句结构。"得"[tei²¹]是助动词，其后通常是动词、形容词。具有消极意义的形容词一般不能进入这个格式。

病得好哩_{病能好呢}。pʰiəŋ⁴²tei²⁴xɔ⁵³li⁰.

病不得好_{病好不了}。pʰiəŋ⁴²pəʔ⁵tei⁰xɔ⁵³.

个子得高哩_{个子能长高}。kɤ⁴²tsɿ⁰tei²⁴kɔ²¹li⁰.

个子不得高_{个子长不高}。kɤ⁴²tsɿ⁰pəʔ⁵tei⁰kɔ²¹.

2.（能）V＋了＋哩——V＋不＋了。"了"[liɔ²¹]做可能补语，放在动词后表示能够实现或完成。去掉"了"，句子的意思就发生变化，不再表达可能性。也可以在动词前加

"能"，同样表示可能，略带强调意味。肯定式句末的语气词"哩"具有成句作用，没有"哩"，句子不能成立。

肉熟了哩，教慢慢熟肉能熟，让它慢慢地煮熟。zəu⁴²ʂu²⁴liɔ⁰li⁰, tɕiɔ²⁴mɛ̃⁴²mɚ⁰ʂu²⁴³.

肉熟不了。zəu⁴²ʂu²⁴pəʔ⁵liɔ⁰.

娃娃小着管了哩，大些就管不了了孩子小时候能管住呢，大一点儿就管不住了。ua²⁴ua⁰ɕiɔ⁵³tʂɤ⁰kuɛ̃²⁴liɔ⁰li⁰, ta⁴²ɕi⁰tɕiəu⁴²kuɛ̃⁵³pəʔ⁵liɔ⁵³lɛ̃⁰.

3.（能）V+得+来+哩——V+不+来。"得"[tei²¹]在动词后表可能，趋向动词"来"做可能补语。肯定式句末有语气词"哩"，起成句作用。有时"来"的趋向义还在，有的趋向义已经完全虚化。

钱要得来哩钱能要来。tɕʰiɛ̃²⁴iɔ⁴²tei⁰lɛɛ²⁴li⁰. 　　钱要不来。tɕʰiɛ̃²⁴iɔ⁴²pəʔ⁵lɛɛ²⁴³.

我想得来哩我能理解。ŋuɤ²⁴ɕiaŋ⁵³tei⁰lɛɛ⁰li⁰. 　　我想不来我不能理解。ŋuɤ²⁴ɕiaŋ⁵³pəʔ⁵lɛɛ²⁴³.

4. V+C（+O）+哩——V+不+C（+O）。充当补语的是"起、上、下、来、动、过、开、见、会、清、好、完、成"等，补语表明动作行为的结果或趋向。同样肯定式句末有语气词"哩"，起成句作用。如：看上哩——看不上，吃起肉哩——吃不起肉，耍成哩——耍不成。

五　动补句

延安老户话的补语类型多样。下面介绍上文没有论及的趋向补语和结果补语。

（一）趋向补语

延安老户话的趋向补语，主要由"来、去、进、出、上、下、回、开"及其组成的复合词"上来、下去、出去、回来、起来、进来、进去"等充当，还有陕北晋语常见的"里来""转"。"里来"意思是"进来"，"转"是由动词语法化而成的趋向补语。谓语中心词与趋向补语"来"之间，可以加上助词"得"。

他把娃娃背回去了。tʰa²¹pa²¹ua²⁴ua⁰pei²¹xuei²⁴kʰəʔ⁵lɛ̃⁰.

你朝这头儿睡转。n̠i⁵³tʂʰɔ²⁴tsei⁴²tʰəuɻ⁰ʂuei⁴²tʂuɛ̃⁰.

我把工资给你领得来了。ŋuɤ²⁴pa²¹kuəŋ²⁴tsɿ⁰kei⁴⁴n̠i⁵³liəŋ⁵³tei⁰lɛɛ²⁴lɛ̃⁰.

（二）结果补语

延安老户话的结果补语主要由形容词来充当，也包括少数单音节动词。形容词充当的结果补语与普通话基本一致，不再赘述。常见的动词性结果补语有"着、定、住、开、转"等。"见"用于看、听、感觉类的动词后，其他用于各类动词后。如：

烧着　冻着　点着　梦着
说定　拿定　冻定　站定
支住　抱住　盖住　顶住
说开　撂开　搬开　看开
说转　想转　撂转　翻转明白过来　放转　变转　改转　正转　换转

"转"做补语也见于绥德、榆林等方言。可表示趋向（叫转、拨转、拧转、调转、倒转、翻转翻过来）、结果（说转、想转）、状态（倒吊转、瞪转、奓拉转）。结果补语的用法是由动词义虚化而来。"转"的演化过程是：连动结构后项→趋向补语→结果补语→动相补语。（高峰 2011b）

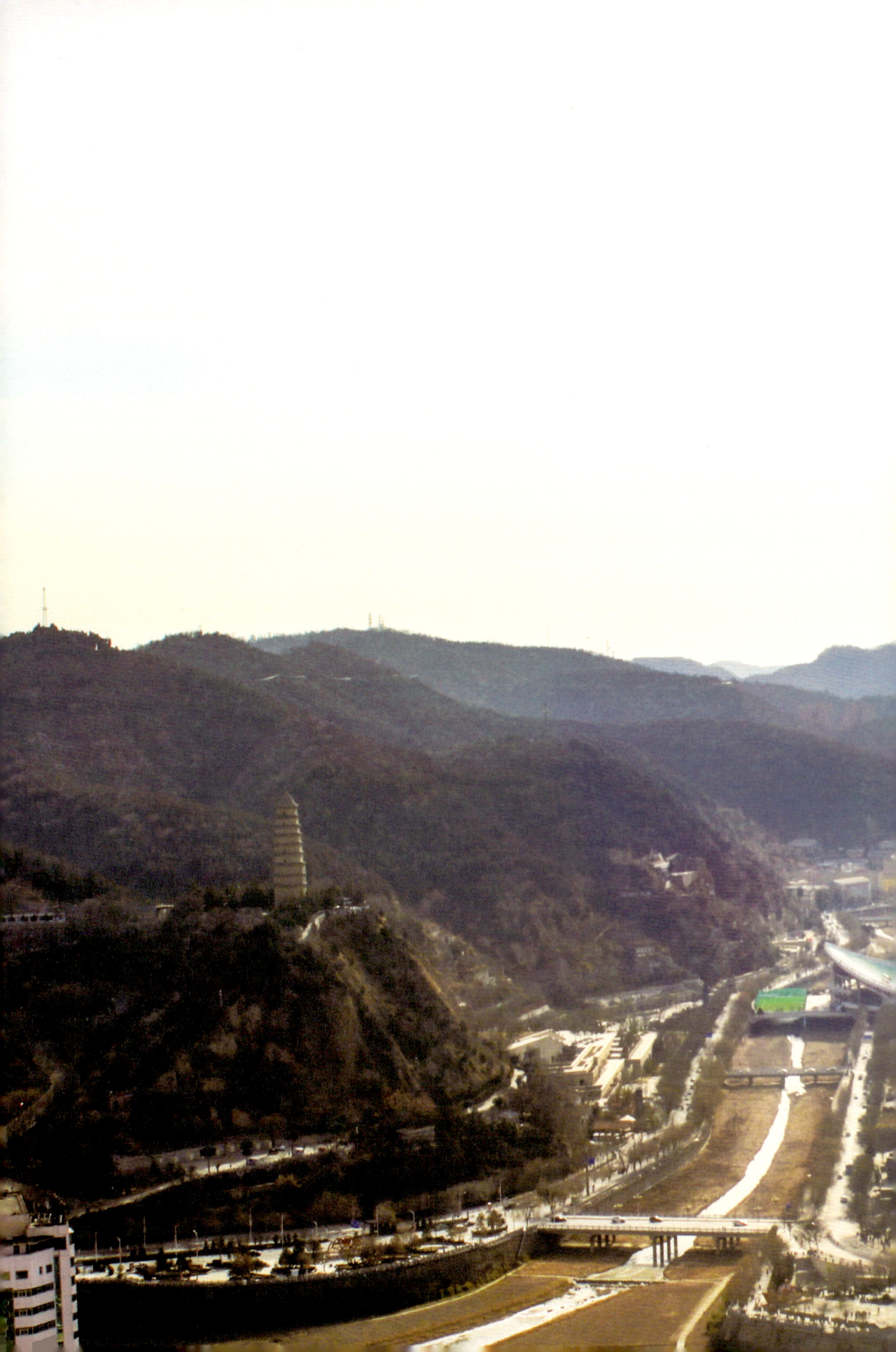

第七章 语法例句

第一节

《中国语言资源调查手册·汉语方言》

第一节收录《中国语言资源调查手册·汉语方言》中的语法例句,共50条,均附视频。视频目录与《中国语言资源调查手册·汉语方言》语法例句条目一致。

01　小张昨天钓了一条大鱼,我没有钓到鱼。

　　ɕiɔ⁵³tʂaŋ²¹iɛr⁴²tiɔ⁴⁴xa⁰iə⁰ʔ⁵tʰiɔ²⁴ta⁴²y²⁴³, ŋuɤ⁵³muɤ²⁴tiɔ⁴⁴xa⁰.

　　小　张　夜儿钓下一条　大鱼,我　没　钓　下。

02　a. 你平时抽烟吗？b. 不,我不抽烟。

　　ȵi⁵³tʂʰaŋ²⁴tʂʰʅ²⁴iɛ̃²¹pu⁰?

　　a. 你常　吃　烟不？

　　pəʔ⁵tʂʰʅ²¹.

　　b. 不 吃。

　　ȵi⁵³tʂʰaŋ²⁴tʂʰʅ²⁴iɛ̃⁰pəʔ⁵tʂʰʅ²⁴iɛ̃²¹?

　　a. 你常　吃　烟不 吃　烟？

　　pəʔ⁵tʂʰʅ²¹.

　　b. 不 吃。

03　a. 你告诉他这件事了吗？b. 是,我告诉他了。

　　ȵi⁵³kei⁴⁴tʰa²¹ʂuɤ²¹tsʅ⁴⁴kɤ⁰sʅ⁴⁴²lɛe²⁴lɛ̃⁰muɤ⁰?

　　a. 你给　他 说　这 个 事 来　了没？

　　ʂuɤ²¹lɛ̃⁰.

　　b. 说　了。

04　**你吃米饭还是吃馒头？**

　　ȵi⁵³tʂʰəʔ⁵mi⁵³fɛ̃⁰xɛ̃²⁴sɿ⁰tʂʰəʔ⁵muɤ²⁴muɤ⁰?

　　你吃　米饭还是吃　馍　馍？

　　ȵi⁵³sɿ⁰tʂʰəʔ⁵mi⁵³fɛ̃⁰li⁰xɛ̃²⁴sɿ⁰tʂʰəʔ⁵muɤ²⁴muɤ⁰li⁰?

　　你是吃　米饭哩还是吃　馍　馍　哩？

　　ȵi⁵³tʂʰəʔ⁵mi⁵³fɛ̃⁰li⁰tʂʰəʔ⁵muɤ²⁴li⁰?

　　你吃　米饭哩吃　馍　哩？

05　**你到底答应不答应他？**

　　ȵi⁵³tɕiəu²¹tɕiəŋ⁴⁴²ta²¹iəŋ⁴⁴²tʰa²¹pu⁰?

　　你究　竟　答应他不？

06　a. **叫小强一起去电影院看《刘三姐》。**

　　　pa²⁴ɕiɔ²¹tɕʰiaŋ²⁴tɕiɔ⁴⁴ʂaŋ⁰iəʔ⁵kʰuɐʀ⁴⁴²tɕʰi⁴⁴tiɛ̃⁴⁴iəŋ⁰yɛ̃⁴⁴²kʰɛ̃⁴⁴liəu²⁴sɛ̃²⁴tɕie⁰tsəu⁰.

　　　a. 把小　强　　叫 上 一 块儿　去 电 影 院 看《刘　三　姐》走。

　　b. **这部电影他看过了。/他这部电影看过了。/他看过这部电影了。**

　　　tsei²⁴kɤ⁰tiɛ̃⁴⁴iəŋ⁰zəŋ²⁴tɕi⁰kʰɛ̃⁴⁴kuɤ⁰.

　　　b. 这　个　电　影　人　家　看　过。

　　　zəŋ²⁴tɕi⁰kʰɛ̃⁴⁴kuɤ⁰tsei²⁴kɤ⁰tiɛ̃⁴⁴iəŋ⁰lɛ̃⁰.

　　　人　家 看 过 这　个　电 影 了。

07　**你把碗洗一下。**

　　ȵi²⁴ɕi⁵³kei⁰xa⁰uɛ̃⁵³.

　　你 洗 给 下 碗。

　　ȵi²⁴pa²⁴uɛ̃⁵³ɕi⁵³kei⁰xa⁰.

　　你 把 碗 洗 给 下。

08　**他把橘子剥了皮，但是没吃。**

　　nei²⁴kɤ⁰pa²¹tɕy²²tsɿ³¹pʰiər²⁴³puɤ²¹lɛ̃⁰, muɤ²⁴tʂʰʅ²¹.

　　那　个 把 橘　子 皮儿　剥　了，没　吃。

09　**他们把教室都装上了空调。**

　　tʰa²¹məŋ⁰kei⁴²tɕiɔ⁴⁴sɿ⁰təu²⁴tʂuaŋ²¹ʂaŋ⁴²kʰuaŋ²¹tʰiɔ²⁴lɛ̃⁰.

　　他　们　给 教　室 都 装　　上　空　　调　了。

10　**帽子被风吹走了。**

　　mɔ⁴²tsɿ⁰tɕiɔ⁴²fəŋ²¹kua²⁴tsəu²¹lɛ̃⁰.

　　帽 子 叫 风 刮　走　了。

11 张明被坏人抢走了一个包，人也差点儿被打伤。
tṣaŋ²¹miəŋ²⁴tɕiɔ²⁴xuɛɛ⁴⁴zəŋ²⁴³pa²¹pɔ²²pɔr³¹tɕʰiaŋ²⁴lɛ̃⁰, zəŋ²⁴ie²¹ɕi²²xur³¹tɕiɔ²⁴ta⁵³ṣaŋ⁰.
张 明 教 坏 人 把 包包儿 抢 了，人 也 险乎儿 教 打 伤。

12 快要下雨了，你们别出去了。
kʰuɛɛ⁴⁴xa⁴⁴y⁵³lɛ̃⁰, ȵi⁵³məŋ⁰piɔ⁴²tṣʰu²¹tɕʰi⁴²lɛ̃⁰.
快 下雨了，你们 嫑 出 去 了。

13 这毛巾很脏了，扔了它吧。
tsei²⁴kɤ⁰ṣəu⁵³tɕir̃r⁰kʰəʔ⁵tsaŋ²¹li⁰, liɔ⁴²lɔ⁰.
这 个 手 巾儿 可 脏 哩，撂 咾。

14 我们是在车站买的车票。
ŋuɤ⁵³məŋ⁰tɔ⁴²tṣʰɤ²¹tsɛ̃⁴²mɛɛ⁵³tɤ⁰pʰiɔ⁴⁴².
我 们 到 车 站 买 的 票。

15 墙上贴着一张地图。
tɕʰiaŋ²⁴ṣaŋ⁰tʰie²¹kɤ⁰ti⁴²tʰu²⁴³.
墙 上 贴 个 地图。

16 床上躺着一个老人。
tṣʰuaŋ²⁴ṣaŋ⁰ṣuei⁴²kɤ⁰lɔ⁵³zəŋ⁰.
床 上 睡 个 老 人。

17 河里游着好多小鱼。
xuɤ²⁴li⁰iəu⁵³nəʔ⁵mɤ⁰tuɤ²¹tɤ⁰ɕiɔ⁵³y²⁴³, iəu²⁴kuɤ⁴²lɛɛ²⁴iəu²⁴kuɤ⁴²tɕʰi⁰.
河 里 有 那 么 多 的 小鱼，游 过 来 游 过 去。

18 前面走来了一个胖胖的小男孩。
tɕʰiɛ̃²⁴ŋɐr⁰tsəu⁵³kuɤ⁴²lɛe⁰kɤ⁰pʰaŋ⁴⁴ɕiɔ⁵³tsɻ⁰.
前 岸儿 走 过 来 个 胖 小 子。

19 他家一下子死了三头猪。
tʰa²¹məŋ⁰tɕia²¹iəʔ⁵xa⁴⁴²sɻ²⁴lɔ⁰sɛ̃²⁴kɤ⁰tṣu²¹.
他 们 家 一 下 死 咾 三 个 猪。

20 这辆汽车要开到广州去。／这辆汽车要开去广州。
tsei²⁴kɤ⁰tɕʰi⁴²tṣʰɤ⁰iɔ⁴²kʰɛe²¹tɔ⁴²kuaŋ⁵³tṣəu⁰tɕʰi⁴⁴².
这 个 汽车 要 开 到 广 州 去。
tsei²⁴kɤ⁰tɕʰi⁴²tṣʰɤ⁰iɔ⁴²uaŋ²¹kuaŋ⁵³tṣəu⁰kʰɛe²¹.
这 个 汽车 要 往 广 州 开。

21. **学生们坐汽车坐了两整天了。**

ɕyɤ²⁴səŋ⁰ua²⁴ua⁰məŋ⁰tsʰuɤ⁴⁴tʂʰɤ²¹tsʰuɤ⁴⁴lɔ⁰liaŋ⁵³tʰiẽ²¹lẽ⁰.

学 生 娃娃们 坐 车 坐 咾两 天 了。

22. **你尝尝他做的点心再走吧。**

ȵi⁵³ʂaŋ²⁴ʂaŋ⁰tʰa²¹tsu²¹tɤ⁰tiẽ⁵³ɕiəŋ⁰tsɛe⁴⁴tsəu⁵³.

你 尝 尝 他 做 的 点 心 再 走。

ȵi⁵³ʂaŋ²⁴iəʔ⁵xa⁰tʰa²¹tsu²¹tɤ⁰tiẽ⁵³ɕiəŋ⁰tsɛe⁴⁴tsəu⁵³.

你 尝 一 下 他 做 的 点 心 再 走。

23. a. **你在唱什么？** b. **我没在唱，我放着录音呢。**

ȵi⁵³tʂʰaŋ⁴⁴ʂəʔ⁵ma⁰tʂuɤ²¹li⁰?

a. 你 唱 什 么 着 哩？

muɤ²¹tʂʰaŋ⁴⁴², ŋuɤ⁵³faŋ⁴⁴ləu²⁴iəŋ⁰tʂuɤ²¹li⁰.

b. 没 唱， 我 放 录 音 着 哩。

24. a. **我吃过兔子肉，你吃过没有？** b. **没有，我没吃过。**

ŋuɤ⁵³tʂʰʅ²¹kuɤ⁴⁴tʰur⁴²ʐəu⁴⁴², ȵi⁵³tʂʰʅ²¹kuɤ⁴⁴muɤ²¹?

a. 我 吃 过 兔儿肉， 你 吃 过 没？

muɤ²⁴tʂʰʅ²¹kuɤ⁰.

b. 没 吃 过。

25. **我洗过澡了，今天不打篮球了。**

ŋuɤ⁵³ɕi²⁴tsɔ²⁴lẽ⁰, tɕiɤ̃r²¹pəʔ⁵ta²¹lẽ²⁴tɕʰiəu²⁴lẽ⁰.

我 洗澡 了,今儿 不 打 篮球 了。

26. **我算得太快算错了，让我重新算一遍。**

ŋuɤ⁵³suẽ⁴²tei⁰tʰɛe⁴²kʰuɛe⁴²suẽ⁴²tsʰa⁴²lẽ⁰, tɕiɔ⁵³ŋuɤ⁰tsɛe⁴²suẽ⁴²ʂɤ⁰iəʔ⁵piẽ⁴⁴².

我 算 得 太 快 算 差 了,叫 我 再 算 上 一 遍。

27. **他一高兴就唱起歌来了。**

tʰa²¹iəʔ⁵kɔ²¹ɕiəŋ⁴²tɕiəu⁴²tʂʰaŋ⁴²kʰɛe²¹lẽ⁰.

他 一 高 兴 就 唱 开 了。

tʰa²¹iəʔ⁵kɔ²¹ɕiəŋ⁴⁴²tɕiəu⁴²tʂʰaŋ⁴²tɕʰi⁰lẽ⁰.

他 一 高 兴 就 唱 起 了。

28. **谁刚才议论我老师来着？**

ʂuei²⁴kaŋ²¹ʂuɤ²¹ŋuɤ⁵³mən⁰lɔ⁵³sʅ⁰lɛe²⁴lẽ⁰.

谁 刚 说 我 们 老师 来 了？

29 只写了一半，还得写下去。

tsʰɛe²⁴ɕiẽ²⁴liɔ⁰iɔʔ⁵pɐɻ⁴⁴², xɛ̃²⁴iɔ⁴⁴ɕie⁵³li⁰.

才 写 了一半儿，还要 写 哩。

30 你才吃了一碗米饭，再吃一碗吧。

ɳi⁵³tsʰɛe²⁴tʂʰʅ²¹lɔ⁰i²¹uɛ̃⁰ta⁴⁴mi⁰fɛ̃⁴⁴², tsɛe⁴²tʂʰʅ²¹ʂaŋ⁰i²¹uɛ̃⁰.

你 才 吃 咾一碗大 米饭， 再 吃 上一碗。

ɳi⁵³tsʰɛe²⁴tʂʰʅ²¹lɔ⁰i²¹uɛ̃⁰ta⁴²mi⁰fɛ̃⁴⁴², tsɛe⁴²tʂʰʅ²¹i²¹uɛ̃.

你 才 吃 咾一碗大 米饭， 再 吃 一 碗。

31 让孩子们先走，你再把展览仔仔细细地看一遍。

tɕiɔ⁴²ua²⁴ua⁰məŋ⁰ɕiẽ²⁴tsəu⁵³, ɳi⁵³tsɛe⁴²pa²¹tʂɛ̃²⁴lẽ⁰ɕi⁴²ɕi⁰fa²¹fa⁰kʰɛ̃⁴²ʂʏ⁰iɔʔ⁵piɛ̃⁴⁴².

叫 娃 娃们 先 走， 你 再 把 展 览细 细法法看 上 一 遍。

32 他在电视机前看着看着睡着了。

tʰa²¹kʰɛ̃⁴²tiɛ̃⁴²ʂʅ⁴⁴², kʰɛ̃⁴²ti⁰kʰɛ̃⁴²ti⁰ʂuei⁴²tʂʰuʏ²⁴lɛ̃⁰.

他 看 电 视， 看 的看 的睡 着 了。

33 你算算看，这点钱够不够花？

ɳi⁵³pʰɛ̃²⁴suɛ̃⁰iəʔ⁵xa⁰, tsei²⁴tiɐɻ⁰tɕʰiɛ̃²⁴kəu⁴⁴xua²¹pu⁰?

你 盘 算 一下，这 点儿 钱够 花 不?

ɳi⁵³pʰɛ̃²⁴suɛ̃⁰iəʔ⁵xa⁰, tsei⁴²tiɐɻ⁰tɕʰiɛ̃²⁴kəu⁴⁴pəʔ⁵kəu⁴⁴²xua²¹?

你 盘 算 一下，这 点儿 钱够 不 够 花?

34 老师给了你一本很厚的书吧？

lɔ⁵³sʅ⁰sʅ⁴²pəʔ⁵sʅ⁴²kei⁴²ɳi²¹iəʔ⁵pɻ̃ɻ⁰kʰəʔ⁵xəu⁴²tʏ⁰ʂu²¹?

老 师是 不 是 给 你一本儿可 厚 的书?

lɔ⁵³sʅ⁰kei⁴²lɔ⁰ɳi²¹iəʔ⁵pɻ̃ɻ⁰kʰəʔ⁵xəu⁴²tʏ⁰ʂu²¹, sʅ⁴²pəʔ⁵?

老 师给 咾你一本儿可 厚 的书，是 不?

35 那个卖药的骗了他一千块钱呢。

nei²⁴kʏ⁰mɛe⁴²yʏ²¹ti⁰pʰiɛ̃⁴²lɔ⁰tʰa²¹iəʔ⁵tɕʰiɛ̃²¹kʰuɛɛ⁴²tɕʰiɛ̃²⁴³.

那个卖 药 的骗 咾他一千 块 钱。

36 a. 我上个月借了他三百块钱。 b. 我上个月借了他三百块钱。

ŋuʏ⁵³ʂaŋ⁴²kʏ⁰yʏ²¹kəŋ²⁴tʰa²¹tɕie⁰lɔ⁰sɛ̃²⁴pei⁰kʰuɛɛ⁴²tɕʰiɛ̃²⁴³.

a.我 上 个月 跟 他 借 咾三 百 块 钱。

ŋuʏ⁵³ʂaŋ⁴²kʏ⁰yʏ²¹kei⁴²tʰa²¹tɕie⁰lɔ⁰sɛ̃²⁴pei⁰kʰuɛɛ⁴²tɕʰiɛ̃²⁴³.

b.我 上 个月 给 他 借 咾三 百 块 钱。

37　a. 王先生的刀开得很好。b. 王先生的刀开得很好。

uaŋ²⁴ɕiɛ̃²⁴səŋ⁰tʂ⁰ʂəu²¹ʂu⁴⁴²tsu²¹tʂ⁰kʰə?²⁵xɔ⁵³li⁰.

a. 王　先生　的手　术　做　得可　好哩。

uaŋ²⁴ɕiɛ̃²⁴səŋ⁰tʂ⁰ʂəu²¹ʂu⁴⁴²kʰə?²⁵tsu²¹xɔ²⁴lɛ̃⁰.

b. 王　先生　的手术　可　做好了。

38　我不能怪人家，只能怪自己。

ŋuɤ⁵³pə?²⁵nəŋ²⁴yɛ̃⁴²zəŋ²⁴tɕi⁰, tsɿ⁵³nəŋ²⁴yɛ̃⁴²kuər²⁴tɕi⁰.

我　不　能　怨人　家，只　能　怨各儿家。

39　a. 明天王经理会来公司吗？ b. 我看他不会来。

mĩɤ̃r²⁴uaŋ²⁴tɕiəŋ²⁴li⁰lɛe²⁴kuəŋ⁰sɿ⁰pu⁰？

a. 明儿王　经　理来公　司不？

ŋuɤ⁵³kʰɛ̃⁴²tʰa²¹pə?²⁵xuei⁴²lɛe²⁴³.

b. 我　看　他　不会　　来。

mĩɤ̃r²⁴uaŋ²⁴tɕiəŋ²⁴li⁰lɛe²⁴pə?²⁵lɛe⁰kuəŋ²⁴sɿ⁰？

a. 明儿王　经　理来不来公　司？

ŋuɤ⁵³kʰɛ̃⁴²tʰa²¹pə?²⁵xuei⁴²lɛe²⁴³.

b. 我　看　他　不会　　来。

40　我们用什么车从南京往这里运家具呢？

tsʰa²⁴məŋ⁰yəŋ⁴²ʂə?²⁵ma⁰tʂʰɤ²¹tsʰuəŋ²⁴nɛ̃²⁴tɕiəŋ⁰uaŋ²¹tsɿ⁴⁴li²⁴la²¹tɕia²¹tɕy⁴⁴².

咱　们用　什么车　从　　南京　往　这里拉家　具?

41　他像个病人似的靠在沙发上。

tʰa²¹tɛe⁴²pʰiəŋ⁴²zəŋ⁰iə?²⁵iaŋ⁴⁴²kʰɔ⁴²tɔ⁰sa²⁴fa⁰ʂɤ⁰.

他　带病　人一　样　靠　到沙发上。

tʰa²⁴kəŋ²¹pʰiəŋ⁴²zəŋ⁰iə?²⁵iaŋ⁴⁴²kʰɔ⁴²tɔ⁰sa²⁴fa⁰ʂɤ⁰.

他　跟　病　人一　样　靠　到沙发上。

42　这么干活连小伙子都会累坏的。

tsɿ⁴²mɤ⁰kɤ⁰tsuə?²⁵xuɤ²⁴³liɛ̃²⁴xəu⁴²səŋ⁰ie⁵³ŋɔ²⁴tei⁰tsʰəŋ⁴²pə?²⁵tsu⁴⁴².

这么　个做　活　连　后　生也熬　得撑　　不　住。

43　他跳上末班车走了。我迟到一步，只能自己慢慢走回学校了。

tʰa²¹tsʰuɤ⁴²ʂaŋ⁰tsuei⁴²xəu⁰iə?²⁵tʰaŋ²⁴tʂʰɤ²¹tsəu²⁴liɔ⁰. ŋuɤ⁵³ʂʰɿ²⁴liɔ⁰iə?²⁵pu⁴⁴², muɤ²⁴fa⁰ŋuɤ⁵³kuər²⁴

他　坐　上最　后一　趟　车　走　了。我迟了一步，没　法我各儿

tɕi⁰mɛ̃⁴²mɛ̃⁰tsəu⁵³xuei²⁴ɕyɤ²⁴ɕiɔ⁴⁴²tɕʰi⁰.

家慢　慢走　回　学　校　去。

44 这是谁写的诗？谁猜出来我就奖励谁十块钱。

tsei²⁴kɤ⁰sʅ⁴⁴²ʂuei²⁴ɕie⁵³tɤ⁰sʅ²¹？ ʂuei²⁴tsʰɛe²⁴tʂʰuəʔ⁵lɛe⁰ŋuɤ⁵³kei⁴²ʂuei²⁴tɕiaŋ⁵³ʂəŋ⁴⁴²ʂəʔ⁵kʰuɛe⁴⁴²

这 个 是 谁 写 的 诗？ 谁 猜 出 来 我 给 谁 奖 上 十 块

tɕʰiɛ̃²⁴³.

钱。

45 我给你的书是我教中学的舅舅写的。

ŋuɤ⁵³kei⁴²n̠i⁵³tɤ⁰ʂu²¹sʅ⁴⁴ŋuɤ⁵³tɕiɔ²⁴tʂuəŋ²¹ɕyɤ²⁴tɤ⁰tɕiəu⁴²tɕiəu⁰ɕie⁵³ti⁰.

我 给 你 的 书 是 我 教 中 学 的 舅 舅 写 的。

46 你比我高，他比你还要高。

n̠i⁵³kɛ̃²⁴ŋuɤ⁵³kɔ²¹, tʰa²¹kɛ̃²⁴n̠i²¹xɛ̃²⁴kɔ²¹.

你 赶 我 高，他 赶 你 还 高。

47 老王跟老张一样高。

lɔ⁵³uaŋ²⁴lɔ⁵³tʂaŋ²¹iəʔ⁵iaŋ⁴⁴iã˞⁰kɔ²¹.

老 王 老 张 一 样样儿 高。

lɔ⁵³uaŋ²⁴lɔ⁵³tʂaŋ²¹kɔ²⁴ti²¹iəʔ⁵iaŋ⁴⁴iã˞⁰ti⁰.

老 王 老 张 高 低 一 样样儿 的。

48 我走了，你们俩再多坐一会儿。

ŋuɤ²⁴ɕiɛ̃²¹tsəu²⁴lɛ̃⁰, n̠i⁵³məŋ⁰liaŋ²⁴kɤ⁰tsɛe⁴²tsʰuɤ⁴²iəʔ⁵tsʰuɤ⁰.

我 先 走 了，你们 两 个 再 坐 一 坐。

ŋuɤ²⁴ɕiɛ̃²¹tsəu²⁴lɛ̃⁰, n̠i⁵³məŋ⁰liaŋ²⁴kɤ⁰tsɛe⁴²tsʰuɤ⁴²iəʔ⁵tʂʰɚ̃r⁴⁴².

我 先 走 了，你们 两 个 再 坐 一 阵儿。

49 我说不过他，谁都说不过这个家伙。

ŋuɤ⁵³ʂuɤ²¹pəʔ⁰kuɤ⁴⁴²nei²⁴kəʔ⁵zəŋ⁰, ʂuei²⁴ia²¹ʂuɤ²¹pəʔ⁰kuɤ⁴⁴²nei²⁴kəʔ⁵zəŋ⁰.

我 说 不 过 那 个 人，谁 也 说 不 过 那 个 人。

50 上次只买了一本书，今天要多买几本。

ʂaŋ⁴²xuei²⁴tsʰɛe²⁴mɛe²⁴lɔ⁰iəʔ⁵pɚ̃r⁵³ʂu²¹, tɕiɚ̃r²¹iɔ⁴²tuɤ²⁴mɛe²¹tɕi²⁴pɚ̃r⁰.

上 回 才 买 咾 一本儿 书，今儿 要 多 买 几 本儿。

第二节

《汉语方言语法调查例句》

001 这句话用延安话怎么说?

tsei⁴²tɕy⁴²xua⁴⁴²na²⁴iɛ̃²⁴ŋɛ̃⁰xua⁴²tsə⁵ma²¹kɤ⁰ʂuɤ²¹li⁰?

这 句 话 拿 延安话 怎 么 个 说 哩?

002 你还会说别的地方的话吗?

ȵi⁵³xɛ̃²⁴xuei⁴²ʂuɤ²¹tɕʰi²⁴tʰa⁰tʂʰu⁴²təʔ⁵xua⁴²pu²¹?

你 还 会 说 其 他 处 的 话 不?

003 不会了,我从小就没出过门,只会说延安话。

tsɛɛ⁴²puʔ⁵xuei⁴²lɛ̃⁰, ŋuɤ⁵³tsŋ⁴⁴ɕiɔ⁵³tɕiəu⁴²muɤ²⁴tʂʰu²¹kuɤ⁴²məŋ²⁴³, tɕiəu⁴²xuei⁴²ʂuɤ²¹iɛ̃²⁴ŋɛ̃⁰xua⁴⁴².

再 不 会 了,我 自小 就 没 出 过 门, 就 会 说 延 安话。

004 会,还会说普通话,不过说得不怎么好。

xuei⁴²li⁰, xɛ̃²⁴xuei⁴²ʂuɤ²¹pʰu⁵³tʰuəŋ²¹xua⁴⁴², tɕiəu⁴²sŋ⁰ʂuɤ²¹təʔ⁵pəʔ⁵tsa²¹ɕiãr⁴⁴².

会 哩,还 会 说 普通 话, 就 是说 得 不 咋 相儿。

005 会说普通话吗?

xuei⁴²ʂuɤ²¹pʰu⁵³tʰuəŋ²¹xua⁴⁴²pu²¹?

会 说 普 通 话 不?

006 不会说,没有学过。

pəʔ⁵xuei⁴², muɤ²⁴ɕyɤ²¹kuɤ⁴⁴².

不 会, 没 学 过。

007 会说一点儿,不标准就是了。

xuei⁴²səʔ⁵xuei⁴²ʂuɤ²⁴tiɐr⁰, tɕiəu⁴²səʔ⁵pəʔ⁵piɔ²⁴tʂuəŋ⁵³pa⁴²lɛ̃⁰.

会 是 会 说 点儿,就 是 不 标 准 罢了。

008 在什么地方学的普通话?
ȵi⁵³pʰu⁵³tʰuəŋ²¹xua⁴²la²⁴ɕyɤ²¹ti⁰?
你 普 通 话 哪 学 的?

009 上小学中学都学普通话。
ɕiɔ⁵³ɕyɤ⁰tʂuəŋ²¹ɕyɤ²⁴³təu²⁴ɕyɤ²¹pʰu⁵³tʰuəŋ²¹xua⁴²li.
小 学 中 学 都 学 普 通 话 哩。

010 谁呀? 我是老王。
ʂuei²⁴³? ŋuɤ⁵³səʔ⁵lɔ⁵³uaŋ²⁴³.
谁? 我 是 老 王。

011 您贵姓? 我姓王,您呢?
ȵi⁵³kuei⁴²ɕiəŋ⁴⁴²? ŋuɤ⁵³ɕiəŋ⁴²uaŋ²⁴³, ȵi⁵³la⁰?
你 贵 姓? 我 姓 王, 你 啦?

012 我也姓王,咱俩都姓王。
ŋuɤ⁵³ia²¹ɕiəŋ⁴²uaŋ²⁴³, tsʰa²⁴məŋ⁰liaŋ²⁴kuɤ⁰i²¹ɕiəŋ⁴⁴².
我 也 姓 王, 咱 们 两 个 一 姓。

013 巧了,他也姓王,本来是一家嘛。
y⁴⁴tɕʰiɔ⁵³lɛ̃⁰, nəʔ⁵ia⁰ɕiəŋ⁴²uaŋ²⁴³, yɛ̃²⁴lee²⁴ʂʅ²¹iəʔ⁵tɕia²¹tsʅ⁰.
遇 巧 了,那 也 姓 王, 原 来 是 一 家 子。

014 老张来了吗? 说好他也来的!
lɔ⁵³tʂaŋ²¹lee²⁴lɛ̃⁰muɤ²¹? ʂuɤ²¹təʔ⁰xɤ⁵³xɤ²⁴təʔ⁰tʰa²¹lee²⁴ia⁰!
老 张 来 了 没? 说 得 好儿好儿的 他 来 也!

015 他没来,还没到吧。
nəʔ⁵muɤ²¹lee²⁴³, xɛ̃²⁴muɤ²¹lee²⁴li⁰pa⁰.
那 没 来, 还 没 来 哩吧。

016 他上哪儿了? 还在家里呢。
nəʔ⁵la²⁴tɕʰi⁴²lɛ̃⁰? xɛ̃²⁴tsee⁴²u²¹li⁵³/tɕia²¹xuɤ⁰li⁰.
那 哪 去 了?还 在 屋里/家 伙⁼哩。

017 在家做什么? 在家吃饭呢。
u²¹li⁵³/tɕia²¹xuɤ⁰tsu²¹səʔ⁵ma⁰tsuɤ²¹li⁰? tʂʰʅ²¹fɛ̃⁴²tʂuɤ²¹li⁰.
屋里/家 伙⁼做 什 么 着 哩?吃 饭 着 哩。

018 都几点了,怎么还没吃完?
tuɤ²⁴xuɤ⁰lɛ̃⁰, tsəʔ⁵ma⁰tɕi⁰/kɤ⁰xɛ̃²⁴muɤ²¹tʂʰʅ²¹uɛ̃²⁴³?
多 乎儿了,怎 么 价/个 还 没 吃 完?

019 还没有呢,再有一会儿就吃完了。
xɛ̃²⁴muɤ²¹li⁰, tsɛe⁴²i²¹xa⁴²xa⁰tɕiəu⁴²tʂʰʅ²¹uɛ̃²⁴lɛ̃⁰.
还 没 哩,再 一 下 下 就 吃 完 了。

020 他在哪儿吃的饭?
nəʔ⁵la²⁴tʂʰʅ²¹ti⁰fɛ̃⁴⁴²?
那 哪 吃 的 饭?

021 他是在我家吃的饭。
nəʔ⁵tsɛe⁴²ŋuɤ⁵³məŋ⁰tɕia²¹tʂʰʅ²¹ti⁰fɛ̃⁴⁴².
那 在 我 们 家 吃 的 饭。

022 真的吗?真的,他是在我家吃的饭。
tʂəŋ²¹ti⁰? tʂəŋ²¹ti⁰, nəʔ⁵tɕiəu⁴²sʅ⁰tsɛe⁴²ŋuɤ⁵³məŋ⁰tɕia²¹tʂʰʅ²¹ti⁰fɛ̃⁴⁴².
真 的?真 的,那 就 是在 我 们 家 吃 的饭。

023 先喝一杯茶再说吧!
ɕiɛ̃²⁴xuɤ²¹ʂaŋ⁴²pʰei²¹tsʰa²⁴tsɛe⁴²ʂuɤ²¹!
先 喝 上 杯 茶 再 说!

024 说好了就走的,怎么半天了还不走?
ʂuɤ²¹tə⁰xɔr⁵³xɔr²⁴tə⁰tɕiəu⁴⁴tsəu⁵³li⁰, tsəʔ⁵ma⁰tɕi⁰lɔ⁵³pɛ̃⁴²tʰiɛ̃²¹lɛ̃⁰xɛ̃²⁴pəʔ⁵tsəu⁵³!
说 得 好儿好儿的 就 走 哩,怎 么 价老半天 了还不走!

025 他磨磨蹭蹭的,做什么呢?
nəʔ⁵tʰuɤ²²tʰuɤ³¹muɤ²¹muɤ⁰, tsu⁴⁴səʔ⁵ma⁰li⁰?
那 拖 拖 磨 磨,做 什么哩?

026 他正在那儿跟一个朋友说话呢。
nəʔ⁵tʂəŋ⁴²tsɛe⁴²nəʔ⁵tər⁰kəŋ²¹kuɤ⁰pʰəŋ²⁴iəu⁰la⁴²xua⁴²li⁰.
那 正 在 那搭儿跟个朋 友 拉话 哩。

027 还没说完啊?催他快点儿!
xɛ̃²⁴muɤ²¹ʂuɤ²¹uɛ̃²⁴³? tsʰuei²¹kei⁴²xa⁴⁴², tɕiəu²⁴nəʔ⁵kʰuɛe⁴²ɕiər⁰!
还 没 说 完?催 给 下,教 那 快 些儿!

028 好,好,他就来了。
tuei⁴²lɛ̃⁰, tuei⁴²lɛ̃⁰, nəʔ⁵tɕiəu⁴²lɛe²⁴lɛ̃⁰.
对 了,对 了,那 就 来 了。

029 你上哪儿去?我上街去。
ȵi⁵³tsəu⁵³la²⁴ie⁰ʔɤr²⁴? ŋuɤ⁵³tsəu⁵³kɛe²¹ʂaŋ⁴²tɕʰi⁰.
你 走 哪 也?我 走 街 上 去。

030 你多会儿去？我马上就去。
ȵi⁵³tuɤ²⁴xuɤ⁰tɕʰi⁴²ie⁰？ ŋuɤ⁵³i²¹xa⁴²tɕiəu⁴²tɕʰi⁴⁴²．
你 多乎儿 去 也？我 一下 就 去。

031 做什么去呀？家里来客人了，买点儿菜去。
tsu⁴²ʂəʔ⁵ma⁰tɕʰi⁴²ia⁰？u²⁴li⁵³lɛe²⁴lɔ⁰kʰei²¹lɛ̃⁰，mɛe²⁴tiər⁰tsʰɛe⁴²tɕʰi⁴²ia⁰．
做 什么 去 也？屋里来 咯客 了，买 点儿菜 去 也。

032 你先去吧，我们一会儿再去。
ȵi⁵³tʰəu²⁴li⁰tɕʰi⁴⁴²，uɤ⁵³məŋ⁰i²¹tʂʰɤ̃r⁴²tsɛe⁴²tɕʰi⁴⁴²．
你 头 里去， 我 们 一阵儿 再 去。

033 好好儿走，别跑！小心摔跤了。
xɔr⁵³xɔr²⁴tsəu⁵³，piɔ⁴²pʰɔ²⁴³！tsʰɔ²⁴ɕiəŋ²¹kuɛ̃⁴²tɔ⁰．
好儿好儿走， 嫑 跑！ 操 心 躓 倒。

034 小心点儿，不然的话摔下去爬都爬不起来。
tsʰɔ²⁴ɕiəŋ²¹ɕiər²¹，pəʔ⁵lɔ²¹kuɛ̃⁴²tɔ⁰pʰa²⁴ia⁰pʰa²⁴pəʔ⁵tɕʰi⁵³lɛe⁰．
操 心 些儿，不 咯躓 倒爬 也爬 不 起 来。

035 不早了，快去吧！
pəʔ⁵tsɔ²⁴lɛ̃⁰，kʰuɛe⁴²tɕʰi⁴⁴²！
不 早 了，快 去！

036 这会儿还早呢，过一会儿再去吧。
tsei²⁴tʂʰɤ̃r⁴²xɛ̃²⁴tsɔ⁵³li⁰，tʰiəŋ²⁴/ʂəŋ²⁴kei⁴²tʂʰɤ̃r⁰tsɛe⁴²tɕʰi⁴⁴²．
这 阵儿还 早 哩，停 /宬 给 阵儿再 去。

037 吃了饭再去好不好？
tʂʰʅ²¹lɔ⁵³fɛ̃⁴²tsɛe⁴²tɕʰi⁴⁴²，nəŋ²⁴pəʔ⁵(nəŋ²⁴³)？
吃 咯饭 再 去， 能 不（能）？

038 不行，那可就来不及了。
pəʔ⁵nəŋ²⁴³，nəʔ⁵məŋ⁰kɤ⁰tɕiəu⁴²pəʔ⁵tei²¹pʰɛ̃⁴²lɛ̃⁰．
不 能， 那们 个就 不 得 办 了。

039 不管你去不去，反正我是要去的。
kuɛ̃⁵³ȵi²¹tɕʰi⁴²pəʔ⁵tɕʰi⁴²，uɤ⁵³tsuɤ²⁴tɕʰi⁴²ie⁰．
管 你去 不 去，我 着 去 也。

040 你爱去不去。你爱去就去，不爱去就不去。
ȵi⁵³yɛ̃⁴²i⁴²tɕʰi⁴²pəʔ⁵tɕʰi⁴⁴²．ȵi⁵³yɛ̃⁴²i⁴²tɕʰi⁴²tɕiəu⁴²tɕʰi⁴⁴²，pəʔ⁵yɛ̃⁴²i²¹lɔ²¹ȵi⁵³piɔ⁴⁴tɕʰi⁴⁴²．
你 愿意去 不 去。你 愿意去 就 去， 不 愿意咯你 嫑 去。

041 那我非去不可！
　　ŋuɤ⁵³lə⁰fei²¹tɕʰi⁴²pəʔ⁵ɕiəŋ²⁴³!
　　我　咾非去　不　行！

042 那个东西不在那儿，也不在这儿。
　　nei²⁴kuɤ⁰tuəŋ²²ɕi³¹pəʔ⁵tsʰɛe⁴²nəʔ⁵tɐr⁰, ie⁵³pəʔ⁵tsʰɛe⁴²tsʅ⁴⁴tɐr⁰.
　　那个东　西不在　那搭儿,也不　在　这搭儿。

043 那到底在哪儿？
　　tə⁴²ti⁰tsɛe⁴²la²⁴li⁰?
　　到底在　哪哩？

044 我也说不清楚，你问他去！
　　ŋuɤ²⁴ie⁰ʂuɤ²¹pəʔ⁵tɕʰiəŋ²¹, n̠i²¹uəŋ⁴²tʰa²¹tɕʰi⁰!
　　我　也说 不清， 你 问 他 去！

045 怎么办呢？不是那么办，要这么办才对。
　　tsa²⁴pɛ̃⁴²ia⁰? piə⁴²nəʔ⁵məŋ⁰tɕi⁰tsu²¹, tʂʰə²⁴tsʅ⁴⁴məŋ⁰tɕi⁰tsu²¹tɕiəu⁴²tuei⁴²lɛ̃⁰.
　　咋 办也?要那们 价做, 朝　这们　价做就　对 了。

046 要多少才够呢？
　　iɔ⁴²tuɤ²⁴ʂɔ⁰tsʰɛe²⁴kəu⁴²li⁰?
　　要多 少 才 够 哩？

047 太多了，要不了那么多，只要这么多就够了。
　　tʰɛe⁴²tuɤ²⁴lɛ̃⁰, iɔ⁴²pəʔ⁵liɔ⁰nəʔ⁵məŋ⁰tuɤ²¹, tɕiəu⁴²tsei²⁴tiɐr⁰tɕiəu⁴²kəu⁴²lɛ̃⁰.
　　太　多 了,要不 了那们 多， 就　这点儿就　够 了。

048 不管怎么忙，也得好好儿学习。
　　tsɛɛ⁴²maŋ²⁴ie⁵³iɔ⁴²xɔr⁵³xɔr²⁴ɕyɤ²⁴li⁰.
　　再　忙 也要好儿好儿学 哩。
　　pəʔ⁵kuɛ̃⁰maŋ²⁴tʂʰəŋ⁰ʂəʔ⁵ma⁰, ie⁵³iɔ⁴²xɔr⁵³xɔr²⁴ɕyɤ²⁴li⁰.
　　不 管 忙 成　什 么, 也 要好儿好儿学 哩。

049 你闻闻这朵花香不香？
　　uəŋ²⁴i²¹uəŋ⁰tsei²⁴tuɤ⁰xua²¹ɕiaŋ²¹pu⁰?
　　闻 一 闻 这 朵 花 香 不？
　　uəŋ²⁴i²¹xa⁴²tsei²⁴tuɤ⁰xua²¹ɕiaŋ²¹pu⁰?
　　闻 一 下 这 朵 花 香 不？
　　uəŋ²⁴kei⁴²xa⁰tsei²⁴tuɤ⁰xua²¹ɕiaŋ²¹pu⁰?
　　闻 给 下 这 朵 花 香 不？

050 好香呀，是不是？
kʰəʔ⁵ɕiaŋ²¹li⁰, sʅ⁴²pu⁰?
可 香 哩，是 不？

051 你是抽烟呢，还是喝茶？
n̠i⁵³tʂʰʅ²¹iɛ̃⁰li⁰xuɤ²¹tsʰa²⁴li⁰?
你 吃 烟哩喝 茶 哩？
n̠i⁵³tʂʰʅ²¹iɛ̃⁰li⁰xɛ̃²⁴sʅ⁰xuɤ²¹tsʰa²⁴li⁰?
你 吃 烟哩还 是 喝 茶 哩？
n̠i⁵³sʅ⁰tʂʰʅ²¹iɛ̃⁰li⁰xuɤ²¹tsʰa²⁴li⁰?
你 是 吃 烟哩喝 茶 哩？

052 烟也好，茶也好，我都不爱。
iɛ̃²⁴lɔ⁰, tsʰa²⁴lɔ⁰, ŋuɤ⁵³təu²⁴pəʔ⁵ŋɛe⁴⁴².
烟咾，茶 咾，我 都 不 爱。

053 医生叫你多睡一睡，抽烟喝茶都不行。
i²⁴səŋ⁰tɕiɔ²⁴n̠i²¹tuɤ²¹suei⁴²kei⁴²tʂr̃r⁰, tʂʰʅ²¹iɛ̃⁰xuɤ²¹tsʰa²⁴təu²¹pəʔ⁵nəŋ²⁴³.
医生 教 你 多 睡 给 阵儿，吃 烟喝 茶 都 不 能。

054 咱们一边走一边说。
tsʰa²⁴mən⁰ɕyɛ̃⁴⁴tsəu⁵³ɕyɛ̃⁴²ʂuɤ²¹.
咱 们 旋 走 旋 说。

055 这个东西好是好，就是太贵了。
tsei²⁴kuɤ⁰tuəŋ²²ɕi³¹xɔ⁵³tɔ⁴²xɔ⁵³tʂuɤ²¹li⁰, tɕiəu⁴²səʔ⁵tʰɛe⁴²kuei⁴⁴²lɛ̃⁰.
这 个 东 西好 倒 好 着 哩，就 是 太 贵 了。

056 这个东西虽说贵了点儿，不过挺结实的。
tsei²⁴kuɤ⁰tuəŋ²²ɕi³¹suei²¹zɛ̃²⁴kuei⁴²lɔ⁰ɕi⁰, pəʔ⁵kuɤ⁴²kʰəʔ⁵tɕiɛ²¹sʅ⁰li⁰.
这 个 东 西虽 然 贵 咾些，不 过 可 结 实哩。

057 他今年多大了？
nəʔ⁵tɕiəŋ²¹n̠iɛ̃²⁴³iəu⁵³tuɤ²¹ta⁴²lɛ̃⁰?
那 今 年 有 多 大 了？
nəʔ⁵iəu⁵³tuɤ²⁴ʂɔ⁰suei⁴²ʂu⁰lɛ̃⁰?
那 有 多 少 岁 数 了？
tʰa²¹suei⁴²ʂu⁰ta⁴²ɕiɔ⁰li⁰?
他 岁 数 大 小 哩？

058 也就是三十来岁吧。
ie⁵³tɕiəu⁰sɛ̃²¹ʂəʔ⁵lɛe²⁴suei⁴⁴².
也就　三十来岁。

059 看上去不过三十多岁的样子。
kʰɛ̃⁴²tɕiɛ̃⁴²pəʔ⁵kuɤ⁴²tɕiəu⁴²səʔ⁰kɤ⁰sɛ̃²¹ʂəʔ⁵lɛe²⁴suei⁴⁴².
看见不过就是个三十来岁。

060 这个东西有多重呢?
tsei²⁴kuɤ⁰tuəŋ²⁴ɕiɤ⁰iəu⁵³tuɤ²⁴ʂɔ⁰tɕiəŋ²¹tʂuaŋ⁴⁴².
这个东西有多少斤重?

tsei²⁴kuɤ⁰tuəŋ²⁴ɕi⁰kəu⁴²tɕi⁵³tɕiəŋ⁰tʂuaŋ⁴⁴²?
这个东西够几斤重?

061 怕有五十多斤吧。
ta⁴²ɣɤ²¹muɤ⁰kəu⁴²u⁵³ʂəʔ⁵lɛe²⁴tɕiəŋ⁰tʂuaŋ⁴⁴².
大约摸够五十来斤重。

ta⁴²ɣɤ²¹muɤ⁰iəu⁵³u⁵³ʂəʔ⁵lɛe²⁴tɕiəŋ⁰tʂuaŋ⁴⁴².
大约摸有五十来斤重。

062 我五点半就起来了，你怎么七点了还不起来?
ŋuɤ⁵³u²⁴tiɛ̃⁰pɛ̃⁴²tɔ⁰tɕʰi⁵³lɛe²⁴lɛ̃⁰, ȵi⁵³tsəʔ⁵ma⁰tɕʰi²¹tiɛ̃⁰lɛ̃⁰xɛ²⁴pəʔ⁵tɕʰi⁵³?
我五点半倒起来了，你怎么七点了还不起?

063 三四个人盖一床被。一床被盖三四个人。
sɛ̃²¹sʅ⁴²kuɤ⁰zən²⁴³kɛe⁴²iəʔ⁵kəʔ⁵ta⁰pʰi⁴²tsʅ⁰.
三四个人盖一圪瘩被子。

iəʔ⁵kəʔ⁵ta⁰pʰi⁴²tsʅ⁰kɛe⁴²sɛ̃²¹sʅ⁴²kuɤ⁰zən²⁴³.
一圪瘩被子盖三四个人。

064 一个大饼夹一根油条。一根油条外加一个大饼。
i²¹tʂaŋ⁰piən⁵³tsʅ⁰tɕia²⁴kəŋ⁰iəu²⁴tʰiɔ²⁴³.i²¹tʂaŋ⁰piən⁵³tsʅ⁰tsɛe⁴²tɕia²⁴kəŋ⁰iəu²⁴tʰiɔ²⁴³.
一张饼子夹根油条。一张饼子再加根油条。

065 两个人坐一张凳子。一张凳子坐了两个人。
liaŋ²⁴kəʔ⁵zən²⁴³tsʰuɤ⁴²li⁰iəʔ⁵kəʔ⁵təŋ⁴²tsʅ⁰.iəʔ⁵kəʔ⁵təŋ⁴²tsʅ⁰tsʰuɤ⁴²lɔ⁰liaŋ²⁴kəʔ⁵zən²⁴³.
两个人坐哩一个凳子。一个凳子坐咾两个人。

066 一辆车装三千斤麦子。三千斤麦子刚好够装一辆车。
i²⁴tʂʰɤ²¹tʂuaŋ²¹sɛ̃²⁴tɕʰiɛ̃⁰tɕiəŋ²¹mei²¹tsʅ⁰. sɛ̃²⁴tɕʰiɛ̃⁰tɕiəŋ²¹mei²¹tsʅ⁰kaŋ²⁴xɔɤ⁰kəu⁴²tʂuaŋ²¹i²⁴tʂʰɤ²¹.
一车装三千斤麦子。三千斤麦子刚好儿够装一车。

067 **十个人吃一锅饭。一锅饭够吃十个人。**
ʂɿ²⁴kuɤ⁰zəŋ²⁴³tʂʰʅ²¹iəʔ⁵kuɤ⁰fẽ⁴⁴². iəʔ⁵kuɤ⁰fẽ⁴⁴²kəu⁴²ʂɿ²⁴kuɤ⁰zəŋ²⁴tʂʰʅ²¹.
十 个 人 吃 一 锅饭。一 锅饭 够 十 个 人 吃。

068 **十个人吃不了这锅饭。这锅饭吃不了十个人。**
ʂɿ²⁴kuɤ⁰zəŋ²⁴³tʂʰʅ²¹pəʔ⁵lɔ⁰/liɔ⁰iəʔ⁵kuɤ⁰fẽ⁴⁴². iəʔ⁵kuɤ⁰fẽ⁴²pəʔ⁵kəu⁴²ʂɿ²⁴kuɤ⁰zəŋ²⁴tʂʰʅ²¹.
十 个 人 吃 不 咾/了 一 锅饭。一 锅 饭 不 够 十 个 人 吃。

069 **这个屋子住不下十个人。**
tsei²⁴kuɤ⁰u²¹tsʅ⁰ʂəŋ²⁴pəʔ⁵xa⁴²ʂɿ²⁴kəʔ⁰zəŋ²⁴³.
这 个 屋子 宬 不 下 十 个 人。

070 **小屋堆东西，大屋住人。**
ɕiɔ⁵³ur²¹faŋ⁴²tuəŋ²⁴ɕi⁰, ta⁴²ur²¹ʂəŋ²⁴zəŋ²⁴³.
小 屋儿 放 东 西,大屋儿 宬 人。

071 **他们几个人正说着话呢。**
tʰa²¹məŋ⁰tɕi⁵³kuɤ⁰tʂəŋ⁴²la⁴²xua⁴²tʂuɤ²¹li⁰.
他 们 几 个 正 拉 话 着 哩。

072 **桌上放着一碗水，小心别碰倒了。**
tʂuɤ²¹tsʅ⁰ʂaŋ⁴²faŋ⁴²lɔ⁰iəʔ⁵uẽ⁰ʂuei⁵³, tsʰɔ²⁴ɕiəŋ²¹pʰəŋ⁴²təʔ⁰tɔ⁴⁴lɔ⁰.
桌 子 上 放 咾一 碗 水, 操 心 碰 得 倒 咾。

073 **门口站着一帮人，在说着什么。**
məŋ²⁴kʰəur²¹kʰəur⁰tɕʰi⁰tsẽ⁴²iəʔ⁵xuɤ²¹tsʅ⁰zəŋ²⁴³, tʂəŋ⁴²ʂuɤ²¹səʔ⁵ma⁰tʂuɤ²¹li⁰.
门 口儿 口儿 起 站 一 伙 子人, 正 说 什么 着 哩。

074 **坐着吃好，还是站着吃好？**
tsʰuɤ⁴²xa⁰tʂʰʅ²¹xɔ⁵³, xẽ²⁴səʔ⁵tsẽ⁴²xa⁰tʂʰʅ²¹xɔ⁵³?
坐 下 吃 好,还 是 站 下 吃 好?

075 **想着说，不要抢着说。**
ɕiaŋ⁵³ti⁰ʂuɤ²¹, piɔ⁴⁴tɕʰiaŋ⁵³ti⁰ʂuɤ²¹.
想 的 说, 夓 抢 的 说。

076 **说着说着就笑起来了。**
ʂuɤ²¹ti⁰ʂuɤ²¹ti⁰tɔ⁴²ɕiɔ⁴²xa⁰/kʰɛe⁰/tʰuɤ⁰lẽ⁰.
说 的 说 的 倒 笑 下/开 / 脱 了。

077 **别怕！你大着胆子说吧。**
piɔ⁴²pʰa⁴², ȵi⁵³ta⁴⁴tẽ⁵³ʂuɤ²¹.
夓 怕! 你 大 胆 说。

078 这个东西重着呢，足有一百来斤。
　　tsei²⁴kuɤ⁰tuəŋ²⁴ɕi⁰kʰəʔ⁵tʂuaŋ⁴²li⁰, tɕy²⁴tɕy²⁴iəu⁵³i²⁴pei⁰lɛe²⁴tɕiəŋ²¹.
　　这　个　东　西可　重　　哩，足　足　有　一　百　来　斤。

079 他对人可好着呢。
　　nəʔ⁵tuei⁴²zəŋ²⁴kʰəʔ⁵xɔ⁵³tʂuɤ²¹li⁰.
　　那　对　人　可　好着　哩。

080 这小伙子可有劲着呢。
　　tsei²⁴kuɤ⁰ɕiɔ²⁴xuɤ⁵³tʂɿ⁰/xəu⁴²səŋ⁰kʰəʔ⁵tɕiɻ̃ɤ⁴²ta⁴²li⁰.
　　这　个　小　伙　子/后　生　可　劲儿　大哩。

081 别跑，你给我站着！
　　piɔ⁴⁴pʰɔ²⁴³, ȵi⁵³kəʔ⁵ŋuɤ²¹tsɛ̃⁴²xa⁰!
　　覅跑，你给我　站下！

082 下雨了，路上小心着！
　　xa⁴⁴y⁵³lɛ̃⁰, ləu⁴²ʂɤ⁰tsʰɔ²⁴ɕiəŋ⁰ɕiər⁰!
　　下雨了，路　上操　心　些儿！

083 点着火了。着凉了。
　　xuɤ⁵³tiɛ̃⁵³tʂʰuɤ²¹lɛ̃⁰. tʂʰuɤ²¹liaŋ²⁴lɛ̃⁰.
　　火　点着　了。着　凉了。

084 甭着急，慢慢儿来。
　　piɔ⁴²tɕi²⁴³, mɛ̃⁴²mɐr⁴²lɛe²⁴³.
　　覅急，慢　慢儿来。

085 我正在这儿找着你，还没找着。
　　ŋuɤ⁵³tʂəŋ⁴²tsɿ⁴⁴tɐr⁰ɕiəŋ²⁴ȵi²¹li⁰, xɛ̃²⁴muɤ²¹ɕiəŋ²⁴tɕiɛ̃⁴⁴².
　　我　正　这搭儿寻　你　哩，还没　寻　见。

086 她呀，可厉害着呢！
　　nəʔ⁵kʰəʔ⁵li⁴²xɛɛ⁰tʂuɤ²¹li⁰!
　　那　可　厉害　着　哩！

087 这本书好看着呢。
　　tsei²⁴pəŋ⁵³ʂu²¹xɔ⁵³kʰɛ̃⁰li⁰.
　　这　本　书好看　哩。

088 饭好了，快来吃吧。
　　fɛ̃⁴²xɔ²⁴lɛ̃⁰, kʰuɛe⁴²kuɤ⁴²lɛe²⁴tʂʰɿ²¹.
　　饭好了，快　过　来吃。

089 锅里还有饭没有？你去看一看。
kuɤ²²li³¹iəu⁵³fɛ̃⁴²muɤ²¹lɛ̃⁰? ȵi⁵³tɕʰi⁴²kʰɛ̃⁴²kei²¹xa⁰.
锅 里有 饭没 了？你去 看 给 下。

090 我去看了，没有饭了。
ŋuɤ⁵³kʰɛ̃⁴²lɛ̃⁰, muɤ²¹fɛ̃⁴²lɛ̃⁰.
我 看 了，没 饭 了。

091 就剩一点儿了，吃了得了。
tɕiəu⁴²ʂəŋ⁴²iaʔ⁵tiɛ̃²²tiɛ̃³¹lɛ̃⁰, tʂʰʅ²¹lɔ⁵³suɛ̃⁴²lɛ̃⁰.
就 剩 一点点 了，吃 咾算 了。

092 吃了饭要慢慢儿地走，别跑，小心肚子疼。
tʂʰʅ²¹lɔ⁵³fɛ̃⁴²iɔ⁴²mɛ̃⁴²ɕiər⁰tsəu⁵³li⁰, piɔ⁴²pʰɔ²⁴³, tsʰɔ²²ɕiəŋ³¹tʰu⁴²tsʅ⁰tʰəŋ²⁴³.
吃 咾饭要慢 些儿走 哩，嫑跑， 操 心 肚 子疼。

093 他吃了饭了，你吃了饭没有呢？
nəʔ⁵tʂʰʅ²¹lɔ⁵³fɛ̃⁴²lɛ̃⁰, ȵi⁵³tʂʰʅ²¹lɔ⁰lɛ̃⁰muɤ²¹?
那吃 咾饭了，你吃 了没？

094 我喝了茶还是渴。
ŋuɤ⁵³xuɤ²¹lɔ⁵³tsʰa²⁴³xɛ̃²⁴kʰuɤ⁵³li⁰.
我 喝 咾茶 还 渴 哩。

095 我吃了晚饭，出去溜达了一会儿，回来就睡下了，还做了个梦。
ŋuɤ⁵³tʂʰʅ²¹lɔ⁵³xəu⁴⁴ʂaŋ⁰fɛ̃⁴⁴², tsʰuəʔ⁵tɕʰi⁴²liəu⁴²ta⁰lɔ⁰iəʔ⁵tʂʰɚr⁴⁴², xuei²⁴lɛe²⁴tɕiəu⁴²ʂuei⁴²xa⁰lɛ̃⁰, xɛ̃²⁴məŋ⁴²lɔ²¹kəʔ⁰məŋ⁴⁴².
我 吃 咾后 晌饭，出 去 遛 打咾一 阵儿，回 来就 睡 下 了，还 梦 咾个 梦。

096 吃了这碗饭再说。
tʂʰʅ²¹lɔ⁵³tsei²⁴uɛ̃⁵³fɛ̃⁴²tsɛe⁴²ʂuɤ²¹.
吃 咾这 碗饭再 说。

097 我昨天照了相了。
ŋuɤ⁵³iɛr⁴²tʂɔ⁵³lɔ²¹kəʔ⁵ɕiaŋ⁴⁴².
我 夜儿照 咾个 相。

098 有了人，什么事都好办。
iəu⁵³zəŋ²⁴lɔ⁰, ʂəʔ⁵ma⁰sʅ⁴⁴²təu²⁴xɔ⁵³pɛ̃⁰.
有 人 咾，什么 事都 好办。

iəu²⁴lɔ⁰zəŋ²⁴³, ʂəʔ⁵ma⁰sʅ⁴⁴²təu²⁴xɔ⁵³pɛ̃⁰.
有 咾人， 什么 事 都 好办。

099 不要把茶杯打碎了。
piɔ⁴²pəʔ⁵tsʰa²⁴pʰei²²tsʅ³¹ta⁵³lɛ̃⁴²lɔ⁰.
嫑把 茶 杯 子 打烂咾。

100 你快把这碗饭吃了，饭都凉了。
n̠i⁵³kɛ̃²⁴tɕiəŋ⁵³pəʔ⁵tsei²⁴uɛ̃⁰fɛ̃⁴²tʂʰʅ²¹lɔ⁵³, fɛ̃⁴²təu²⁴liaŋ²⁴lɛ̃⁰.
你 赶紧 把 这 碗饭吃 咾,饭 都 凉 了。

101 下雨了。雨不下了，天晴开了。
xa⁴⁴y⁵³lɛ̃⁰. y⁵³pəʔ⁵xa⁴²lɛ̃⁰, tʰiɛ̃²¹tɕʰiəŋ²⁴lɛ̃⁰.
下 雨了。雨不 下 了,天 晴 了。

102 打了一下。去了一趟。
ta²⁴lɔ⁵³iəʔ⁵xa⁴⁴². tɕʰi⁴²lɔ⁰iəʔ⁵xuei²⁴³.
打 咾一 下。 去 咾一 回。

103 晚了就不好了，咱们快点儿走吧！
tsʰʅ²⁴lɔ⁰tɕiəu⁴²ma²⁴fɛ̃⁰lɛ̃⁰, tsʰa²⁴məŋ⁰tsəu⁵³kʰuɛɛ⁴²ɕiər⁰!
迟 咾就 麻 烦了,咱 们 走 快 些儿!
tsʰʅ²⁴lɔ⁰tɕiəu⁴²ma²⁴fɛ̃⁰lɛ̃⁰, tsʰa²⁴məŋ⁰kʰuɛɛ⁴²ɕiər⁰ tsəu⁵³!
迟 咾就 麻 烦了,咱 们 快 些儿走!

104 给你三天时间做得了做不了？
kei⁴⁴n̠i⁵³sɛ̃²⁴tʰiɛ̃⁰nɔ⁴²tʂʰəŋ²⁴nɔ⁴²pəʔ⁵tʂʰəŋ⁰?
给 你三 天 闹 成 闹不 成?

105 你做得了，我做不了。
n̠i⁵³tsu²¹liɔ⁵³li⁰, ŋuɤ⁵³tsu²¹pəʔ⁵liɔ⁰.
你 做 了哩,我 做 不 了。

106 你骗不了我。
n̠i⁵³xuəŋ⁵³pəʔ⁵lɔ⁰ŋuɤ²¹.
你 哄 不 咾我。

107 了了这桩事情再说。
liɔ⁵³lɔ⁰tsei⁴²tʂuaŋ²¹sʅ⁴²tsɛɛ⁴²ʂuɤ²¹.
了 咾这 桩 事再 说。
pəʔ⁵tsei⁴²tʂuaŋ²¹sʅ⁴²liɔ⁵³lɔ⁰tsɛɛ⁴²ʂuɤ²¹.
把 这 桩 事了咾再 说。

108 这间房没住过人。

tsei⁴²ur²¹muɤ²¹ʂəŋ²⁴kuɤ⁴²zəŋ²⁴³.

这 屋儿没 宬 过 人。

109 这牛拉过车，没骑过人。

tsei²⁴kəʔ⁰ȵiəu²⁴³la²¹kuɤ⁴²tʂʰɤ²¹, zəŋ²⁴muɤ²¹tɕʰi²⁴kuɤ⁴⁴².

这 个 牛 拉过 车， 人 没 骑 过。

110 这小马还没骑过人，你小心点儿。

tsei⁴²pʰi²¹ma⁵³tɕy²¹tsəʔ⁵zəŋ²⁴xɛ̃²⁴muɤ²¹tɕʰi²⁴kuɤ⁴⁴², ȵi⁵³tsʰɔ²⁴ɕiəŋ⁰ɕiər⁰.

这 匹 马 驹 子 人 还 没 骑 过， 你 操 心 些儿。

111 以前我坐过船，可从来没骑过马。

tɕiəu⁴²kr̃r⁰ŋuɤ⁵³tsʰuɤ⁴²kuɤ⁰tʂʰuɛ̃²⁴³, kʰəʔ⁵sɿ iəʔ⁵mɛ̃⁰muɤ²¹tɕʰi²⁴kuɤ⁴⁴ma⁵³.

旧 根儿我 坐 过船， 可 是一 满 没 骑 过 马。

112 丢在街上了。搁在桌上了。

liɔ⁴²tɔ⁴²kɛe²¹ʂɤ⁴²lɛ̃⁰. kuɤ²¹tɔ⁴²tʂuɤ²¹tsɿ̊ʂɤ⁴²lɛ̃⁰.

撂 到街 上 了。搁 到桌 子上 了。

113 掉到地上了，怎么都没找着。

tʰaŋ⁴²ti⁴²ʂaŋ⁰lɛ̃⁰, tsəʔ⁵ma⁰ti⁰təu²⁴muɤ²⁴ɕiəŋ²⁴tɕiɛ̃⁴⁴².

踢 地上了,怎 么 地都 没 寻 见。

114 今晚别走了，就在我家住下吧。

tɕir̃r²⁴xei²¹lɔ⁵³piɔ⁴⁴tsəu⁵³lɛ̃⁰, tɕiəu⁴²tsʰɛe⁴²ŋuɤ⁵³məŋ⁰tɕia²¹ʂəŋ²⁴xa⁴⁴².

今儿黑 咾嫑 走 了,就 在 我 们 家 宬 下。

115 这些果子吃得吃不得？

tʂəʔ⁵ɕi⁰kuɤ⁵³tsɿ̊⁰tʂʰɿ²¹tʂʰəŋ²⁴tʂʰɿ²¹pəʔ⁵tʂʰəŋ⁰?

这 些果 子吃成 吃 不 成?

116 这是熟的，吃得。那是生的，吃不得。

tʂəʔ⁵səʔ⁰su²¹ti⁰, tʂʰɿ²¹tʂʰəŋ²⁴li⁰. nəʔ⁵səʔ⁰səŋ²¹ti⁰, tʂʰɿ²¹pəʔ⁵tʂʰəŋ⁰.

这 是 熟 的,吃 成 哩。那 是 生 的,吃 不 成。

117 你们来得了来不了？

ȵi⁵³məŋ⁰lɛe²⁴liɔ⁵³lɛe²⁴pəʔ⁵liɔ⁵³?

你们 来 了来 不 了?

ȵi⁵³məŋ⁰lɛe²⁴tʂʰəŋ²⁴lɛe²⁴pəʔ⁵tʂʰəŋ²⁴³?

你 们 来 成 来 不 成?

118 **我没事，来得了，他太忙，来不了。**
ŋuɤ⁵³muɤ²¹sɿ⁴⁴², lɛe²⁴liɔ⁵³li⁰, nəʔ⁵maŋ²⁴, lɛe²⁴pəʔ⁵liɔ⁰.
我　没　事，来　了　哩，那　忙，　来　不　了。

119 **这个东西很重，拿得动拿不动?**
tsei²⁴kuɤ⁰tuəŋ²¹ɕi⁰tʂuəŋ⁴²li⁰, na²⁴tuəŋ⁴²na²⁴pəʔ⁵tuəŋ⁴⁴²?
这　个　东　西　重　　哩，拿　动　拿　不　动?

120 **我拿得动，他拿不动。**
ŋuɤ²¹na²⁴tuəŋ⁴²li⁰, nəʔ⁵na²⁴pəʔ⁵tuəŋ⁴⁴².
我　拿　动　哩，那　拿　不　动。

121 **真不轻，重得连我都拿不动了。**
tʂəŋ²⁴ti⁰pəʔ⁵tɕʰiəŋ²¹, tʂuəŋ⁴²ti⁰liɛ̃²⁴ŋuɤ²¹təu²⁴na²⁴pəʔ⁵tuəŋ⁴⁴².
真　的不轻，　重　得连我　都　拿不　动。

122 **他手巧，画得很好看。**
nəʔ⁵ʂəu²⁴tɕʰiɔ⁵³, xua⁴²təʔ⁵kʰə ʔ⁵xɔ²¹kʰɛ⁴²li⁰.
那　手　巧，　画　得　可　好看　哩。

123 **他忙得很，忙得连吃过饭没有都忘了。**
nəʔ⁵maŋ²⁴ti⁰li⁴²xɛe⁰li⁰, maŋ²⁴ti⁰liɛ̃²⁴tʂʰɿ²¹lɔ⁵³fɛ̃⁴²muɤ²¹təu²¹uaŋ⁴²lɛ̃⁰.
那　忙　得厉害哩，忙　得连　吃　咾饭没　都　忘　了。
nəʔ⁵maŋ²⁴ti⁰li⁴²xɛe⁰li⁰, maŋ²⁴ti⁰liɛ̃²⁴tʂʰɿ²¹fɛ̃⁴²lɛe²⁴lɛ̃⁰muɤ²¹təu²¹uaŋ⁴²lɛ̃⁰.
那　忙　得厉害哩，忙　得连　吃　饭　来了没　都　忘　了。

124 **你看他急得，急得脸都红了。**
n̠i²¹kʰɛ̃⁴²nəʔ⁵tɕi⁴²ti⁰, tɕi²⁴ti⁰liɛ̃⁵³təu²¹xuaŋ²⁴lɛ̃⁰.
你　看　那　急　得，急　得脸　都　红　　了。

125 **你说得很好，你还会说些什么呢?**
n̠i⁵³ʂuɤ²¹ti⁰kʰə ʔ⁵xɔ⁵³li⁰, n̠i⁵³xɛ̃²⁴xuei⁴²ʂuɤ²¹ʂəʔ⁵ma⁰li⁰?
你　说　得　可　好　哩，你　还　会　　说　什么　哩?

126 **说得到，做得了，真棒!**
ʂuɤ²¹tɔ⁴²tsu²¹tɔ⁴², nəŋ²⁴ɕiəŋ²⁴li⁰!
说　到　做到，能　行　　哩!

127 **这个事情说得说不得呀?**
tsei²⁴kəʔ⁵sɿ⁴²nəŋ²⁴ʂuɤ²¹pəʔ⁵nəŋ²⁴ʂuɤ²¹?
这　个　事能　说　不　能　说?

128 他说得快不快？听清楚了吗？

nəʔ⁵ʂuɤ²¹ti⁰kʰuɛ⁴²pəʔ⁵kʰuɛ⁴⁴²? tʰiəŋ²⁴tɕʰiəŋ²¹tʂʰu⁵³lɛ̃⁰muɤ²¹?

那 说 得 快 不 快？ 听 清 楚 了 没？

129 他说得快不快？只有五分钟时间了。

nəʔ⁵ʂuɤ²¹ti⁰kʰuɛ⁴²pəʔ⁵kʰuɛ⁴⁴²? liɔ⁴²xau⁵³fəŋ⁰tʂuaŋ²¹sɿ²⁴tɕiɛ̃⁰lɛ̃⁰.

那 说 得 快 不 快？ 摺下五分 钟 时 间 了。

130 这是他的书。

tsɿ⁴²sɿ⁰nəʔ⁵ti⁰ʂu²¹.

这 是 那 的 书。

131 那本书是他哥哥的。

nei²⁴pəŋ⁰ʂu²¹sɿ⁰tʰa²¹kuɤ²⁴ti⁰.

那 本 书 是 他 哥 的。

132 桌子上的书是谁的？是老王的。

tʂuɤ²¹tsɿ⁰ʂaŋ⁴²ti⁰ʂu²¹səʔ⁵ʂuei²⁴ti⁰? səʔ⁵lɔ⁵³uaŋ²⁴ti⁰.

桌 子 上 的 书 是 谁 的？是老王 的。

133 屋子里坐着很多人，看书的看书，看报的看报，写字的写字。

u²¹li⁰tsʰuɤ⁴²kʰəʔ⁵tuɤ²¹zəŋ²⁴³, kʰɛ̃⁴²ʂu²¹ti⁰kʰɛ̃⁴²ʂu²¹, kʰɛ̃⁴²pɔ⁴²ti⁰kʰɛ̃⁴²pɔ⁴², ɕie⁵³tsʰɿ⁰ti⁰ɕie⁵³tsʰɿ⁰.

屋 里坐 可 多 人， 看 书 的 看 书，看 报 的 看 报，写 字 的 写 字。

134 要说他的好话，不要说他的坏话。

iɔ⁴²ʂuɤ²¹nəʔ⁵təʔ⁵xɔ⁵³xua⁰, piɔ⁴²ʂuɤ²¹nəʔ⁵təʔ⁵xuɛɛ⁴²xua⁰.

要 说 那 的 好话，嫑 说 那 的 坏 话。

135 上次是谁请的客？是我请的。

ʂaŋ⁴²xuei²⁴səʔ⁵ʂuei²⁴tɕʰiəŋ⁵³ti⁰kʰei²¹? səʔ⁵ŋuɤ²¹tɕʰiəŋ⁵³ti⁰.

上 回 是 谁 请 的 客？ 是 我 请 的。

136 你是哪年来的？

ɲi⁵³sɿ⁰la²⁴i²¹ɲiɛ̃²⁴lɛe²⁴ti⁰?

你 是 哪 一 年 来 的？

137 我是前年到的北京。

ŋuɤ²¹sɿ⁰tɕʰiɛ̃²⁴ɲiɛ̃⁰tɔ⁴²ti⁰pei²⁴tɕiəŋ⁰.

我 是 前 年 到 的 北 京。

138 你说的是谁？

ɲi⁵³ʂuɤ²¹ʂuei²⁴tʂuɤ²¹li⁰?

你 说 谁 着 哩？

139 我反正不是说的你。

ŋuɤ⁵³tʂuɤ²¹pəʔ⁵sʅ⁴²ʂuɤ²¹n̩i²¹li⁰.

我 着 不是说 你哩。

140 他那天是见的老张，不是见的老王。

tʰa²¹nei⁴²tʰiẽ⁰tɕiẽ⁴²ti⁰sʅ²¹lɔ⁵³tʂaŋ²¹, pəʔ⁵sʅ⁴²lɔ⁵³uaŋ²⁴³.

他 那 天 见 的是老张， 不 是 老王。

141 只要他肯来，我就没的说了。

tsʅ⁵³iɔ⁰nəʔ⁵yẽ⁴²i⁴²lɛe²⁴³, ŋuɤ²¹tɕiəu⁴²muɤ²¹sa⁴²ʂuɤ²¹ti⁰lẽ⁰.

只 要那 愿意来， 我 就 没 啥说 的了。

142 以前是有的做，没的吃。

tɕiəu⁴²kɤ̃r⁰sʅ²¹iəu⁵³tsu²¹ti⁰li⁰, muɤ²⁴tʂʰʅ²¹ti⁰.

旧 根儿是有 做 的哩,没 吃 的。

143 现在是有的做，也有的吃。

i²⁴kɤ̃r⁰sʅ²¹iəu⁵³tsu²¹ti⁰li⁰, ie²⁴iəu⁵³tʂʰʅ²¹ti⁰li⁰.

宜根儿是有 做 的哩,也 有 吃 的哩。

144 上街买个蒜啊葱的，也方便。

tɔ⁴²kɛe²¹ʂɤ⁰mɛe⁵³kə⁰suẽ⁴²ia⁰tsʰuəŋ²¹ia⁰, ie⁵³faŋ²¹piẽ⁴⁴².

到 街 上买 个蒜也葱 也,也方 便。

145 柴米油盐什么的，都有的是。

tsʰɛe²⁴mi⁰iəu²⁴iẽ²⁴nəʔ⁵ɕi⁰, iəu⁵³ti⁰sʅ⁴⁴².

柴 米油 盐那 些,有 的是。

146 写字算账什么的，他都能行。

ɕie⁵³tsʰʅ⁴²suẽ⁴²tʂaŋ⁴²ta²⁴ma⁰ti⁰, nəʔ⁵təu²¹nəŋ²⁴ɕiəŋ²⁴³.

写 字算 账 打马的,那都 能 行。

147 把那个东西递给我。

pa²¹nei⁴²kuɤ⁰tuəŋ²²ɕi³¹kei⁴⁴ŋuɤ⁵³tʰi⁴²təʔ⁵lɛe²⁴³.

把 那 个 东 西给我 递 得 来。

pa²¹nei⁴²kɤ⁰tuəŋ²²ɕi³¹kei⁴⁴ŋuɤ⁵³tʰi⁴²kuɤ⁰lɛe²⁴³.

把 那 个 东 西给我 递 过 来。

148 是他把那个杯子打碎了。

tɕiəu⁴²tʰa²¹pa²¹nei²⁴kuɤ⁰pʰei²²tsʅ³¹ta⁵³lẽ⁴²lẽ⁰.

就 他把那个 杯 子打烂了。

149 把人家脑袋都打出血了，你还笑！
pa²¹zəŋ²⁴tɕiɔ⁰nɔ²⁴təu²¹ta⁵³tiºtʰaŋ⁵³ɕyɤ²¹lɛ̃⁰, n̞i⁵³xɛ̃²⁴ɕiɔ⁴²li⁰!
把人　家脑都　打得淌　血　了,你还笑　哩!

150 快去把书还给他。
kʰuɛɛ⁴²tɕʰi⁴²pa²¹ʂu²¹kei⁴²nəʔ⁵xuɛ̃²¹lɔ⁰.
快　去把书给那还　咋。

151 我真后悔当时没把他留住。
ŋuɤ²¹kʰəʔ⁵xəu⁴⁴xuei⁰nei⁴²tʂʰɤ̃r⁴²muɤ²¹liəu²⁴tʂʰu⁴²nəʔ⁵.
我　可后　悔那阵儿没　留住那。

152 你怎么能不把人当人呢？
n̞i⁵³tsəʔ⁵maºti⁰nəŋ²⁴pa²¹zəŋ²⁴pəʔ⁵taŋ⁴²zəŋ²⁴li⁰?
你怎　么地能　把人　不当　人　哩?

153 有的地方管太阳叫日头。
iəu⁵³ti⁰ti⁴²faŋ⁰tɕiɔ⁴²tʰɛɛ⁴²iaŋ⁰tɕiɔ⁴²ər²¹tʰəu⁰.
有 的地方 叫　太　阳叫 日头。

154 什么？她管你叫爸爸！
ʂəʔ⁵ma²⁴³? tʰa²¹tɕiɔ⁴⁴n̞i⁵³tɕiɔ⁴²ta²⁴li⁰!
什么？ 她叫 你叫 大哩!

155 你拿什么都当真的，我看没必要。
n̞i²⁴pa²¹ʂəʔ⁵maºtəu²¹taŋ⁴²tʂʰəŋ²⁴tʂəŋ²¹ti⁰, ŋuɤ²¹kʰɛ̃⁴²yəŋ⁴²pəʔ⁵tʂʰuɤ⁰.
你把什 么都当　成　真　的,我　看 用 不　着。

156 真拿他没办法，烦死我了。
tʂəŋ²⁴kəʔ⁰pa²¹nəʔ⁵muɤ²¹pɛ̃⁴²faº, ma²⁴fɛ̃⁰sʅ⁰zəŋ²¹lɛ̃⁰.
真　个把那没　办法,麻烦死人　了。

157 看你现在拿什么还人家。
kʰɛ̃⁴²n̞i²¹i²⁴kɤ̃r⁰na²⁴ʂəʔ⁵maºkei⁴²zəŋ²⁴tɕiºxuɛ̃²⁴li⁰.
看 你宜根儿拿 什么给 人　家还　哩。

158 他被妈妈说哭了。
tʰa²¹tɕiɔ²⁴tʰa²⁴ma²¹ʂuɤ²¹tiºkʰu²¹xa⁴²lɛ̃⁰.
他 教 他 妈 说 得哭 下 了。

159 所有的书信都被火烧了，一点儿剩的都没有。
ɕiəŋ⁴²tɕʰyɛ̃²⁴pʰu⁴²təu²⁴tɕiɔ²⁴xuɤ⁵³sɔ²⁴lɛ̃⁰, iəʔ⁵tiɐr⁰muɤ²¹ʂəŋ⁴²xaº.
信　全　部都教　火　烧了,一点儿没　剩　下。

160　被他缠了一下午，什么都没做成。
　　　tɕiɔ²⁴nəʔ⁵tʂʰɛ̃²⁴muɤlɔ⁰iəʔ⁵xəuʔ⁵ɕaŋ⁰, ʂəʔ⁵ma⁰muɤ²⁴tsu²¹tʂʰəŋ²⁴³.
　　　教　那　缠　磨　咾一后晌，什么　没　做　成。

161　让人给打蒙了，一下子没明白过来。
　　　tɕiɔ²⁴zəŋ²⁴ta⁵³məŋ⁴²lɛ̃⁰, iəʔ⁵xa⁴²muɤ²⁴fɛ̃²¹tʂuɛ̃⁴⁴².
　　　教　人　打　蒙　了，一下　没　翻　转。

162　给雨淋了个浑身湿透。
　　　tɕiɔ²⁴y⁵³xa⁴²ti⁰xuəŋ²⁴ʂəŋ⁰ʂʅ²¹tʰəu⁴²lɛ̃⁰.
　　　教　雨　下　得　浑　身　湿　透　了。

163　给我一本书。给他三本书。
　　　kei⁴²ŋuɤ²¹iəʔ⁵pəŋ⁵³ʂu²¹. kei⁴²nəʔ⁵sɛ̃²⁴pəŋ⁰ʂu²¹.
　　　给　我　一　本　书。给　那　三　本　书。

164　这里没有书，书在那里。
　　　tsʅ⁴²tɐr⁰muɤ²⁴ʂu²¹, ʂu²¹tsʰɛɛ⁴²nəʔ⁵tɐr⁰li⁰.
　　　这　搭儿没　书，书　在　那　搭儿哩。

165　叫他快来找我。
　　　tɕiɔ⁴²tʰa²¹kʰuɛɛ⁴²ɕiər⁰ɕiəŋ²⁴ŋuɤ²¹lɛɛ²⁴³.
　　　叫　他　快　些儿寻　我　来。

166　赶快把他请来。
　　　kɛ̃²⁴tɕiəŋ⁵³pa²¹nəʔ⁵tɕʰiəŋ⁵³ti⁰lɛɛ⁰.
　　　赶　紧　把　那　请　得来。

167　我写了条子请病假。
　　　ŋuɤ²¹ɕie⁵³lɔ⁰kəʔ⁰tʰiɔ²⁴tsʅ⁰tɕʰiəŋ⁵³pʰiəŋ⁴²tɕia⁴²lɛ̃⁰.
　　　我　写　咾个条　子　请　病　假了。

168　我上街买了份报纸看。
　　　ŋuɤ²¹tɔ⁴²kɛɛ²¹ʂɤ⁰mɛɛ²⁴lɔ⁰tʂaŋ²¹pɔ⁴⁴tsʅ⁰kʰɛ̃⁴⁴².
　　　我　到　街　上　买　咾张　报　纸　看。

169　我笑着躲开了他。
　　　ŋuɤ²¹ɕiɔ⁴²ti⁰pa²¹nəʔ⁵pʰi⁵³kuɤ⁴²lɛ̃⁰.
　　　我　笑　的把那　避　过　了。

170　我抬起头笑了一下。
　　　ŋuɤ²¹n̩iaŋ²⁴tɕʰi⁵³tʰəu²⁴ɕiɔ⁴²lɔ⁰xa⁴⁴².
　　　我　仰　起　头　笑　咾下。

171 我就是坐着不动，看你能把我怎么着。

ŋuɤ²¹tɕiəu⁴²tsʰuɤ⁴²xa⁰pəʔ⁵tuəŋ²¹, kʰɛ̃⁴²n̠i²¹nəŋ²⁴pa²⁴ŋuɤ²¹tsəʔ⁵ma²¹ti⁰ie⁰.

我　就　坐　下不动，看你能把我　怎么地也。

172 她照顾病人很细心。

nəʔ⁵tʂɔ²¹xu⁰pʰiəŋ⁴²zə̩ŋ⁰kʰəʔ⁵ɕiəŋ²¹li⁰.

那招呼病　人可细心哩。

173 他接过苹果就咬了一口。

nəʔ⁵tɕie²¹kuɤ⁴²kuɤ⁵³tsʅ⁰tɕiəu⁴²n̠iɔ²⁴lɔ⁵³iəʔ⁵kʰəu⁰.

那接过果子就　咬咾一口。

174 他的一番话使在场的所有人都流了眼泪。

tʰa²⁴ʂuɤ²¹tiʔ²¹iəʔ⁵tuɐr⁴²xua⁴²zɑ̩ŋ⁴²tsɛe⁴²tʂʰaŋ⁰tiʔ⁰ʂuɤ²⁴iəu⁵³zə̩ŋ²⁴təu²⁴tʰaŋ⁵³n̠iɛ̃⁵³luei⁰lɛ̃⁰.

他说的一段儿话　让在场的所有人都淌眼泪了。

175 我们请他唱了一首歌。

ŋuɤ⁵³məŋ⁰tɕʰiəŋ²¹nəʔ⁵tʂʰaŋ⁴²lɔ⁰kəʔ⁵kuər²¹.

我　们　请　那唱咾个歌儿。

176 我有几个亲戚在外地做工。

ŋuɤ²⁴iəu⁵³tɕi²⁴kuɤ⁰tɕʰiəŋ²²tɕʰi³¹tsɛe⁴²uɛe⁴²tʰəu⁰ta⁵³kuəŋ²¹tʂuɤ²¹li⁰.

我　有　几个亲　戚在外头打工　着哩。

177 他整天都陪着我说话。

tʰa²¹iəʔ⁵tʰiɛ̃²¹təu²¹pʰei²⁴ŋuɤ²¹ʂuɤ²¹xua⁴²tʂuɤ²¹li⁰.

他　一天都陪我说话着哩。

178 我骂他是个大笨蛋，他居然不恼火。

ŋuɤ²¹ma⁴²tʰa²¹səʔ⁰tsʅ²¹nɔ²⁴³, tʰa²¹xɛ̃²⁴pəʔ⁵xɛe⁴²tɕʰi⁴⁴².

我　骂他是瓷脑，他还不害　气。

179 他把钱一扔，二话不说，转身就走。

tʰa²⁴pa²¹tɕʰiɛ̃²⁴iəʔ⁵liɔ⁴², ər⁴²xua⁴²pəʔ⁵ʂuɤ²¹, n̠iəu⁵³tʰəu²⁴tɕiəu⁴⁴tsəu⁵³lɛ̃⁰.

他把钱　一撂，二话不说，扭头就　走了。

180 我该不该来呢？

ŋuɤ⁵³kɛe²¹lɛe²⁴³pəʔ⁵kɛe²¹lɛe²⁴³?

我　该来不该来？

181 你来也行，不来也行。

n̠i⁵³lɛe²⁴ia²¹nəŋ²⁴li⁰, pəʔ⁵lɛe²⁴ia²¹nəŋ²⁴li⁰.

你来也能哩,不来也能　哩。

182 要我说，你就不应该来。
tɕiɔ²⁴ŋuɤ²¹ʂuɤ²¹, n̩i²¹tɕiəu⁴²pəʔ⁵nəŋ²⁴lɛe²⁴³.
教 我 说，你就 不 能 来。

183 你能不能来？
n̩i⁵³nəŋ²⁴lɛe²⁴puº？/n̩i⁵³nəŋ²⁴pəʔ⁵nəŋºlɛe²⁴³？
你 能 来 不？/你 能 不 能 来？

184 看看吧，现在说不准。
təŋ⁵³iəʔ⁵xaºkʰɛ̃⁴², i²⁴kɤ̃rºxɛ²⁴ʂuɤ²¹pəʔ⁵tiəŋ⁴⁴².
等 一 下看，宜=根儿还 说 不 定。

185 能来就来，不能来就不来。
nəŋ²⁴lɛe²⁴tɕiəu⁴²lɛe²⁴, pəʔ⁵nəŋ²⁴lɛe²⁴tɕiəu⁴²piɔ⁴²lɛe²⁴³.
能 来 就 来，不 能 来 就 耍 来。

186 你打算不打算去？
n̩i²¹ta⁵³pəʔ⁵ta⁵³suɛ̃⁴²tɕʰi⁴⁴²？
你 打 不 打算 去？

187 去呀！谁说我不打算去？
tɕʰi⁴²iaº, ʂuei²⁴ʂuɤ²¹ŋuɤ²¹pəʔ⁵tʂuəŋ⁵³pi⁴²tɕʰi⁴⁴²？
去 也！谁 说 我 不 准 备 去？

188 他一个人敢去吗？
nəʔ⁵iəʔ⁵kuɤºzəŋ²⁴kɛ̃⁵³tɕʰi⁴²liº？
那 一 个 人 敢 去 哩？

189 敢！那有什么不敢的？
kɛ̃⁵³liº, nəʔ⁵iəu²¹sa⁴²pəʔ⁵kɛ̃⁵³tiº？
敢 哩！那 有 啥 不 敢 的？

190 他到底愿不愿意说？
tʰa²¹tɔ⁴²tiºyɛ̃⁴²i⁴²ʂuɤ²¹pəʔº？
他 到底 愿意 说 不？
tʰa²¹tɔ⁴²tiºyɛ̃⁴²pəʔ⁵yɛ̃⁴²i⁴²ʂuɤ²¹？
他 到底愿 不 愿 意说？

191 谁知道他愿意不愿意说？
ʂuei²⁴ɕiɔ⁵³teiºnəʔ⁵yɛ̃⁴²i⁴²ʂuɤ²¹pəʔº？
谁 晓 得那 愿意说 不？

ṣuei²⁴ɕiɔ⁵³tei⁰nəʔ⁵yẽ⁴²pəʔ⁵yẽ⁴²i⁴²ṣuɤ²¹?

谁 晓 得 那 愿 不 愿 意 说?

192 愿意说得说，不愿意说也得说。

yẽ⁴²i⁴²ṣuɤ²¹iɔ⁴²ṣuɤ²¹li⁰, pəʔ⁵yẽ⁴²i⁴²ṣuɤ²¹ie⁵³iɔ⁴²ṣuɤ²¹li⁰.

愿意说 要说 哩，不愿意说 也要说 哩。

193 反正我得让他说，不说不行。

fẽ⁵³tʂəŋ⁰ŋuɤ²¹iɔ⁴²tɕiɔ²⁴tʰa²¹ṣuɤ²¹li⁰, pəʔ⁵ṣuɤ²¹pəʔ⁵ɕieŋ²⁴³.

反 正 我 要 教 他 说 哩，不 说 不 行。

194 还有没有饭吃?

tsɛe⁴²iəu⁵³fẽ⁴²tʂʰʅ²¹muɤ²¹?

再 有 饭 吃 没？

195 有，刚吃呢。

iəu⁵³li⁰, tɕiaŋ²⁴tʂʰʅ²¹ṣaŋ⁴⁴².

有 哩，刚 吃 上。

196 没有了，谁叫你不早来!

muɤ²¹lẽ⁰, ṣuei²⁴tɕiɔ²⁴n̩i²¹pəʔ⁵tsɔ⁵³ɕiər⁰lɛe²⁴³!

没 了，谁 教 你 不 早 些儿来!

197 你去过北京吗? 我没去过。

n̩i⁵³tɕʰi⁴²kuɤ⁰pei²⁴tɕieŋ⁰muɤ²¹? ŋuɤ⁵³muɤ²¹tɕʰi⁴²kuɤ⁰.

你 去 过 北 京 没? 我 没 去 过。

198 我十几年前去过，可没怎么玩，都没印象了。

ŋuɤ²¹ʂʅ²⁴tɕi⁵³n̩iẽ²⁴tɕʰiẽ²⁴tɕʰi⁴²kuɤ⁰, pəʔ⁵kuɤ⁴²muɤ²⁴xɔ⁵³xɔr⁰tʂʰuẽ⁴⁴², muɤ²¹sa⁴²iəŋ⁴²ɕiaŋ⁰lẽ⁰.

我 十 几 年 前 去 过，不 过 没 好 好儿串， 没 啥 印 象 了。

199 这件事他知道不知道?

tsei²⁴kuɤ⁰ʂʅ⁴²nəʔ⁵ɕiɔ⁵³tei⁰pu²¹?

这 个 事 那 晓 得 不?

tsei²⁴kuɤ⁰ʂʅ⁴²nəʔ⁵ɕiɔ⁵³tei⁰ɕiɔ⁵³pəʔ⁵tei⁰?

这 个 事 那 晓 得 晓 不 得?

200 这件事他肯定知道。

tsei²⁴kuɤ⁰ʂʅ⁴²nəʔ⁵pɔ²⁴tʂuaŋ⁰ɕiɔ⁵³tei²⁴li⁰.

这 个 事 那 保 准 晓 得 哩。

201 据我了解，他好像不知道。

i²⁴ŋuɤ²¹liɔ²⁴tɕie⁰ti⁰kʰɛ̃⁴², nə?⁵xɔ⁵³ɕiaŋ⁰ɕiɔ⁵³pə?⁵tei⁰.

依我 了解 的看， 那 好像 晓 不得。

202 这些字你认得不认得？

tsei⁴²ɕi²¹tsʰɿ⁴⁴²n̪i⁵³zə̩ŋ⁴²tei²¹pu⁰?

这 些字 你 认 得 不？

tsei⁴²ɕi²¹tsʰɿ⁴⁴²n̪i⁵³zə̩ŋ⁴²tei²¹zə̩ŋ⁴²pu²¹tei⁰?

这 些字 你 认 得 认 不得？

203 我一个大字也不认得。

ŋuɤ²¹iə?⁵kə?⁰tsʰɿ⁴²ie⁵³zə̩ŋ⁴²pə?⁵tei⁰.

我 一个 字 也 认 不得。

204 只有这个字我不认得，其他字都认得。

tɕiəu⁴²tsei²⁴kə?⁰tsʰɿ⁴²ŋuɤ²¹zə̩ŋ⁴²pə?⁵tei⁰, tsɛe⁴²ti⁰tsʰɿ⁴²təu²⁴zə̩ŋ⁴²tei⁰li⁰.

就 这 个字 我 认 不得，再 的字 都 认 得 哩。

205 你还记得不记得我了？

n̪i²¹xɛ̃²⁴tɕi⁴²tei⁰ŋuɤ²¹pu²¹lɛ̃⁰?

你 还 记 得 我 不 了？

n̪i²¹xɛ̃²⁴tɕi⁴²pə?⁵tɕi⁴²tei⁰ŋuɤ²¹lɛ̃⁰?

你 还 记 不 记 得 我 了？

206 记得，怎么能不记得！

tɕi⁴²tei⁰li⁰, tsə?⁵ma⁰nən²⁴tɕi⁴²pə?⁵tei²⁴li⁰!

记 得哩,怎 么 能 记 不 得哩！

207 我忘了，一点都不记得了。

ŋuɤ²¹uaŋ⁴²lɛ̃⁰, iə?⁵tiɐr⁰ia⁰tɕi⁴²pə?⁵tei⁰lɛ̃⁰.

我 忘 了,一点儿 也记 不 得 了。

208 你在前边走，我在后边走。

n̪i²¹tsɛe⁴²tɕʰiɛ̃²⁴ŋɐr⁰tsəu⁵³, ŋuɤ²¹tsɛe⁴²xəu⁴⁴ŋɐr⁰tsəu⁵³.

你 在 前 岸儿走， 我 在 后 岸儿走。

209 我告诉他了，你不用再说了。

ŋuɤ²¹kei⁴²nə?⁵ʂuɤ²¹lɛ̃⁰, n̪i²¹tsɛe⁴²piɔ⁴²ʂuɤ²¹lɛ̃⁰.

我 给 那 说 了,你 再 要 说 了。

210 这个大，那个小，你看哪个好？

tsei²⁴kuɤ⁰ta⁴², nei²⁴kuɤ⁰ɕiɔ⁵³, ɲi⁵³kʰɛ̃⁴²la²⁴kuɤ⁰xɔ⁵³ɕiər⁰?

这 个 大，那 个 小，你 看 哪 个 好 些儿？

211 这个比那个好。

tsei²⁴kuɤ⁰pi⁵³/kɛ̃⁵³nei²⁴kuɤ⁰xɔ⁵³.

这 个 比/赶 那 个 好。

212 那个没有这个好，差多了。

nei²⁴kuɤ⁰muɤ²¹tsei²⁴kuɤ⁰xɔ⁵³, tsʰa⁴²ti⁰yɛ̃⁵³li⁰.

那 个 没 这 个 好，差 得 远 哩。

213 要我说这两个都好。

tɕiɔ²⁴ŋuɤ²¹ʂuɤ²¹tsei²⁴liaŋ²⁴kuɤ⁰təu²⁴xɔ⁵³.

教 我 说 这 两 个 都 好。

214 其实这个比那个好多了。

ʂʅ²¹tɕi⁴²ʂaŋ⁰tsei²⁴kuɤ⁰pi⁵³/kɛ̃⁵³nei²⁴kuɤ⁰xɔ⁵³ti⁰tuɤ²¹li⁰.

实 际 上 这 个 比/赶 那 个 好 得 多 哩。

215 今天的天气没有昨天好。

tɕiɹ̃r²⁴muɤ²¹iɛr⁴²tʰiɛ̃²⁴xɔ⁵³.

今儿 没 夜儿天 好。

tɕiɹ̃r²⁴tʰiɛ̃²¹muɤ²¹iɛr⁴²xɔ⁵³.

今儿 天 没 夜儿 好。

216 昨天的天气比今天好多了。

iɛr⁴²ti²¹tʰiɛ̃²¹kɛ̃⁵³tɕiɹ̃r²⁴xɔ⁵³ti⁰tuɤ²¹li⁰.

夜儿 的 天 赶 今儿 好 得 多 哩。

217 明天的天气肯定比今天好。

miɹ̃r²⁴ti⁰tʰiɛ̃²¹kʰəŋ⁵³tiəŋ⁰pi⁵³tɕiɹ̃r²¹xɔ⁵³.

明儿 的 天 肯 定 比 今儿 好。

miɹ̃r²⁴kʰəŋ⁵³tiəŋ⁰pi⁵³tɕiɹ̃r²¹tʰiɛ̃²¹xɔ⁵³.

明儿 肯 定 比 今儿 天 好。

218 那个房子没有这个房子好。

nei²⁴kuɤ⁰faŋ²²tsʅ³¹muɤ²¹/pəʔ⁵tiəŋ⁵³tsei²⁴kuɤ⁰faŋ²²tsʅ³¹xɔ⁵³.

那 个 房 子 没/不 顶 这 个 房 子 好。

219 这些房子不如那些房子好。

tsei²⁴ɕi⁰faŋ²²tsʅ³¹pu²¹zu²⁴nei⁴²ɕi⁰faŋ²²tsʅ³¹xɔ⁵³.

这 些 房 子 不 如 那 些 房 子 好。

tsei²⁴ɕi⁰faŋ²²tsʅ³¹pi⁵³pu²¹ʂaŋ⁴²nei⁴²ɕi⁰faŋ²²tsʅ³¹.

这 些 房 子 比 不 上 那 些 房 子。

220 这个有那个大没有？

tsei²⁴kuɤ⁰iəu⁵³nei²⁴kuɤ⁰ta⁴²muɤ⁰?

这 个 有 那 个 大 没？

221 这个跟那个一般大。

tsei²⁴kuɤ⁰xuɤ²⁴nei²⁴kuɤ⁰iəʔ⁵iaŋ⁴²ta⁴⁴ɕiɔ⁵³.

这 个 和 那 个 一 样 大 小。

tsei²⁴kuɤ⁰xuɤ²⁴nei²⁴kuɤ⁰i²¹iaŋ⁴²iɐ̃r⁰ta⁴⁴ɕiɔ⁵³.

这 个 和 那 个 一 样 样儿 大 小。

222 这个比那个小了一点点儿，不怎么看得出来。

tsei²⁴kuɤ⁰kɛ̃⁵³nei²⁴kuɤ⁰ɕiɔ²⁴lo⁰iəʔ⁵tiɛ̃²¹tiɐr²⁴³, kʰɛ̃⁴²pəʔ⁵tʰɛ⁴²tʂʰu²¹lɛe²⁴³.

这 个 赶 那 个 小 咾 一 点 点儿，看 不 太 出 来。

223 这个大，那个小，两个不一般大。

tsei²⁴kuɤ⁰ta⁴², nei²⁴kuɤ⁰ɕiɔ⁵³, liaŋ²⁴kuɤ⁰pəʔ⁵i²¹iaŋ⁴²ta⁴⁴².

这 个 大，那 个 小，两 个 不 一 样 大。

224 这个跟那个大小一样，分不出来。

tsei²⁴kuɤ⁰xuɤ²⁴nei²⁴kuɤ⁰iəʔ⁵iaŋ⁴²ta⁴⁴ɕiɔ⁵³, fəŋ²¹pəʔ⁵tʰɛ⁴²tʂʰu²¹lɛe⁰.

这 个 和 那 个 一 样 大 小，分 不 太 出 来。

225 这个人比那个人高。

tsei²⁴kɤ⁰zəŋ²⁴pi⁵³/kɛ̃⁵³nei²⁴kɤ⁰zəŋ²⁴kɔ²¹.

这 个 人 比/赶 那 个 人 高。

226 是高一点儿，可是没有那个人胖。

kɔ²¹səʔ⁵kɔ²¹tiɐr⁰, pəʔ⁵kuɤ⁴²muɤ²¹nei⁴²kɤ⁰zəŋ²⁴pʰaŋ⁴⁴².

高 是 高 点儿，不 过 没 那 个 人 胖。

227 他们一般高，我看不出谁高谁矮。

tʰa²¹məŋ⁰liaŋ²⁴kɤ⁰i²¹iaŋ⁴²iɐ̃r⁰kɔ²¹, ŋuɤ²¹kʰɛ̃⁴²pəʔ⁵tʂʰu²¹lɛe²⁴ʂuei²⁴kɔ²¹ʂuei²⁴ti²¹.

他 们 两 个 一 样 样儿 高，我 看 不 出 来 谁 高 谁 低。

228 胖的好还是瘦的好？

pʰaŋ⁴⁴ti⁰xɔ²¹səu⁴²ti⁰xɔ²¹?

胖　的好瘦　的好？

pʰaŋ⁴⁴ti⁰xɔ²¹xẽ²⁴sʅ⁰səu⁴²ti⁰xɔ²¹?

胖　的好还是瘦　的好？

229 瘦的比胖的好。

səu⁴²ti⁰pi⁵³/kẽ⁵³pʰaŋ⁴⁴ti⁰xɔ⁵³.

瘦　的比/赶胖　的好。

230 瘦的胖的都不好，不瘦不胖最好。

səu⁴²ti⁰pʰaŋ⁴²ti⁰təu²¹pəʔ⁵xɔ⁵³, pu²¹pʰaŋ⁴²pu²¹səu⁴²tsuei⁴⁴xɔ⁵³lẽ⁰.

瘦　的胖　的都不好，不胖　不瘦最　好了。

231 这个东西没有那个东西好用。

tsei²⁴kɤ⁰tuəŋ²²ɕi³¹muɤ²¹/pu²¹ʐu²⁴nei²⁴kɤ⁰tuəŋ²⁴ɕi⁰xɔ²⁴sʅ⁵³xuẽ⁰.

这　个东　西没/不如那个东　西好使唤。

232 这两种颜色一样吗？

tsei²⁴liaŋ²⁴tʂuəŋ⁰ȵiẽ²⁴sei⁰i²¹iaŋ⁴²pu²¹?

这　两　种　颜色一样　不？

tsei²⁴liaŋ²⁴tʂuəŋ⁰ȵiẽ²⁴sei⁰i²¹iaŋ⁴²pəʔ⁵i²¹iaŋ⁴⁴²?

这　两　种　颜色一样　不一样？

233 不一样，一种色淡，一种色浓。

pəʔ⁵i²¹iaŋ⁴⁴², i²⁴tʂuəŋ⁰ȵiẽ²⁴sei⁰tɕʰiẽ⁵³, i²⁴tʂuəŋ⁰ȵiẽ²⁴sei⁰ʂəŋ²¹.

不一样，一种　颜色浅，一种　颜色深。

234 这种颜色比那种颜色淡多了，你都看不出来？

tsei²⁴tʂuəŋ⁰ȵiẽ²⁴sei⁰pi⁵³nei²⁴tʂuəŋ⁰ȵiẽ²⁴sei⁰kʰəʔ⁵tʰẽ⁴²ti⁰tuɤ²¹li⁰, ȵi²¹kʰẽ⁴²pəʔ⁵tʂʰu²¹lɛe²⁴³?

这　种　颜色比那种　颜色可　淡得多哩,你看不出　来？

235 你看看现在，现在的日子比过去强多了。

ȵi⁵³kʰẽ⁴²i²⁴kɤr²⁴³, i²⁴kɤr⁰ti⁰kuaŋ²⁴tɕiəŋ⁵³pi⁵³/kẽ⁵³tɕiəu⁴²kɤr⁰tɕʰiaŋ²⁴ti⁰tuɤ²¹li⁰.

你看宜⁼根儿,宜⁼根儿的光　景　比/赶旧　根儿强　得多哩。

236 以后的日子比现在更好。

uaŋ⁵³xəu⁴²ti⁰kuaŋ²⁴tɕiəŋ⁵³pi⁵³/kẽ⁵³i²⁴kɤr⁰xẽ²⁴iɔ⁴⁴xɔ⁵³.

往　后的光　景　比/赶宜⁼根儿还要好。

237 好好干吧，这日子一天比一天好。

xɔ⁵³xɔr²⁴kɛ̃⁴², tsʅ⁴²kuaŋ²⁴tɕiəŋ⁵³i²⁴tʰiɛ̃⁰pi⁵³/kɛ̃⁵³i²⁴tʰiɛ̃⁰xɔ⁵³.

好好儿干，这 光 景 一天 比/赶 一天 好。

238 这些年的生活一年比一年好，越来越好。

tsʅ⁴²ɕi²¹n̠iɛ²⁴ti⁰kuaŋ²⁴tɕiəŋ⁵³i²¹n̠iɛ̃⁰pi⁵³/kɛ̃⁵³i²¹n̠iɛ̃⁰xɔ⁵³, yɤ²¹lɛe²⁴yɤ²¹xɔ⁵³lɛ̃⁰.

这 些 年 的 光 景 一年 比/赶 一年 好，越 来 越 好 了。

239 咱兄弟俩比一比谁跑得快。

tsʰa²⁴tʰi⁴²ɕyəŋ⁰liaŋ²⁴kuɤ⁰pi⁵³i²¹pi⁵³kʰɛ̃⁴²ʂuei²⁴pʰɔ²⁴ti⁰kʰuɛe⁴⁴².

咱 弟 兄 两 个 比一比 看 谁 跑 得 快。

tsʰa²⁴tʰi⁴²ɕyəŋ⁰liaŋ²⁴kuɤ⁰pi⁵³kei²¹xa⁰kʰɛ̃⁴²ʂuei²⁴pʰɔ²⁴ti⁰kʰuɛe⁴⁴².

咱 弟 兄 两 个 比给 下 看 谁 跑 得 快。

240 我比不上你，你跑得比我快。

ŋuɤ²⁴pi⁵³pəʔ⁵kuɤ⁴²n̠i²¹, n̠i²¹pʰɔ²⁴ti⁰pi²⁴/kɛ̃⁵³ŋuɤ²¹xuɛ̃²¹.

我 比 不 过 你，你 跑 得 比/赶 我 欢。

241 他跑得比我还快，一个比一个跑得快。

nəʔ⁵kaŋ⁴²ti⁰pi²⁴ŋuɤ²¹xɛ̃²⁴xuɛ̃²¹, iəʔ⁵kuɤ⁰pi⁵³iəʔ⁵kuɤ⁰kaŋ⁴²ti⁰xuɛ̃²¹.

那 逛 得比我 还 欢，一个 比 一个 逛 得欢。

242 他比我吃得多，干得也多。

nə⁵tʂʰʅ²¹ti⁰pi²⁴ŋuɤ²¹tuɤ²¹, kɛ̃⁴²ti⁰ie⁵³tuɤ²¹.

那 吃 得比我 多，干 得也 多。

nə⁵pi²⁴ŋuɤ²¹tʂʰʅ²¹ti⁰tuɤ²¹, kɛ̃⁴²ti⁰ie⁵³tuɤ²¹.

那 比 我 吃 得多，干 得多。

243 他干起活来，比谁都快。

nə⁵tsu²¹ʂaŋ⁴²xuɤ²⁴lɔ⁰, pi⁵³/kɛ̃⁵³ʂuei²⁴təu²¹xuɛ̃²¹.

那 做 上 活 咾，比/赶 谁 都 欢。

244 说了一遍，又说一遍，不知说了多少遍。

ʂuɤ²¹lɔ⁵³iəʔ⁵tsʰɛ̃⁴², iəu⁴²ʂuɤ²¹lɔ⁵³iəʔ⁵tsʰɛ̃⁴², pəʔ⁵ɕiɔ⁵³ʂuɤ²¹lɔ⁵³tuɤ²⁴ʂɔ⁰tsʰɛ̃⁴⁴².

说 咾一 鞭， 又 说 咾一 鞭，不 晓 说 咾多 少鞭。

245 我嘴笨，可是怎么也说不过他。

ŋuɤ²¹tsuei⁵³tʂuɤ²¹, tsəʔ⁵ma⁰ie²¹ʂuɤ²¹pəʔ⁵kuɤ⁴²nəʔ⁵.

我 嘴 拙， 怎 么 也 说 不 过 那。

246 **他走得越来越快，我都跟不上了。**
nəʔ⁵tsəu⁵³ti⁰yɤ²¹lɛe²⁴yɤ²¹xuɛ̃²¹, ŋuɤ²¹təu²⁴n̠iɛ̃⁵³pəʔ⁵ʂaŋ⁴²lɛ̃⁰.
那 走 得越来越欢， 我 都 撑 不 上 了。

247 **越走越快，越说越快。**
yɤ²⁴tsəu⁵³yɤ²⁴xuɛ̃²¹, yɤ²⁴ʂuɤ²¹yɤ²¹kʰuɛe⁴⁴².
越 走 越欢， 越 说 越 快。

248 **慢慢说，一句一句地说。**
ʂuɤ²¹mɛ̃⁴²ɕiər⁰, i²¹tɕy⁴²i²¹tɕy⁴²ʂuɤ²¹.
说 慢 些儿，一句 一句 说。
mɛ̃⁴²ɕiər⁰ʂuɤ²¹, i²¹tɕy⁴²i²¹tɕy⁴²ʂuɤ²¹.
慢 些儿说， 一句 一句 说。

第八章 话语材料

第一节

谚语俗语 ①

一 谚语

01. zəŋ²⁴u⁴⁴tʰi⁴²iə̃ʔ⁵sʅ²⁴³, tʰi⁴²u⁴⁴zəŋ²⁴iə̃ʔ⁵n̩iɛ̃²⁴³.
    人 误地 一 时，地 误人 一年。

02. zəŋ²⁴xuəŋ⁵³ti⁴²pʰi²⁴³, ti⁴⁴xuəŋ⁵³tʰu⁴²pʰi²⁴³.
    人 哄 地皮，地哄 肚皮。

03. sɛ̃²⁴yɤ⁰tʂuəŋ⁴²kua²¹tɕie²¹tɛ̃⁴²tɛ̃⁰, sʅ⁴²yɤ⁰tʂuəŋ⁴²kua²¹tʂʰɤ⁵³uɛ̃⁴²uɛ̃⁰.
    三月 种 瓜 结 蛋蛋，四月 种 瓜 扯 蔓蔓。②

04. yəŋ²⁴tsəu⁵³tuəŋ²¹i²¹tʂʰaŋ⁵³kʰuəŋ²¹, yəŋ²⁴tsəu⁵³ɕi²¹liəŋ²⁴sʅ⁵³tɕi⁰,
    云 走 东 一场 空， 云 走 西淋 死鸡，
    yəŋ²⁴tsəu⁵³nɛ̃²⁴mɛ̃⁵³tʰiɛ̃²¹lɛ̃²⁴³, yəŋ²⁴tsəu⁵³pei²¹pə̃ʔ⁵kʰuəŋ²¹xuei²⁴³.
    云 走 南满天 蓝，云 走 北不 空 回。

05. ta⁴²xɛ̃²⁴ɕiɔ⁵³xɛ̃²⁴³, tuəŋ⁴⁴sʅ⁵³lɔ⁵³xɛ̃⁴⁴².
    大寒 小寒，冻 死老汉。
    ta⁴⁴ʂu⁵³ɕiɔ²⁴ʂu⁵³, kuɛ̃⁴⁴sʅ⁵³lɔ²⁴ʂu⁵³.
    大暑 小暑，灌 死老鼠。

---

① 本章收录调查点当地的俗语谚语、歌谣、故事等口头文化内容，均附视频。视频目录与小节标题一致。
② 结蛋蛋：结出小的瓜蛋子。扯蔓蔓：只长瓜蔓，结不上瓜。意思是本地种瓜适宜的时间在二月。

二 俗语

01. nẽ²⁴zəŋ⁰sʅ⁴⁴pʰa²⁴pʰa⁰, n̠y⁵³zəŋ⁰sʅ⁴⁴xa²⁴xa⁰,
    男人是耙耙，女人是匣匣，
    pəʔ⁵pʰa⁴⁴²pʰa²⁴pʰa⁰muɤ²⁴tsʅ⁵³tsʅ⁰, tɕiəu⁴⁴pʰa⁴⁴xa²⁴xa⁰muɤ²⁴ti⁵³ti⁰.
    不怕耙耙没齿齿，就怕匣匣没底底。

02. kɔ²²kɔ³¹sɛ̃²¹ʂaŋ⁴²tʰu⁴⁴uɤ²¹uɤ⁰, ŋuɤ⁵³n̠iaŋ²⁴səŋ²⁴ŋuɤ⁰pʰei²⁴n̠iɛ̃⁵³uɤ⁰,
    高高山上兔窝窝，我娘生我白眼窝，
    sʅ⁴²luəŋ⁰kuaŋ²⁴ʂaŋ²⁴təu²⁴pəʔ⁵kɛ̃⁴⁴², tʂəŋ²¹yɤ⁰sʅ²¹u⁰nɔ⁴⁴iaŋ²⁴kuər⁰.
    士农工商都不干，正月十五闹秧歌儿。

03. xɔ⁵³xɛ̃⁴²tʂʰu²¹məŋ²⁴uəŋ⁴⁴tɕiəu⁵³, lɛɛ⁴⁴xɛ̃⁴²tʂʰu²¹məŋ²⁴uəŋ⁴⁴kəu⁵³.
    好汉出门问酒，赖汉出门问狗。

04. kuɛ̃²¹pʰiəŋ²⁴iəŋ⁴⁴²xu⁵³pʰiəŋ²⁴sɛ̃²¹, pʰuɤ²⁴n̠iaŋ⁰pʰiəŋ²⁴ti⁰nɛ̃²⁴tsʅ⁰xɛ̃⁴⁴².
    官凭印虎凭山，婆娘凭的男子汉。

05. tɕʰi²⁴tɕie⁵³tɕie⁰tɕia⁴⁴mei⁴⁴fu⁰, tɕi²⁴tʂua²¹tʂua⁰xuei⁴⁴təu⁴⁴fu⁰.
    妻姐姐嫁妹夫，鸡爪爪烩豆腐。

06. kəʔ⁵liəʔ⁵ləʔ⁰tʂuaŋ⁴⁴ti⁰xɔ⁵³mi²⁴tsʅ⁰, tʂʰəu⁵³pʰuɤ²⁴i⁰iaŋ⁵³ti⁰xɔ⁵³ər²⁴tsʅ⁰.
    圪里圪垯种的好糜子，丑婆姨养的好儿子。

07. nɛ̃²⁴tsʰəu²⁴tʂʰaŋ⁴²tɕʰy²¹tsʅ⁰, n̠y⁵³tsʰəu²⁴kʰu²¹pʰi²⁴tsʅ⁰.
    男愁唱曲子，女愁哭鼻子。

08. tʂu⁵³kuəŋ⁴⁴²tʂu⁵³tʂʰaŋ²⁴ti⁰, tɕiɔ²¹pʰəŋ²⁴iəu⁵³tɕiɔ²¹tɕʰiaŋ²⁴ti⁰.
    挂棍挂长的，交朋友交强的。

09. tɕiəu⁵³xuɛɛ⁴⁴tɕyəŋ²¹tsʅ⁰suei⁵³xuɛɛ⁴⁴ləu⁴⁴², ʂəŋ²⁴ɕiɛ̃⁰tʂʰuəʔ⁵pəʔ⁵liɔ⁰tɕiəu⁵³ti⁰kəu⁴⁴².
    酒坏君子水坏路，神仙出不了酒的够。

10. kəŋ²¹ʂaŋ⁴⁴²xɔ⁵³zəŋ²⁴ɕyɤ²⁴xɔ⁵³zəŋ²⁴³, kəŋ²¹ʂaŋ⁴⁴²sʅ²¹pʰuɤ²⁴tsʅ²¹xuei⁴²tʰiɔ⁴²ʂəŋ²⁴³.
    跟上好人学好人，跟上师婆子①会跳神。

11. pʰuɤ²⁴i⁴²kuɛ̃⁵³xɛ̃⁴⁴², tɕiəŋ²¹iəŋ²⁴mɛ̃⁵³kuɛ̃⁴⁴².
    婆姨管汉，金银满罐。
    iəʔ⁵xa⁴²pəʔ⁵kuɛ̃⁵³, liɔ⁴²xa⁰pɛ̃²⁴kuɛ̃⁴⁴².
    一下不管，撂下半罐。

---

① 师婆子：巫婆。

12. tʂʰʅ²¹fɛ̃⁴²iɔ⁴²tʂʰʅ²⁴mi⁵³, tsu²¹sʅ⁴²iɔ⁴²tɕiaŋ²⁴li⁵³.
    吃 饭 要 吃 米，做 事 要 讲 理。

13. zəŋ²⁴pʰa⁴²tʂʰu²¹miəŋ²⁴³tʂu²¹pʰa⁴²fei²⁴³, tʰuei²¹muɤ⁴²n̠iɛ̃²⁴mi⁵³pʰa⁴²fəŋ²⁴tʂʰuei²¹.
    人 怕 出 名 猪 怕 肥，推 磨 碾 米 怕 风 吹。

14. n̠iɔ⁴²pʰəŋ²⁴ta⁵³zəŋ²⁴³, sɔ²¹tɕʰi⁴²nɛ̃²⁴uaŋ²⁴³.
    尿 盆 打 人，骚 气 难 闻。

15. xuei⁴²ʂuɤ²¹ti⁰ɕiaŋ⁵³ti⁰ʂuɤ²¹, pəʔ⁵xuei⁴²ʂuɤ²¹ti⁰tɕʰiaŋ⁵³ti⁰ʂuɤ²¹.
    会 说 的 想 的 说，不 会 说 的 抢 的 说。

16. zəŋ²⁴kʰɛ̃⁴²pəʔ⁵tɕiɛ̃⁴²tsʅ⁴⁴tʂʰəu⁵³, ly²⁴kʰɛ̃⁴²pəʔ⁵tɕiɛ̃⁴²liɛ̃⁵³tʂʰaŋ²⁴³.
    人 看 不 见 自 丑，驴 看 不 见 脸 长。

17. kuəŋ²⁴tɕi²¹i⁵³pa⁰tʂʰaŋ²⁴³, pʰuɤ²⁴i⁵³kɛ̃⁵³n̠iaŋ²⁴tɕʰiaŋ²⁴³.
    公 鸡 尾 巴 长，婆 姨 赶 娘 强。

18. tɕʰiɛ̃²⁴pəŋ²²ləu³¹xəu⁴⁴ma⁵³ʂuɤ⁰, tsaŋ⁴²ti⁰iəŋ²⁴tsʅ⁰kəu⁴⁴ma⁵³tʰuɤ²⁴³.
    前 奔 颅 后 马 勺①，挣 的 银 子 够 马 驮。

19. xua⁴²ʂuɤ²¹sɛ̃²¹piɛ̃⁴²tʰɛ̃⁴²zu²⁴ʂuei⁵³, tsɛɛ⁴²ʂuɤ²¹sɛ̃²¹piɛ̃⁴²pəʔ⁵zu²⁴ʂuei⁰.
    话 说 三 遍 淡 如 水，再 说 三 遍 不 如 水。

20. tɕʰi²⁴ʂɤ⁴²mɔ²⁴ly²⁴ɕiəŋ²⁴ly²⁴li⁰, pei²¹ʂɤ⁴²fəŋ²¹xa²⁴ɕiəŋ²⁴tɕʰi⁴²li⁰.
    骑 上 毛 驴 寻 驴 哩，背 上 风 匣 寻 气 哩。

21. pəʔ⁵pʰa⁴²uaŋ²⁴ta⁴²ɕiɛ̃²⁴tʂuəŋ⁴²zəŋ⁰, tɛ̃²¹pʰa⁴²tʂuəŋ⁰²⁵zəŋ⁰ɕiɛ̃²⁴uaŋ²⁴ta⁴⁴².
    不 怕 王 大 嫌 众 人，单 怕 众 人 嫌 王 大。

22. zəŋ²⁴nuɛ̃²⁴tʰuei⁵³, kəu²⁴nuɛ̃²⁴tsuei⁵³.
    人 暖 腿， 狗 暖 嘴。

23. tʂʰʅ²¹pu²¹tɕʰyəŋ²⁴tʂʰuɛ̃⁴²pu²¹tɕʰyəŋ²⁴, ta⁵³suɛ̃⁰pu²¹tɔ⁴²i²¹ʂʅ⁴²tɕʰyəŋ²⁴³.
    吃 不 穷 穿 不 穷， 打 算 不 到 一 世 穷。

24. muɤ²¹ər²⁴n̠y⁵³ti⁰kʰua²¹kɛ̃²¹tɕiəŋ⁴⁴², muɤ²⁴lɔ⁵³zəŋ⁰ti⁰kʰua²¹ɕiɔ⁴⁴ʂuəŋ⁰.
    没 儿 女 的 夸 干 净， 没 老 人 的 夸 孝 顺。

25. tʰiəŋ²¹xua⁴²tʰiəŋ²⁴ʂəŋ²¹, luɤ²⁴ku⁵³tʰiəŋ²⁴iəŋ²¹.
    听 话 听 声，锣 鼓 听 音。

26. xɔ⁵³tɕie⁴²xɔ⁵³xuɛ̃²⁴³, tsɛɛ⁴²tɕie⁴²pəʔ⁵nɛ̃²⁴³.
    好 借 好 还， 再 借 不 难。

---

① (孩子) 前有大额头, 后有大后脑勺 (聪明)。

27. iɔ⁴²ɕiaŋ⁵³kuəŋ²¹tɔ⁴⁴², ta⁵³kuɤ⁰tiɛ̃²¹tɔ⁴⁴².
　　要想　公　道，打个　颠倒。

28. xɛ̃²¹xɛ̃⁰ɕiɔ⁴²tuɤ²¹, mu⁵³tʂu²¹ɲiɔ⁴²tuɤ²¹.
　　憨 憨 笑 多，母 猪 尿 多。

29. ie⁴²fɛ̃⁴²ʂɔ⁵³tʂʰəʔ⁵, iəŋ²⁴kuɛ̃²¹sɿ⁴²ʂɔ²⁴ta⁵³.
　　夜 饭 少 吃，赢 官 司 少 打。

30. pəʔ⁵pʰa⁴²sa²¹zəŋ²⁴ti⁰, tɕiəu⁴²pʰa⁴²tʰi⁴²tɔ²¹ti⁰.
　　不 怕 杀 人 的，就　怕　递 刀 的。

31. tɕiɔ²¹zəŋ²⁴iɔ⁴²tɕiɔ²⁴ɕiəŋ²¹, tɕiɔ²¹ʂu⁴²iɔ⁴²tɕiɔ²⁴kəŋ²¹.
　　交　人　要 交　心，　浇　树 要 浇　根。

32. pei²¹u²⁴tɕiəŋ⁴²tɕi⁴⁴², ta⁴²tɕi²⁴ta⁴²li⁴⁴².
　　百　无 禁　忌，大 吉 大 利。

33. ŋɔ²⁴tɕiɔ²¹pəʔ⁵tʂɛ̃²¹, tɔ⁵³suɛ̃⁰pəʔ⁵la²¹.
　　熬 胶　不 粘，捣 蒜 不 辣。

34. tsʰɛe²⁴mi²⁴tʂuɛ̃⁴²ɕiaŋ⁴⁴², tsəu⁵³ləu⁴⁴²suɛ̃⁴²tʂaŋ⁴⁴².
　　财　迷　转　向， 走　路　算　账。

35. tʰa²¹ər⁴²ma²¹miəŋ⁴⁴kʰu⁵³, pəʔ⁵yɛ̃⁴²tʂəŋ⁴²fu⁰.
　　他 二 妈 命　苦，不 怨 政　府。

36. kʰuɤ²¹ʂuei⁴²tuɛ̃⁵³pəʔ⁵xa⁴²ɲiɛ̃⁵³li²⁴kuɤ⁴⁴².
　　瞌　睡　短 不 下　眼　里 过。

37. tʂu²¹zəu⁴²tʰie²¹pəʔ⁵tɔ⁴²iaŋ²⁴ʂəŋ²¹ʂɤ⁰.
　　猪 肉 贴 不 到 羊 身　上。

38. ly²⁴xa⁴²luɤ²⁴tsɿ⁰liaŋ⁵³tʂaŋ²¹pʰi²⁴³.
　　驴 下 骡 子 两　张　皮。

39. zuɛ̃⁵³mi²⁴tsɿ⁰tʂəŋ²¹pəʔ⁵xa⁴²ɲiəŋ⁴²uɤ²²uɤ³¹.
　　软 糜 子 蒸 不 下 硬　窝 窝。

40. iəʔ⁵tʂuei²¹tsɿ⁰tsa²¹pəʔ⁵tʂʰu²¹iəʔ⁵tiɛ̃²¹xei²¹ɕie⁰.
　　一 锥　子 扎 不 出 一 点 黑 血。

41. sɛ̃²⁴tɔ⁵³xu²⁴lu⁰liaŋ²⁴tɔ⁵³pʰiɔ²⁴³.
　　三 倒 葫 芦 两　倒 瓢。①

---

① 义为：忽这忽那，想方设法变换手法以达到迷惑人的目的。

42. pəʔ⁵tʂʰəʔ⁵liaŋ²⁴fɤ̃r⁰tʰəŋ²⁴pẽ⁵³tɤ̃r⁴⁴².
    不 吃 凉 粉儿腾 板 凳儿。①

43. tsuei⁴²xẽ⁴⁴²tu⁵³tʂəu⁴⁴²ly²⁴faŋ⁴⁴pʰi⁴⁴².
    醉 汉 赌 咒 驴 放 屁。

44. pəʔ⁵kẽ²¹pəʔ⁵tɕiəŋ⁴⁴²tʂʰʅ²¹lɔ⁵³muɤ²¹pʰiəŋ⁴⁴².
    不 干 不 净 吃 咾 没 病。

45. kua²¹ti⁴²tʰiɔ²⁴kua²¹tʰiɔ²⁴ti⁰ȵiẽ⁵³xua²¹.
    瓜 地 挑 瓜 挑 的 眼 花。

46. kəʔ⁵tɕiəu²¹pəʔ⁵xa⁴²tsẽ⁴²pəʔ⁵tɕʰi⁰.
    圪 蹴 不 下 站 不 起。②

47. i²¹kəʔ⁰lɔ⁵³pʰuər²⁴uẽ²¹mẽ⁴²tɕiəŋ⁴⁴².
    一个 老 婆儿 挽 蔓 菁。③

48. tʂʰʅ²¹fẽ⁴²tʂʰuẽ²⁴i⁰liaŋ⁴²tɕia²¹taŋ⁰.
    吃 饭 穿 衣 量 家 当。

49. təŋ²⁴ȵi⁵³sʅ⁵³pu²⁴xa⁴²sɔ²¹tsɔ⁴²li²⁴³.
    等 你 死 不 下 烧 笊 篱。④

三 歇后语

01. tʂʰəʔ⁵kəu²¹zəu⁴⁴²xuɤ²⁴sɔ²⁴tɕiəu⁵³——li⁵³uɛe⁰fa²⁴sɔ²¹.
    吃 狗 肉 喝 烧 酒——里外 发 烧。

02. lẽ²⁴iaŋ²⁴ti⁰ta⁵³suẽ²¹tsər⁰——sɔ²¹tɛe⁴²xuər²⁴³.
    拦 羊 的 打 酸 枣儿——捎 带 活儿。

03. lɔ²⁴ʂu⁵³la²¹mu²¹ɕie⁰——ta⁴²tʰəu²⁴tsɛe⁴²xəu⁴²tʰəu.
    老 鼠 拉 木 锨——大 头 在 后 头。

04. ʂuei⁵³kaŋ²¹li⁵³pʰa²⁴kẽ²¹tʂaŋ⁴⁴²——tuẽ²¹tʂʰu⁰tuẽ²⁴zu²¹.
    水 缸 里 拔 擀 杖——端 出 端 入。

05. tsʰuəŋ²⁴ɕiɔ⁵³mɛe⁴²xuɤ²⁴lɔ⁰——tɕiəu⁵³kuẽ⁴²lɔ²⁴tʂʰaŋ²⁴³.
    从 小 卖 饸 饹——久 惯 捞 长。⑤

---

① 比喻不做事情就让开位置让别人做。
② 蹲、站困难，也引申为陷入进退维谷的窘境。
③ 形容旱地拔葱式地轻而易举制服对方。
④ 常说的骂人话，咒人不得好死。
⑤ 比喻熟能生巧。

06. nɔ²⁴ʂɤ⁴²xɛɛ⁴²tʂʰuaŋ²¹tɕyɤ²¹liəu²⁴nuəŋ²⁴³——xuɛɛ⁴²tʰəu⁴²lɛ̃⁰.
    脑 上 害 疮　脚 流 脓　——　坏　透　了。

07. iɔ⁴²fɛ̃⁴²ti⁰tɕia⁴²ɕiəŋ²⁴tʂʰəʔ⁵təʔ⁰——iəʔ⁵lu⁴²ʂəu⁴²tɕʰyəŋ²⁴³.
    要 饭 的 嫁　寻　吃 的　——　一 路 受　穷。

08. nɛɛ⁵³tsɿ⁰liɿ⁵³ɕyɛ̃⁵³tɕiaŋ²¹tɕyəŋ⁰——ʂu²⁴n̩iɿ⁵³ta⁴⁴².
    矮　子 里 选　将　军　——　数 你 大。

09. tʰɛ̃²⁴tsɿ⁵³li⁰səŋ²¹təu⁴²n̩ia²⁴³——tsa²¹pəʔ⁵xa⁴²kəŋ²¹.
    坛 子 里 生　豆　芽　——　扎　不 下 根。

10. tʂʰuei²⁴ku⁵³ʂəu⁰kɛ̃⁵³tɕʰi⁰——uei⁴²liɔ²¹ɕiəŋ²⁴sɿ⁴⁴².
    吹　鼓 手 赶 集——为 了 寻　事。

11. sa²⁴kuɤ²¹li⁰tɔ⁵³suɛ̃⁴⁴²——xɔ⁵³xɛɛ⁴²iəʔ⁵tʂʰuei²⁴tsɿ⁰.
    砂 锅　里 捣 蒜　——　好 坏 一 锤　子。

12. tɕi²¹kuəʔ⁵tʰəu⁰ŋɔ²⁴iəu²⁴³——muɤ²¹ta⁴²ti⁰iəu²⁴ʂuei⁰.
    鸡 骨　头 熬 油　——　没　大 的 油 水。

13. ly²⁴kʰuəŋ⁵³pʰuɤ²⁴tsɿ⁰——kuəŋ²¹piɛ̃⁴²kuəŋ²¹.
    驴　啃　脖　子——工　变　工①。

14. n̩ia²²tsɿ³¹tʂʰəʔ⁵puɤ²¹tsʰɛɛ⁴⁴²——pʰiəŋ²⁴tsʰɚ⁵³.
    鸭　子 吃 菠　菜　——　平　铲儿。

15. kʰɔ⁴²ɕiɔ⁵³i²⁴tsɿ⁰iaŋ⁵³ua²⁴ua⁰——tsɿ⁵³tɕiɔ⁴²i²⁴fuəʔ⁵tɕiɔ⁴²ta²⁴³.
    靠　小　姨子 养　娃 娃——只 叫　姨夫 不 叫　大。

16. ma²⁴tsa⁴²tsa⁰nɔ²⁴ʂɤ⁰xɛɛ⁴²kuɤ⁰tʂʰuɑ̃r²¹——nuəŋ²⁴ʂuei⁵³pəʔ⁵ta⁴⁴².
    蚂 蚱 蚱 脑 上 害　个 疮儿　——　脓　水 不 大。

17. ɕiəŋ²¹ɕi²¹fu⁰faŋ⁴²pʰi⁴⁴²——liəŋ²⁴tʰəʔ⁵səu⁰.
    新　媳 妇 放　屁　——　零　忒 撒②。

18. pʰi²⁴tsɿ⁰liəu²⁴tsʰɛɛ⁴²kʰəu²⁴liɿ⁵³təu⁰——ʂuəŋ⁴²sɚ⁴⁴².
    鼻 子 流 在　口　里 头——顺　事儿。

19. liəu⁴²yɤ²¹tsʰuɛ̃²¹pʰi²⁴ɔ⁵³——kʰua²¹fu²⁴li⁰.
    六 月 穿　皮 袄——夸　富哩。

20. məʔ⁵tɕʰiaŋ⁴²ti²¹pʰiɛ̃²⁴fu⁵³——iəʔ⁵miɛ̃⁴²kʰɛ̃⁵³.
    木　匠　的 扁　斧——一 面　砍。

---

① 义为互换工作来互助。

② 义为少量多次。

21. iẽ²¹u⁴²tʰi⁰li⁰tuẽ⁴²laŋ²⁴li⁰——mɔ⁴²xẽ⁵³li⁰.
   烟雾地 里断⁼狼 哩——贸 喊 哩。

22. ɕiəŋ²¹kẽ⁴²ti⁰mɔ²⁴tsʅ⁰——ɕiaŋ²¹pəʔ⁵kuɤ⁴²sẽ²⁴tʰiẽ²¹.
   新 盖的茅子——香 不 过 三 天。

四 谜语

1. xuəŋ²⁴təŋ²¹ləu⁰, liəu²⁴pɔ⁵³kɛe⁰, tɕie⁵³tɕie⁰təʔ⁵liəu⁰ʂɤ⁴²mei⁴²mei⁰ŋɛe⁴⁴².
   红 灯笼，绿 宝盖，姐 姐 的溜 上妹 妹 爱。
   （打一蔬菜：辣子）

2. xuəŋ²⁴kuəŋ²²tɕi³¹, liəu²⁴i⁵³pa⁰, iəʔ⁵tʰəu⁰tɕiẽ²¹tɕiẽ⁰tʰi⁴²li⁵³tsʰa²¹.
   红 公 鸡，绿 尾巴，一 头 尖 尖地 里插。
   （打一蔬菜：水萝卜）

3. ʂaŋ⁴²ʂəʔ⁵ŋẽ⁴⁴², xa⁴²ʂəʔ⁵ŋẽ⁴⁴², pʰei²⁴xu²²tsʅ²¹lɔ⁵³xẽ⁰uaŋ⁵³uɛe⁴²tsuẽ²¹.
   上 石案，下 石案，白 胡子老汉往 外 钻。
   （打一用具：豆腐磨）

4. iəʔ⁵kəʔ⁵tu⁰suẽ⁴⁴²ku²¹lu⁴²lu⁰tʂuẽ⁴⁴², ɕiaŋ⁵³tsʰuɤ⁴²ɲiaŋ²⁴tɕia²¹liɔ⁴²pəʔ⁵xa⁴²xẽ⁴⁴².
   一 圪都蒜 骨噜噜转， 想 坐 娘 家 撂不 下汉。
   （打一用具：捻线陀）

第二节

歌谣

一 童谣

01. ȵiɛ̃⁴⁴ku⁰lu⁰ȵiɛ̃⁴⁴ku⁰lu⁰pɛe⁵³liəu⁴⁴liəu⁰, xuaŋ²⁴mi⁰lɔ²⁴fɛ̃⁰kəu⁵³zəu⁴⁴zəu⁰.
雁 咕 噜①雁 咕 噜摆 溜 溜②，黄 米 捞 饭 狗 肉 肉。
ȵi⁵³i²¹uɛ̃⁵³ŋuɤ⁵³i²¹uɛ̃⁵³, pa²⁴ȵi²¹ma²¹tʂaŋ⁴⁴sʅ⁰ŋuɤ⁵³pu²¹kuɛ̃⁵³.
你 一 碗 我 一 碗，把 你 妈 胀 死 我 不 管。

02. ua²¹uɐ⁴²uɐɹ⁰, təŋ⁴²təŋ⁴²tsʰa²¹, tɕʰy⁵³ti⁰kɤ²¹ɕi²⁴fur⁰pei⁴²tsʰuɤ⁴²xa⁰.
哇呜儿哇儿，噔 噔 嚓③，娶 的个 媳 妇 背 坐 下④。

03. kuaŋ²¹nɔ²⁴kuaŋ²¹nɔ²⁴tʂʰɔ²¹tɕʰiɛ̃²⁴kʰɛ̃⁴⁴², tɕʰiɛ̃²⁴miɐr⁰iəu⁵³kɤ⁰tiɛ̃⁴⁴iəŋ⁰yɛ̃⁴⁴².
光 脑光 脑朝 前 看， 前 面儿有 个 电 影 院。
ta⁴²zəŋ²⁴ua²⁴ua⁰təu²¹nəŋ²⁴kʰɛ̃⁴⁴², tɕiəu⁴²sʅ⁰kuaŋ²¹nɔ²⁴pəʔ²¹nəŋ²⁴kʰɛ̃⁴⁴²,
大 人 娃 娃 都 能 看， 就 是光 脑不 能 看，
kuaŋ²¹nɔ²⁴iəʔ⁵kʰɛ̃⁴²tɕʰiəu⁴²ʂɛ̃⁵³tiɛ̃⁴⁴².
光 脑一 看 就 闪 电。

04. tʰiɔ²⁴piəŋ²¹tʰiɔ²¹tɕiaŋ⁴⁴², ʂuei²⁴sʅ⁴²ŋuɤ²¹ti⁰xɔ⁵³piəŋ²¹xɔ²⁴lɔ⁵³tɕiaŋ⁴⁴².
挑 兵 挑 将， 谁 是 我 的 好 兵 好 老将。

---

① 雁咕噜：大雁。
② 摆溜溜：排成一行。
③ 哇呜儿哇儿：模拟唢呐声。噔噔嚓：模拟锣鼓声、镲声。
④ 背坐下：背对门坐着。

05. ŋaŋ⁴², ŋaŋ⁴², ʂuei⁴⁴tɕiɔ⁴⁴tɕiɔ⁰, lɔ²⁴xu⁰tɛɛ⁴⁴mɔ⁴⁴mɔ⁰,
　　昂、昂，睡 觉 觉，老虎 戴 帽 帽，
　　sɛ̃²¹ʂaŋ⁴⁴xa⁴⁴lɛɛ²⁴kɤ⁰lɔ⁵³tɔ⁴⁴tɔ⁰, ua²⁴ua⁰ʂuei⁴⁴tɕiɔ⁴⁴tɕiɔ⁰.
　　山 上 下 来 个 老 道 道，娃 娃 睡 觉 觉。

06. kəʔ⁵taºkəʔ⁵taºsɛ̃⁴²sɛ̃⁰, piɔ⁴²tɕiɔ²¹lɔ⁵³ȵiaŋ²⁴kʰɛ̃⁴²kʰɛ̃⁰.
　　圪 瘩 圪 瘩 散 散，①要 教 老 娘 看 看。
　　kəʔ⁵taºkəʔ⁵taºsɛ̃⁴²sɛ̃⁰, piɔ⁴²tɕiɔ²¹lɔ⁵³ȵiaŋ²⁴kʰɛ̃⁴²kʰɛ̃⁰.
　　圪 瘩 圪 瘩 散 散，要 教 老 娘 看 看。

07. tʰiɛ̃²⁴xuaŋ²¹xuaŋ⁰, ti⁴⁴xuaŋ²¹xuaŋ⁰, ŋuɤ⁵³tɕia⁰iəu⁵³kɤ⁰ie⁴⁴kʰu²¹laŋ⁰,
　　天 皇 皇，地 皇 皇，我 家 有 个 夜 哭 郎，
　　kuɤ⁴⁴lu⁴²tɕyəŋ²¹tsʅ⁰ȵiɛ̃⁴⁴sɛ̃²¹piɛ̃⁴⁴², i²¹tɕiɔ⁴⁴ʂuei⁴⁴tɔ⁴⁴ta⁴²tʰiɛ̃²¹liaŋ⁴⁴².
　　过 路 君 子 念 三 遍，一 觉 睡 到 大 天 亮。

08. tʰəu²⁴tɕiəu⁰ər⁴⁴tɕiəu⁰pəʔ⁵suɛ̃⁴⁴tɕiəu⁵³, sɛ̃²⁴tɕiəu⁰sʅ⁴⁴tɕiəu⁰xa²⁴məŋ²⁴tɕiɔ⁴⁴kəu⁵³,
　　头 九 二 九 不 算 九，三 九 四 九 哈⁼门② 叫 狗，
　　u²⁴tɕiəu⁰liəu²⁴tɕiəu⁰ʂuei⁵³tsɛɛ⁴²fu⁴²tʰəu⁰, tɕʰi²⁴tɕiəu⁰pa²⁴tɕiəu⁰xɤ²⁴piɐr²¹kʰɛ̃⁴⁴liəu⁵³,
　　五 九 六 九 水 在 浮 头，七 九 八 九 河 边儿 看 柳，
　　tɕiəu²⁴tɕiəu⁰tɕia²¹i²⁴tɕiəu⁵³, kəŋ²¹ȵiəu²⁴piɛ̃⁴²tʰi⁴⁴tsəu⁵³.
　　九 九 加 一 九， 耕 牛 遍 地 走。

---

① 这是娃娃摔倒后起了疙瘩，大人边揉疙瘩边哄娃娃说的话，会反复说。
② 哈⁼门：把门拉开一条缝。

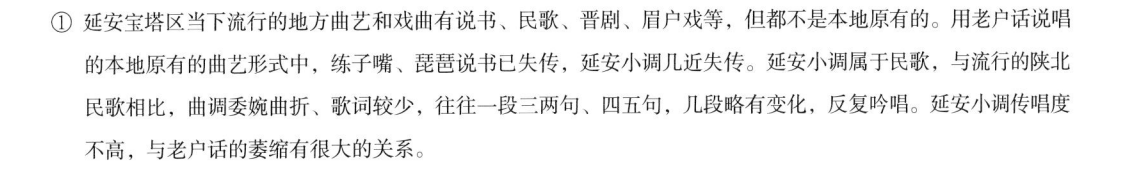

二 延安小调①

1. 串门门

tʂəŋ yɤ tɕia li lɛe tʂəŋ yɤ tɕia tʂəŋ,
正 月 家 里来 正 月 家 正,

na tʰiẽ tsɛe na n̠i məŋ tɕia li tʂʰuẽ məŋ məŋ,
那 天 在 那 你们 家 里 串 门 门,

n̠i iəu ɕiəŋ lɛe tɕiəu ŋuɤ uei i,
你 有 心 来 就 我 有 意,

ɛe kɤ iɔ iɔ,
哎 格 吆 吆,

tsa məŋ ər zəŋ ta xuɤ tɕi.
咱 们 二人 搭伙 计。

ər yɤ tɕia li lɛe luəŋ tʰɛe(tɤ) tʰəu,
二月 家 里来 龙 抬(的)头,

sẽ kuɤ kuɤ tʰa tsəu liɔ i xuei ɕi pɔ tʰəu,
三哥 哥 他 走 了一回 西包头,

ər mei mei ʂu liɔ kɤ tɕiẽ fa tʰəu,
二妹 妹 梳了 个 剪 发头,

ɛe kɤ iɔ iɔ,
哎 格 吆 吆,

mɛe ʂaŋ liaŋ pʰiəŋ səŋ fa iəu.
买 上 两 瓶 生 发油。

ɛe kɤ iɔ iɔ,
哎 格 吆 吆,

mɛe ʂaŋ liaŋ pʰiəŋ səŋ fa iəu.
买 上 两 瓶 生 发油。

---

① 延安宝塔区当下流行的地方曲艺和戏曲有说书、民歌、晋剧、眉户戏等,但都不是本地原有的。用老户话说唱的本地原有的曲艺形式中,练子嘴、琵琶说书已失传,延安小调几近失传。延安小调属于民歌,与流行的陕北民歌相比,曲调委婉曲折、歌词较少,往往一段三两句、四五句,几段略有变化,反复吟唱。延安小调传唱度不高,与老户话的萎缩有很大的关系。

2. 盼情郎

tʂəŋ yɤ li tʂəŋ yɤ tʂəŋ,
正 月 里正 月 正，

sẽ yɤ li kua tʂʰuəŋ fəŋ,
三月①里刮 春 风，

sẽ yɤ li y tɕiẽ xɛɛ ɕiəŋ tɕiɔ,
三月 里遇见 害 心 焦②，

sɿ yɤ li sɿ yɤ pa,
四月里四月 八，

u yɤ li tɔ tuẽ iaŋ,
五月里到端 阳，

liəu yɤ li y tɕiẽ mɛɛ ʂɤ ɕiaŋ.
六 月 里遇见 卖 麝 香。

la yɤ li ər ʂəʔ sẽ,
腊月 里二十 三，

tɕʰiəŋ laŋ iɔ xɛɛ tʂʰuẽ,
情 郎 要鞋 穿，

kɔ tiẽ ʂaŋ miəŋ təŋ liẽ ie kẽ,
高 点 上 明 灯 连 夜赶，

kɔ tiẽ ʂaŋ miəŋ təŋ liẽ ie kẽ.
高 点 上 明 灯 连 夜赶。

3. 我妈生我人人爱

ŋuɤ ma səŋ ŋuɤ zəŋ zəŋ tʰəŋ,
我 妈 生 我 人 人 疼，

tʂʰaŋ tʰəu fa nɤ kɤ tɕiɔ tʂʰəŋ tuẽ iəŋ iəŋ.
长 头 发那个铰 成 短 缨 缨③。

ŋuɤ ma səŋ ŋuɤ zəŋ zəŋ ŋɛɛ,
我 妈 生 我 人 人 爱，

---

① 应为"二月"。
② 心焦：心里焦虑。
③ 短缨缨：短发。

tʂʰaŋ tʰəu fa nɤ kɤ tɕiɔ tʂʰən tuẽ mɔ kɛɛ,
长　头　发 那 个 铰　成　 短 帽 盖①,
tʂʰaŋ tʰəu fa nɤ kɤ tɕiɔ tʂʰən tuẽ mɔ kɛɛ.
长　头　发 那 个 铰　成　 短 帽 盖。

---

① 短帽盖：齐耳短发。

第三节

故事

1. 牛郎和织女

kʰɔ⁴⁴lɔ²⁴tsɔ⁰i⁵³tɕʰiɛ̃²⁴³, iəu⁵³iəʔ⁵kɤ⁰xəu⁴⁴səŋ⁰, tsʰuaŋ²⁴ɕiɔ⁵³tɕiəu⁴²muɤ²¹lɔ⁰lɔ⁵³tsə²⁰xuɤ²¹ȵiaŋ²⁴³. tɕia²⁴
靠 老早 以前， 有 一个 后生，从 小 就 没 咾老子 和 娘。 家
li⁵³tʰəu⁰iəu⁵³iəʔ⁵tʰəu⁰lɔ⁵³ȵiəu²⁴³, kuaŋ²⁴tɕiəŋ⁰kuɤ⁴⁴tɤ⁰kʰəʔ⁵ɕi²¹xuaŋ²¹li⁰. tʂuan²¹li⁵³zəŋ⁰təu²⁴pa⁵³nə⁰tɕiɔ⁴²
里头 有 一头 老牛， 光 景 过 得 可 恓惶 哩。庄 里人 都 把 那 叫
ȵiəu²⁴laŋ⁰.
牛 郎。

ȵiəu²⁴laŋ⁰tɕiəu⁴⁴kʰɔ⁴²tsei⁴²kɤ⁰ȵiəu²⁴li²⁴ti⁴⁴²kuɤ⁴²kuaŋ²⁴tɕiəŋ⁰. ȵiəu²⁴laŋ⁰tuei⁴²lɔ²⁴ȵiəu²⁴kʰəʔ⁵xɔ⁵³li⁰,
牛 郎 就 靠 这个 牛 犁地 过 光 景。牛 郎 对 老牛 可 好 哩,
lɔ⁵³ȵiəu²⁴ʂəʔ⁵tɕi⁵³ʂaŋ⁰sɿ⁴⁴²iəʔ⁵kɤ⁰tɕiəŋ²¹ȵiəu²⁴ɕiəŋ²¹. tʰa²¹ɕi⁵³xuɛ̃⁰ȵiəu²⁴laŋ⁰tɕʰiəŋ²⁴kʰuɛe⁰ɕiəŋ²¹iəu⁴⁴xɔ⁵³,
老牛 实际 上 是一个 金 牛 星。他喜欢 牛 郎 勤 快 心 又 好,
ɕiəŋ²⁴li⁰ɕiaŋ⁵³paŋ²⁴tʰa²¹tʂʰəŋ²⁴kɤ⁰tɕia²¹.
心 里 想 帮 他 成 个 家。

iəu⁵³nəʔ⁵mɤ⁰iəʔ⁵tʰiɛ²¹, tɕiəŋ²¹ȵiəu²⁴ta⁵³tʰiəŋ⁰tɔ⁰tʰiɛ̃²¹ʂaŋ⁴⁴ti⁰ɕiɛ⁻²⁴ȵy⁰iɔ⁻⁴²tɔ⁻⁴²tsʰuan²²tsɿ³¹tuaŋ²¹ŋɤ⁴²
有 那么一天， 金 牛 打听 到 天 上 的仙女要 到 村 子 东 岸儿
ti⁰xu²⁴li⁰ʂua²⁴ʂuei⁵³. tʰa²¹tɕiəu⁴⁴kei⁴²ȵiəu²⁴laŋ⁰tʰuɤ²¹lɔ⁰kɤ⁰məŋ⁴⁴², tɕiɔ⁴²tʰa²¹ti⁴²ər⁴⁴tʰiɛ̃²¹iəʔ⁵tsɔ⁵³tɕiəu⁴²tɔ⁴⁴
的 湖 里 要 水。他 就 给 牛 郎 托 咾个 梦， 叫 他 第二 天 一早 就 到
xu²⁴piɛ̃²¹tɕʰi⁴⁴², tʂʰəŋ⁴⁴ɕiɛ̃²⁴ȵy⁰məŋ⁰pəʔ⁵faŋ⁰pi⁴⁴², ȵi²⁴pa²¹ɕiɛ̃²⁴ȵy⁰ti⁰i²¹fu⁰kua⁴²tsʰɛe⁰ʂu⁴⁴ʂaŋ⁰tiȵi⁵³na²⁴
湖边 去， 趁 仙女们 不 防备， 你把 仙女的衣服挂 在 树上 的你拿

tsəu²¹, i²¹tʂʅ²⁴pio⁴²xuei²⁴tʰəu²⁴³, tʂʅ²⁴uaŋ²¹tɕia²⁴li⁰tsəu⁵³, tso⁵³pəʔ⁵tɕiɛ̃⁴²i²¹ʂaŋ⁰ti⁰ɕiɛ̃²⁴n̠y⁰tɕiəu⁴²xuei⁴⁴tsuɤ²¹
走，一直要回头，直往家里走，找不见衣裳的仙女就会做
n̠iəu²⁴laŋ⁰ti⁰pʰuɤ²⁴i⁴⁴².
牛郎的婆姨。

ti⁴⁴ər⁴⁴tʰiɛ̃²¹iəʔ⁵ta²⁴tso⁵³, n̠iəu²⁴laŋ⁰n̠i²⁴n̠i⁰xu²¹xu⁰ti⁰tə⁴⁴lɔ⁰sɛ̃²⁴ti⁵³kəŋ⁰, iəŋ⁵³iəŋ⁰lio⁴⁴tɕiɛ̃⁰, tʂəŋ²⁴ti⁰iəu⁵³
第二天一打早，牛郎疑疑乎乎地到咯山底根，隐隐瞭见，真的有
tɕʰiəʔ⁵kɤ⁰ɕiɛ̃²⁴n̠y⁰tʂəŋ⁴²tʂʰɛɛ⁴⁴xu²⁴tʂuəŋ⁰ɕi²⁴tso⁰sua²⁴ʂuei⁰. n̠iəu²⁴laŋkɛ̃²⁴tɕiŋ⁰pʰɔ²⁴tɕʰi⁵³lɛɛ⁰pɔ⁴⁴tɕʰi⁵³ʂu⁴²ʂaŋ⁰ti⁰
七个仙女正在湖中洗澡耍水。牛郎赶紧跑起来抱起树上的
iəʔ⁵tɕiər⁴²xuŋ²⁴i²¹ʂaŋ⁰, iəʔ⁵kʰəu²¹tɕʰi⁴⁴²tɕiəu⁴⁴pʰɔ⁵³xuei²⁴tɕia²¹. ɕiɛ̃²⁴n̠y⁰məŋ⁰ɕi⁵³uɛ̃²⁴tso⁰, iəʔ⁵kər⁰kər⁰təu²⁴
一件儿红衣裳，一口气就跑回家。仙女们洗完澡，一个儿个儿都
tʂʰuɛ̃²⁴xɔ⁰i²¹ʂɤ⁰fei²⁴tsəu⁰lɛ̃⁰, tʂʅ²⁴iəu⁰ɕio⁵³ti⁰tɕʰiəʔ⁵ɕiɛ̃²⁴n̠yr⁰tʂʅ²⁴n̠y⁰tso⁵³pəʔ⁵tə⁴⁴²tsʅ⁴²tɕi⁰ti⁰i²¹ʂaŋ⁰. yɛ̃²⁴
穿好衣裳飞走了，只有小的七仙女儿织女找不到自己的衣裳。原
lɛɛ⁰na²⁴tsəu⁰ti⁰tɕiəu⁴²sʅ⁰tɕʰiəʔ⁵ɕiɛ̃²⁴n̠yr⁰ti⁰i²¹ʂaŋ⁰. taŋ²⁴tʰiɛ̃⁰iɛ⁴⁴li⁰, tʂʅ²⁴n̠y⁰tɕʰiəŋ²¹tɕʰiəŋ⁰ti⁰tɕʰiɔ²⁴kʰɛɛ⁰
来拿走的就是七仙女儿的衣裳。当天夜里，织女轻轻地敲开
n̠iəu²⁴laŋ⁰tɕia²¹ti⁰məŋ²⁴³, liaŋ⁵³zəŋ⁰tɕiəu⁴²ʂəŋ²⁴tə⁴⁴²iəʔ⁵kʰuɛr⁴²lɛ̃⁰, tɕiəu⁴⁴tʂʰəŋ²⁴lɔ⁰pʰuɤ²⁴i⁰xɛ̃⁴⁴²lɛ̃⁰.
牛郎家的门，两人就宬到一块儿了，就成咯婆姨汉了。

sʅ²⁴tɕiɛ̃⁰tɕiəu⁴⁴kuɤ⁴⁴tɤ⁰kʰuɛɛ⁴²lɛ̃⁰, sɛ̃²¹n̠iɛ²⁴iəʔ⁵xa⁴⁴tɕiəu⁴²kuɤ⁴⁴tɕʰi⁴⁴lɛ̃⁰. n̠iəu²⁴laŋ²⁴³kəŋ²¹tʂʅ²⁴n̠y⁰xɛ̃²⁴
时间就过得快了，三年一下就过去了。牛郎跟织女还
səŋ²¹lɔ⁰iəʔ⁵ər²⁴iəʔ⁵n̠y⁰, iəʔ⁵tɕia²¹zəŋ²⁴kuɤ⁴⁴tɤ⁰xɛ̃²⁴xuŋ²⁴xuɤ⁰. tʰiɛ̃²¹ʂaŋ⁴²ti⁰iəʔ⁵tʰiɛ̃²¹tɕiəu⁴⁴tiəŋ⁵³ti⁴⁴ʂaŋ⁰ti⁰
生咯一儿一女，一家人过得还红火。天上的一天就顶地上的
iəʔ⁵n̠iɛ²⁴³. tʂʅ²⁴n̠y⁰tɕia⁴⁴fɛ̃²⁴ti⁰ti⁴⁴sɛ̃²⁴tʰiɛ̃⁰tʰəu²⁴ʂaŋ⁰, y⁴²xuaŋ²⁴ta⁴²ti⁴⁴²tsʰɛɛ²⁴tʂʅ²¹tə⁴⁴²lɛ̃⁰. xa⁴²ti⁰tɕiəu⁴²pʰɛɛ⁴⁴lɔ⁰
一年。织女下凡的第三天头上，玉皇大帝才知道了，吓得就派咯
ɕi⁰tʰiɛ̃²¹piəŋ⁰tʰiɛ̃²¹tɕiaŋ²¹tɕia⁴⁴fɛ̃²⁴tʂuɤ²¹tʂʅ²⁴n̠y⁰lɛɛ⁰lɛ̃⁰. tɕiəu⁴⁴kʰɛ̃⁶⁴tɕiɛ̃⁰tʰiɛ̃²¹ʂaŋ⁴⁴²iəu⁴²ta²⁴sɛ̃⁰iəu⁴⁴ɕiaŋ⁵³
些天兵天将下凡捉织女来了。就看见天上又打闪又响
luei²⁴³, iəu⁴²kua²¹ta⁴²fəŋ²¹iəu⁴⁴xa⁴⁴y⁵³, tʂʅ²⁴n̠y⁰ta⁴²məŋ⁵³tsə⁰pəʔ⁵tɕiɛ̃⁴⁴lɛ̃⁰iəʔ⁵xa⁰, liaŋ⁵³kɤ⁰ua²⁴ua⁰xɔ²⁴ti⁰
雷，又刮大风又下雨，织女打猛子不见了一下，两个娃娃嚎得
iɔ⁴⁴ma²¹ma³¹li⁰. n̠iəu²⁴laŋ⁰tɕi²⁴ti⁰muɤ²¹pɛ⁴⁴fa⁰. tɕiəu⁴⁴tsɛɛ⁴⁴tʂə⁵³kɤ⁰²⁴xəu⁰, lɔ⁵³n̠iəu²⁴ʂaŋ²⁴kʰəu⁰ʂuɤ²⁴tɕʰi⁰
要妈妈哩。牛郎急得没办法。就在这个时候，老牛张口说起
lɔ⁰zəŋ²⁴xua⁴²lɛ̃⁰: "pio⁴²nɛ̃²⁴kuɤ⁴⁴², ŋuɤ²⁴iəu⁵³iəʔ⁵kɤ⁰xɔ²⁴tʂu²¹i⁴⁴², n̠i⁵³pa²¹ŋuɤ⁵³ti⁰n̠iəu²⁴tɕiɤ⁰²⁴na²⁴ɕia⁴⁴lɛɛ⁰,
咯人话了："要难过，我有一个好主意，你把我的牛角拿下来，
piɛ̃⁴⁴tʂʰəŋ⁰liaŋ²⁴kɤ⁰kʰuaŋ²²tsʅ³¹, tʂuaŋ²¹ʂaŋ⁴²liaŋ²⁴kɤ⁰ua²⁴ua⁰, tɕiəu⁴⁴nəŋ²⁴ʂaŋ⁴⁴tɔ⁰tʰiɛ̃²⁴kuaŋ⁰ɕiəŋ⁰tʂʅ²⁴n̠y⁰
变成两个筐子，装上两个娃娃，就能上到天宫寻织女

tɕʰi⁴⁴²lɛ̃⁰." lɔ⁵³n̠iəu²⁴kaŋ⁰ʂuɤ²¹uɤ²⁴, n̠iəu²⁴tɕyɤ⁰tɕiəu⁴⁴tʰaŋ⁴⁴tɔ⁰ti⁴⁴ʂaŋ⁰lɛ̃⁰, tʂəŋ²¹tɤ⁰tɕiəu⁴⁴piɛ̃⁴⁴tʂʰəŋ⁰liaŋ²⁴kɤ⁰
去　了。"老牛　刚　说完, 牛　角　就　踢　到地上了,真　的就　变成　两个

kʰuaŋ²²tsʅ³¹lɛ̃⁰. n̠iəu²⁴laŋ⁰pa²¹liaŋ²⁴kɤ⁰ua²⁴ua⁰kɤ²¹tɔ⁰kʰuaŋ²²tsʅ³¹li⁰, yəŋ⁴²tɛ̃⁴⁴tsəʔ⁰iəʔ⁵tɛ̃²¹, tsəʔ⁵tɕyɤ²⁴tɤ⁰
筐　子了。牛　郎　把　两　个娃　娃搁　到筐　子里,用　担子一担,只觉得

iəʔ⁵tʂəŋ⁴⁴tʂəŋ⁴⁴fəŋ²¹tʂʰuei²¹kuɤ⁰⁴⁴², xuaŋ²⁴ʂəŋ⁰tɕiəu⁴²ɕiaŋ⁴⁴²pʰiɔ²⁴tɕʰi⁵³lɛɛ⁰ti⁰ iəʔ⁵iaŋ⁰⁴⁴², n̠iəu²⁴laŋ⁰tɕiəu⁴⁴tʰəŋ²¹
一阵阵风　吹　过, 浑　身就　像　飘　起来地一样, 牛　郎就　腾

yəŋ²⁴tɕia⁴⁴u⁴²ti⁰ ɕiaŋ⁴⁴tʰiɛ̃²⁴kuəŋ⁰fei²¹tɕʰi⁴⁴². fei²¹ia⁰, fei²¹ia⁰, n̠iɛ̃⁵³kʰɛ̃⁴⁴tɕiəu⁴⁴iɔ⁴²tʂuei²¹ʂaŋ⁴²tsʅ²⁴n̠y⁰lɛ̃⁰,
云　驾　雾地向　天宫　飞去。飞呀,飞呀,眼　看就　要追　上织女了,

uaŋ²⁴mu⁰n̠iaŋ²⁴n̠iaŋ⁰fa²⁴ɕiɛ̃²¹lɛ̃⁰, xɛɛ⁴⁴tɕʰi⁴²lɛ̃⁰. uaŋ²⁴mu⁰n̠iaŋ²⁴n̠iaŋ⁰pʰa²⁴xa⁴²tʰəu²⁴ʂaŋ⁴²ti⁰ iəʔ⁵kəŋ⁰tɕiəŋ²⁴
王　母娘　娘发现　了,害气了。王　母娘　娘拔下头　上的一根　金

tsʰɛɛ²¹, tʂʰɔ²⁴kʰuaŋ²²li³¹tʂəʔ⁵mɤ⁰iəʔ⁵xua⁴⁴², li²⁴ma⁵³n̠iəu²⁴laŋ⁰xuɤ²⁴tsʅ²⁴n̠y⁰tʂuaŋ²⁴tɕiɛ̃⁰tɕiəu⁴⁴tʂʰu²¹ɕiɛ̃⁴²
钗, 朝空　里这么一划, 立马牛　郎和织女中　间就　出现

lɔ⁰iəʔ⁵tʰiɔ²⁴kuaŋ²⁴kuəŋ⁰tɤ⁰ta⁴² xuɤ²⁴, kʰuɛ̃²¹ti⁰ uaŋ⁴⁴pəʔ⁵tɔ⁴²tuei⁴²ŋɤʅ⁰. tʰiɛ̃²¹xɤ²⁴tɕiəu⁴⁴pa²¹iəʔ⁵tɕia²¹zəŋ²⁴
咾一条滚　滚　的大河, 宽　得望不到对岸儿。天河就　把一家　人

xuɤ²⁴səŋ²¹səŋ⁰ti⁰ kei²⁴kʰɛɛ²¹lɛ̃⁰!
活　生　生　地隔开了!

ia²¹tɕʰiɤʅ⁴²kʰɛ̃⁴⁴tɕiɛ̃⁴⁴lɛ̃⁰, fei²¹ tʂʰaŋ²⁴tʰuəŋ²⁴tɕʰiəŋ⁰n̠iəu²⁴laŋ⁰xuɤ²⁴tsʅ²⁴n̠y⁰. mei⁵³n̠iɛ̃²⁴ti⁰ nuəŋ²⁴li⁴²ti⁰
鸦　雀儿看见了,非　常　同　情牛　郎和织女。每年的农历的

tɕʰi²¹yɤ²¹tʂʰu²⁴tɕʰi²¹, tʂʰəŋ²¹tɕʰiɛ̃²¹ʂaŋ⁴⁴uɛ̃⁴⁴tsʅ⁰ia²¹tɕʰiɤʅ⁴⁴²təu²⁴fei⁴²tʰiɛ̃²¹xɤ²⁴ʂaŋ⁴⁴², iəʔ⁵tsəʔ⁰kəʔ⁰n̠iɔ⁵³tʂuɤ⁰
七月　初七, 成　千　上　万　只鸦雀儿都飞到天河上, 一只个咬着

liəŋ⁴⁴iəʔ⁵kəʔ⁰ti⁰ uei⁵³pa⁰, ta²⁴tɕʰi²¹lɛɛ⁰iəʔ⁵tsʰuɤ⁴⁴²tɕʰyɤ²¹tɕʰiɔ²⁴³, zaŋ⁴⁴n̠iəu²⁴laŋ⁰xuɤ²⁴tsʅ²⁴n̠y⁰kuɤ⁴²tɕʰiɔ²⁴
另　一个的尾巴, 搭起来一座　鹊桥, 让　牛　郎和织女过桥

tʰuɛ̃²⁴yɛ̃⁰.
团　圆。

（高树发讲述，2016年）

2. 毛野人的故事

tsʰɛɛ⁴²xəu⁴⁴nɔ⁵³pʰɛ̃⁴²sɛ̃²¹ti⁰ kəu⁵³uɤ²¹li⁵³tʰəu⁰, ʂəŋ²⁴lɔ⁰i⁴² tɕia²¹zəŋ²⁴³, n̠iaŋ²⁴ti⁰ tɛɛ⁴²sɛ̃²⁴kɤ⁰ua²⁴ua:məŋ²⁴
在　后垴畔山的狗窝里头, 戚　咾一家人, 娘　的带三个娃娃:门

ʂuɛ²¹ʂuɛ̃⁰, tsɔ²⁴li²¹li⁰, kuɤ²⁴ʂua²¹ʂua⁰, kuaŋ²⁴tɕiəŋ⁵³kuɤ⁴²təʔ⁵kʰəʔ⁵ɕi²¹xuaŋ²⁴li⁰, tʂʰəʔ⁵lɔ⁵ʂaŋ⁴²tuəŋ⁴²muɤ²¹
闩闩、笊篱篱、锅刷刷,光　景　过得可恓惶　哩,吃　咾上顿没

ɕia⁴²tuəŋ⁴⁴².
下　顿。

iəu⁵³iɔʔ⁵tʰiɛ̃²¹, ua²⁴ua⁰tɤ⁰uei⁴²n̩ɣɤ⁰kuɤ⁴²sʐ̃²¹ lei, n̩iaŋtɤ⁰tɕʰyəŋ²⁴tɤ⁰muɤ²¹ʂəʔ⁵ma²¹na²⁴ti⁰, xɛɛ⁴²pəʔ⁵
有　一天，娃娃的外　娘　过　生儿哩，娘　的穷　　得没　什么拿的，解不
kʰɤɛ⁰iɔ⁴²na²⁴ʂəʔ⁵ma²¹li⁰. ɕiaŋ²⁴lɔ⁵³pɛ̃⁴²tʰiɛ̃⁰, n̩iaŋtɤ⁰tɕiəu⁴²tsʰuaŋ²⁴miɛ̃⁴²kəʔ⁵puɤ²¹li⁵³tʰəu⁰tʰɤ²tʂʰu²¹lɔ⁵³
开　要拿什么哩。想　咾半天，娘　的就　　从　　面圪钵里头掏出咾
iəʔ⁵pa⁵³pa⁰miɛ̃⁴²pʰuɤ⁰, tsɛɛ⁴²muɤ⁴²kəʔ⁵lɔ²¹lɔ⁰tʰɤ²⁴tʂʰu²¹lɔ⁰tɕi⁵³kʰuɤ²¹suei⁴⁴mi⁰, tsuɤ⁴²lɔ⁰liaŋ²⁴pʰiɛ̃²¹pʰiɛ̃⁰
一把把面　馛，在　磨　圪垇垇掏出　咾几颗　碎　米，做　咾两　片　片
iəu²⁴kɔ²¹, pɛ̃⁴²kuɛ̃⁴²kuɐr⁰mi⁵³tʰaŋ⁰. kei⁴²ua²⁴uaᵐɤ⁰suɤ²¹: "məŋ²⁴ʂuɛ̃⁴²ʂuɛ̃⁰, tsɔ²¹li²¹li⁰, kuɤ²⁴ʂua²¹ʂua⁰, ma²²
油　糕，半罐　罐儿米⁵³汤。给　娃娃们　说：   "门　闩闩、笊篱篱、锅　刷　刷，妈
ma³¹kei⁴²n̩i²¹uei⁴²n̩ɣɤ⁰kuɤ⁴²sʐ̃²¹ tɕʰi⁴⁴², n̩i⁵³məŋ⁰sɛ̃²⁴kɤ⁰pa²⁴mr̃²⁴tiəŋ⁵³xɔ⁵³, tsɛɛ⁴²tɕia²²li³¹xɔ⁵³xɔ²⁴ti⁰ ʂua⁵³,
妈　给　你外　娘　过　生儿去，你们　三个把门儿顶　好，在　家　里好好地耍,
piɔ⁴²təu⁴⁴tsəŋ⁴⁴², ma²²ma³¹iəʔ⁵tʂʐ̃⁴²tɕiəu⁴²xui²⁴lɛɛ²⁴lɛ̃⁰, ŋaŋ⁴⁴²." sɛ̃²⁴kɤ⁰ua²⁴ua⁰tɕiəu⁴²ŋɛ̃²²ma³¹ŋɛ̃²¹tuəŋ⁴²
覅　斗阵， 妈　妈　一阵儿就　　回　来　了,昂。"三个娃　娃就　　按妈　妈　安顿
ti⁰ tsuɤ²¹lɛ̃⁰.
的做　　了。

ma²²ma³¹tsɔu²¹tsɛɛ⁴²pɛ̃⁴²ləu⁴²ʂaŋ⁰, tɕiəu⁴²pʰəŋ⁴²tɕiɛ̃⁴²iəʔ⁵kɤ⁰xuaŋ²⁴ʂəŋ⁴²sʅ⁴²mɔ²⁴³, tsʰʅ²¹ia²⁴lie²⁴tsuei⁵³
妈妈　走　在　半路上， 就　　碰　见　一个浑　身　是毛，龇牙咧嘴
ti⁰ ie⁵³zəŋ⁰, lɛ̃²⁴tʂʰu⁰ləu⁰uəŋ⁴⁴²: "ta⁴⁴sɔ⁵³ta⁴⁴sɔ⁵³, n̩i⁵³tɔ⁴²la²⁴li²¹tɕʰi⁴²ia⁰?"
的野人，拦住　路问：　"大嫂大嫂，你到哪里去　也？"

"ŋuɤ²¹kei⁴²ŋuɤ²¹n̩iaŋ²⁴tɕia²¹ma²²ma³¹kuɤ⁴²sʐ̃²¹tɕʰi⁴²ia⁰."
"我　给　我　娘　家　妈妈　过　生儿去也。"

"n̩i²¹pəʔ⁵iəŋ²⁴n̩i²¹ua²⁴ua⁰?"
"你不　引　你娃娃？"

"sɛ̃²⁴kɤ⁰ua²⁴ua⁰tsɛɛ⁴²tɕia²⁴li⁰ ʂua⁵³tʂuɤ⁰li⁰."
"三个娃　娃在　家　里耍　着　哩。"

"n̩i²¹tɤ⁰ua²⁴ua⁰təu²¹tɕiɔ⁴²ʂəʔ⁵ma⁰?"
"你的娃　娃都　叫　什么？"

"ta⁴²tɤ⁰tɕiɔ⁴²məŋ²⁴ʂuɛ̃²²ʂuɛ̃³¹, ər⁴²tɤ⁰tɕiɔ⁴¹tsɔ⁴²li²¹li⁰, xəu²⁴tɤ⁰tɕiɔ⁴²kuɤ²⁴ʂua²¹ʂua⁰."
"大的叫　门　闩闩、二的叫　笊篱篱、猴　的叫　锅　刷　刷。"

"n̩i⁵³kuɛ̃⁴²kuɛ̃⁰li⁰ təʔ⁵sʅ⁴²ʂəʔ⁵ma⁰tuəŋ²¹ɕi⁰?"
"你罐　罐　里的是什么东　西？"

"təʔ⁵liəu⁰pɛ̃⁴²kuɛ̃⁴²kuɐr⁴⁴mi⁵³tʰaŋ⁰."
"得 溜 半 罐 罐儿 米 汤。"

mɔ²⁴ie⁵³zəŋ²⁴³ʂuɤ²¹: "kei²⁴ŋuɤ⁵³tʂʰʅ²¹paʔ?"
毛 野 人 说:"给 我 吃 吧?"

"pəʔ⁵kei⁴², pəʔ⁵kei⁴², ŋuɤ⁵³xɛ̃²⁴iɔ⁴²kei⁴²ŋuɤ⁵³ma²¹kuɤ⁴²ʂr̃r²¹ tʂʰəʔ⁵li⁰!"
"不 给, 不 给, 我 还 要 给 我 妈 过 生儿 吃 哩!"

"n̠i⁵³iɔ⁴²sʅ⁰pəʔ⁵kei⁴²ŋuɤ⁵³tʂʰəʔ⁵, ŋuɤ⁵³tɕiəu⁴²iɔ⁴²tʂʰəʔ⁵n̠i⁵³li⁰!" mɔ²⁴ie⁵³zəŋ⁰tʂaŋ²¹n̠ia²⁴u²⁴tsɔ⁰
"你 要 是 不 给 我 吃, 我 就 要 吃 你 哩!"毛 野 人 张 牙 舞 爪

ti²¹tɕiɔ⁴⁴xuɛ̃⁵³.
地 叫 唤。

tɕiəu⁴²tʂəʔ⁵iaŋ⁴⁴², mɔ²⁴ie⁵³zəŋ⁰tʂʰəʔ⁵uɛ̃²⁴lɔ⁰kɔ²¹xuɤ²⁴tʰaŋ²¹, iəu⁴²paʔ⁵xuɛɛ²⁴xɔ⁵³i⁴⁴ti⁰ɕiɔ⁴²tʂuɤ⁰
就 这 样, 毛 野 人 吃 完 咾 糕 和 汤, 又 不 怀 好 意 地 笑 着

ʂuɤ²¹: "lɛɛ²⁴³, kuɤ⁴⁴lɛɛ⁰, zaŋ⁴²ŋuɤ²¹kei⁴²n̠i²¹ɕiəŋ²⁴ɕiəŋ⁰tʰəu²⁴saŋ⁰ti⁰ sei²²tsʅ³¹."
说:"来, 过 来!让 我 给 你 寻 寻 头 上 的 虱 子。"

ua²⁴ua⁰ma²²ma³¹ʂuɤ²¹: "ŋuɤ⁵³tʰəu²⁴saŋ⁴²muɤ²⁴iəu⁵³sei²¹tsʅ⁰."
娃 娃 妈 妈 说:"我 头 上 没 有 虱 子。"

"pəʔ⁵kuɛ̃⁰iəu⁵³muɤ²⁴iəu⁰, ɕiɛ̃²¹zaŋ⁴²ŋuɤ²¹kəʔ⁵n̠i²¹ɕiəŋ²⁴i²¹ ɕiəŋ²⁴tsɛɛ⁴²ʂuɤ²¹." mɔ²⁴ie⁵³zəŋ⁰tsɛɛ⁴²ta⁴⁴sɔ⁰
"不 管 有 没 有, 先 让 我 给 你 寻 一 寻 再 说。"毛 野 人 在 大 嫂

tʰəu²⁴fa⁰li⁰tɕʰia²¹lɔ⁰tɕi⁵³xa⁰, tɕiəu⁴²paʔ²¹nɔ⁵³tsəʔ⁰ua²¹lɔ⁰tʂʰuəʔ⁵lɛɛ²⁴lɛ̃⁰, xɛ̃²⁴ʂuɤ²¹: "ta⁴⁴sɔ⁰ta⁴⁴sɔ⁰, n̠i⁵³kʰɛ̃⁴⁴²,
头 发 里 掐 咾 几 下, 就 把 脑 子 挖 咾 出 来 了,还 说:"大 嫂 大 嫂, 你 看,

tʂɤ²¹səʔ⁰n̠i²¹tɤ⁰xua²¹xuəŋ²⁴tʰəu²⁴səŋ⁴²tʂʰuəʔ⁵lɛɛ²⁴lɛ̃⁰." tɕʰi²⁴sʅ²⁴³məŋ²⁴ʂuɛ̃²²ʂuɛ̃³¹n̠iaŋ²⁴təʔ⁰tsɔ⁵³təu²⁴
这 是 你 的 花 红 头 绳 踢 出 来 了。"其 实 门 闩 闩 娘 的 早 都

muɤ²¹tɕʰi⁴²lɛ̃⁰.
没 气 了。

mɔ²⁴ie⁵³zəŋ²⁴³tʂʰəʔ⁵uɛ̃²⁴lɔ⁰ta⁴⁴sɔ⁰təʔ⁰zəu⁴⁴², iəu⁴²pa²¹tʰa²¹ti⁰ku²¹tʰəu⁰, ku²²sʅ³¹kɤ²⁴tɔ⁴²xɤ²⁴li⁰.
毛 野 人 吃 完 咾 大 嫂 的 肉, 又 把 她 的 骨 头、 骨 殖 搁 到 河 里。

pəʔ⁵iəʔ⁵xuər⁴⁴², lɛɛ²⁴tɔ⁴²sɛ̃²¹kɤ⁰ua²⁴ua⁰tiəŋ⁵³tʂuɤ⁰məŋ²⁴təʔ⁰məŋ²⁴uɛɛ⁴²tʰəu⁰, ɕi⁴²ʂəŋ²¹ər⁴²tɕʰi⁴²ti⁰tɕiɔ⁰
不 一 会儿, 来 到 三 个 娃 娃 顶 着 门 的 门 外 头, 细 声 二 气 地 叫

məŋ²⁴³:"ɛɛ⁴², məŋ²⁴ʂuɛ̃²²ʂuɛ̃⁰, tsɔ⁴²li²¹li⁰, kuɤ²⁴ʂua⁰ʂua⁰, kʰuɛɛ⁴²kei²¹ma²²ma³¹kʰɛɛ²¹məŋ²⁴lɛɛ⁰!"
门:"哎, 门 闩 闩、 笊 篱 篱、 锅 刷 刷, 快 给 妈 妈 开 门 来!"

ua²⁴ua⁰məŋ⁰tʰiəŋ²¹səŋ²²iəŋ³¹pəʔ⁵tuei⁴², tɕʰi²⁴səŋ²¹ʂuɤ²¹: "n̠i⁵³pəʔ⁵sʅ⁴²ŋuɤ⁵³təʔ⁰ma²²ma³¹! n̠i⁵³pəʔ⁵
娃 娃 们 听 声 音 不 对, 齐 声 说:"你 不 是 我 的 妈 妈! 你 不

sʅ⁴²ŋuɤ⁵³təʔ⁰ma²²ma³¹!"
是 我 的 妈 妈！"

mɔ²⁴ie⁵³zəŋ²⁴³xɛ̃²⁴tsɛɛ⁴²uɛɛ⁴²tʰəu⁰ʂuɤ²¹: "kei⁴²ma²²ma³¹kʰɛɛ²¹məŋ²⁴lɛɛ⁰, ma²²ma³¹tsʰuəŋ²⁴n̩i²¹uei⁴²
毛 野 人 还 在 外 头 说 ："给 妈 妈 开 门 来，妈 妈 从 你 外
pʰuɤ⁰tɕia²⁴li⁵³kei⁴²na²⁴ti⁰ xuəŋ²⁴tsɔ⁵³tsɔ⁰."
婆 家 里给 拿 的 红 枣 枣。"

məŋ²⁴suɛ̃²¹ ʂuɛ̃⁰tsɛɛ⁴² məŋ²⁴ kəʔ⁵ la²¹li⁰ tʂʰəu²⁴ lɔ⁰iə⁵ tʂɻ̃⁰ʂuɤ²¹: "n̩i⁵³pəʔ⁵sʅ⁴²ŋuɤ⁵³ti⁰ma²²ma³¹! ŋuɤ⁵³
门 闩 闩 在 门 圪 拉 里瞅 咾一 阵 儿说："你不 是我 的 妈 妈！我
ma²²ma³¹tʂʰuɛ̃²¹təʔ⁰xuaŋ²⁴ŋɔ⁵³ŋɔ⁰xuei²¹kʰu²¹kʰu⁰."
妈 妈 穿 的 黄 袄 袄灰 裤 裤。"

mɔ²⁴ie⁵³zəŋ²⁴³kɛ̃²⁴tɕiəŋ⁰tʰiɔ⁴²tɔ⁰mɔ²⁴kaŋ⁰li⁵³tʰəu⁰, zɛ̃²⁴lɔ⁰kɤ⁰xuaŋ²⁴ʂaŋ⁴²ʂɻ̃²¹, iəu⁴²tɔ⁴²xuei²¹ua⁴²ʂaŋ⁰
毛 野 人 赶 紧 跳 到 茅 缸 里头，染 咾个黄 上 身儿，又 到 灰 垭 上
ta²⁴lɔ⁰tɕi²⁴kəʔ⁰kuɻ̃⁵³, kuəŋ⁵³liɔ⁰kəʔ⁰xuei²¹kʰu⁴²kʰu⁰. tsei²¹xa⁰ta⁴²ʂəŋ⁴²tɕiɔ⁴²xuɛ̃⁰: "kʰɛɛ²¹məŋ²⁴³!kʰɛɛ²¹
打 咾几 个 滚 儿，滚 了 个灰 裤 裤。这 下大 声 叫 唤："开 门！开
məŋ²⁴³!tsɛɛ⁴²pəʔ⁵kʰɛɛ²¹məŋ²⁴ŋuɤ²¹i²⁴ yɤ²¹tɕiəu⁴²tʰa²⁴kʰɛɛ²¹lɔ⁰lɛ̃⁰." sɛ̃²⁴ kəʔ⁰ua²⁴ua⁰ʂuei²⁴ia²¹pəʔ⁵kɛ̃⁰kʰɛɛ²¹
门！再 不 开 门 我 一 脚 就 踏 开 了。"三 个 娃 娃谁 也不 敢 开
məŋ²⁴³. mɔ²⁴ie⁵³zəŋ⁰tɕiəu⁴⁴xəŋ⁵³tɕiəŋ⁴⁴²ti⁰tʰa²⁴kʰɛɛ²¹lɔ⁰məŋ²⁴³, sɛ̃²⁴kəʔ⁰ua²⁴ua⁰pʰa⁴²təʔ⁰təu²¹ʂuɤ²¹
门。毛 野 人 就 狠 劲 地踏 开 咾门， 三 个 娃 娃怕 得 都 缩
tʂʰəŋ²⁴ lɔ⁰iəʔ⁵ tʰuɛ̃²⁴ lɛ̃⁰.
成 咾一 团 了。

tʰiɛ̃²⁴xei²¹lɛ̃⁰, mɔ²⁴ie⁵³zəŋ²⁴³tuei⁴²ua²⁴ua⁰məŋ⁰ʂuɤ²¹: "pʰaŋ⁴²ti⁰ ŋɛɛ⁴²ma²²ma³¹ʂuei⁴⁴², səu⁴²ti⁰n̩iɔ⁴²
天 黑 了，毛 野 人 对 娃 娃们 说："胖 的挨 妈 妈 睡， 瘦 的尿
pʰəŋ²⁴kəʔ⁵lɔ⁰li⁰ʂuei⁴²tɕʰi⁰!"
盆 圪 垯里睡 去！"

məŋ²⁴ʂuɛ̃²¹ʂuɛ̃⁰kɛ̃²⁴tɕiəŋ⁰ʂuɤ²¹:"ŋuɤ⁵³səu⁴⁴²." tsɔ⁴²li²¹li⁰ ʂuɤ²¹: "ŋuɤ²⁴ie²¹səu⁴⁴²." kuɤ²⁴ʂua²¹ʂua⁰
门 闩 闩 赶 紧 说："我 瘦。"笊 篱 篱说："我 也 瘦。"锅 刷 刷
ʂuɤ²¹: "ŋuɤ⁵³pʰaŋ⁴⁴²!"
说："我 胖！"

ʂuei⁴²xa⁰pəʔ⁵iəʔ⁵tʂɻ̃⁴⁴², məŋ²⁴ʂuɛ̃²¹ʂuɛ̃⁰xuɤ²⁴tsɔ⁴²li²¹li⁰ tʰiəŋ²¹tɕiɛ̃⁴²tɕyɤ²¹ti⁴²xa⁰"pʰəʔ⁵la⁴²pʰəʔ⁵la⁴²"ti⁰
睡 下不 一 阵 儿，门 闩 闩 和 笊 篱 篱听 见 脚 地下"扑 啦扑 啦"地
ɕiaŋ⁵³li⁰, tɕiəu⁴²uəŋ⁴²: "ma²⁴³, ma²⁴³,ti⁴²xa⁰ʂəʔ⁵ma⁰ɕiaŋ⁵³li?"
响 哩，就 问："妈， 妈，地下 什 么 响 哩？"

mɔ²⁴ie⁵³zəŋ²⁴³ʂuɤ²¹: "sʅ⁴²ma²²ma³¹tʂʰəʔ⁵pa⁴²liɔ⁴²xa⁴²tɕʰi⁰təʔ⁵nei⁴²kəʔ⁰tsɔ⁵³xu²⁴xu⁰mɤ⁰."
毛 野 人 说: "是 妈 妈 吃 罢 擩 下 去 的 那 个 枣 核 核 么。"
məŋ²⁴suɛ̃²¹ʂuɛ̃⁰ʂuɤ²¹: "tɕiɔ²⁴ŋuɤ²¹xa⁴²tɕʰi⁰kei⁴²n̻i²¹n̻iɛ̃²⁴ʂaŋ⁴²lɛɛ²⁴aŋ⁴⁴²."
门 闩 闩 说: "叫 我 下 去 给 你 拈 上 来 昂。"
mɔ²⁴ie⁵³zəŋ²⁴³ʂuɤ²¹: "pəʔ⁵yəŋ⁴²lɛ̃⁰, ma²² ma³¹tiɔ⁴²ʂaŋ⁴²lɛɛ²⁴³lɛ̃⁰." tɕʰi²⁴sʅ²⁴sɔʔ⁰kuɤ²⁴ʂua²²ʂua³¹təʔ⁰nuəŋ⁴²
毛 野 人 说: "不 用 了, 妈 妈 吊 上 来 了。" 其 实 是 锅 刷 刷 的 嫩
ku²¹sʅ⁴⁴tsɛɛ⁴²ti⁴²xa⁰ɕiaŋ⁵³li⁰."
骨 殖 在 地 下 响 哩。

məŋ²⁴suɛ̃²¹ʂuɛ̃⁰xuɤ²¹tsɔ⁴²li²¹li⁰ ʂuɤ²¹: "ma²⁴³, ma²⁴³, ŋuɤ²¹iɔ⁴²pa²⁴sʅ⁵³li⁰."
门 闩 闩 和 笊 篱 篱 说: "妈, 妈, 我 要 屙 屎 哩。"
mɔ²⁴ie⁵³zəŋ²⁴³ʂuɤ²¹: "nəʔ⁵tɕiəu⁴²pa⁵³tsɛɛ⁴²tsɔ⁴²xuɤ⁰kəʔ⁵lɔ⁰li²¹tʰəu⁰."
毛 野 人 说: "那 就 屙 在 灶 火 圪 捞 里 头。"
"ŋuɤ²¹pʰa⁴²tsɔ⁴²ma²⁴ie⁰ta²⁴ŋuɤ²¹li⁰ mɤ⁰."
"我 怕 灶 马 爷 打 我 哩 么。"
"nəʔ⁵tɕiəu⁴²pa⁵³tsɛɛ⁴²məŋ²⁴kəʔ⁵lɔ⁰li²¹tʰəu⁰."
"那 就 屙 在 门 圪 捞 里 头。"
"ŋuɤ²¹xɛ̃²⁴pʰa⁴²məŋ²⁴ʂəŋ⁰ie⁰ta²⁴ŋuɤ²¹li⁰. ma²⁴³, n̻i²¹iɔ⁴²sʅ⁰pəʔ⁵faŋ⁴²ɕiəŋ²¹ŋuɤ⁵³məŋ⁰, n̻i⁵³tɕiəu⁴²tʂuɤ²¹
"我 还 怕 门 神 爷 打 我 哩。妈, 你 要 是 不 放 心 我 们, 你 就 捉
ʂaŋ⁴²iəʔ⁵tʂʅəʔ⁰tɕi²⁴³, iəʔ⁵tʰiɔ²⁴kəu⁵³, tɕi²⁴ 'kuəʔ⁵lu⁴²' iəʔ⁵ʂəŋ²¹, kəu⁵³ 'uaŋ⁴²uaŋ⁴²' tɕiɔ²⁴xa⁰ʂəŋ²¹,
上 一 只 鸡、一 条 狗, 鸡 '咕 噜' 一 声, 狗 '汪 汪' 叫 下 声,
ŋuɤ⁵³mɤ⁰tɕiəu⁴²xuei²⁴lɛɛ⁰lɛ̃⁰."
我 们 就 回 来 了。"

mɔ²⁴ie⁵³zəŋ⁰faŋ⁴²tʂʰuəʔ⁵lɔ⁰məŋ²⁴suɛ̃²¹ʂuɛ̃⁰xuɤ²¹tsɔ⁴²li²⁴li⁰, təŋ⁵³iatəŋ⁵³iatəŋ⁵³pəʔ⁵xuei²⁴lɛɛ⁰. tɕi²⁴
毛 野 人 放 出 咾 门 闩 闩 和 笊 篱 篱, 等 呀 等 呀 等 不 回 来。鸡
"kuɤ⁴²" tɕiɔ⁴²iəʔ⁵ʂəŋ⁰ie⁰pəʔ⁵xuei²⁴lɛɛ⁰, kəu⁵³ "uaŋ⁴²uaŋ⁴²" iəʔ⁵ʂəŋ⁰ie⁵³pəʔ⁵xuei²⁴lɛɛ⁰. mɔ²⁴ie⁵³zəŋ⁰tɕi²⁴lɛ̃⁰, pʰɔ⁵³
"咕 儿"叫 一 声 也 不 回 来, 狗 "汪 汪" 一 声 也 不 回 来。毛 野 人 急 了, 跑
tɔ⁰uɛɛ⁴²miɚ⁴²tɕʰi⁴²tuəŋ²⁴tʂɔ⁴²iəʔ⁵tʂɔ⁰muɤ²⁴iəu⁰, ɕi²⁴tsɔ⁴²iəʔ⁵tʂɔ⁰ie⁵³muɤ²⁴iəu⁰, tsuei⁴²xəu⁴²pʰɔ²⁴tɔ⁴²nəʔ⁵kəʔ⁰
到 外 面 儿 去 东 找 一 找 没 有, 西 找 一 找 也 没 有, 最 后 跑 到 那 个
ʂuei⁵³tʂʰʅ²⁴pʰaŋ²⁴piɚ⁰, tsɔ⁴²tɕiɛ̃⁴²ʂuei⁵³tʂʰʅ²⁴ti⁵²xa⁰iəu²⁴liaŋ²⁴kəʔ⁰ua²⁴ua⁰. mɔ²⁴ie⁵³zəŋ⁰ɕiaŋ⁵³tɕyɤ²⁴ɕiəŋ⁰pa²¹
水 池 旁 边 儿, 照 见 水 池 底 下 有 两 个 娃 娃。毛 野 人 想 决 心 把
nəʔ²⁴kɤ⁰ʂuei⁵³tʂʰʅ²⁴ʂuei⁵³xɤ²⁴kɛ̃²¹tʂʰəʔ⁵tiɔ⁴²liaŋ²⁴kəʔ⁰ua²⁴ua⁰. tʰa²¹xɤ²¹ia⁴²xɤ²¹ia⁰, iəʔ⁵tʂʅ²⁴xɤ²¹tɔ⁴²tʰiɛ̃²¹
那 个 水 池 水 喝 干 吃 掉 两 个 娃 娃。他 喝 呀 喝 呀, 一 直 喝 到 天

liaŋ⁴²lɛ̃⁰, iəʔtʂʰɿ²⁴tsəʔ⁰ṣuei⁵³xɛ̃²⁴muɤ²⁴xɤ²¹uɛ̃²⁴³. tsɿ⁵³tɕiɛ̃⁴²mɔ²⁴ie⁵³zəŋ⁰kʰəu⁴²li⁰ xuɤ²¹tʂuɤ²¹li⁰, pʰi⁴²ku⁰li⁵³
亮　　了，一池子水　还没　喝完。只见　毛野人口　里喝　着　哩，屁股里
tʰəu²⁴xɛ̃²⁴liəu²⁴tʂuɤ²¹li⁰. liaŋ²⁴kəʔ⁵ua²⁴ua⁰tsɛe⁴²ṣu⁴²tʂʰa²⁴tsəʔ⁵saŋ⁴²pəʔ⁵iəu²⁴təʔ⁰ɕiɔ⁴²lɔ²¹ṣəŋ²¹lɛ̃⁰. mɔ²⁴ie⁵³
头　还流　着　哩。两　个　娃娃在　树杈子上　不由得笑咾声了。毛野
zəŋ⁰tʰiəŋ²¹tɔ⁴²ɕiɔ⁴²ṣəŋ²¹lɛ̃⁰, tʰɛɛ²⁴tʰəu²⁴iəʔ⁵kʰɛ̃⁴², yɛ̃²⁴lɛɛ²⁴³tʰa²¹məŋ⁰liaŋ²⁴kəʔ⁵tsɛɛ⁴²ṣu⁴⁴ṣaŋ⁰li⁰, xɛɛ⁴²təʔ⁰ŋuɤ⁵³
人听　到笑　声了，抬头一看，原来他们两个在　树上哩，害得我
tsɔ²⁴lɔ²¹ɲi²¹i²¹ ie⁴⁴². tɕiəu⁴²uaŋ⁴⁴²: "ɲi⁵³məŋ⁰sɿ⁴²tsəʔ⁵ma⁰ṣaŋ⁴²tɕʰi⁴⁴ti⁰?"
找咾你一夜。就　问："你们　是怎么上　去的？"

tsɔ⁴²li⁰li⁰ ṣuɤ²¹: "tuaŋ²⁴tɕia²¹tɕie⁴⁴pa²¹fu⁵³, ɕi²⁴tɕia²¹ie⁵³tɕie⁴⁴pa²¹fu⁵³, kʰɛ̃⁵³i²¹ kʰɛ̃⁵³, ṣaŋ⁴²i²¹ ṣaŋ⁴⁴²."
笊　篱篱说："东　家　借把斧，西家　也借　把斧，砍一砍，上一上。"

məŋ²⁴ṣuɛ̃²¹ṣuɛ̃⁰kɛ̃²⁴tɕiəŋ⁵³tɕiəu⁴²ṣuɤ²¹: "tuaŋ²⁴tɕia²¹tɕie⁴⁴ʂɤ²¹iəʔ⁵uɛ̃²¹iəu²⁴³, ɕi²⁴tɕia²¹ie⁵³tɕie⁴⁴uɛ̃²¹iəu²⁴³,
门　闩闩赶紧就　说："东　家　借上一碗油，西家　也借　碗油，
muɤ⁵³iəʔ⁵muɤ⁰tɕiəu⁴²ṣaŋ⁴²iəʔ⁵ṣaŋ⁴⁴²."
抹　一抹就　上一上。"

mɔ²⁴ie⁵³zəŋ⁰tɕiəu⁴²ŋɛ̃⁴²tʂɔ⁴⁴²məŋ²⁴ṣuɛ̃²²ṣuɛ̃³¹ṣuɤ²¹təʔ⁰tɕʰi⁴⁴²tsuɤ²¹, yɤ²⁴muɤ⁵³yɤ²⁴kuaŋ²¹, yɤ²⁴kuaŋ²¹
毛野人就　按照门　闩闩说的去做，越抹越光，越光
yɤ²¹ṣaŋ⁴²pəʔ⁵tɕʰi⁴⁴². mɔ²⁴ie⁵³zəŋ⁰ɕiaŋ²⁴tɕʰi⁵³lɔ⁰tsɔ⁴²li²⁴li⁰ ṣuɤ²¹təʔ⁰xua⁴⁴²: "kʰɛ̃⁵³i²¹ kʰɛ̃⁵³, ṣaŋ⁴²i²¹ ṣaŋ⁴⁴²."
越上不去。毛野人想　起咾笊篱篱说　的话："砍一砍，上一上。"
tɕiəu⁴²tʂei⁴²iaŋ⁰, yɤ²¹ṣaŋ⁴²yɤ²⁴kɔ²¹, n̩iɛ̃⁵³kʰɛ̃⁴²tɕiəu⁴²iɔ⁴²tʂua²¹tɔ⁴²liaŋ²⁴kəʔ⁰ua²⁴ua⁰lɛ̃⁰.
就　这样，越上越高，眼看就　要抓到两　个娃娃了。

tʂei⁴²kəʔ⁰sɿ²⁴xəuɻ⁰, ia²⁴tɕʰiɔɻ⁴²tsʰuaŋ²⁴tuaŋ²¹miɚ⁴⁴²fei²¹kuɤ⁴²lɛɛ²⁴lɛ̃⁰. ua²⁴ua⁰məŋ⁰ta⁴²ṣəŋ⁰xɛ̃⁵³: "tɕiəu⁴²
这　个　时候儿，鸦雀儿从　东　面儿飞过　来了。娃娃们　大声喊："救
miəŋ⁴⁴², ia²⁴tɕʰiɔɻ⁴²lɔ⁵³kɤ⁵³, ia²⁴tɕʰiɔɻ⁴²lɔ⁵³kɤ²⁴³, kʰuɛɛ⁴²ɕiəŋ²⁴ɕiəŋ⁰xɔ⁵³, kʰuɛɛ⁴²ɕiəŋ²⁴ɕiəŋ⁰xɔ⁵³lɛɛ²⁴³!" ia²⁴
命，鸦雀儿老哥，鸦雀儿老哥，快　行行好①,快　行行好来！"鸦
tɕʰiɔɻ⁴²iəʔ⁵tʰiəŋ²¹, ɕiəŋ²⁴li⁰ ɕiaŋ⁵³ ʂɿ⁵¹ṣaŋ⁴²la²⁴iəu⁵³tɕiɛ̃⁴⁴sɿ⁵³pəʔ⁵tɕiəu⁴²ti⁰ li⁰, ṣuəŋ⁴²piɚ⁴²tɕiəu⁴²kʰəu²⁴tʰu⁵³iəʔ⁵
雀儿一听，心　里想　世上哪有见死不救　的哩，顺便儿就　口吐一
kʰuɤ²¹xuɤ⁵³tɛ̃⁴⁴², pa²¹mɔ²⁴ie⁵³zəŋ⁰ta⁵³tsʰəŋ²⁴lɔ⁰sɿ²⁴piəŋ⁵³piəŋ⁰.
颗　火蛋，把毛野人打成　咾死饼　饼。

ɛɛ²⁴, tʂei⁴²liaŋ²⁴kəʔ⁵ua²⁴ua⁰tei²¹tɕiəu⁴²lɛ̃⁰.
欸，这两　个　娃娃得救了。

（高树发讲述，2016年）

---

① 口误，"好"说成了"我"。

参考文献

陈庆延 1996 晋语的源与流,《首届晋方言国际学术研讨会论文集》,太原:山西高校联合出版社。

储泰松 2005《唐五代关中方音研究》,合肥:安徽大学出版社。

冯春田 2000《近代汉语语法研究》,济南:山东教育出版社。

高　峰 2011a 晋语志延片语音研究,陕西师范大学博士学位论文。

高　峰 2011b 陕北榆林方言"转"的语法化,《北方民族大学学报(哲学社会科学版)》第1期。

高　峰 2018 再论晋语志延片方言的地域分布及其特点,《语文研究》第3期。

高　峰 2019a 陕西延安"老户话"同音字汇,《方言》第3期。

高　峰 2019b 陕西延安老户话的两种小称形式,《汉语学报》第4期。

高　峰 2020a 陕西延安老户话的底层方言及其嬗变,《南开语言学刊》第1期。

高　峰 2020b 陕西延安老户话的特点及其形成和演变,《励耘语言学刊》第2辑。

葛剑雄、吴松弟、曹树基 1997《中国移民史》,福州:福建人民出版社。

黑维强 2016《绥德方言调查研究》,北京:北京师范大学出版社。

侯精一 1986 晋语的分区(稿),《方言》第4期。

兰宾汉 2011《西安方言语法调查研究》,北京:中华书局。

李　荣 1985 官话方言的分区,《方言》第1期。

李延寿主修 2012《明弘治本〈延安府志〉》,西安:陕西人民出版社。

刘勋宁 1995 再论汉语北方话的分区,《中国语文》第6期。

刘育林 1980 陕北方言概况,《延安大学学报(社会科学版)》第1期。

刘育林 1986 今陕北话之入声,《延安大学学报（社会科学版）》第3期。

刘育林 1988 陕北方言略说,《方言》第4期。

刘育林 1990《陕西省志·方言志（陕北部分）》,西安：陕西人民出版社。

刘育林、张子刚 1988 陕北方言本字考,《延安大学学报（社会科学版）》第2期。

卢芸生 1988a 呼和浩特汉语方言本字（一）,《内蒙古社会科学（文史哲版）》第2期。

卢芸生 1988b 呼和浩特市汉语方言本字考（二）,《内蒙古社会科学（文史哲版）》第3期。

吕叔湘著、江蓝生补 1985《近代汉语指代词》,上海：学林出版社。

沈 明 2003 山西方言的小称,《方言》第4期。

沈 明 2006 晋语的分区（稿）,《方言》第4期。

孙建华 2018a 延安方言知系合口的读音类型及其演变,《方言》第1期。

孙建华 2018b 中古来母在延安方言中的读音——地理语言学的视角,《西北方言与民俗研究论丛》第三集。

孙建华 2020 延安方言上声的分化和"清上归去",《方言》第3期。

［清］谭吉璁纂修,陕西省榆林市地方志办公室整理 2012《康熙延绥镇志》,上海：上海古籍出版社。

王军虎 1996《西安方言词典》,南京：江苏教育出版社。

吴福祥、金小栋 2021 甘青方言若干附置词"伴随—工具—方所"多功能模式的来源,《中国语文》第3期。

［清］吴忠诰修,李继峤纂 1784《乾隆绥德州直隶州志》,乾隆四十九年刻印。

邢向东 2006《陕北晋语语法比较研究》,北京：商务印书馆。

邢向东 2007 陕西省的汉语方言,《方言》第4期。

邢向东 2015 陕北、内蒙古晋语中"来"表商请语气的用法及其源流,《中国语文》第5期。

邢向东 2018 从几种语法现象透视晋语对元白话的继承和发展,《语言暨语言学》第3期。

邢向东 2019 以构式为视角论晋语方言四字格,《方言》第2期。

邢向东 2020《神木方言研究（增订本）》,北京：中华书局。

邢向东、郭沈青 2005 晋陕宁三省区中原官话的内外差异与分区,《方言》第4期。

邢向东、马梦玲 2019 论西北官话的词调及其与单字调、连读调的关系,《中国语文》

第1期。

邢向东、孟万春 2006 陕北甘泉、延长方言入声字读音研究,《中国语文》第5期。

邢向东、王临惠、张维佳、李小平 2012《秦晋两省沿河方言比较研究》,北京：商务印书馆。

熊正辉 1990 官话区方言分 ts tṣ 的类型,《方言》第1期。

徐通锵 1990 山西方言古浊塞音、浊塞擦音今音的三种类型和语言史的研究,《语文研究》第1期。

薛平拴 2001《陕西历史人口地理》,北京：人民出版社。

延安市地方志编纂委员会 1994《延安市志》,西安：陕西人民出版社。

延安市地方志编纂委员会 2000《延安地区志》,西安：西安出版社。

杨春霖 1986 陕西方言内部分区概说,《西北大学学报（哲学社会科学版）》第4期。

张安生 2013 甘青河湟方言名词的格范畴,《中国语文》第4期。

张　崇 1993《陕西方言古今谈》,西安：陕西人民教育出版社。

张　崇主编 2007《陕西方言词汇集》,西安：西安交通大学出版社。

张盛裕、张成材 1986 陕甘宁青四省区汉语方言的分区（稿）,《方言》第2期。

张维佳 2005《演化与竞争：关中方言音韵结构的变迁》,西安：陕西人民出版社。

［明］郑汝璧等纂修,陕西省榆林市地方志办公室整理 2011《延绥镇志》,上海：上海古籍出版社。

中国社会科学院、澳大利亚人文科学院 1987《中国语言地图集》,香港：(香港)朗文出版（远东）有限公司。

中国社会科学院语言研究所、中国社会科学院民族学与人类学研究所、香港城市大学语言资讯科学研究中心编 2012《中国语言地图集》(第2版),北京：商务印书馆。

中国社会科学院语言研究所方言研究室资料室 2003《汉语方言词语调查条目表》,《方言》第1期。

周振鹤、游汝杰 2006《方言与中国文化》(第2版),上海：上海人民出版社。

朱庆之 1990 佛经翻译与中古汉语词汇二题,《中国语文》第2期。

调查手记

2008年博士论文选题定为《晋语志延片语音研究》,同年开始田野调查。延安是继安塞、吴起、志丹之后的第四站。2009年到2010年做过三次调查,在延安寻找合适的发音人特别费劲。2009年第一次去延安调查,人托人找关系,连续几天在枣园、王家坪、西沟、皮革厂家属区、卷烟厂家属区到处跑。只要是有人推荐就冒昧地上门寻访,只要是遇到说老户话的人就上前搭讪。结果因为牙齿不全、方言不够地道、身体或时间等原因,到第三天还没找到合适的发音人,真是沮丧至极。最终还是同学高锦花介绍了她同事赵红的父亲,终于在尹家沟修建楼房的噪音伴奏中完成了调查。根据寻找发音人时了解到的情况以及新老语音的差异,我意识到延安老户话已经处于濒危境地了。当时还没有能力和精力进行深入的研究,但我想至少可以记录下真实的方言。由此,"一切以方言事实为准"的原则时刻不敢忘怀,始终贯穿在我的研究中,无论是选择发音人还是记音、调查、撰写书稿,都不敢敷衍,力求准确。

博士论文只是语音研究,我一直为没能全面记录老户话而感到遗憾。时隔六年,夙愿得偿。2016年,"濒危汉语方言调查·陕西延安老户话"启动,终于有机会全面调查、记录并研究延安老户话了。只是以前的发音人有的去世,有的外出,需要重新寻找。5月10日我到达延安,六年后再次寻找发音人,难度更大,过程同样曲折。

基于之前的调查,我对延安老户话的特点有了明确的认识,列出了筛选发音人的4条语音标准:全浊声母仄声常用字(如:跪柜坐白病)读送气音声母;德陌麦三韵读[ei uei]韵;上声读全降调;清入、次浊入字舒化后归阴平。因此,在看似随意的交谈中,我能大致判断对方方言是否地道,从而完成初步的筛选。

市区内西沟、尹家沟是老户聚居村。在西沟寻访时,认识了热心的康秀芳老人,后面几天都是她带着我去找人。和两个村十来位符合年龄条件的老人见面交谈后，发现没有一个人能同时满足语保发音人的所有条件：语音纯正，能识字，见多识广，反应灵活，相貌端正气质好，并且有时间保证。两天过去了，还是没有找到合适的发音人。第三天，我拜访了延安市宣传部推荐的佘正谦老人。佘爷爷是延安老户，也是延安的文化名人，对延安的历史、文化、方言等了解颇多，后期为我们提供了俗语、故事等语料。见面后佘爷爷讲起延安的一些俗语和小时候常听的故事，《毛野人》《屎橛儿》讲得特别生动，他头脑清楚，语言流畅，根本不像八十岁的人。我留意到他的口语中上声做前字时多读低降调，德陌麦三韵字多读[ɣ uɣ]韵，说明语音还是不够地道。原来佘爷爷经常外出，与外界交流多，方言自然变化多。佘正谦老人又给我推荐了高家园则村的高树旺。高树旺老人是老村主任，市政协委员，德高望重。电话打通后，高叔很爽快地答应帮忙找人，让我去见他。

  5月14日下午，我到了位于城南的高家花园。高家花园是高家园则村拆迁后修建的高层住宅小区，全村人都住在一栋楼上。敲开高叔家的门，整洁的客厅里坐着高叔和他找来的三位60岁左右的村民。我介绍了项目的性质和意义，询问个人经历，又让他们分别念了《方言调查字表》中调查音系的例字。相比之下，高树旺老人的发音更土更地道。这和几天的访谈情况一致，65岁以下男性的语音在新延安话和陕北晋语的影响下，变化明显。高叔仪表堂堂、声音洪亮、开朗健谈，是很理想的发音人，但是超出了规定年龄。5月15日，又分别去王家坪和马家湾拜访了两位老人，还是不理想。考虑再三，我向语保中心提交了变更申请，确定高树旺为发音人。寻找其他发音人就比较省力了，都是高树旺老人推荐的高家园则村的村民或亲戚。

  7月中旬开始纸笔调查。高叔已经年逾七旬，但心态年轻、富有活力，而且见多识广、头脑灵活，记的杂话、怪话、俗语多，调查中十分配合。高叔的老伴儿、女儿、来串门的邻居也经常会参与调查，在旁边补充词语或句子的说法。高叔一家热情好客，爱好整洁，又会做饭，总留我在家里吃饭，温暖贴心。2017年书稿调查任务繁重，又增加了罗琦为主要发音人。罗叔反应也很敏捷。调查中两位发音人总能互相启发、互相补充。因为二人年龄相差八岁，有些词语和说法存在一定的差异，在他们的回忆和讨论中发现方言的某些变化，同样令人兴奋。书稿写作中，有时在微信上询问，他们总是不厌其烦，及时回复。

  2016年8月，还是延安最热的时候。11日，我和学生李明、杨嘉伟到达延安大学。我们本打算在孟万春师兄的帮助下，借用延安大学的录课室，结果装修的味道使人窒息，最后是在延安大学图书馆楼上一间不足十平方的玻璃隔间里完成了14天的摄录。这是第一次做语保摄录，没有成熟的经验可以借鉴，我们摸索着进行。白天摄录，晚上熬夜校对电子文档并检查音视频，有问题的第二天马上补录。摄录的玻璃间里没有空调、送风系统。为了降低背景噪音，只好关门关风扇，摄录在几乎完全密闭的小隔间里进行。三伏天的闷热让人汗流浃背乃至虚脱，李明笑称是洗桑拿。但是为了保证摄录质量，所有人都毫无怨言。每一位发音人都表现出很高的觉悟，积极配合调查、摄录。特别是青男高旭，自己动手写了讲述内容，并多次主动要求反复摄录以达到完美效果。得益于李明、杨嘉伟以及各位发音人的认真负责，最终一次性通过了验收。

摄录现场　延安大学 /2016.8.18/ 杨嘉伟 摄

　　调查和写作的艰辛不言而喻。三年间常来常往延安十多次，一天工作超12个小时是常态，我见过凌晨两三点的延安，也见过凌晨一两点的西安。好在我的先生和儿子理解我、支持我，对我有时疏于照顾家庭也从不抱怨，让我无比安心。儿子假期跟着我去延安，我们在酒店调查，他就在隔壁写作业。

　　如今回想起所有的一切，历历在目，可谓积力之所举，众智之所为。倍感幸运，心怀感激。感谢我的朋友、同学帮助寻找发音人，感谢高度配合的发音人、认真严谨的团队。感谢无偿提供照片的郝雷与崔勤元先生。特别感谢沈明先生和邢向东老师的悉心指导，前期审定音系、连读变调等，后期书稿写作中从内容到行文、规范，他们都给出了详细的意见。正是两位先生的指导，使书稿的写作非常顺利，最终形成了还算像样的初稿。

2018年1月开始动笔，2019年3月完成初稿，6月20日完成二稿，7月28日完成三稿。2021年8月25日完成四稿的修改和校对。2022年3月18日完成五稿的修改和校对。写作和修改的过程，也是自我提高的过程，获益良多，难以尽述。能尽自己最大的努力做到最好，少有遗憾，心悦如花。

罢笔始叹其时艰，掩卷顿觉身心轻！

高　峰
2022年3月18日于佳境

在本书进入出版流程后，责任编辑戴燃老师、执行编委沈明先生、主编曹志耘先生及王莉宁教授先后审阅了书稿。各位老师的意见和建议既专业、又细致，最后返回的纸质稿上，几乎每一页都有老师们用不同颜色的笔写下的意见以及修正的痕迹。我按照意见逐一修改，精益求精的结果显而易见：书稿的内容得到提升，形式更为规范。我由衷地体会到《中国濒危语言志》丛书之所以能成为标志性成果，其中不仅浸透着作者和发音人的心力和汗水，也包含着主编、编委和责编老师的心血。谨对以上各位老师表示崇高的敬意和感谢！

2023年7月10日补记